Straftatfolgen im deutschen
und koreanischen Strafrecht

Schriften zum Strafrecht und Strafprozeßrecht

Herausgegeben von Manfred Maiwald

Band 81

PETER LANG
Frankfurt am Main · Berlin · Bern · Bruxelles · New York · Oxford · Wien

Misuk Son

Straftatfolgen im deutschen und koreanischen Strafrecht

Ein prinzipieller Vergleich

PETER LANG
Europäischer Verlag der Wissenschaften

Bibliografische Information Der Deutschen Bibliothek
Die Deutsche Bibliothek verzeichnet diese Publikation in der Deutschen Nationalbibliografie; detaillierte bibliografische Daten sind im Internet über <http://dnb.ddb.de> abrufbar.

Zugl.: Trier, Univ., Diss., 2004

D 385
ISSN 0938-6181
ISBN 3-631-53296-2

www.peterlang.de

Dem Andenken meines Vaters und für meine Mutter in Korea

Vorwort

Die vorliegende Arbeit wurde im Sommersemester 2004 vom Fachbereich Rechtswissenschaft der Universität Trier als Dissertation angenommen. Mein besonderer Dank gilt Prof. Dr. *Volker F. Krey*, der das Thema angeregt und bei wohlwollender Betreuung mir alle Freiheit in der Bearbeitung gelassen hat. Herrn Prof. Dr. *Hans-Heiner Kühne* danke ich dafür, dass er das Zweitgutachten übernommen hat. Daneben möchte ich auch Herrn Prof. Dr. *Rainer Zaczyk*, jetzt Bonn, der mich in seiner Zeit in Trier durch die Anstellung als wissenschaftliche Hilfskraft unterstützt hat, meinen Dank aussprechen.

Meine Freundin *Karin Deglmann* hat mir bei der sprachlichen Korrektur sehr geholfen; Frau *Marlies Kessler* hat bei der Formatierung der Arbeit wichtige Hilfe geleistet. Beiden bin ich für die schöne Zusammenarbeit zu großem Dank verpflichtet.

Trier, August 2004 *Misuk Son*

Inhaltsverzeichnis

Seite

Abkürzungsverzeichnis

a. A.	anderer Ansicht
Abs.	Absatz
abgedr.	abgedruckt
AE	Alternativ-Entwurf
AE-BT	Alternativ-Entwurf eines Strafgesetzbuches, Besonderer Teil, Straftaten gegen die Person
AE-WGM	Alternativ-Entwurf Wiedergutmachung
a. F.	alte Fassung
a. M.	am Main
Anm.	Anmerkung
ARSP	Archiv für Rechts- und Sozialphilosophie
Art.	Artikel
AT	Allgemeiner Teil
Aufl.	Auflage
AuslG	Ausländergesetz
Bd.	Band
Begr.	Begründung
BGBl	Bundesgesetzblatt
BGH	Bundesgerichtshof
BGHSt	Entscheidungen des Bundesgerichtshofs in Strafsachen
Bl	Blatt
BR-Drs.	Verhandlungen des Deutschen Bundesrats, Drucksachen
BT	Besonderer Teil
BT-Drs.	Verhandlungen des Deutschen Bundestags, Drucksachen
BT Prot.	Verhandlungen des deutschen Bundestags, Stenografische Berichte (zit. nach Wahlperiode und Seite)

BtMG	Betäubungsmittelgesetz
BVerfG	Bundesverfassungsgericht
BVerfGG	Gesetz über das Bundesverfassungsgericht
BVerfGE	Entscheidungen des Bundesverfassungsgerichts
BVerwGE	Entscheidungen des Bundesverwaltungsgerichts
bzgl.	bezüglich
bzw.	beziehungsweise
CCC	Constitutio Criminalis Carolina
DAR	Deutsches Autorecht
DDR	Deutsche Demokratische Republik
ders.	derselbe
dens.	denselben
d. h.	das heißt
dies.	dieselbe, dieselben
DJ	Deutsche Justiz
DJT	Deutscher Juristentag
DRiZ	Deutsche Richterzeitung
E	Entwurf
E 1962	Entwurf eines Strafgesetzbuches (mit Begründung) – Bundestagsvorlage – 1962.
EGGVG	Einführungsgesetz zum Gerichtsverfassungsgesetz
EGStGB	Einführungsgesetz zum Strafgesetzbuch
EMRK	Europäische Menschenrechtskonvention
EuAlÜbk	Europäisches Auslieferungsübereinkommen
EuGRZ	Europäische Grundrechte Zeitschrift

f., ff.	folgende, fortfolgende (Seite, Seiten)
Fn.	Fußnote
FS	Festschrift
GA	Goltdammer's Archiv für Strafrecht
GG	Grundgesetz für die Bundesrepublik Deutschland
GS	Gedächtnisschrift
GS	Großer Senat
GSG	Gesetz zum Gesellschaftsschutz in Korea
h. M.	herrschende Meinung
Hrsg.	Herausgeber, herausgegeben
i. d. F.	in der Fassung
IKV	Internationale Kriminalistische Vereinigung
IRG	Internationales Rechtshilfegesetz
i. S.	im Sinne
i. V. m.	in Verbindung mit
JA	Juristische Arbeitsblätter
JGG	Jugendgerichtsgesetz
JGGÄndG	JGG Änderungsgesetz
JöR	Jahrbuch des öffentlichen Rechts
JR	Juristische Rundschau
Jura	Juristische Ausbildung
JuS	Juristische Schulung
JZ	Juristenzeitung
Kap.	Kapitel
kJG	Koreanisches Jugendgesetz

KJ	Kritische Justiz
KrimJ	Kriminologisches Journal
KritV	Kritische Vierteljahresschrift für Gesetzgebung und Rechtswissenschaft
kStGB	Koreanisches Strafgesetzbuch
kStPO	Koreanisches Strafprozessordnung
kStVollzG	Koreanisches Strafvollzugsgesetz
LG	Landgericht
LK	Leipziger Kommentar zum Strafgesetzbuch
m. Anm.	mit Anmerkung
MDR	Monatsschrift für deutsches Recht
MschrKrim	Monatsschrift für Kriminologie und Strafrechtsreform
m. w. N.	mit weiteren Nachweisen
Nachw.	Nachweise
n. Chr.	nach Christus
NdSchr	Niederschriften über die Sitzungen der großen Strafrechtskommission
Neudr	Neudruck
n. F.	neue Fassung
NJ	Neue Justiz
NJW	Neue Juristische Wochenschrift
NK	Nomos Kommentar zum Strafgesetzbuch
Nr.	Nummer
NS	National Sozialismus
NStE	Neue Entscheidungssammlung für Strafrecht
NStZ	Neue Zeitschrift für Strafrecht
NStZ-RR	NStZ-Rechtsprechungs-Report Strafrecht

NZV	Neue Zeitschrift für Verkehrsrecht
o. J.	ohne Jahresangabe
OLG	Oberlandesgericht
ÖJZ	Österreichische Juristen-Zeitung
RabelsZ	Rabels Zeitschrift für ausländisches und internationales Privatrecht
Rn.	Randnummer(n)
Rechtstheorie	Rechtstheorie. Zeitschrift für Logik, Methodenlehre, Kybernetik und Soziologie des Rechts
RGBl	Reichsgesetzblatt
RGSt	Entscheidungen des Reichsgerichts in Strafsachen (Amtliche Sammlung)
RJWG	Reichsjugendwohlfahrtsgesetz
RStGB	Reichsstrafgesetzbuch
S.	Satz, Seite
SchwZStr	Schweizerische Zeitschrift für Strafrecht
s.	siehe
s. o.	siehe oben
sog.	sogenannte
SK	Systematischer Kommentar zum Strafgesetzbuch
SondA	Sonderausschuss des Bundestags für die Strafrechtsreform
StA	Staatsanwaltschaft
StGB	Strafgesetzbuch
StPO	Strafprozessordnung
StrÄG	Gesetz zur Änderung des Strafgesetzes
StrRG	Gesetz zur Reform des Strafrechts
StV	Strafverteidiger

StVollzG	Strafvollzugsgesetz
s. u.	siehe unten
u. a.	unter anderen, unter anderem
usw.	und so weiter
u. U.	unter Umständen
v.	von
v. Chr.	vor Christus
vgl.	vergleiche
Vorbem.	Vorbemerkung
wistra	Zeitschrift für Wirtschaft, Steuer und Strafrecht
WStG	Wehrstrafgesetz
z. B.	zum Beispiel
ZNR	Zeitschrift für Neuere Rechtsgeschichte
ZRP	Zeitschrift für Rechtspolitik
ZStW	Zeitschrift für die gesamte Strafrechtswissenschaft
z. T.	zum Teil

Einleitung

Das Strafrecht besteht aus den Voraussetzungen der Strafbarkeit und ihren Rechtsfolgen. Die Rechtsfolgen sind nicht weniger wichtig als die Strafbarkeitsvoraussetzungen[1]. Die rechtliche Ausgestaltung und die tatsächliche Anwendung der strafrechtlichen Sanktionen bestimmen den Geist des jeweiligen Strafrechtssystems[2]. Sie sind deswegen eigentlich in der Tat das Wichtigste im Strafrecht, da sie unmittelbar in die Freiheit des Verurteilten eingreifen. Nicht nur die Freiheitsstrafe, sondern alle Strafen sind ein Eingriff in die äußere Freiheit des Betroffenen[3].

Strafe verzichtet auf Innerlichkeit. Sie ist keine persönliche Rache, sondern jenseits aller Emotion die vernünftige Rechtsforderung der Angemessenheit der Rechtsfolge zur Tat. Der Staat bezweckt nicht, durch die Strafe dem Verbrecher irgendwelche körperlichen oder seelischen Leiden zuzufügen, sondern es geht bei der Strafe stets um die Einschränkung der äußeren Handlungsfreiheit des Betroffenen als rechtliche Reaktion gegen Verbrechen[4]. Das physische Leiden und der körperlich empfundene Schmerz bilden nicht mehr das wesentliche Element der Strafe und sie sind mit dem Rechtsstaatsprinzip nicht vereinbar.

---

1 Die deutsche Universitätsjuristenausbildung im Strafrecht konzentriert sich meistens auf die Strafbarkeitsvoraussetzungen. Viele Ausbildungslehrbücher behandeln auch nur die examensrelevanten Straftaten. Die Vernachlässigung der Rechtsfolgen steht doch leider im ganz extremen Gegensatz zu ihrer fundamentalen, praktischen Bedeutung für das Strafrecht. Die Rechtsfolgen haben jedoch nicht nur allein in der praktischen Strafrechtspflege, sondern auch in der Wissenschaft große Bedeutung. So auch die Einschätzung u. a. von Streng, Strafzumessung, S. 48; Giehring, in: FS Pongratz, S. 186 ff.; in diesem Zusammenhang siehe auch einen Überblick über das deutsche strafrechtliche Sanktionensystem bei Streng, Strafrechtliche Sanktionen; Meier, Strafrechtliche Sanktionen; Mitsch, JA 1993, 225 ff., 304 ff.; Schütz, Jura 1995, 399 ff., 460 ff.

2 Jescheck/Weigend, AT S. 734.

3 Die Geldstrafe ist z. B. nicht nur ein Eingriff in die finanzielle Lage, sondern auch ein Eingriff in die äußere Freiheit des Verurteilten, nämlich über sein Geld nicht frei verfügen zu können; vgl. dazu auch Bottke, Assoziationsprävention, S. 127.

4 Vgl. Köhler, Begriff der Strafe, S. 51.

Seitdem menschliche Gemeinschaften mit festen Formen des Zusammenlebens existieren, gibt es die Strafe. Sie ist ein Reaktionsmittel der Rechtsgemeinschaft gegen den Rechtsbrecher. Man versucht, die Strafe als die härteste staatliche Reaktion gegen Verbrechen rational zu begründen und zu rechtfertigen und sie zu korrigieren. Dieser Prozess ist noch nicht beendet und kann nie beendet werden, solange die Strafe als ultima ratio als die rechtliche Reaktion gegen Verbrechen gilt und solange der Mensch danach strebt, bessere Strafen zu suchen und zu finden. Da auch kein Strafgesetz existieren kann, das für alle Zeiten und Räume gleichermaßen unverändert gilt, können die Voraussetzungen der Strafbarkeit und ebenfalls ihre rechtlichen Folgen im Strafgesetz immer aufs Neue geschaffen werden[5].

Zu der Frage "Was ist Recht ?" bemerkt *Kant* (1724-1804): "Diese Frage möchte wohl den Rechtsgelehrten, wenn er nicht in Tautologie verfallen oder statt einer allgemeinen Auflösung auf das, was in irgend einem Lande die Gesetze zu irgend einer Zeit wollen, verweisen will, ebenso in Verlegenheit setzen, als die berufene Aufforderung: was ist Wahrheit ? den Logiker. Was Rechtens sei (quid sit iuris), d. i. was die Gesetze an einem gewissen Ort und zu einer gewissen Zeit sagen oder gesagt haben, kann er noch wohl angeben; aber ob das, was sie wollten, auch recht sei, und das allgemeine Kriterium, woran man überhaupt Recht sowohl als Unrecht (iustum et iniustum) erkennen könne, bleibt ihm wohl verborgen, wenn er nicht eine Zeitlang jene empirischen Prinzipien verlässt, die Quellen jener Urteile in der bloßen Vernunft sucht (wiewohl ihm dazu jene Gesetze vortrefflich zum Leitfaden dienen können), um zu einer möglichen positiven Gesetzgebung die Grundlagen zu erreichen. Eine bloß empirische Gesetzgebung ist (wie der hölzerne Kopf in Phädrus` Fabel) ein Kopf, der schön sein mag, nur schade ! dass er kein Gehirn hat"[6].

---

5 Vgl. Hegel, Grundlinien, § 218 Zusatz.

6 Kant, Metaphysik, Einleitung in die Rechtslehre, § B; vgl. zu Kants Kritik der empirischen Rechtslehre Naucke, Kants Kritik, S. 185 ff.

Der Begriff des Rechts als reiner, jedoch auf die Praxis (Anwendung auf in der Erfahrung vorkommende Fälle) gestellter Begriff, müsste auch auf die empirische Mannigfaltigkeit jener Fälle Rücksicht nehmen[7]. Er stammt jedoch nicht aus der Erfahrung tatsächlichen Zusammenlebens von Menschen unter Menschen, er ist untrennbar mit der Vernunftnatur des Menschen verbunden. Das Maß der Strafe ist auch wie das Recht von empirisch-pragmatischen Gesichtspunkten völlig unabhängig. Es muss sich nach rein apriorischen rationalen Überlegungen richten und das heißt nach der Art und Schwere des Verbrechens.

Nicht nur die Begründung des Instituts des Strafrechts, sondern auch seine Anwendung auf bestimmte Falltypen soll rein rational geschehen. Die Rechtsfolge der Straftat kann auch wie das Recht nicht nur aus der Erfahrung abgeleitet werden, z. B. von einem Strafbedürfnis oder einer langen Strafgewohnheit, sondern muss sich wie jeder Grund für praktisches Verhalten vor aller Erfahrung rechtfertigen[8]: "Alle Rechtssätze sind Sätze a priori, denn sie sind Vernunftgesetze"[9]. Die Rechtsfolge der Straftat muss auch das sein, wovon ein aus der Vernunft hervorgehendes System verlangt wird[10].

Das empirische Recht ist nicht das "erkannte", sondern das "gewollte" Recht[11]. Es kommt beim empirischen Recht nicht auf den Inhalt, sondern nur darauf an, dass eine machtvolle Instanz dieses Recht will. Das empirische Recht folgt aus dem Zweck, den ein Jeder mit dem Objekt, was er will, zur Absicht hat[12]. Es ist der aktuell zweckmäßige positive Gesetzesinhalt[13]. Die Empirie im Recht zeigt

---

7 Vgl. Kant, Metaphysik, Vorrede.
8 Vgl. Zaczyk, in: Freiheit, S. 83.
9 Kant, Metaphysik, Der Allgemeine Rechtslehre, § 6.
10 Kant, Metaphysik, Vorrede.
11 Vgl. dazu Kant, Metaphysik, Einleitung in die Metaphysik der Sitten, IV, Vorbegriffe zur Metaphysik der Sitten.
12 Kant, Metaphysik, Einleitung in die Rechtslehre, § B.
13 Vgl. Naucke, Kants Kritik, S. 187.

nur, was die Menschen wirklich mit dem Recht wollen. Dieses Wollen kann so verschieden, so willkürlich und so widersprüchlich sein, dass dieses Wollen zur Begründung des Rechts nicht taugt. Die Empirie im Recht kann das Recht als richtiges, gerechtes Recht nicht tragen. Die empirische Strafklugheit, mag sie noch so viele Regeln und Vorschriften hervorbringen, hat jedoch mit Straf"recht" wenig zu tun. Allein das zweckfreie reine Gesetz kann Anspruch auf den Titel eines "Rechts" zum Strafen erheben.

Strafrecht, wie alles Recht, ist aber ein Teil der Kultur seiner Zeit und an den Geist der jeweiligen Gesellschaft auch gebunden. Strafe, die dem "Straf"-recht seinen Namen gibt[14], mag ein kulturelles Phänomen sein und hat sicher mit der kulturellen Entwicklung des jeweiligen Landes viel zu tun. Ein strafrechtliches Verbrechens- und Sanktionensystem ist eine soziale Erscheinung der Wirklichkeit und entwickelt sich durch Beeinflussung der jeweiligen Gesellschaft[15]. Ein solches System kann deswegen insbesondere aus den sozialen Gründen seines Entstehens und seiner sozialen Wirkungen in verschiedenen rechtlichen und sozialen Verhältnissen unterschiedliche Funktionen haben. Es resultiert natürlich aus der Bezogenheit des positiven Rechts auf empirische Bedingungen und deren Unterschiedlichkeit und Wandelbarkeit sowie aus der örtlichen und historischen kulturellen Relativität des Rechts in seinen verschiedenen staatlichen Ordnungen.

Der Hinweis auf unterschiedliche kulturelle Identität rechtfertigt jedoch keine multikulturelle Beliebigkeit der Sanktionensysteme. Vielmehr greifen dabei die grundlegende Rechtsidee und der Universalitätsanspruch des Menschenrechts ein. Das Faktische als solches ist vergänglich und wandelbar. Die Strafrechtswissenschaft bezieht sich nicht nur auf Ordnung, Auslegung und

---

14 Früher nannte man es "Verbrechensrecht" oder "Kriminalrecht"; vgl. Baumann/Weber/Mitsch, AT § 3, Rn. 1 ff.

15 Vgl. zur Kulturerscheinung des Rechts bei Sprenger, ARSP Beiheft Nr. 43 (1991), 134 ff.

Anwendung des jeweiligen geltenden Rechts, sondern vielmehr auf seine vorpositiv kritische Bestimmung. Die Idee des von Vernunft begründeten Rechts, das Recht vom Unrecht unterscheidende Kriterium zu finden und sie begrifflich zu explizieren und zu rechtfertigen, ist die Aufgabe der Strafrechtswissenschaft.

Das Rechtsprinzip gründet in der persönlichen Freiheit. Das deutsche Rechtsdenken hat sie, im Grunde durch den deutschen Idealismus wie z. B. den Kants, als allgemeine menschheitliche autonome Selbstbestimmung begriffen und verwirklicht. Gegenstand und Ausgangspunkt des modernen Rechtsverhältnisses sind interpersonale Beziehungen, die wesentlich durch die gegenseitige Anerkennung der Rechtspersonen und Sicherung der fundamentalen Lebensgrundlagen (Freiheit) gekennzeichnet sind.

Das geltende positive koreanische Strafrecht ist ein aus Deutschland rezipiertes Recht. Die koreanische Rechtskultur gehörte dem traditionellen chinesischen Rechtskreis an, bis Korea Ende des 19. Jahrhunderts das moderne westliche, insbesondere deutsche Rechtssystem rezipiert hat. Gerade im Verhältnis zwischen Deutschland und Korea hat die Rechtsvergleichung im Strafrecht traditionell eine ganz besondere Bedeutung, da Korea unmittelbar das deutsche Rechtssystem rezipiert hat und das deutsche Rechtssystem eine vorbildliche Rolle für das koreanische Rechtssystem spielt. Das erste moderne koreanische StGB trat im Jahre 1953 in Kraft. Das koreanische strafrechtliche Sanktionensystem ist seitdem bis heute fast unverändert geblieben. Die Bewusstseinsänderung in allen Bereichen der koreanischen Gesellschaft in den letzten 40 Jahren hat das strafrechtliche Sanktionensystem nicht beeinflusst.

Die vorliegende Arbeit bezweckt nicht nur, die Parallelitäten und die Divergenzen zwischen dem deutschen und koreanischen Sanktionensystem dar–

und festzustellen[16], sondern vielmehr durch die Untersuchung des gegenwärtig geltenden strafrechtlichen Rechtsfolgensystems der beiden Länder die auf dem Prinzip der Freiheitsgesetzlichkeit beruhende Notwendigkeit des Strafrechts und des Straftatfolgensystems nachzuweisen. Eine auf der Vernunft gegründete Rechtsstrafe zu suchen ist unabhängig von der jeweiligen kulturellen Eigenschaft das höchste Gebot jedes Rechtssystems und ein Naturbedürfnis. Eine wissenschaftlich begründete Rechtsstrafe hat die Aufklärungsaufgabe, für die Fortbildung und die Reform des jeweiligen geltenden Straftatfolgensystems de lege lata und de lege ferenda einen richtigen Weg aufzuzeigen[17]. Die Vergleichung des Straftatfolgensystems im deutschen und koreanischen Recht ist so auch aus deutscher Sicht interessant, nicht nur um die Kenntnis des koreanischen Rechts, sondern auch um eine wissenschaftliche neue Erkenntnis gewinnen zu können.

Die Rechtsvergleichung ist methodisch offen. Eine rechtsvergleichende Arbeit ist in gewisser Weise oft mit einer bloß beschreibenden Darstellung verbunden. Sie ist jedoch nicht identisch mit bloßen informatorischen Hinweisen.

---

16 Rechtsvergleichung wird ihrer Natur nach allgemein als eine funktionelle und antidogmatische Methode verstanden. Die herkömmlichen rechtsvergleichenden Untersuchungen gingen daher oft von einen Nebeneinander gleichgeordneter nationaler Rechtssysteme aus. Den Ausgangspunkt einer rechtvergleichenden Arbeit bildet danach nicht eine Norm oder ein Rechtsinstitut, sondern eine Problemstellung, die von bestimmten Normen in den zu vergleichenden Rechtsordnungen geregelt wird. Sie legten viel mehr Wert auf die Frage, welche Zwecke diese Normen verfolgen und welche Funktionen innerhalb der jeweiligen Rechtsordnungen sie erfüllen; vgl. dazu Zweigert, in: FS Bötticher, S. 448; vgl. auch zur Frage, ob die Rechtsvergleichung eine Methode oder eine selbständige Wissenschaft darstellt, Jescheck, Strafrechtsvergleichung, S. 36 f.; vgl. auch zum methodischen Wandel der rechtsvergleichenden Arbeit Kötz, JZ 2002, 262 m. w. N.

17 Siehe allgemein zur Bedeutung, Aufgabe und Methode der Rechtsvergleichung bei Radbruch, MschrKrim 2 (1905/06), 422 ff.; Jescheck, Strafrechtsvergleichung, S. 1 ff.; ders., in: FS Bockelmann, S. 133 ff.; Sauer, ZStW 67 (1955), 350 ff.; Rabel, in: Gesammelte Aufsätze, Bd. III, S. 1 ff.; Zweigert, in: FS Bötticher, S. 443 ff.; Constantinesco, Rechtsvergleichung, S. 331 ff.; Rheinstein, Rechtsvergleichung, S. 31 ff.; ders., JuS 1972, 65 ff.; Ebert, Rechtsvergleichung, S. 23; Coing, NJW 1981, 2601 ff.; Canaris, in: FS Katagawa, S. 74 ff.; Kötz, in: Rechtsdogmatik, S. 75 ff.; ders., JZ 2002, 257 ff.; Eser, in: FS Kaiser, S. 1499 ff.; Rösler, JuS 1999, 1084 ff.

Rechtsvergleichung umfasst natürlich in bestimmtem Umfang eine informative Darstellung des vergleichenden Rechtssystems. Sie zielt jedoch nicht nur auf eine völlig parallele mathematische Beschreibung oder die Vergleichung der beiden Rechtssysteme, sondern versucht vielmehr, in jeder Hinsicht ein auf der Vernunft der Menschen begründetes freiheitliches Rechtssystem zu finden. In der vorliegenden Arbeit wird daher nicht parallel das geltende deutsche und koreanische Rechtsfolgensystem systematisch verglichen, sondern in die folgenden drei Teilen gegliedert.

Im ersten Teil werden das deutsche Sanktionensystem und seine rechtlichen Grundlagen, im zweiten Teil die moderne koreanische Strafrechtsgeschichte und das koreanische Straftatfolgensystem dargestellt. Dabei werden insbesondere die Todesstrafe (in Deutschland nur als Problem, nicht als geltendes Recht) und die Freiheitsstrafe in beiden Rechtssystemen als Schwerpunkt behandelt. Schließlich wird im dritten Teil abschließend zusammengefasst. Durch die Untersuchung des geltenden deutschen und koreanischen Straftatfolgensystems wird über den kulturellen Unterschied hinaus die Notwendigkeit der a priorisch begründeten Rechtsidee und der darauf fundierte freiheitliche Rechtsstrafe nachgewiesen.

Erster Teil: Das deutsche Strafensystem

1. Abschnitt: Grundlagen

A. Sinn und Zweck der Strafe

Es ist notwendig, zunächst die Diskussion um Sinn und Zweck von Strafe darzustellen, da ohne eine straftheoretische Vorklärung der Ziele der Sanktionierung die Frage des Sinns und der Leistungsfähigkeit des Sanktionensystems sowie der einzelnen Sanktionen nicht beantwortet werden kann[18]. Die Frage nach Sinn und Zweck der Strafe hat Philosophie, Staatslehre und Strafrechtswissenschaft solange beschäftigt, wie die Geschichte des Strafrechts zurückverfolgbar ist[19]. In der Lehre ist es sehr umstritten, welchen Sinn und Zweck die Strafe haben soll oder muss, da selbst das Grundgesetz und das StGB keine Umschreibung des Strafzweckes enthalten[20]. Bei der Zweckdiskussion der Strafe gerät man zusätzlich noch dadurch in Schwierigkeiten, dass zwischen Straftheorie und Strafrechtstheorie nicht genau unterschieden wird. Manche Autoren gebrauchen die Begriffe Straftheorie und Strafrechtstheorie auch synonym[21].

Unter "Straftheorien" versteht man Lehren vom Sinn und Zweck der Strafe, traditionellerweise Vergeltung, Sühne, Abschreckung und Besserung des überführten Täters "Strafrechtstheorien" sind entwickelt worden, um die

---

18 Streng, Sanktionen, S. 3; vgl. auch Meier, Sanktionen, S. 16.

19 Vgl. Welzel, Strafrecht, § 32 S. 239; Klose, ZStW 86 (1974), 33 ff.

20 Vgl. dazu etwa Müller-Dietz, Strafvollzugsrecht, S. 62; Bull, Staatsaufgaben, S. 3; Noll, Gesetzgebungslehre, S. 110; Baumann/Weber/Mitsch, AT § 3 Rn. 62; Calliess, NJW 1989, 1339.

21 Vgl. z. B. Eb. Schmidt, Einführung, S. 161; Baumann/Weber/Mitsch, AT § 3 Rn. 24; Maurach/Zipf, AT Bd. 1, S. 65; Roxin, JuS 1966, 377; zur Unterscheidung von Straftheorie und Strafrechtstheorie, Hassemer, in: FS Wolff, S. 113; ders., Einführung, S. 282.

anderen Gebiete des Strafrechts miteinzubeziehen und auch die Frage nach der Aufgabe des Strafrechts insgesamt zu formulieren[22].

Die Straftheorie hat die Aufgabe, den der Strafe vordergründig innewohnenden Widerspruch zu erklären und zu rechtfertigen[23]. Dieser scheinbare Widerspruch liegt darin, dass der Staat einerseits durch das Gesetz Eingriffe in Leben, Leib, Eigentum usw. verbietet, aber andererseits selbst im Namen des Gesetzes solche Eingriffe vornimmt[24]. Weiterhin ist die Straftheorie eine unabdingbare Voraussetzung, um die Strafrechtsnormen rational, vernünftig zu entwickeln. Wer den Sinn seiner Handlung nicht immer neu hinterfragt, kann die Wissenschaft nicht weiter entwickeln[25]. Die im Folgenden vorgestellten Straftheorien sind keine "Wahrheiten" über die staatliche Strafe. Sie sind aber ein notwendiges Wissen, um sich eine mögliche Strafauffassung zu bilden und sich klar zu machen, welche Strafauffassung sich in den jeweiligen Kulturen und Rechtskulturen festgesetzt hat[26].

Alle Auffassungen über den Sinn der Strafe scheiden sich an der Frage, ob die Strafe zweckfrei, absolut, d. h. losgelöst vom Erfolg und Zweck, zu sehen ist (absolute Theorien) oder als Zweckstrafe, relativ, d. h. bezogen auf einen damit

---

22 Hassemer, Einführung, S. 282; vgl. dazu auch Calliess, Theorie der Strafe, S. 27 ff.; Meier, Sanktionen, S. 16.

23 Vgl. Bock, JuS 1994, 89.

24 Die Frage ist, wie der Widerspruch, die Benutzung des Eingriffs als das Mittel für "Schutz", erklärt werden kann. *Franz von Liszt* nennt das Strafrecht deshalb ein "zweischneidiges Messer"; dazu v. Liszt, Aufsätze und Vorträge, Bd. 1 S. 126, 161.

25 Z. B gehören die Maßregeln der Besserung und Sicherung zu der neuen Gestalt der Strafe, die durch lange Diskussion der Straftheorie in das positive Strafrecht eingefügt worden sind. Sie sind erst durch das Gewohnheitsverbrechergesetz vom 24. 11. 1933 (RGBl. I S. 995) in das alte StGB von 1871 eingefügt worden. Es handelt sich dabei aber nicht um eine Ausprägung nationalsozialistischen Rechtsdenkens, sondern um die Verwirklichung jahrzehntelang verfolgten Reformstrebens. Sie beruhen auf der Rechtsauffassung der Weimarer Zeit. Sie sind schon im E 1930 (§§ 55 ff.) enthalten; näher dazu LK-Tröndle, Vor § 38 Rn. 9; Eb. Schmidt, Einführung, S. 430 f.; Hassemer, Einführung, S. 240; Müller-Dietz, Grundfragen, S. 69.

26 Vgl. Naucke, Strafrecht, § 1 V Rn. 123.

erstrebten Zweck, aufgefasst werden soll (relative Theorien). Diese beiden Grundauffassungen findet man in den verschiedensten Abwandlungen und Kombinationen (Vereinigungstheorien).

Im Folgenden werden die einzelnen Straftheorien und ihre gesetzlichen Ausprägungen, also wie das StGB mit den einzelnen Straftheorien umgeht, dargestellt. Das StGB enthält keine Festlegung auf eine einzige Straftheorie, sondern bringt in den einzelnen Vorschriften in unterschiedlichen Zusammenhängen Gedanken der verschiedenen Theorien zum Ausdruck.

I. Die absoluten Straftheorien

Der Sinn der Strafe erschöpft sich für die Vertreter der absoluten Straftheorien in den Funktionen des Ausgleichs und der Vergeltung. Somit sind diese Theorien nicht als Strafzwecktheorien, sondern lediglich als Straftheorien anzusehen[27]. Die Möglichkeit einer Verbindung des Sinnes der Strafe mit konkreten verbrechenspräventiven Zwecken wird nicht geleugnet, doch werden diese Zwecke nicht als Gründe für die Strafe angesehen. Diese Theorie hat mit der erfahrungsmäßigen empirischen Notwendigkeit von Strafe und ihrem Zweck in der Gesellschaft nichts zu tun. Sie sei deswegen eine "idealistische" Theorie[28] und wird "absolut" genannt, da diese Theorie die Strafe als Selbstzweck versteht, die von ihrer gesellschaftlichen Wirkung losgelöst ist[29].

Die Ursprünge der absoluten Straftheorieformeln gehen auf *Protagoras,* einen der Väter der griechischen Naturrechtslehre, zurück[30]. Sie wurden in der Zitierweise *Senecas* (gest. 65 n. Chr.) übernommen: "Nam, ut Plato ait, nemo

---

27 Dazu Zaczyk, in: Freiheit, S. 73 ff.; Lampe, Strafphilosophie, S. 3 Fn. 3 m. w. N.: vgl. aber auch etwa Calliess, NJW 1989, 1340.

28 Vgl. dazu Moos, in: FS Pallin, S. 285.

29 Vgl. Roxin, ZStW 96 (1984), 644; vgl. aber auch Bielefeldt, GA 1990, 108 ff.

30 Vgl. dazu. v. Hippel, Strafrecht, S. 461 f.; Maurach/Zipf, AT Bd. 1, S. 66.

prudens punit, quia peccatum est, sed ne peccetur. Revocari enim praeteria non possunt, futura prohibentur" (Denn, wie schon Plato sagt, kein vernünftiger Mensch straft wegen einer vergangenen Sünde, sondern damit in Zukunft nicht mehr gesündigt werde)[31]. Nach den absoluten Straftheorien ist die Strafe notwendig: "quia peccatum est" (weil gesündigt worden ist). Die Strafe blickt nur auf das zurück, was bereits geschehen ist. Der Grund und das Maß der Strafe werden durch das begangene Unrecht bestimmt, auf das sie sich bezieht[32].

1. Die einzelnen absoluten Straftheorien

Die absoluten Straftheorien lassen sich in zwei Bereiche unterteilen: die Vergeltungstheorie und die Sühnetheorie[33]. Beide werden im Folgenden vorgestellt.

a) Vergeltungstheorie

Nach der Vergeltungstheorie liegt der Sinn der Strafe außerhalb der Verfolgung irgendwelcher sozial nützlicher Zwecke[34]. Es wird also nicht bestraft, um einen bestimmten Zweck im Bereich des empirisch Erfahrbaren zu erreichen, sondern weil die Zufügung von Leid gegenüber einem schuldigen Rechtsbrecher in sich von Wert ist[35]. Grundidee dieser Theorie ist der Vergeltungsgedanke, welcher in

---

31 Von dieser Formel stammt die älteste uns erhaltene wissenschaftliche Straftheorie; näher dazu v. Hippel, Strafrecht I, § 21 III 1; NK-Hassemer, Vor § 1 Rn. 409; Noll, Die ethische Begründung, S. 4; vgl. Baumann, Schuld und Sühne, S. 15.

32 Vgl. Wolff, ZStW 97 (1985), 786 ff.; Köhler, AT S. 43; Lampe, Strafphilosophie, S. 15; Schmidhäuser, Vom Sinn der Strafe, S. 9.

33 Die Sühne- und Vergeltungstheorien wurden von manchen Autoren undifferenziert erörtert. So etwa Roxin, AT I S. 41 ff.; ders., JuS 1966, 377; Naucke, Strafrecht, § 1 V Rn. 139; Hoerster, GA 1970, 272; aber Neumann/Schroth differenzieren weiter zwischen Vergeltungs- und Gerechtigkeitstheorien, Neuere Theorien, S. 11 ff.; dazu ausführlich Lesch, JA 1994, 509 (513), besonders Fn. 23 m. w. N.

34 Vgl. Streng, ZStW 92 (1980), 637, 639.

35 So die Beschreibung bei Neumann/Schroth, Neuere Theorien, S. 11; Hart, in: Recht und Moral, S. 65; Bielefeldt, GA 1990, 109.

seiner alten Form als *ius talionis* fordert, Gleiches mit Gleichem zu vergelten[36]. Dem Täter wird nach dem Talionsprinzip – Auge um Auge, Zahn um Zahn – das gleiche Übel zugefügt, das dieser der Rechtsgemeinschaft oder einem Angehörigen dieser Gemeinschaft zugefügt hat[37].

Historisch gesehen beschreibt die Vergeltungstheorie auch die Entwicklung der Strafe. Die staatliche Strafe hat im Laufe der Kulturentwicklung die Privatrache in Form der Familien- und Stammesfehde abgelöst[38]. Das Recht zur Vergeltung ist somit auf eine nach formalen Regeln organisierte, neutrale Instanz, welcher neben ihrer Vergeltungsfunktion auch eine friedensschaffende Relevanz innewohnt, übergegangen[39]. Das Vergeltungsprinzip lautet in der von *v. Hippel*[40] gewählten Formulierung: Wenn jemand etwas Gutes getan hat, soll er belohnt, wenn jemand etwas Böses getan hat, soll er bestraft werden[41].

Die vertiefte Begründung eines zweckfreien Verständnisses der Strafe geht auf Kant zurück[42], dessen folgende Sätze diese Sicht der Strafe zeitlos gültig kennzeichnen:

"Richterliche Strafe (*poena forensis*), die von der natürlichen (*poena naturalis*), dadurch das Laster sich selbst bestraft und auf welche der Gesetzgeber gar nicht Rücksicht nimmt, verschieden, kann niemals bloß als Mittel, ein anderes Gute zu befördern, für den Verbrecher selbst, oder für die bürgerliche Gesellschaft, sondern muss jederzeit nur darum wider ihm verhängt werden, weil er

---

36 Eb. Schmidt, Einführung, S. 66; Baumann/Weber/Mitsch, AT § 3 Rn. 52; zum Verhältnis von Talion und Vergeltung Ebert, in: Recht und Moral 1991, 205; ders., in: FS Lackner, S. 399 ff.

37 Roxin, AT I § 3 Rn. 2; vgl. aber Naucke, ZStW 94 (1982), 527.

38 Vgl. Köhler, AT S. 59 f.; Haft, AT S. 8 f.

39 Roxin, JA 1980, 223; ders., AT I § 3 Rn. 2; vgl. dazu auch Baumann, in: GS Noll, S. 27.

40 v. Hippel, Strafrecht, S. 508.

41 Vgl. Kelsen, Reine Rechtslehre, S. 88 f.

42 Über den Einfluss Kants auf das Strafrecht im 19. Jahrhundert siehe Naucke, in: Philosophie und Rechtswissenschaft, S. 27 ff.

verbrochen hat; denn der Mensch kann nie bloß als Mittel zu den Absichten eines Anderen gehandhabt und unter die Gegenstände des Sachenrechts gemengt werden, wowider ihn seine angeborne Persönlichkeit schützt, ob er gleich die bürgerliche einzubüßen gar wohl verurteilt werden kann. Er muss vorher strafbar befunden sein, ehe noch daran gedacht wird, aus dieser Strafe einigen Nutzen für ihn selbst oder seine Mitbürger zu ziehen. Das Strafgesetzbuch ist ein kategorischer Imperativ, und wehe dem! welcher die Schlangenwindungen der Glückseligkeitslehre durchkriecht, um etwas aufzufinden, was durch den Vorteil, den es verspricht, ihn von der Strafe, oder auch nur einem Grade derselben entbinde, nach dem pharisäischen Wahlspruch: "es ist besser, dass ein Mensch sterbe, als dass ganze Volk verderbe"; denn, wenn die Gerechtigkeit untergeht, so hat es keinen Wert mehr, dass Menschen auf Erden leben"[43].

Diese Sätze spiegeln das ursprüngliche Gerechtigkeitsverlangen der Menschheit wider. Mit der absoluten Vergeltungsstrafe soll um der Gerechtigkeit willen gestraft werden[44]. Ihre Gültigkeit lässt sich auch heute nicht verneinen[45]. Anders erging es Kants Versuch, diese Gerechtigkeit nun auch für den einzelnen Fall der Größe nach überzeitlich festzulegen und allen störenden Rücksichten und Zufälligkeiten zu entziehen[16].

Sehr deutlich formulierte Kant in seinem berühmten sogenannten Inselbeispiel die Ideen von Vergeltung und Gerechtigkeit[47]: "Selbst, wenn sich die bürgerliche Gesellschaft mit aller Glieder Einstimmung auflöste (z. B. das eine Insel bewohnende Volk beschlösse, auseinander zu gehen, und sich in alle Welt

---

43 Kant, Metaphysik, Der Rechtslehre. 2. Teil E. Vom Straf- und Begnadigungsrecht; vgl. dazu auch ders., Grundlegung, Zweiter Abschnitt.

44 Kargl, GA 1998, 64 ff.

45 Vgl. dazu Wolff, ZStW 97 (1985), 796; Zaczyk, in: Freiheit, S. 74; Köhler, AT S. 43 ff.; H. Mayer, in: FS Engisch, S. 79; Kindhäuser, GA 1989, 503 ff.; Bielefeldt, GA 1990, 108 ff.; Schmidhäuser, Vom Sinn der Strafe, S. 20.

46 Schmidhäuser, Vom Sinn der Strafe, S. 20.

47 Ein guter Beitrag über das Inselbeispiel von Kant siehe Zaczyk, in: Freiheit, S. 73 ff.

zu zerstreuen), müsste der letzte im Gefängnis befindliche Mörder vorher hingerichtet werden, damit jedermann das widerfahre, was seine Taten wert sind, und die Blutschuld nicht auf dem Volke hafte, das auf diese Bestrafung nicht gedrungen hat; weil es als Teilnehmer an dieser öffentlichen Verletzung der Gerechtigkeit betrachtet werden kann"[48].

Der Zweck der Bestrafung kann hier nur außerhalb des sozialen Bereichs liegen (weil dieser ja nicht mehr existieren soll); und folgerichtig zielen auch die beiden angegebenen Zwecke ("damit jedermann das widerfahre, was seine Taten wert sind", und: "damit die Blutschuld nicht auf dem Volke hafte"), nicht auf eine äußerlich erkennbare Wirkung in der Gesellschaft, sondern auf eine innere, nicht empirisch fassbare Wirkung auf die Gesellschaft[49].

Hegel (1770-1831) kommt zu vergleichbaren Ergebnissen[50]. Er erklärt die Strafe mit dem dialektischen Prozess von Vernunft und Wirklichkeit[51]. Danach stellt die Rechtsordnung den allgemeinen Willen dar. Der besondere Wille des Verbrechers, der in der Rechtsverletzung Ausdruck gefunden hat, wird durch die Strafe negiert und in der sittlichen Überlegenheit der Gemeinschaft aufgehoben[52]. In diesem Zusammenhang sind die folgenden Sätze zu verstehen:

"Die Verletzung aber, welche dem an sich seienden Willen (und zwar hiermit ebenso diesem Willen des Verletzers, als des Verletzten und aller) widerfahren,

---

48 Kant, Metaphysik, Der Rechtslehre, 2. Teil E. Vom Straf- und Begnadigungsrecht.

49 So Neumann/Schroth, Neuere Theorien, S. 12; Roxin, JuS 1966, 377; solche Betrachtung ist jedoch nach *Zaczyk* ungenau und zu oberflächlich und schöpft die Gestalt des Inselbeispiels nicht aus. Gründliches Nachdenken über das Inselbeispiel des Kants siehe bei Zaczyk, in: Freiheit, S. 74 ff.

50 Ob Hegel zu Recht als Anhänger des Vergeltungsgedankens eingeordnet wird, ist jedoch strittig; vgl. etwa Roxin, AT I § 3 Rn. 4; Schmidhäuser, Vom Sinn der Strafe, S. 21; Klesczewski, Rolle der Strafe, S. 232 ff.; Seelmann, JuS 1979, 687; Streng, ZStW 92 (1980), 640 f.

51 Vgl. dazu Klesczewski, Rolle der Strafe, S. 233; Lenckner, in: Handbuch I, S. 10; Lesch, JA 1994, 514; Maultzsch, Jura 2001, 86.

hat an diesem an sich seienden Willen als solchem keine positive Existenz, sowenig als an dem bloßen Produkte. Für sich ist dieser an sich seiende Wille (das Recht, Gesetz an sich) vielmehr das nicht äußerlich Existierende und insofern das Unverletzbare. Ebenso ist die Verletzung für den besonderen Willen des Verletzten und der übrigen nur etwas Negatives. Die positive Existenz der Verletzung ist nur als der besondere Wille des Verbrechers. Die Verletzung dieses als eines daseienden Willens also ist das Aufheben des Verbrechens, das sonst gelten würde, und ist die Wiederherstellung des Rechts"[53].

"Das Recht und die Gerechtigkeit müssen aber ihren Satz in der Freiheit und im Willen haben und nicht in der Unfreiheit, an welche sich die Drohung wendet. Es ist mit der Begründung der Strafe auf diese Weise, als wenn man gegen einen Hund den Stock erhebt, und der Mensch wird nicht nach seiner Ehre und Freiheit, sondern wie ein Hund behandelt. Aber die Drohung, die im Grunde den Menschen empören kann, dass er seine Freiheit gegen dieselbe beweist, stellt die Gerechtigkeit ganz beiseite"[54].

Hegel unterscheidet sich von Kant der Sache nach vor allem dadurch, dass er das fiktive Talionsprinzip durch den Gedanken der Wertgleichheit von Verbrechen und Strafe ersetzt[55]. Jedoch erkennt er ebenso wie Kant präventive Zwecke wie Abschreckung und Besserung als Strafziel nicht an[56]. Hegel versteht somit die Straftat als etwas Negatives, als Verletzung des Rechts im

---

52 Jescheck/Weigend, AT § 8 III S. 70.
53 Hegel, Grundlinien, § 99.
54 Hegel, Grundlinien, § 99 Zusatz.
55 Roxin, AT I § 3 Rn. 4; Streng, ZStW 92 (1980), 640 f.; vgl. zu den Strafbegriff von Kant und Hegel, Schild, ARSP 70 (1984), S. 76 ff.
56 Vgl. H. Mayer, in: FS Engisch, S. 78 f.; Hassemer, Einführung, § 28 S. 283; Roxin, JA 1980, 224.

Sinn einer Negierung des Rechts[57]. Diese Verletzung erhebt einen Anspruch auf Geltung, aber diesem Anspruch begegnet die Strafe als Verletzung der Verletzung des Rechts und somit als Wiederherstellung des Rechts[58]. Die Verbindung zwischen Recht und Strafe ist nach Hegel absolut, weil Recht immer notwendigerweise auch wirklich durchgesetztes Recht sein muss[59]. Nicht die Nützlichkeit der Strafe ergibt hier ein Argument, sondern einzig die Begriff gewordene Idee des Rechts[60]. Weil Hegel die Tat und die Strafe nicht auf Grund äußerer Fakten aufeinander bezieht, sondern als bedeutungshaltige Vorgänge, kommt es nicht mehr auf die Artgleichheit an, sondern auf Gleichheit "nach dem Werte derselben"[61]. Die Aufgabe der Strafrechtspflege ist es dabei daher, den im Verbrechen schuldhaft gesetzten Geltungsverlust des Rechts auszugleichen[62].

"Das Nichtige ist dies, das Recht als Recht aufgehoben zu haben. Das Recht nämlich als Absolutes ist unaufhebbar, also ist die Äußerung des Verbrechens an sich nichtig, und diese Nichtigkeit ist das Wesen der Wirkung des Verbrechens. Was aber nichtig ist, muss sich als solches manifestieren, das heißt, sich als selbst verletzbar hinstellen. Die Tat des Verbrechens ist nicht ein Erstes, Positives, zu welchem die Strafe als Negation käme, sondern ein Negatives, so dass die Strafe nur Negation der Negation ist. Das wirkliche Recht ist nun Aufhebung dieser Verletzung, das eben darin seine Gültigkeit zeigt und sich als ein notwendiges vermitteltes Dasein bewährt"[63]. "--- Dass die Strafe darin als sein eigenes Recht enthaltend angesehen wird, darin wird der Verbrecher als Vernünftiger geehrt"[64].

---

[57] Hegel, Grundlinien, § 97; vgl. dazu auch Jakobs, AT S. 17 Rn. 21; Seelmann, JuS 1979, 688.
[58] Hegel, Grundlinien, § 99; vgl. hierzu auch Jakobs, AT S. 17 Rn. 21; Seelmann, ARSP 79 (1993), 228 ff.
[59] Hegel, Grundlinien, § 97.
[60] Hegel, Grundlinien, § 99.
[61] Hegel, Grundlinien, § 101.
[62] Hegel, Grundlinien, §§ 218, 220.
[63] Hegel, Grundlinien, § 97 Zusatz.
[64] Hegel, Grundlinien, § 100.

Karl Binding (1842-1920) hat im Anschluss an Kant und Hegel die absolute Straftheorie folgendermaßen formuliert: "Strafe ist eine Einbusse an Rechten oder Rechtsgütern, welche der Staat einem Delinquenten von Rechts wegen auflegt zur Genugtuung für seinen irreparablen schuldhaften Rechtsbruch, um die Autorität des verletzten Gesetzes aufrecht zu halten"[65].

b) Sühnetheorie

Es muss zunächst klargestellt werden, was Sühne im Unterschied zu Vergeltung als Aspekt staatlichen Strafens bedeuten kann. Ursprünglich ging es um die Versöhnung der Götterwelt, welche durch das Sühneopfer besänftigt werden sollte[66]. Die Funktion der Sühne ist heute nicht mehr die Wiederherstellung einer gerechten Weltordnung, sondern die Versöhnung des Schuldigen mit sich, dem Opfer, der Gemeinschaft oder einer personalen Transzendenz[67]. Diese Auffassung ist entscheidend für das Verständnis von Versöhnung bzw. für die Frage, ob es sich dabei um einen metaphysischen oder um einen sozialen bzw. psychologischen Prozess handelt[68].

Sühne ist also aus der Sicht des Täters nicht bloß Vergeltung. Sühne kann weder auf Seiten des Täters noch auf Seiten der Gesellschaft erzwungen, sondern nur durch Strafe ermöglicht[69] oder veranlasst werden. Da Strafzwang nicht schon Sühne und Versöhnung ist, sondern sie nur bewirken kann, muss sie auf die

---

65 Binding, Strafrecht AT, S. 226: In dieser Formulierung wird die Grundannahme der sog. "klassischen Schule" des Kriminalrechts gesehen. Zum Streit zwischen der "klassischen und der modernen Strafrechtsschule" siehe Naucke, Strafrecht, § 1 V Rn. 149 f.

66 Vgl. Eb. Schmidt, ZStW 67 (1955), 186; Nägeli, Böse und das Strafrecht, S. 36.

67 Vgl. dazu Noll, Die ethische Begründung, S. 8; Kaufmann, JZ 1967, 553; Nägeli, Böse und das Strafrecht, S. 35; Neumann/Schroth, Neuere Theorien, S. 16 ff.; Roxin, AT I § 3 Rn. 10; Stratenwerth, AT Rn. 15.

68 Neumann/Schroth, Neuere Theorien, S. 17.

69 Vgl. BVerfGE 45, 259; BGH 1, 70; MDR 1954, 693; Jescheck/Weigend, AT, § 8 I 2 a S. 49 und II 2 S. 52; Noll, Die ethische Begründung, S. 8 ff.

autonome Entscheidung des Täters zielen[70]. Gegenüber einem Täter, der auf keinerlei Weise Schuldgefühle zeigt, würde also die Strafe von vornherein ihre Funktion verfehlen[71]. Sie erfordert daher das Mittun des Sühnenden. Der schuldig gewordene Mensch muss im Gegenzug eine Leistung erbringen[72]. Die Strafe eröffnet dem Täter danach die Möglichkeit, das durch das Verbrechen begangene Unrecht zu tilgen. Nach dieser Theorie kann also in der Strafe ein Mittel zur Wiederherstellung der Persönlichkeit des Täters gesehen werden[73].

Auch in der Strafrechtslehre wird das "Recht zu strafen" aus der nur durch die Strafe möglichen "Entsühnung des Rechtsbrechers" hergeleitet. Nach dieser Auffassung gibt es "nur die eine Möglichkeit: die Strafe aus ihrer sühnenden, reinigenden Funktion zu rechtfertigen. Der Täter darf bestraft werden, weil er den sittlichen Makel, den er sich selbst durch seinen Rechtsbruch zugezogen hat, nur dadurch zu tilgen vermag, dass er das Strafleiden auf sich nimmt. Er hat ein Recht darauf, bestraft zu werden. Um diesen legitimen Anspruch des Delinquenten zu erfüllen, ist die Allgemeinheit ihrerseits nicht nur berechtigt, sondern auch verpflichtet, ihn zu bestrafen"[74]. Selbst in Gerichtsurteilen wird vom anerkannten Sühnezweck der Strafe gesprochen: "Der anerkannte Sühnezweck der Strafe beruht gerade darauf, dass der Bestrafte das Strafübel nicht nur gezwungenermaßen erträgt, sondern kraft freien, unerzwingbaren sittlichen Entschlusses als gerecht hinnimmt und seine Tat auf diese Weise sühnt"[75].

---

70 Sühne und Versöhnung resultieren unmittelbar aus moralischer Autonomie. Sie können nach *Köhler* deswegen kein Inhalt der Rechtsstrafe sein. Köhler, Begriff der Strafe, S. 67.

71 Schmidhäuser, Vom Sinn der Strafe, S. 46.

72 Kaufmann, JZ 1967, 556 ff.; Simson, ZRP 1972, 262; Baumann, in: Strafrecht im Umbruch, S. 25; Baumann/Weber/Mitsch, AT § 3 Rn. 56.

73 Stratenwerth, AT § 1 Rn. 15.

74 Nachw. s. bei Schmidhäuser, Vom Sinn der Strafe, S. 24.

75 BGHSt 19, 206.

2. Würdigung der absoluten Straftheorien

Man denkt oft, dass die absoluten Straftheorien durch den Auftritt der präventiven Straftheorie von der sog. "neuen Schule" überholt oder ein Überbleibsel der alten Zeit sind[76]. Es ist aber ein großer Irrtum zu denken, "Altes" sei unbedingt schlecht oder falsch und im Gegensatz dazu bedeute "Neues" immer Entwicklung und Fortschritt. Man darf nicht übersehen, dass die absoluten Straftheorien ihre eigenen Vorteile und Weisheiten besitzen und sich dadurch die relativen Straftheorien erst entwickeln können[77]. Anders gesagt: Absolute Straftheorien sind keine Position, die überwunden werden müsste, sondern sie formulieren eine Grundlegung, von der eine Entwicklung ausgeht; durch die relativen Straftheorien sind sie nicht vollständig ersetzbar[78].

Was die absolute Straftheorie an tatsächlich wirkendem Interesse auszeichnet, ist erstens die Achtung vor der Menschenwürde des Straftäters, die vollkommene Anerkennung der Menschheit und das vernünftige Dasein des Straftäters[79]. Das ist das Produkt und der Erfolg der Aufklärung. Auch ein Straftäter ist ein Mensch, dessen Menschenwürde nach Art. 1 Abs. 1 GG geachtet werden muss. Es mag sein, dass es selbstverständlich klingt zu sagen, auch der Straftäter sei ein Mensch, aber es deutet in der Tat viel an.

---

76 Vgl. dazu z. B. Klug, in: Programm, S. 41: "Es ist hohe Zeit, die Straftheorien von Kant und Hegel mit ihren irrationalen gedankenlyrischen Exzessen in all ihrer erkenntnistheoretischen, logischen und moralischen Fragwürdigkeit endgültig zu verabschieden"; Roxin, AT I, § 3 Rn. 8, § 4 Rn. 18; ders., JuS 1966, 377; ders., MschrKrim 56 (1973), 317 ff.: "Die Vergeltungstheorie ist wissenschaftlich unhaltbar und kriminalpolitisch schädlich"; Stratenwerth, Was leistet die Lehre von den Strafzwecken?, S. 8; Koriath, Jura 1995, 625; Ostendorf, ZRP 1976, 282 ff.; Noll, Strafe ohne Metaphysik, S. 48 ff.; zur Kritik an Klug unmittelbar siehe H. Mayer, in: FS Engisch, S. 54 ff.; dazu vgl. auch Zaczyk, in: Freiheit, S. 73 ff.

77 Vgl. hierzu z. B. Wolff, ZStW 97 (1985), 786 ff.; Köhler, Begriff der Strafe, S. 44 ff.; Zaczyk, in: Freiheit, S. 73 ff.; Herzog, Prävention des Unrechts, S. 13 ff.; dazu vgl. auch Kühl, ARSP-Beiheft Nr. 44 S. 212 ff.

78 Vgl. dazu grundlegend Wolff, ZStW 97 (1985), 789 f.; ders., in: Strafrechtspolitik, S. 162 ff.; Zaczyk, in: Freiheit S. 73 ff.; ders., Rechtsphilosophische Kontroversen, S. 51 ff., 139 f.; Köhler, AT S. 43; vgl. auch Kühl, ARSP-Beiheft Nr. 44 S. 212 ff.

Für Kant setzen die präventiven Straftheorien den Verurteilten mit den Gegenständen des Sachenrechts gleich. Sie machen ihn zum Objekt ihrer wohlgemeinten Besserungsstrategien[80]. Nach Hegels Auffassung behandeln die relativen Straftheorien den Täter wie einen Hund, gegen den man den Stock hebt, nicht jedoch wie ein Individuum, für das Ehre und Freiheit gilt[81]. Den absoluten Straftheorien wird daher zugutegehalten, dass sie gerecht sind. Sie benutzen den zu bestrafenden Menschen nicht als bloßes Mittel zu einem Zweck[82] und sie schließen die Willkür bei der Strafzumessung, d. h. nicht berechenbare Zweckrücksichten, aus[83].

Bei der absoluten Straftheorie ist der Glaube an den Menschen erstaunlich perfekt. Man könnte denken, dass ein Mangel darin liegt, die Menschenwürde des Straftäters als unbezweifelbar anzunehmen. "Absolut" sehe nicht die Realität und komme auch nicht aus der Realität. Doch mag man auch das Menschenbild der absoluten Straftheorie zu "idealistisch" nennen, die Menschenwürde kann nur als Ganzes anerkannt werden und hat mit empirischverstandener Realität, ebenso wie der Begriff der Gerechtigkeit[84], nichts zu tun. Auf diesen Vorstellungen beruht auch das Grundgesetz.

Die theoretische Struktur der absoluten Straftheorie ist folgende: Das Wesen des Menschen ist vernünftig, daher hat er Freiheit und Willen. Das gilt für den Straftäter ebenfalls uneingeschränkt. Deshalb kann er zwischen Recht und Unrecht unterscheiden und wählen; durch die Straftat hat er sich für das Unrecht

---

79 Vgl. Hassemer, Einführung, S. 284; Naucke, Strafrecht, § 1 V Rn. 171: vgl. auch zur Würde des Menschen bei Kant, Hruschka, ARSP 88 (2002), 463 ff.

80 Vgl. Zaczyk, in: Freiheit, S. 77; dazu vgl. auch Brugger, JZ 1991, 895 ff.

81 Vgl. dazu Köhler, Begriff der Strafe, S. 38 ff.

82 Dazu Welzel, in: FS Henkel, S. 18; Badura, JZ 1964, 339 ff.; Wolff, ZStW 97 (1985), 796.

83 Vgl. dazu Badura, JZ 1964, 342 ff.

84 Vgl. zu dem Begriff der Gerechtigkeit einer kritischen Philosophie im Ausgang von Kant, Zaczyk, ARSP-Beiheft Nr. 56 S. 105 ff.

entschieden. Deswegen trägt er die Verantwortung für die Tat (Schuld). Diese Schuld muss für Recht und Gerechtigkeit vergolten werden.

Die Strafe wird aber dadurch beschränkt, dass der Straftäter nur bis zu seiner Schuld für die eigene Straftat bestraft wird[85], d. h. er wird nur soviel bestraft, soviel er getan hat, soviel das Recht und die Gerechtigkeit verletzt wurden. Dadurch wird das Unrecht der Straftat vergolten, und auch das verletzte Recht und die Gerechtigkeit können dadurch wiederhergestellt werden. Aus Sicht der absoluten Straftheorie gibt es keinen Grund, mehr als die Schuld der Straftat zu bestrafen. Nicht mehr, aber auch nicht weniger als die immer zu der jeweiligen Schuld passende, angemessene Strafe zu verhängen ist die Idee, nach der die absolute Straftheorie strebt. Die schuldüberschreitende Strafe ist ein durch nichts zu rechtfertigender Überschuss und das macht Recht und Gerechtigkeit unrein. Die schuldunterschreitende Strafe bedeutet aber die Vernachlässigung der Gerechtigkeit[86].

Die absolute Straftheorie hat daher die besondere Qualität, dass sie mit der Einschränkung des Strafgrades durch den Schuldgrad (sogar absolute Einschränkung) ungerechte Verletzungen der Menschenrechte verhindert[87]. Solange der Straftäter nicht bloß Gegenstand der Kriminalitätsbekämpfung ist, muss diese Weisheit der absoluten Straftheorie immer respektiert werden.

3. Kritik der absoluten Straftheorien

Hauptsächlich werden gegen die absoluten Straftheorien drei Einwände vorgebracht[88]. Erstens sei die absolute Straftheorie nur dann praktisch durchführbar, wenn man eine absolute Staatstheorie (z. B. einen theokratischen

85 Vgl. hierzu auch Wolff, ZStW 97 (1985), 789 f.
86 Vgl. dazu das Inselbeispiel von Kant, s. o. S. 11 f.
87 Vgl. dazu Jescheck/Weigend, AT, § 4 I 2.
88 Vgl. dazu. Naucke, Strafrecht, § 1 V Rn. 171.

Staat) voraussetze[89]. Während in der Staatsauffassung des Mittelalters ein derart totaler Staat existieren konnte, sei dies heutzutage nicht mehr möglich. Nach dem Sozialvertrag von *Rousseau* wird der Staat nur als ein funktionelles Wesen anerkannt, das nur einen relativen Zweck hat (funktioneller Staatsbegriff)[90]. Wenn ein Staat, der eine solche Funktion innehat, als Übernehmer der absoluten Straftheorien auftrete, so sei das ein deutlicher Widerspruch[91].

Zweitens sei die absolute Straftheorie nur dann möglich, wenn man einen absoluten Verbrechensbegriff voraussetze. Es gebe aber keinen absoluten Maßstab für den Verbrechensbegriff, der zeitlich und räumlich für immer gelten könne. Es könne nur einen relativen Verbrechensbegriff geben, der von der jeweiligen Kultur und Sozialordnung abhängig sei[92]. Wenn für ein solches nur relativ definierbares Verbrechen eine absolute Strafe verhängt werde, komme es jedoch zu einem Widerspruch, da Vordersatz und Schlusssatz nicht passen.

Drittens sei die absolute Straftheorie kriminalpolitisch kraftlos (wirkungslos)[93]. Da sie die Möglichkeit einer Verbindung des Sinnes der Strafe mit konkreten verbrechenspräventiven Zwecken leugne, könne die Strafe kriminalpolitisch einen verbrechenspräventiven Zweck nicht erfüllen[94]. Dieser Punkt sei ein logischer und notwendiger Schluss im Gefolge der absoluten Straftheorie, denn absolute Straftheorien übersähen die soziale und staatliche Seite der Strafe, während sie von dem individuellen Gesichtspunkt des Straftäters ausgingen.

---

89 Vgl. Neumann/Schroth, Neuere Theorien, S. 14; Roxin, ZStW 96 (1984), 644; Bock, JuS 1994, 90.

90 Nach *Jakobs* ist auch der Schuldbegriff ein rein formaler Begriff, der durch keinerlei inhaltliche Kriterien bestimmt wird. Nur der Zweck gibt dem Schuldbegriff Inhalt. Erst die Schuld, in die der Zweck eingegangen ist, begründet Strafe. Jakobs, Schuld, S. 14, 28; Kritik hierzu Arthur Kaufmann, Jura, 1986, 229 ff.; Hirsch, ZStW 106 (1994), 753.

91 Ähnlich z. B. Roxin, ZStW 96 (1984), 644 f.

92 Vgl. hierzu Hegel, Grundlinien, § 218; auch Gallas, Beiträge S. 2 ff. besonders S. 16.

93 Vgl. Westpfahl, MschrKrim, 53 (1970), 98 ff.

94 Vgl. dazu BGHSt 24, 40; Lackner/Kühl, § 40 Rn. 2; Roxin, in: Bedeutung der Wörter, S. 343; Hassemer, JuS 1987, 263 ff.

4. Berücksichtigung des Vergeltungsgedankens im Rahmen der Strafzumessung

Der Gesetzgeber hat jedoch in § 46 Abs. 1 Satz 1 StGB den Gedanken der Schuldvergeltung anerkannt. Die oben aufgeführten Argumente gegen die absoluten Straftheorien haben den Gesetzgeber also nicht von der prinzipiellen Anerkennung des Vergeltungsgedankens abgebracht.

a) Vergeltung - Schuld - Ausgleich

Die reine Vergeltungstheorie in ihrer antiquierten Form fragt nicht nach der persönlichen Verantwortlichkeit, d. h. der Schuld des einzelnen Täters. Der Schuldgedanke setzte sich erst im Laufe einer langen historischen Entwicklung durch. Die Philosophie der Aufklärung sieht den Menschen auch im Verbrechen als vernünftig und damit verantwortlich handelnd an. Das eigenverantwortlich herbeigeführte Unrecht wird damit zum Wesensmerkmal des Verbrechens, und mit der Strafe wird dieses schuldhaft begangene Unrecht ausgeglichen[95]. Ein Handeln ohne Schuld kann nicht bestraft werden.

Aus dem der Vergeltung (Sühne)–Schuld–Theorie innewohnenden Schuldgrundsatz folgt nicht nur das Verbot der Bestrafung schuldlos Handelnder. Darüber hinaus ermöglicht das Schuldprinzip eine Quantifizierung der Strafandrohungen sowie der Strafzumessung im einzelnen Fall. Dem trägt § 46 Abs. 1 S. 1 StGB für die Strafzumessung im konkreten Fall innerhalb des Rahmens der abstrakten Strafandrohung Rechnung. Die Vergeltung-Schuld-Theorie ermöglicht vor allem eine Abstufung der Schuld und somit Begrenzung der Strafe. Selbst das BVerfG definiert die Kriminalstrafe als "Auferlegung

---

[95] Vgl. dazu Gallas, ZStW 80 (1968), 3; Wolff, ZStW 97 (1985), 787 ff.; Zaczyk, in: Freiheit, S. 73 ff.; Köhler, AT S. 51 ff.; Baumann/Weber/Mitsch, AT § 3 Rn. 5; Eb. Schmidt, ZStW 69 (1957), 371; Rethmann, Rechtstheorie 31 (2000), 116 ff.

eines Übels wegen und nach dem Maß einer schuldhaft begangenen Übeltat" und versteht die Strafe als "Vergeltung für begangenen Unrecht"[96].

b) Die Grundlagenformel in § 46 Abs. 1 S. 1 StGB

Das Schuldprinzip wird als verfassungsrechtlicher Grundsatz (*nulla poena sine culpa*) verstanden[97]. Es wird in § 46 Abs. 1 S. 1 ausdrücklich im StGB verankert, wenn auch mit einer nicht ganz eindeutigen Formel, nach der die Schuld nur "Grundlage" für die Strafzumessung ist[98]. Das Schuldprinzip wird nach *h. M*[99] in diesen grundlegenden Aussagen ausdrücklich anerkannt und es wird zum Ausdruck gebracht, dass der Sinn der Strafe primär im Schuldausgleich gesehen werden muss. Dabei ist stets die rechtliche, nicht schon die moralische Schuld entscheidend[100]. Das Schuldprinzip dient besonders dem notwendigen Schutz des Täters gegen übermäßiges repressives Einwirken des Staates[101]. Was aber tatsächlich rechtliche Schuld heißt, ist ein fragwürdiges und schwieriges Thema des Strafrechts[102].

Der BGH hat in folgenden Sätzen das Schuldprinzip zur Grundlage seiner Rechtsprechung gemacht: "Strafe setzt Schuld voraus. Schuld ist Vorwerfbarkeit. Mit dem Unwerturteil der Schuld wird dem Täter vorgeworfen,

---

96 BVerfGE 21, 403 f.; dazu eingehend und kritisch Volk, ZStW 83 (1971), 405 ff.

97 BVerfGE 6, 389, 439; BVerfGE 20, 323, 331; BVerfGE 86, 288, 313; BVerfG NJW 1995, 248; BGHSt 13, 192 alle m. w. N.

98 Der Satz "Die Schuld ist Grundlage für die Strafzumessung" stammt aus dem E 1962; vgl. dazu Roxin, AT I § 4 VIII Rn. 30; Streng, Sanktionen, S. 165 ff.; Kühne, GA 1994, 507; aber vgl. zur Auslegung dieser "Grundlageformel" auch Horstkotte, JZ 1970, 122 ff.; Noll, Die ethische Begründung S. 22; ders., Strafe ohne Metaphysik, S. 53 ff.: "Die Schuld gibt nicht die Grundlage, sondern nur das Höchstmaß der Strafe".

99 Vgl. S/S/Stree, § 38 Vorbem. Rn. 5; Lackner/Kühl, § 46 Rn. 23; Krey, AT Bd. 1, Rn. 143, 146; Jescheck/Weigend, AT § 82 IV 2; Maurach/Zipf, AT I S. 837; Cramer, Jura 1970, 189.

100 Vgl. Schild, in: FS Lenckner, S. 305.

101 Siehe dazu Jescheck/Weigend, AT § 4 I 2; Roxin, AT I § 3 I Rn. 49; vgl. dazu Bruns, Leitfaden, S. 64.

102 Siehe über den Grundbegriff der Schuld im Strafrecht Zaczyk, ARSP-Beiheft Nr.74 S. 103 ff.; vgl. auch Kindhäuser, ZStW 107 (1995), 701 ff.

dass er sich nicht rechtmäßig verhalten hat, dass er sich für das Unrecht entschieden hat, obwohl er sich rechtmäßig verhalten, sich für das Recht hätte entscheiden können. Der innere Grund des Schuldvorwurfs liegt darin, dass der Mensch auf freie, verantwortliche, sittliche Selbstbestimmung angelegt und deshalb befähigt ist, sich für das Recht und gegen das Unrecht zu entscheiden ..."[103]. Diese Auffassung bezeichnet man als normative Schuldlehre[104]. Nach dieser Theorie kommt es für die Höhe der Strafe auf die Schwere des Vorwurfs an, der den Täter wegen der Tat trifft (nulla poena extra culpam)[105].

Die Strafe wird aber nicht wegen der Vorwerfbarkeit auferlegt[106]. Die bloße Wiederholung des Unrechtsvorwurfs begründet nicht die subjektive Zurechnung[107]. Strafe ist vielmehr wegen der begangenen Straftat durch die Aufgabe des Strafrechts gerechtfertigt, die für den Täter und die Rechtsgemeinschaft notwendig ist. Die Aufgabe des Strafrechts ist nicht bloß emotional verstandenes Vorwerfen, sondern die Gewährung sowie Sicherung des Rechtsguts eines jeden Einzelnen und die rechtsstaatliche Bewältigung des Verbrechens[108]. Jede Strafe setzt Schuld voraus, aber nicht jede Schuld verlangt die Strafe[109]. Das Vorwerfbarkeitselement der Schuld allein ist kein Grund für Strafe. Es macht die staatliche Strafe emotional, die objektiv und neutral sein soll. Der normative Schuldbegriff kann zu dem Problem führen, dass die Schuld Vertreter für das Rachegefühl des Volks gegen Verbrechen wird[110]. Die Schuld

---

103 BGHSt 2, 194, 200; 18, 87, 94.
104 Dazu Naucke, Strafrecht, § 7 II Rn. 29; Roxin, AT I § 19 Rn. 12 ff.; Wessels/Beulke, AT Rn. 407 f.; zu den Schuldlehren im Einzelnen Otto, GA 1981, 483 ff.
105 LK-Hirsch, § 46 Rn. 5; Baumann/Weber/Mitsch, AT S. 368.
106 Kritisch aber Arthur Kaufmann, in: FS Wassermann, S. 891; Schulz, JA 1982, 532; vgl. Ellscheid/Hassemer, Strafe ohne Vorwurf, 27 ff.
107 Köhler, AT S. 370.
108 Vgl. Brugger, JZ 1991, 896 ff.
109 Vgl. Roxin, AT I § 19 Rn. 9.
110 Vgl. Hassemer, Einführung S. 241 ff.

ist also nicht Grund für die Strafe, wohl aber deren Voraussetzung, also Grundlage[111].

c) Grundtheorien für die Strafzumessung

Um die zur Schuld passende angemessene Strafe zu finden, gibt es folgende drei Theorien.

aa) Spielraumtheorie (oder Schuldrahmentheorie)

Insbesondere die Gerichte sehen in der Grundlagenformel die gesetzliche Anerkennung ihrer These von dem Spielraum der schuldangemessenen Strafe[112]. Nach dieser Theorie kann man über die schuldangemessene Strafe nicht exakt entscheiden, es gibt nur einen angemessenen Spielraum der Strafe, wo man bestimmte Ober- und Untergrenzen festlegen kann. Innerhalb dieses Spielraums der schuldangemessenen Strafe können präventive Gesichtspunkte, bei denen der Schwerpunkt der Einwirkung auf den Täter liegt, berücksichtigt werden. Diese Lehre ist geradezu zwangsläufig verbunden mit einem an den Strafzwecken ausgerichten Begriff der Schuld. Danach hat der Richter ein bestimmtes Ermessen innerhalb eines bestimmten Rahmens, wobei verschiedene präventive Gesichtspunkte berücksichtigt werden[113]. Deswegen wird diese Lehre in der Praxis und von den Kriminalpolitikern vertreten, die nach zweckmäßiger Kriminalpolitik streben. Aber dass mehrere gerechte Strafen im Schuldbereich existieren können, ist problematisch[114]. Der Richter kann die konkrete Schuld nicht in drei Größen – Maximum, Minimum und dazwischenliegende

---

[111] Vgl. dazu Zaczyk, ARSP-Beiheft Nr. 74 S. 115; Köhler, AT S. 348 ff.; ders., JZ 1989, 698; vgl. aber auch Calliess, Theorie der Strafe, S. 180 ff.; Ellscheid/Hassemer, Strafe ohne Vorwurf, S. 28; vgl. auch zum Schuldgrundsatz im Strafrecht Arthur Kaufmann, Jura 1986, 225 ff.

[112] BGHSt 7, 28; 24, 132, 134; GA 1974, 78.

[113] BGHSt 20, 264, 267; Lackner/Kühl, § 46 Rn. 24; kritisch aber Neumann, in: FS Spendel, S. 443.

eigentliche Schuld - bestimmen[115]. Wenn man jedoch die menschliche Erkenntnisgrenze berücksichtigt, scheint es, dass es keine Alternative zu dieser Theorie gibt.

bb) Theorie der Punktstrafe

Im Gegensatz zur Spielraumtheorie sieht die Theorie der sog. Punktstrafe als schuldangemessenen nur eine einzige richtige Strafgröße innerhalb des gesetzlichen Strafrahmens vor[116]. Da das Maß der Strafe nach dem Maß der Schuld bestimmt werden muss, das Maß der Schuld aber durch die im Prozess festgestellte Tat fixiert ist, folgert diese Lehre aus diesem Zusammenhang, dass es auch nur ein einziges gerechtes Maß der Strafe gibt. Von ihren Gegnern wird dieser Theorie vor allem vorgeworfen, dass es erkenntnistheoretisch unmöglich sei, ein objektiv feststehendes Strafmaß für eine bestimmte Tat festzustellen; es könne deshalb notwendig nur einen Rahmen geben, der dem Richter eröffnet werde[117].

Dagegen wurde aber ebenfalls mit gutem Grund geltend gemacht, dass man hier unterscheiden müsse: Der das Urteil fällende Richter müsse aus seiner inneren Überzeugung bemüht sein, das richtige Maß zu treffen; seine Entscheidung bestimme dann die Punktgenauigkeit der Strafe. In der externen Sicht etwa des Revisionsgerichts jedoch, also bei der Überprüfung der im einzelnen Urteil gefundenen Strafe, müsse akzeptiert werden, dass die Richtigkeit der Entscheidung nur innerhalb eines Rahmens überprüft werden kann, der aus der

---

114 Zur Kritik an der Spielraumtheorie vgl. Wolff, ZStW 97 (1985), 830; Jescheck/Weigend, AT § 82 S. 704 ff.; Eb. Schmidt, ZStW 69 (1957), 373; Bader, JZ 1955, 526.

115 Eb. Schmidt, ZStW 69 (1957), 373.

116 Dazu z. B. Bruns, Strafzumessungsrecht, S. 92, 275; ders., NJW 1979, 289 ff.; Arthur Kaufmann, Das Schuldprinzip, S. 66; w. Nachw. s. bei Neumann, in: FS Spendel, S. 435 ff.

117 BGHSt 7, 28, 32; 20, 264, 267; 27, 2, 3; Dreher, in: FS Bruns, S. 141 ff., 153 f.; Günther, JZ 1989, 1025 ff. m. w. N.

externen Perspektive dem Richter eingeräumt werden müsse[118]. Dazu passt gut auch eine Bemerkung von Baldus[119], der aus seiner tatrichterlichen Praxis von nicht weniger als tausend Fälle erklärte, er habe es stets als leichter empfunden zu sagen, was der Täter verdient habe, und sich eigentlich nie angemaßt zu sagen, was der Täter brauche.

Die Theorie der Punktstrafe entspricht damit in Verbindung mit der genannten perspektivischen Einschränkung der Forderung, dass die Strafe gerechter (und damit auch richtiger) Ausgleich für die dem Täter vorgeworfene Tat sein muss[120].

cc) Stufentheorie

Die Stufentheorie (oder Stellenwerttheorie)[121] unterscheidet die Festsetzung des Strafmaßes von der Auswahl der Strafart. In jenem ersten Strafzumessungsakt will sie nur Schuldgesichtspunkte berücksichtigt wissen. Indessen erscheint die Stufentheorie sowohl mit § 46 Abs. 1 StGB als auch mit der kriminalpolitischen Konzeption des heutigen Sanktionensystems unvereinbar[122]. Sie wird daher weitgehend abgelehnt[123].

II. Die relativen Straftheorien

Die relativen Straftheorien gehen von der sozialen Seite der Strafe aus. Anders als die absoluten Straftheorien, die aus der persönlichen Sicht der Straftäter das Individuum, die Idee, die Metaphysik und den Selbstzweck der Strafe in den

---

118 Siehe dazu Bruns, Strafzumessungsrecht, S. 92 ff.; siehe auch Köhler, AT S. 584; zum Ganzen ferner zusammenfassend Grasnick, Über Schuld, S. 265 ff.

119 Zitiert nach Grasnick, Über Schuld, S. 5 Fn. 28.

120 Vgl. auch Wolff, ZStW 97 (1985), 830.

121 Diese Theorie wurde vertreten von Henkel, Die richtige Strafe, S. 23; Horn, in: FS Bruns S. 165 ff.; ders., in: FS Schaffstein S. 241; Schöch, in: FS Schaffstein, S. 271

122 Müller-Dietz, Grundfragen, S. 28.

Vordergrund stellen, betonen die relativen Straftheorien den sozialen Sinn und die Funktion der Strafe, z. B. Gesellschaft, Realität, Konkretheit und Methode der Strafe[124]. Sie sehen den Sinn der staatlichen Strafe nicht in der Vergeltung, sondern allein in der Verhinderung zukünftiger Straftaten (Verbrechensprävention). Nach jenen Theorien wird die Strafe als Mittel verstanden, in der Gesellschaft einen bestimmten Zweck zu erreichen. Viele haben schon seit jeher versucht, die absoluten Straftheorien durch eine allein auf den rationalen Zweck der Verbrechensprävention bezogene Deutung der Strafe abzulösen. Diese Zweckbezogenheit gibt den relativen Straftheorien ihren Namen. Im Wort des *Seneca* kommt auch die relative Straftheorie zum Ausdruck, die heute als eine "moderne" bezeichnet wird[125]: "Kein vernünftiger Mensch straft wegen einer vergangenen Sünde, sondern damit in Zukunft nicht mehr gesündigt werde"[126]. Bei *Protagoras* findet sich die Argumentation: "Wer aber mit Vernunft sich vornimmt, einen zu bestrafen, der bestraft nicht um das begangenen Unrechts willen, denn er kann ja doch das Geschehene nicht ungeschehen machen, sondern des Zukünftigen wegen, damit nicht ein andermal wieder, weder derselbe noch einer, der diesen bestraft gesehen hat, dasselbe Unrecht begehe."[127] Hier finden sich die Gedanken der relativen Straftheorie in großer Klarheit ausgesprochen.

Bei den relativen Straftheorien unterscheidet man die Spezial- und die Generalprävention. Sie haben zwei Zielrichtungen. Die Spezialprävention lenkt ihre Aufmerksamkeit auf den zu Strafe verurteilten einzelnen Täter und erwartet

---

123 Vgl. etwa Roxin, in: FG Schultz, S. 463 ff.; Bruns, in: FS Dreher, S. 251 ff.; ders., Strafzumessungsrecht, S. 65; ders., Das Recht der Strafzumessung, S. 83.

124 Vgl. BGHSt 24, 40, 42; Welzel, Strafrecht, § 32 S. 239; vgl. dazu auch Haffke, in: FS Roxin, S. 956 ff. m. w. N.

125 Hassemer, Einführung, S. 282; ders., JuS 1987, 263 ff.; Kerner, in: Individualprävention, S. 212.

126 "nemo prudens punit, quia peccatum est, sed ne peccetur. Revocari enim praeteria non possunt, futura prohibentur"

127 Platon, Protagoras, 324 a/b.

für ihn von der Strafe eine ihn den Normen der Gesellschaft wieder anpassende Wirkung. Die Generalprävention interessiert sich für die Allgemeinheit der Rechtsgenossen. Sie erhofft dabei in ihrer weiten Fassung eine Verfestigung des Normbewusstseins aller bezüglich Strafe und Strafvollzug[128]. Die relativen Straftheorien werden also ihrerseits vor allem danach aufgegliedert, wen die Strafe präventiv beeinflussen soll[129].

1. Die Lehre von der Generalprävention

Unter Generalprävention versteht man, dass bei kriminalpolitischen und kriminalrechtlichen Maßnahmen die Wirkung auf die Allgemeinheit zu beachten ist. Die Allgemeinheit soll zu sozialem und normgerechtem Verhalten angeleitet werden bzw. es soll unsozialem und normwidrigem Verhalten vorgebeugt werden[130].

Generalprävention ist auf verschiedenen Ebenen möglich. Generalpräventive Auswirkungen sind sicherlich durch Androhungen von Sanktionen von Seiten des Gesetzgebers und der Kriminalitätsverfolgung nicht zu leugnen. Bei der Generalprävention wird zwischen der abschreckenden Wirkung der Strafandrohung und der abschreckenden Wirkung des Strafvollzugs unterschieden[131]. Verbreitet ist die Vorstellung, dass die Strafdrohung abschrecken soll und dass der Strafvollzug die Ernsthaftigkeit der Androhung zu unterstützen hat. Abschreckung bedeutet nicht allein, dass ein zum strafbaren Handeln entschlossener *Täter* durch Überlegungen zu der möglichen Strafe von der Tat abzubringen ist (negative Generalprävention)[132]. In Form der allgemeinen Abschreckung soll die Strafe vielmehr auf tatgeneigte *Andere*, die

---

[128] Vgl. Badura, JZ 1964, 337 f.
[129] Stratenwerth, AT I § 1, Rn. 17.
[130] Luzon, GA 1984, 396.
[131] Naucke, Strafrecht § 1 V Rn. 140.
[132] Naucke, Strafrecht § 1 V Rn. 140.

sich an der Tat ein schlechtes Beispiel nehmen könnten, gegenmotivierend wirken und dadurch die Geltung der Norm sichern.

Als Teil der abschreckenden Wirkung der Strafe (Strafandrohung und Strafvollzug) wird auch angesehen, dass durch eine Sanktion für bestimmtes Verhalten die positiven sozialen Gewohnheiten verstärkt werden. Man spricht von "sittenbildender Kraft" der Strafe oder von einer Stärkung der Rechtstreue der Bevölkerung durch den stetigen Vorgang der Bestrafung bestimmter Verhaltensweisen (positive Generalprävention)[133]. Auf das Normbewusstsein derjenigen, deren Normvertrauen an das gesicherte Recht sich durch eine unsanktionierte Tat auflösen könnte, soll die Strafe dagegen normstabilisierend wirken.

Generalpräventive Straftheorien versuchen mit diesen Begründungen auch die Strafe zu rechtfertigen. Die unten vorgestellten verschiedenen Zwecke durch Abschreckung und Normstabilisierung sind nützlich für die Gesellschaft, weswegen sie für sinnvoll gehalten werden. Einen Mörder mit lebenslanger Freiheitsstrafe zu bestrafen (§ 211 StGB), ist nach diesen Theorien notwendig, um möglichst eine andere Mordtat zu verhindern. Die generalpräventiven Straftheorien begreifen die Gefahr der Straftat nicht nur aus der Sicht des tatsächlichen Opfers der Straftat, sondern vielmehr aus der Sicht des potentiellen Opfers und argumentieren von da aus mit der Notwendigkeit von Strafe.

a) Negative Generalprävention – "Abschreckung"

Nach der negativen Generalprävention ist der Zweck der Strafe die Abschreckung potentieller Täter[134]. Bei dieser Variante der Generalprävention geht es um die abschreckende Konsequenz normverletzenden Verhaltens. Die

---

133 Vgl. BVerfGE 45, 187, 256; BGHSt 24, 40, 44.
134 Über eine empirische Untersuchung dazu Curti, ZRP 1999, 234 ff.

Androhung eines Übels soll den Normadressaten zu einer Handlung zwingen, die er sonst nicht vollziehen würde. Strafe als Mittel der Abschreckung ist ein Grund für unfreiwillige Normbefolgung[135].

Paul Johann Anselm von Feuerbach (1775-1833) hat die bekannteste Ausprägung der Theorie der Generalprävention geschaffen. Sie ist unter dem Namen "Theorie des psychologischen Zwanges" berühmt geworden und ist nicht als Straftheorie, sondern als Theorie der Strafandrohung durch Strafgesetze (Theorie des psychologischen Zwanges) anzusehen[136]. Kernstück dieser Theorie ist die Überlegung, dass man zwei Möglichkeiten habe, eine Straftat zu verhindern. Man könnte einerseits den Bürger an die Kette legen (was unvorstellbar sei), oder man bemüht sich andererseits darum, dem Bürger die Straftat psychologisch unmöglich zu machen[137]. Durch die Strafdrohung, deren Ernst durch die Strafvollstreckung zu unterstützen sei, soll ein psychologischer Zwang zum Unterlassen strafbarer Handlungen erzeugt werden. Erziehung oder Sicherung als Strafziele hielt Feuerbach dagegen für unzulässig; solche Ziele anzustreben, meinte er, liege nicht in der Macht des Staates[138].

Vor v. Feuerbach betrachtete man den generalpräventiven Schwerpunkt in der abschreckenden Strafvollstreckung. Feuerbach legte in seiner Theorie des psychologischen Zwanges jedoch den Schwerpunkt ganz auf die Strafdrohung[139]. Er ging davon aus, dass der Staat Rechtsverletzungen verhindern müsse. Dies allein sei mit physischem Zwang nicht möglich, und zwar schon deshalb nicht, weil gar nicht zu erkennen ist, wann eine

---

135 Baurmann, GA 1994, 369.
136 Dazu Hruschka, JZ 1987, 163 ff.; Naucke, ZStW 87 (1975), 880; Lesch, JA 1994, 517.
137 Feuerbach, Revision und Grundsätze, Teil I, S. 40.
138 Feuerbach, Revision und Grundsätze, Teil I, S. 78 ff.; vgl. dazu auch Naucke, in: Hauptprobleme, S. 15 ff.
139 Vgl. Schmidhäuser, Vom Sinn der Strafe, S. 25; Hassemer, Einführung, S. 309; Neumann/Schroth, Neuere Theorien, S. 35; Calliess, NJW 1989, 1339.

Rechtsverletzung bevorsteht. Deshalb sei es erforderlich, "psychologischen Zwang" anzuwenden:

"Sollen daher Rechtsverletzungen überhaupt verhindert werden, so muss neben dem physischen Zwange noch ein anderer bestehen, welcher der Vollendung der Rechtsverletzung vorhergeht, und, vom Staate ausgehend, in jedem einzelnen Falle in Wirksamkeit tritt, ohne dass dazu die Erkenntnis der jetzt bevorstehenden Verletzung vorausgesetzt wird. Ein solcher Zwang kann nur ein psychologischer sein"[140].

Dieser psychologische Zwang ist nach Feuerbach in der Strafdrohung zu sehen, die den sinnlichen Antrieb zu Rechtsverletzungen aufhebe. "Alle Übertretungen haben ihren psychologischen Entstehungsgrund in der Sinnlichkeit, inwiefern das Begehungsvermögen des Menschen durch die Lust an oder aus der Handlung zur Begehung derselben angetrieben wird. Dieser sinnliche Antrieb kann dadurch aufgehoben werden, dass jeder weiß, auf seine Tat werde unausbleiblich ein Übel folgen, welches größer ist, als die Unlust, die aus dem nicht befriedigten Antrieb zur Tat entspringt"[141].

Feuerbach meinte, es komme nur darauf an, im Gesetz möglichst genau zu beschreiben, was verboten ist. Durch die Strafdrohung soll die Lust zum Verbrechen genommen werden. Rechtsverletzungen würden dann ausbleiben. Entscheidend ist also die Androhung der Strafe. Die Vollstreckung soll nur die Ernsthaftigkeit der Drohung beweisen.

"Der Zweck der Androhung der Strafe im Gesetz ist Abschreckung aller ... von Rechtsverletzungen. Der Zweck der Zufügung derselben ist die Begründung der

---

140 Feuerbach, Lehrbuch, § 12.
141 Feuerbach, Lehrbuch, § 13.

Wirksamkeit der gesetzlichen Drohung, in wiefern ohne sie diese Drohung leer (unwirksam) sein würde. Da das Gesetz alle Bürger abzuschrecken, die Vollstreckung aber dem Gesetz Wirkung geben soll, so ist der mittelbare Zweck (Endzweck) der Zufügung ebenfalls bloße Abschreckung der Bürger durch das Gesetz"[142].

Feuerbachs Theorie der Generalprävention bezieht sich somit nicht auf den Strafanspruch oder Strafvollzug, sondern auf den Zweck der Strafandrohung[143]. Die Bestrafung im Einzelfall dient nur der Bekräftigung des Ernstes der Strafdrohung. Sie ist in dieser Funktion selbstverständlich unverzichtbar. Gerechtfertigt wird sie aber nicht über diese Funktion, sondern mittels der Konstruktion einer Einwilligung des Verbrechers in die Bestrafung: Wer eine Tat begeht, an deren Ausführung eine Strafe geknüpft ist, willigt damit in diese ein[144]. Der Täter weiß, dass seine Tat verboten und mit Strafe bedroht ist. Indem er das Verbrechen dennoch begeht, nimmt er das Risiko der Strafe in Kauf. Die Strafe rechtfertigt sich damit aus der eigenen Zustimmung des Verbrechers.

Feuerbachs Theorie des psychologischen Zwanges basiert rein auf dem rationalistischen Menschenbild der Aufklärung, aber auch des Utilitarismus, das den Menschen als in jeder Handlungssituation Vor- und Nachteile abwägendes Wesen sieht[145]. Der Menschentyp, auf den sie abzielt, ist der Partner des Sozialvertrages, dem vor Augen geführt wird, was Vertragsverletzung nach sich

---

142 Feuerbach, Lehrbuch, § 16.
143 Feuerbach, Lehrbuch, § 17; dazu auch Neumann/Schroth, Neuere Theorien, S. 35.
144 Dazu Neumann/Schroth, Neuere Theorien, S. 35; Kleinheyer, in: Recht und Staat, S. 19.
145 Dazu Radbruch, Ein Juristenleben, S. 180 f.; ders., Mensch im Recht, S. 14; Eb. Schmidt, Einführung, S. 365; Hassemer, Einführung, S. 307; Baurmann, GA 1994, 371, 374; Bock, JuS 1994, 95; Schreiber, ZStW 94 (1982), 282; Lange, JZ 1978, 542.

zieht, und der daraufhin natürlich von dem Unrecht Abstand nimmt, dass er ohne diese Vorführung eventuell begangen hätte[146].

b) Positive Generalprävention (Integrationsprävention)[147] – "Verteidigung der Rechtsordnung"

Generalpräventiv kann die Strafe nicht nur, wie Feuerbach meinte, durch Abschreckung und durch Androhung äußeren Zwanges gegenüber dem potentiellen Rechtsbrecher wirken. Vielmehr kommt ihr durch positive Stabilisierung des Rechtsbewusstseins der Bevölkerung als Fernwirkung eine straftatverhindernde Funktion zu (sog. positive Generalprävention)[148]. Die Androhung oder Anwendung von Strafe hat bei der positiven Generalprävention nicht nur die Funktion der Verbrechensprävention, sondern sie soll gerade auch die Geltung der Normen verstärken.

Die positive Generalprävention setzt voraus, dass durch strafrechtliche Werturteile Normbindungen der Allgemeinheit positiv beeinflusst werden können. Anders als bei der negativen Generalprävention lässt sich die Idee der positiven Generalprävention darin sehen, dass staatliche Strafe ein Mittel sein kann, um zu freiwilliger Normbefolgung zu motivieren[149]. Damit ist eine durch die schuldangemessene Strafe ausgelöste Befriedigung des Rechtsgefühls gemeint, die das allgemeine Rechtsgefühl stärkt. Der positiven

---

[146] Radbruch, Mensch im Recht, S. 14; Bock, JuS 1994, 95; Kindhäuser, GA 1989, 499; ausführlich über die Probleme der psychologischen Zwangstheorie s. Hassemer, Einführung, S. 309 ff.

[147] *Hassemer* unterscheidet zwischen der positiven Generalprävention und der Integrationsprävention, Einführung, S. 324 ff.; in der Lehre wird die positive Generalprävention unterschiedlich aufgefasst. Verschiedene Versionen der positiven Generalprävention finden sich u. a. bei Haffke, Tiefenpsychologie und Generalprävention; Schumann, Positive Generalprävention; Kunz, ZStW 98 (1986), 823 ff.; Maiwald, GA 1983, 49; Streng, ZStW 92 (1980), 637 ff.

[148] Vgl. Jakobs, AT S. 13 ff.; Baumann/Weber/Mitsch, AT § 3 Rn. 30; Neumann/Schroth, Neuere Theorien, S. 33; Calliess, NJW 1989, 1339.

[149] Jakobs, AT S. 13 f.; Schneider, Kriminalpolitik, S. 11; Baurmann, GA 1994, 369.

Generalprävention kommt heute eine zentrale Bedeutung zu und sie gilt zurzeit als die herrschende Straftheorie[150].

c) Würdigung der Generalprävention

Generalprävention hat den Vorteil, ohne ausführliche Begründung überzeugen zu können[151]. Die durch Abschreckung Kriminalität vorbeugende Strafe ist nur eine Abschreckung, die nicht wirklich ausgeführt ist, solange man keine Straftat begeht. Wer sich deswegen fürchten soll, ist der- oder diejenige, die beschlossen hat, trotz dieser Strafabschreckung die Straftat zu begehen. Generalpräventive Paradigma verlieren daher nicht ihre Berechtigung gegenüber dem potentiellen Straftäter[152].

d) Kritik der Generalprävention

Die Generalprävention als Strafzweck hat seit jeher ethische bzw. rechtsphilosophische Bedenken hervorgerufen[153]. Zuerst hat die negative generalpräventive Straftheorie es sich psychologisch mit dem Straftäter zu einfach gemacht[154]. Die Angst vor der Strafe ist nicht einziger Grund, keine Straftat zu begehen. Dem Verzicht darauf, eine Straftat zu begehen, liegt ein komplizierter Prozess zugrunde, so dass man nicht einfach sagen kann, dass er das Ergebnis des Respekts von einer Strafbedrohung ist. Bei der positiven

---

150 Vgl. z. B. NK-Hassemer, Vor § 1 Rn. 429; ders., in: FS Roxin, S. 1014 ff.

151 Vgl. Lenckner, in: Handbuch I, S. 11.

152 Vgl. dazu Hoerster, GA 1970, 280; Naucke, Die strafjuristische Privilegierung, S. 31.

153 Kritik zur Generalprävention besonders bei Wolff, ZStW 97 (1985), 790 ff.; Köhler, AT S. 42 f.; Zaczyk, in: Freiheit, S. 77; Klesczewski, Rolle der Strafe, S. 278.

154 Dazu vgl. Naucke, Strafrecht, § 1 V Rn. 172; ders., in: Hauptprobleme, S. 24.

Generalprävention ist es schwer empirisch zu erklären, ob und inwieweit die Strafe das Normbewusstsein verstärkt[155].

Weiterhin stehen generalpräventive Straftheorien dem verfassungsrechtlichen Übermaßverbot und der Garantie der Menschenwürde in Art. 1 Abs. 1 GG entgegen[156], da der Verurteilte instrumentalisiert wird. Die Menschenwürde verbietet es, durch Bestrafung des Straftäters diesen als Mittel zur Abschreckung anderer Menschen zu benutzen. Der Täter darf nicht zum bloßen Objekt staatlichen Handelns degradiert werden, indem er durch die an ihm demonstrierte Strafe lediglich als Mittel zu Zwecken anderer, nämlich des Normvertrauens der Gesellschaft dient[157]. Nach dem freiheitlichen Strafrechtsverständnis steht die Person, das einzelne Subjekt im Vordergrund, dem sich das Recht in einem autonomen, subjektiven Vernunftschluss erschließt[158]. Von einem heteronomen, pragmatischen und demzufolge präventiv geleiteten Strafverständnis ist sie daher ausgeschlossen.

e) Generalpräventive Gesetzesformel

Strafrechtsnormen bestehen aus Verboten (z. B. § 212 StGB: Du darfst nicht töten) und Geboten (z. B. §§ 138, 323 c StGB)[159]. Solche Verbote und Gebote werden mit einer Strafdrohung für die Fälle der Missachtung verbunden, um die

---

155 Vgl. dazu Lüderssen, JA 1991, 223; Koriath, Jura 1995, 625; Schünemann, in: Grundfragen, S. 172 ff.; aber aus den bisherigen Evaluationsstudien (z. B. Dölling, ZStW 102 (1990), 1 ff; Vilsmeier, MschrKrim 73 (1990), S. 273) ergibt sich, dass durch ambulante Strafen auch generalpräventive Wirkungen erzielt werden können, denn entscheidend für die Abschreckung der Allgemeinheit bzw. für die Erzwingung von normkonformem Verhalten sind nicht Art und Schwere der Strafe, sondern Sanktionsbereitschaft und Strafwahrscheinlichkeit.

156 Dazu grundlegend Köhler, Zusammenhang, S. 40 f.; Badura, JZ 1964, 337 ff.; Calliess, NJW 1989, 1340; Bock, JuS 1994, 97; Ambos/Steiner, JuS 2001, 12.

157 Vgl. Badura, JZ 1964, 337 ff.; Köhler, AT S. 44 ff.

158 Zu den Grundlinien der Kantischen Rechtsphilosophie siehe Brugger, JZ 1991, 894 ff.; dazu auch Wolff, ZStW 97 (1985), 806 ff.; Köhler, AT S. 8; Begriff der Strafe, S. 57; Zaczyk, Unrecht, S. 128 ff.

159 Vgl. dazu Krey, AT Bd. 1, Rn. 128; Lampe, in: FS Baumann, S. 23 ff.

Allgemeinheit durch die Abschreckungsfunktion von Strafdrohung und Bestrafung zu ihrer Beachtung zu bewegen[160]. Bis heute basiert die Kriminalpolitik im Kern auf dem Gedanken der negativen Generalprävention.

Das StGB hat die positive Generalprävention nicht ausdrücklich erwähnt. Aber der Gedanke der positiven Generalprävention findet sich nach h. M. im Gesetz in den §§ 47 Abs. 1, 56 Abs. 3 und § 59 StGB in Gestalt der "Verteidigung der Rechtsordnung"[161]. Diese Klausel soll den Entscheidungsspielraum des Strafrichters beschränken. Wegen der inhaltlichen Unbestimmtheit ist jedoch "Verteidigung der Rechtsordnung" ein sehr problematischer Begriff[162]. Die Frage ist, ob der in den drei erwähnten Vorschriften des StGB verwendete Begriff der Verteidigung der Rechtsordnung einheitlich zu verstehen ist oder ob er nach dem Zweck der jeweiligen Vorschrift jeweils eine andere Bedeutung haben muss. Rechtsprechung und Literatur[163] sind jedenfalls der einhelligen Auffassung, dass der Begriff Verteidigung der Rechtsordnung in § 47 und § 56 StGB dieselbe Bedeutung hat.

Zunächst spricht das StGB von der Verteidigung der Rechtsordnung im Zusammenhang mit der Verhängung kurzfristiger Freiheitsstrafen, d. h. Freiheitsstrafen unter sechs Monaten: § 47 Abs. 1 StGB erlaubt sie nur für Ausnahmefälle, die anzunehmen sein sollen, wenn besondere Umstände in der Tat oder in der Persönlichkeit des Täters die Verhängung einer Freiheitsstrafe

---

160 Krey, AT Bd. 1, Rn. 128; aber vgl. hierzu auch Jescheck/Weigend, AT S. 78; Köhler, AT S. 602 ff.

161 Der Begriff der "Verteidigung der Rechtsordnung" wurde erst im Jahre 1969 durch das Erste Gesetz zur Reform des Strafrechts in das StGB eingefügt. Zur Entstehungsgeschichte des Begriffs der Verteidigung der Rechtsordnung, Sturm JZ 1970, 85; Kunert, NJW 1970, 539; Maiwald, GA 1983, 49.

162 Dazu Kunert, NJW 1970, 539; Sturm, JZ 1970, 85; Naucke, Verteidigung der Rechtsordnung, S. 46, 141; Müller-Dietz, in: FS Jescheck, S. 819; Maiwald, GA 1983, 49 ff. m. w. N.

163 Dazu Maiwald GA 1983, 50 ff. m. w. N.; aber vgl. hierzu auch Köhler, AT S. 640.

zur Einwirkung auf den Täter oder zur Verteidigung der Rechtsordnung unerlässlich machen[164].

Die Formulierung von der Verteidigung der Rechtsordnung wird weiterhin in § 56 Abs. 3 StGB verwendet. Verhängt der Richter eine Freiheitsstrafe zwischen sechs Monaten und einem Jahr, so ist sie in der Regel bei günstiger Sozialprognose zur Bewährung auszusetzen. Ihre Vollstreckung darf jedoch nicht ausgesetzt werden, wenn die Verteidigung der Rechtsordnung sie gebietet. In all diesen Formulierungen ist der Gedanke enthalten, dass Strafe zur Festigung des Normbewusstseins verhängt werden muss; dies aber ist nach h. M. der Gedanke der positiven Generalprävention[165].

2. Die Lehre von der Spezialprävention

Im Rahmen der Verbrechensprävention gibt es durch die Einwirkung auf den Täter selbst die sog. Spezialprävention[166]. In der Spezialprävention ist anders als in der Generalprävention der Täter selbst Zwecksubjekt. Das bedeutet, dass auf den Täter selbst eingewirkt wird, nicht nur um ihn vor der Begehung weiterer Taten abzuschrecken (negative Spezialprävention), sondern auch um ihm zu helfen, etwaige soziale Anpassungsschwierigkeiten, mit denen seine Tat zusammenhängt, zu überwinden (positive Spezialprävention)[167]. Das heißt die Resozialisierungsfähigkeit des Täters wird durch die Strafe gefördert, damit der Täter nach der Verbüßung seiner Strafe keine weitere Straftat begeht. Spezialprävention kann aber auch bedeuten, dass ein resozialisierungsunfähiger Täter durch "Isolierung von der Gesellschaft" gesichert wird, damit er während seiner Isolierungszeit keine Straftat begehen kann. Die Inhalte der

---

164 Vgl. zur Anwendungsbereich der kurzen Freiheitsstrafe (§ 47 StGB) siehe unten S. 168 ff.
165 Kritisch hierzu Köhler, AT S. 639 f.
166 Oder auch "Individualprävention" genannt; vgl. dazu Stratenwerth, AT I § 1 Rn. 18; Eb. Schmidt, ZStW 67 (1955), 183; Freund, GA 1995, 4 ff.
167 Vgl. Tröndle/Fischer, § 46 Rn. 3; Bock, JuS 1994, 93.

Spezialprävention sind daher Resozialisierung und Sicherung[168]. Man muss Resozialisierung und Sicherung von der Spezialprävention unterscheiden. Spezialprävention und Resozialisierungstheorie sind nicht gleich bedeutend. Gemeinsamkeit aller Inhalte der Spezialprävention ist die Rückfallverhinderung der Straftäter.

Die Lehre von der Spezialprävention ist, wenn auch nicht so unmittelbar ersichtlich wie bei der Generalprävention, dem Ziel des Rechtsgüterschutzes verpflichtet: Täter, bei denen die Generalprävention versagt hat, sollen durch die gezielte, spezielle Einwirkung auf ihre Person von der Begehung künftiger Taten abgehalten werden[169]. Der Mörder wird nach dieser Theorie vor allem deswegen bestraft, damit er selbst keine weitere Straftat begehen kann.

Desweiteren ist zu beachten, dass die Lehre von der Spezialprävention die Strafe nicht nur für die Gesellschaft, sondern auch für den Täter als nützlich erklärt und dass die Spezialprävention als Rechtfertigungsgrund für das Strafen genannt wird. Aus diesem Grund kann Resozialisierung nicht nur Strafvollzugszweck, sondern allgemeines Rechtfertigungsargument der Strafe sein. Dies ist die Meinung der "neuen Schule"[170].

a) Drei Aspekte der Spezialprävention

Franz von Liszt (1851-1919) hat seit 1882 (Marburger Programm) die "Moderne Schule" des Kriminalrechts begründet und der Strafe eine spezialpräventive Bedeutung verliehen[171]. Diese moderne Schule verwarf die von Kant und Hegel begründeten absoluten Straftheorien mit größter Schärfe. Sie forderte die klare spezialpräventive Ausrichtung des Strafrechts, also eine Ausrichtung an den

[168] Dazu Schulz, JA 1982, 532.
[169] Baumann/Weber/Mitsch, AT § 3 Rn. 36.
[170] Näher dazu Naucke, ZStW 94 (1982), 525 ff.
[171] Zur Geschichte des spezialpräventiven Denkens siehe Stratenwerth, AT I § 1 Rn. 19.

Gedanken der Resozialisierung des Täters und der Sicherung der Gesellschaft vor dem Täter: "Die Strafe ist Prävention durch Repression"[172].

v. Liszt sah das Verbrechen als Produkt der Anlagen des Verbrechers und der Einflüsse der Umwelt auf ihn. In dem zu bestrafenden Verbrecher müsse also die Ursache des Verbrechens bekämpft werden. Weiterhin sah er die Strafe als ein Mittel einer solchen Bekämpfung an und fragte nun nach den Wirkungen, die die Strafe auf den einzelnen Verbrecher haben könne. Bei solchen Wirkungen unterschied er je nach der Persönlichkeit des Täters drei spezialpräventive Funktionen der Strafe: die Abschreckung, die Unschädlichmachung und die Besserung (Resozialisierung des Täters):

"Die Strafe ist Zwang. Sie wendet sich gegen den Willen des Verbrechers, indem sie die Rechtsgüter verletzt oder vernichtet, in welchen der Wille Verkörperung gefunden hat. Als Zwang kann die Strafe doppelter Natur sein.

1) Indirekter, mittelbarer, psychologischer Zwang oder Motivation. Die Strafe gibt dem Verbrecher die ihm fehlenden Motive, welche der Begehung von Verbrechen entgegenzuwirken geeignet sind, und die vorhandenen Motive vermehrt und kräftigt sie. Sie erscheint als künstliche Anpassung des Verbrechers an die Gesellschaft, und zwar entweder

(1) durch Besserung , d. h. durch Einpflanzung und Kräftigung altruistischer, sozialer Motive;

(2) durch Abschreckung, d. h. durch Einpflanzung und Kräftigung egoistischer, aber in der Wirkung mit den altruistischen zusammenfallender Motive.

2) Direkter, unmittelbarer, mechanischer Zwang oder Gewalt. Die Strafe ist Sequestrierung des Verbrechers; vorübergehende oder dauernde

---

172 Sog. "Marburger Programm" von 1882 mit dem Titel "Der Zweckgedanke im Strafrecht" in: v. Liszt, Aufsätze und Vorträge, Bd. 1 S. 126 ff.; näher dazu Naucke, ZStW 94 (1982), 525 ff.

Unschädlichmachung, Ausstoßung aus der Gesellschaft oder Internierung in derselben. Sie erscheint als künstliche Selektion des sozial untauglichen Individuums. Die Natur wirft denjenigen, der sich gegen sie vergangen hat, aufs Bett, der Staat wirft ihn ins Gefängnis

Besserung, Abschreckung, Unschädlichmachung: das sind demnach die unmittelbaren Wirkungen der Strafe; die in ihr liegende Triebkräfte, durch welche sie den Schutz der Rechtsgüter bewirkt"[173].

Nach v. Liszt bilden diese Wirkungen die entsprechenden Verbrechergruppen. Es gibt die besserungsfähigen Gelegenheitstäter oder Augenblickstäter. Sie sollen durch die Strafe abgeschreckt werden. Die besserungsunfähigen Hangtäter oder Gewohnheitsverbrecher sollen dagegen durch die Strafe gebessert werden. Die dritte Gruppe stellen die besserungsunfähigen Gewohnheitsverbrecher dar, die durch die Strafe aus der Gesellschaft entfernt und dadurch unschädlich gemacht werden sollen[174].

b) Würdigung der Spezialprävention

Soweit die Lehre von der Spezialprävention dem Gedanken der Resozialisierung folgt, der unter ihren Anhängern heute ganz im Vordergrund steht, liegen ihre theoretischen und praktischen Vorzüge jedenfalls in einem ersten Zugang auf der Hand. Sie ist als Resozialisierungstheorie gerecht, weil sie humane Hilfe für den Täter anbietet. Sie ist vernünftig, weil sie von einem rationalen einsehbaren Zweck (Rückfallverhinderung) ausgeht[175].

Sie formuliert einsehbar das Misstrauen gegenüber der Vergeltungstheorie und dokumentiert das Gefühl der Mitverantwortung des Staates und des einzelnen

---

[173] v. Liszt, Aufsätze und Vorträge, Bd. 1 S. 163 ff.
[174] v. Liszt, Aufsätze und Vorträge, Bd. 1 S. 164 ff., ferner Bd. 2 S. 170 ff.

Bürgers für den straffällig gewordenen Mitbürger[176]. Als Sicherungstheorie drückt die Spezialpräventionslehre das Recht der Gesellschaft aus, sich gegen den Straftäter zu verteidigen.

c) Spezialpräventive Gesetzesformel

Bevor einzelne spezialpräventive Vorschriften des StGB vorgestellt werden, ist es zunächst erforderlich, die Funktion des Strafvollzuges zu erläutern. In § 2 Satz 1 des Strafvollzugsgesetzes wird als Vollzugsziel der spezialpräventive Gesichtspunkt der Resozialisierung genannt. In § 2 des Strafvollzugsgesetzes heißt es über die Aufgaben des Vollzuges: "Im Vollzug der Freiheitsstrafe soll der Gefangene fähig werden, künftig in sozialer Verantwortung ein Leben ohne Straftat zu führen (Vollzugsziel). Der Vollzug der Freiheitsstrafe dient auch dem Schutz der Allgemeinheit vor weiteren Straftaten".

Diese Bestimmung regelt die Aufgaben des Vollzuges der Freiheitsstrafe. Unter dem Ziel des Vollzuges ist das vom Gesetz gültig formulierte Problem zu verstehen, das von den Beteiligten in dem angegebenen Sinn zu lösen ist, nämlich die Gefangenen zu befähigen, künftig in sozialer Verantwortung ein Leben ohne Straftaten zu führen[177]. Gleichzeitig ist es Gestaltungsmaxime für den Vollzug. Die Funktion des Vollzugsziels ist es, Leitgesichtspunkte sowohl für das organisatorische Handeln der Vollzugsverwaltung als auch für den Behandlungsprozess insgesamt wie für die Einzelentscheidungen von Verwaltung und Rechtsprechung zu geben[178].

Im StGB findet sich der Gedanke der Spezialprävention in § 46 Abs. 1 S. 2, wonach bei der Strafzumessung die (möglichst bessernden oder

---

175 Dazu Freund, GA 1995, 23; Naucke, ZStW 94 (1982), 534.
176 Vgl. Roxin, AT I § 3 Rn. 15.
177 Vgl. dazu Arthur Kaufmann, in: FS Wassermann, S. 894.
178 So Calliess/Müller-Dietz, Strafvollzugsgesetz, § 2 Rn. 3.

abschreckenden) Wirkungen der Strafe auf das künftige Leben des Täters zu berücksichtigen sind. Weiterhin sei auf § 47 Abs.1 StGB (Verhängung einer kurzen Freiheitsstrafe "zur Einwirkung auf den Täter") und § 56 Abs. 1 StGB hingewiesen. Nach letzterer Bestimmung ist darüber hinaus für die Strafaussetzung zur Bewährung die Erwartung maßgebend, dass der Täter auch ohne den Vollzug der verhängten Strafe von künftigen Straftaten abgehalten werden kann.

"Die Wirkung auf den Täter" in § 46 Abs. 1 Satz 2 StGB meint nicht nur die Ziele, die mittels gezielter Einwirkung auf ihn durch die Verurteilung und einen sinnvollen Strafvollzug erreicht werden sollen, sondern umfasst in der weiteren Formulierung von Abs. 1 S. 2 sämtliche "Wirkungen, die von der Strafe für das künftige Leben des Täters in der Gesellschaft zu erwarten sind". Dazu gehören die Wechselwirkung der aufeinander abzustimmenden Haupt- und Nebenstrafen und die Nebenwirkungen der Verurteilung, z. B. der Verlust der Beamtenstellung. Dies ist jedoch immer unter dem Aspekt zu betrachten, inwiefern diese Wirkungen dafür von Bedeutung sind, ob es dem Täter künftig gelingen kann, ein Leben ohne Straftaten zu führen[179]. Die Strafe darf nicht die Entsozialisierung des Täters zur Folge haben.

Der Gedanke der Spezialprävention, der gegenüber sozial eingegliederten und strafempfänglichen Tätern nicht ohne weiteres strafschärfend herangezogen werden darf, wird insgesamt in einem erweiterten Sinn verstanden. Berücksichtigung hat dieser Gedanke insbesondere im kriminalpolitischen Programm der Reformgesetze gefunden. Reformüberlegungen müssen auch die Forderung einbeziehen, den Täter-Opfer-Ausgleich durch Wiedergutmachung des durch die Straftat angerichteten Schadens als - neben der Strafe und den Maßregeln der Besserung und Sicherung - "dritte Spur" in das strafrechtliche

---

179 Tröndle/Fischer, § 46 Rn. 5.

Sanktionssystem aufzunehmen. Die in §§ 61 ff. StGB geregelten Maßregeln sind auch spezialpräventiv orientierte Zweckmaßnahmen[180], weil sie künftige Straftaten des von ihnen Betroffenen verhindern wollen.

d) Grundprobleme der Spezialprävention

Gleichwohl wirft die Durchführung der Lehre der Spezialprävention Probleme auf[181]. Zum einen ist rechtlich schwer zu erklären, ob der Staat oder die Gesellschaft ein Recht hat, einen Täter zwangsweise den üblichen gesellschaftlichen Regeln anzupassen[182]. Kant und Hegel sahen darin einen Verstoß gegen die Menschenwürde. Eine ernsthaft durchgeführte Resozialisierung müsste den Staat in eine große Zwangserziehungsanstalt verwandeln. Der Zweck der Resozialisierung ist so wenig konkretisierbar, dass er staatliche Macht im Bereich des Strafrechts unkontrollierbar erweitern kann. Das gilt erst recht für den Sicherungszweck der Strafe.

Zum anderen bringen die Freiheitsstrafen, besonders die kurzen Freiheitsstrafen, oft das Gegenteil dessen hervor, was mit ihnen erstrebt wird. Der Täter wird häufig durch die kurze Freiheitsstrafe nur in eine kriminalitätsfördernde Umwelt gebracht, in der er neue Bekanntschaften zur Begehung neuer Taten schließen kann. Freiheitsstrafen bis zu sechs Monaten sind erfahrungsgemäß nicht lange genug, um eine aussichtsreiche Behandlung zu erlauben[183]. Der Gefangene lernt in dieser kurzen Zeit nicht, künftig ein straffreies Leben zu führen. Er ist vielmehr noch zu sehr anfällig dafür, kriminelle Techniken und Haltungen der

---

180 Krey, Studien zum Gesetzesvorbehalt, S. 219; Lackner/Kühl, § 61 Rn. 1; vgl. dazu aber Freund, GA 1995, 5, 48.

181 Vgl. dazu auch Bock, ZStW 102 (1990), 505 ff.

182 Vgl. dazu BVerfGE 22, 219 f.; Haffke, MschrKrim 58 (1975), 247 ff.; Roxin, AT I § 3 Rn. 15; Jescheck/Weigend, AT S. 67; vgl. auch Arthur Kaufmann, JZ 1967, 557; Hassemer, in: FS Lüderssen, S. 221 ff.

183 Vgl. dazu Hassemer, KrimJ 1982, 162 ff.

Mitgefangenen zu übernehmen[184]. Der Gelegenheitstäter, der nur durch besondere Umstände des Einzelfalles zu seiner Straftat veranlasst wurde, wird nicht selten während des Vollzuges der Freiheitsstrafe erst endgültig den gesellschaftlichen Normen entfremdet.

Die dritte Schwäche der Lehre der Spezialprävention liegt darin, dass sie mit den Tätern, die nicht resozialisierungsbedürftig sind, nichts anzufangen weiß[185]. Dieses Problem tritt nicht nur bei vielen Fahrlässigkeitstätern und Tätern kleinerer Straftaten auf. Es besteht auch bei solchen Tätern, die zwar schwere Straftaten verübt haben, bei denen aber keine Wiederholungsgefahr anzunehmen ist, weil die Tat unter einzigartigen Konfliktumständen begangen wurde oder die veränderten Zeitsituationen ihre erneute Begehung unmöglich machen[186].

Viertens hat zu einer Ernüchterung gegenüber der Spezialprävention auch der Umstand beitragen, dass trotz aller Bemühungen ein auf breiter Grundlage erfolgreiches Konzept für die Sozialisierung Straffälliger bis heute sich nicht hat entwickeln können[187]. Während die Vergeltungsstrafe ihren Zweck in sich selbst trägt und daher von jedem "Erfolg" unabhängig ist, wird eine spezialpräventive Zielsetzung auch dann sinnlos, wenn man sie trotz dauernder Erfolglosigkeit[188] theoretisch für richtig hält[189].

Schließlich sieht Resozialisierungsstrafe theoretisch human aus, trägt aber in der Tat inhumane Züge, weil sie in den Körper und den Geist der Straftäter doppelt

---

184 Zur Theorie der Subkultur und dem Erscheinungsweisen im Gefängnis siehe Harbordt, Subkultur, S. 21 ff.

185 Roxin, AT I § 3 Rn. 19.

186 Roxin, AT I § 3 Rn. 19.

187 Roxin, AT I § 3 Rn. 19; vgl. NK-Hassemer Vor § 1 Rn. 416 ff.

188 Dies beweist indirekt, dass, obwohl der Strafvollzug die Resozialisierung als Strafvollzugsziel bezweckt, die Zahl der "Rückfalltäter" andauernd zunimmt; dazu Schwind, in: 10 Jahre Strafvollzugsgesetz, Einführung in das Tagungsthema S. 25; vgl. Schöch, in: Individualprävention und Strafzumessung, S. 245 ff.

189 Roxin, AT I § 3 Rn. 19.

eingreift[190]. Bei einer Vergeltungsstrafe wird dagegen nur die körperliche Handlungsfreiheit des Straftäters eingeschränkt.

III. Die Vereinigungstheorie

In der Vereinigungstheorie wird versucht, Vergeltung und Prävention nicht gegeneinander zu stellen, sondern sie miteinander zu vermitteln[191]. Diese Theorien bemühen sich um eine Kombination der bisher genannten Straftheorien, wobei die Schwerpunkte verschieden liegen können[192]. Der Mörder wird z. B. nach einer möglichen Form der Vereinigungstheorie bestraft, weil er einen Mord begangen hat, und zugleich, um andere vom Morden abzuhalten und auch den Täter selbst von der Begehung weiterer Straftaten abzubringen. Auch § 46 StGB ist Ausdruck einer solchen "Vereinigungstheorie", wenn er in Abs. 1 Satz 1 die Schuldvergeltung, in Satz 2 jedoch eine präventive Aufgabe postuliert.

1. Typen der Vereinigungstheorie

In der Strafrechtswissenschaft formieren sich die Vereinigungstheorien besonders um zwei Systematiken: die Verbindung der Straftheorien mit den Stadien des Strafverfahrens und ihre Verbindung mit den Typen der Straftat[193]. So kann man mit einer gewissen Plausibilität das Ermittlungsverfahren mit seiner abschreckenden Wirkung der Generalprävention, das Hauptverfahren mit dem Ziel einer gerechten Entscheidung der Vergeltung und den Strafvollzug mit seinen Resozialisierungsaufgaben der Spezialprävention zuordnen[194]. Andererseits kann man auch die vorsätzlichen Gewaltstraftaten im

---

[190] Dazu ausführlich Hassemer, KrimJ 1982, 163 ff.; ders., in: Rechtswissenschaft, S. 290 ff.; ders., Einführung, S. 292.

[191] Dazu Krey, AT Bd. 1, Rn. 134; kritisch Köhler, AT S. 44; Stratenwerth, AT I S. 24.

[192] Vgl. dazu Bielefeldt, GA 1990, 110.

[193] Vgl. dazu Koriath, Jura 1995, 625 ff.

[194] Roxin, JuS 1966, 377 ff.; vgl. auch Naucke, Tendenzen S, 28 ff.

Zusammenhang mit der Vergeltung sehen, die vorsätzlich, aber ohne Gewalt begangenen Straftaten gegen Gesundheit und Vermögen mit den präventiven Strafzielen und die fahrlässigen Straftaten mit der Generalprävention.

In der Rechtsprechung wird stark auf die Unrechtsvergeltung und den Schuld-Sühne Ausgleich abgestellt, da sie die unrechts- und schuldangemessene Strafe nicht antastet[195]. In der Lehre finden sich neben Anhängern der von der Rechtsprechung verfolgten Linie[196] sowohl Vertreter einer mehr spezialpräventiv[197], als auch einer mehr generalpräventiv[198] geprägten Richtung.

In der vergeltenden Vereinigungstheorie werden Vergeltung und Prävention als gleichwertig nebeneinanderstehende Strafzwecke angesehen. Dabei stand ursprünglich der Vergeltungszweck im Vordergrund: "...maßgebend ist ...in erster Linie das Sühnebedürfnis, der Vergeltungszweck der Strafe, daneben wohl auch noch der Abschreckungszweck. Die sonstigen Strafzwecke, der Besserungs- und Sicherungszweck, treten demgegenüber in den Hintergrund"[199].

In einer neueren Formulierung der Vereinigungstheorie werden demgegenüber Vergeltung, Spezial- und Generalprävention als weitestgehend gleichrangige Strafzwecke behandelt: ausgehend von der Vorstellung, dass keine Straftheorie von Gesetzes wegen explizit vorgeschrieben oder verboten ist, formulierte das BVerfG: "Das Bundesverfassungsgericht hat sich wiederholt mit Sinn und Zweck des staatlichen Strafens befasst, ohne zu den in der Wissenschaft vertretenen Straftheorien grundsätzlich Stellung zu nehmen ... Es hat als allgemeine Aufgabe des Strafrechts bezeichnet, die elementaren Werte des

195 BGHSt 20, 264 (265 f.); 28, 318 (326); 34, 150 (151); zum Begriff der Strafe in der Rechtsprechung des BVefG vgl. Volk, ZStW 83 (1971), 405 ff.
196 Maurach/Zipf, AT Bd. 1 § 6 Rn. 8, § 7 Rn. 27 f.
197 Roxin, AT I § 3 Rn. 36 ff.
198 S/S/Stree, Vorbem § 38 Rn. 12 ff.
199 RGSt 58, 109.

Gemeinschaftslebens zu schützen. Schuldausgleich, Prävention, Resozialisierung des Täters, Sühne und Vergeltung für begangenes Unrecht werden als Aspekte einer angemessenen Strafsanktion bezeichnet"[200].

In einer früheren Entscheidung des BVerfG wird dennoch eine Vorrangstellung der Vergeltung gegenüber der Prävention als Strafzweck betont. Die Kriminalstrafe sei "- unbeschadet ihrer Aufgabe, abzuschrecken und zu resozialisieren - Vergeltung für begangenes Unrecht"[201].

2. Probleme der Vereinigungstheorie

Sowohl die absoluten als auch die relativen Straftheorien haben Vor– und Nachteile. Aus diesem Grund versuchen die Vereinigungstheorien nur die Vorteile der beiden Straftheorien zu verbinden[202], um Sinn und Zweck der Strafe zu finden. Diese Vereinigungstheorien haben daher sehr hohe theoretische Erfolgsmöglichkeiten, weil sie zwischen den beiden extremen Standpunkten nicht alternativ entscheiden, sondern die positiven Aspekte der Theorien aufzunehmen suchen[203]. Von daher können die Nachteile aller Theorien gegenseitig aufgehoben werden. Das ist der allgemeine Charakter aller gemischten Vereinigungstheorien. Durch die Verbindung der zwei ganz verschieden Theoriezusammenhänge nur Vorteile zu haben, ist jedoch eine Wunschvorstellung. So etwas kann nur in einer Ausnahmesituation, in der die beiden Kombinationen ideal zusammenstimmen, passieren. Man kann jedoch im schlimmsten Fall nicht ausschließen, dass nicht die Vorteile sondern nur die Nachteile der vermittelten Theorien sich treffen und sich so verdoppeln können.

---

200 BVerfGE 45, 187, 253.
201 BVerfGE 39, 1, 57.
202 Vgl. Köhler, AT S. 44; Gallas, Kriminalpolitik, S. 10 ff.; ders., ZStW 80 (1968), 1 ff., allerdings mit Kritik zu den Vereinigungstheorien.
203 Vgl. NK-Hassemer, Vor § 1 Rn. 428; Lampe, Strafphilosophie, S. 59.

Die Grenze der Vereinigungstheorie liegt an diesen realistischen Erfolgsmöglichkeiten.

Es ist zunächst sehr fraglich, ob die Rechtfertigungsprobleme der Strafe durch Vermittlung, Kombination oder Mischung der verschiedenen Theorien gelöst werden können. Vermittlung und Kombination betreffen nur die Technik. Die technische Erklärung kann nicht grundsätzlich die Probleme lösen. Die Rechtfertigung der Strafe verlangt eine klare Äußerung zum jeweiligen Standpunkt[204]. Die technische Vermittlung der absoluten und relativen Straftheorien kann erst berücksichtigt werden, nachdem die Rechtfertigungsprobleme der Strafe richtig gelöst worden sind.

Ein weiterer Kritikpunkt der Vereinigungstheorien bezieht sich auf den Zielkonflikt der Strafe. Aus dem Nebeneinander von Vergeltung und Spezialprävention, Generalprävention und Spezialprävention und schließlich Sicherung und Besserung als Strafzwecke ergibt sich eine "Antinomie der Strafzwecke"[205]. Mit der Antinomie ist gemeint, dass die verschiedenen Strafziele nicht nur verschiedenes bezwecken, sondern auch aus verschiedenen gedanklichen Welten stammen und aus verschiedenen Voraussetzungen bestehen[206]. Deswegen ist es unmöglich, sie miteinander zu kombinieren. Man kann nicht gleichzeitig die vergangene Kriminalität vergelten und die Verbrecher resozialisieren, bessern und sichern. Die negative Methode (Vergeltung und Negation) kann nicht positiven Erfolg (Sicherung und Besserung) bringen. Die Generalprävention hat zudem eine eigene Logik, die anders als die der Spezialprävention ist. Der Zweck der Sicherung steht im Verhältnis zur Höhe der Gefängnismauer, aber der Zweck der Besserung

---

204 Dazu vgl. Dombois, Mensch und Strafe, S. 103.

205 Eingehend zur Problematik der Antinomie der Strafzwecke Bruns, Strafzumessungsrecht, S. 64; Köhler, AT S, 44; Lampe, Strafphilosophie, S. 61; Frisch, ZStW 99 (1987), 364 f.

206 Bruns, Strafzumessungsrecht, S. 64 f.

verlangt, dass Straftäter nicht anders als normale Bürger behandelt werden. Eine normale Behandlung ist aber nicht mit dem Sicherungszweck zu vereinbaren[207].

Daher muss man das Problem der Dysfunktionalität des Strafrechtssystems als Kritikpunkt anführen. Der Zweck des Strafrechts, der durch die Strafe erreicht werden soll, muss von der Gesetzgebung bis hin zum Strafvollzug konsequent sein. Die Gesetzgebung der Strafe beinhaltet die Generalprävention, das Urteil die Vergeltung und der Strafvollzug die Resozialisierung. Das ist nur eine rein theoretische Möglichkeit. In der Tat kann es sein, dass die Vereinigungstheorien weder Vergeltung noch Prävention schaffen können.

IV. Zusammenfassung

Alle Straftheorien sind im StGB anerkannt, aber wie die unterschiedliche Zwecke miteinander theoretisch konsequent und harmonisch in der Tat realisiert werden können, ist eine andere Frage[208]. Während die absolute Straftheorie für kriminalpolitisch bedeutungslos gehalten wird, dominieren im Strafrecht gegenwärtig die präventiven Strafzwecke. Das Strafrecht und die Strafe müssen jedoch als gemäß allgemeiner Rechtsvernunft notwendig verstanden werden[209]. Daher verbietet es sich, die Strafe auf einen präventiven instrumentalen Motivierungsmechanismus zu reduzieren. Man soll auch Vorbeugung, Abschreckung, Resozialisierung und alle übrigen möglichen und auch notwendigen Arten und Funktionen staatlicher Zwangsmaßnahmen gegenüber Rechtsverletzungen nicht mit dem Sinn und der Funktion der Strafe

---

[207] Vgl. über diese unvereinbare Zwecke und Ziele Schüler-Springorum, Strafvollzug im Übergang, S. 7 ff.

[208] *Köhler* betont deswegen den vorpositiven Begründungsgang, weil die positivrechtlichen Strafbestimmungsgründe ungelöste Widersprüche aufweisen. Begriff der Strafe, S. 10; ders., Zusammenhang, S. 26; ders., AT S. 8; vgl. aber hierzu auch Hruschka, JZ 1992, 429 ff.

[209] Köhler, AT S. 44.

verwechseln. Strafe kann mit Besserungs- und Resozialisierungsmaßnahmen verbunden sein[210], aber sie kann nicht in ihnen aufgehen[211].

Strafe wird in Wahrheit nicht durch den Zweck der Vorbeugung zukünftiger Straftaten legitimiert, sondern als Unrechtsreaktion durch den Gedanken bestimmt, dass der Täter aufgrund der begangenen Tat die verdiente Missbilligung durch die Rechtsgemeinschaft erfährt und dass seine Verantwortung für die Tat durch die Strafe auch dem Grad nach festgestellt wird[212]. Daraus folgt, dass Strafe Schuld voraussetzt und auch in ihrem Maß dem Schuldgehalt der Tat entsprechen muss. Die absolute Vergeltungsstrafe lehrt mit der Korrespondenz von Tat und Strafe auch die Korrespondenz von Tatumfang und Strafmaß. Das vernünftig bestimmte Talionsprinzip ergibt sowohl die Qualität der Strafe (als gerechte Vergeltung), als auch die Quantität (als gerechte Ausgleich). "Das ius talionis der Form nach" ist also immer noch "die einzige a priori bestimmende ... Idee als Prinzip des Strafrechts"[213].

Strafe ist damit zunächst als angemessener Ausgleich schuldhafter Tat bestimmt. Sie erfüllt gleichzeitig den weiteren Zweck, nämlich die Reduzierung der Möglichkeit zum Verbrechen überhaupt. Strafdrohung und konkrete Bestrafung sind eine Manifestation des allgemeinen Willens, dass solche Handlungen zu unterlassen sind[214]. Die Prävention ist daher nur eine Nebenwirkung einer in Schuldvergeltung begründeten Strafe[215]. Der Grund der Strafe kann allein die begangene Tat sein, die damit auch die gemeinschaftliche Reaktion begrenzt.

---

210 Das ist eine Frage des Strafvollzugs, aber nicht des Strafbegriffs.

211 Näher dazu Oberer, in: Rechtsphilosophie, S. 413.

212 Grundlegend Gallas, ZStW 80 (1968), 3; Wolff, ZStW 97 (1985), 825; Köhler, AT S. 37 f.; Panou, ARSP-Beiheft Nr. 40 S. 128; dazu auch Höffe, in: Rechtsphilosophie, S, 365 ff.; vgl. auch Krey, AT Bd. 1 Rn. 146 ff.

213 Vgl. Kant, Metaphysik, Rechtslehre, Anhang erläuternder Bemerkungen 5.

214 Wolff, ZStW 97 (1985), 825.

215 So Gallas, ZStW 80 (1968), 1 ff.; auch Wolff, ZStW 97 (1985), 825; Klesczewski, Rolle der Strafe, S. 278; vgl. auch Höffe, Interkulturelles Strafrecht, S. 73.

Die Strafe lässt sich nur durch das Prinzip der strafrechtlichen Schuld rechtfertigen, in dem die rechtliche Mündigkeit des Menschen zum Ausdruck kommt[216]. Die strafrechtliche Vergeltung eines Unrechts ist als Konsequenz der Idee gleicher rechtlicher Freiheit geboten. Aus diesem grundlegenden Gleichheitsgebot folgt negativ das Verbot willkürlicher Strafzumessung und positiv das Prinzip gleicher Strafe für gleiche Schuld. Die geforderte Gleichbehandlung darf jedoch nicht als gleichsam schematische Vergeltungsregel missverstanden werden[217].

---

216 Bielefeldt, GA 1990, 119.
217 Zutreffend Bielefeldt, GA 1990, 120.

B. Strafrechtstheorie

Während Straftheorien Begründungen von Zweck und Rechtfertigung der staatlichen Strafe und Fragen der Sanktionspolitik zum Gegenstand haben, bezeichnet Strafrechtstheorie die allgemeine Wissenschaftslehre des Strafrechts und Theorie strafrechtlicher Dogmatik[218]. Sie bilden nicht das Ganze des Strafrechts, sondern betrachten nur einen Ausschnitt des Gegenstandes und münden letztlich in eine Strafrechtstheorie ein, welche die Ziele und die Aufgaben des Strafrechts insgesamt beschreibt[219]. Im Folgenden sollen die Ziele und Aufgaben des Strafrechts dargelegt werden, da auf der Suche nach einem richtigen Weg des Straftatfolgensystems vom Boden einer sachgerechten Strafrechtstheorie ausgegangen werden muss.

I. Position des Strafrechts im sozialen Kontrollsystem

1. Recht und Sozialkontrolle

Wo es eine Gesellschaft gibt, braucht man eine bestimmte Ordnung. Gesellschaft ohne Ordnung oder die Gesellschaft, die keine Ordnung braucht, bedeutet als sog. Naturzustand einen Zustand des Krieges aller gegen alle[220]. In diesem Naturzustand kann das Individuum seine Freiheit und sein Recht nicht maximal verwirklichen[221]. Nur wenn die Freiheit zwischen Souverän und Bürger und unter den Individuen nach einer bestimmten Ordnung eingeschränkt wird, kann die größtmögliche Freiheit aller Menschen verwirklicht werden. Dass die größtmögliche Freiheit nur durch Kontrolle verwirklicht werden kann, mag sehr

---

218 Dazu Schmidhäuser, Strafrecht, S. 3 f.; vgl. auch Calliess, Theorie der Strafe, S. 27 f.

219 So Calliess, Theorie der Strafe, S. 30; Hassemer, Einführung, S. 282, 323; ders., in: FS Wolff, S. 113; Schmidhäuser, Strafrecht, S. 46 f.; Bae, Verhältnismäßigkeit, S. 74 f.

220 In diesem Zusammenhang kann auf die vielfältigen Varianten der Staatsvertragstheorien von Hobbes bis Kant (und deren Kritiker bis Hegel) nicht eingegangen werden. Vgl. aber dazu Hobbes, Leviathan, S. 131; Harzer, Naturzustand, S. 19 ff.; Naucke, in: Zerbrechlichkeit, S. 62 f.; Meinken, ARSP 86 (2000), 458 f.; Schild, in: FS Wolff, S. 430 f.; Klesczewski, ARSP-Beiheft Nr. 66 S. 79 f.; vgl. auch Wolff, in: Strafrechtspolitik, S. 204 f.; Zaczyk, GA 1996, 493.

221 Vgl. hierzu Harzer, Naturzustand, S. 39 ff.

widersprüchlich klingen, ist aber eine der besten menschlichen Weisheiten, die von der Aufklärungsphilosophie gefunden worden ist[222].

Sozialkontrolle ist eine soziale Gegenreaktion bei abweichendem Verhalten gegenüber der sozialen Ordnung[223]. Die bestimmte Ordnung für den Beurteilungsmaßstab dieses abweichenden Verhaltens heißt Norm[224]. Die Existenz der Norm ist von daher eine unverzichtbare Voraussetzung für die Sozialkontrolle.

Bei den Normen unterscheidet man zwischen Sozialnormen und Rechtsnormen[225]. Als Sozialnormen bezeichnet man soziale Verhaltensregelmäßigkeiten, die in Fällen abweichenden Verhaltens durch negative Sanktionen bekräftigt werden[226]. Zu den Sozialnormen gehören nicht nur geschriebene Sozialnormen, wie z. B. in Schule, Partei, Religion, Vereinen, Gewerkschaften und Verbänden aller Art, sondern es gibt auch ungeschriebene Sozialnormen wie Moral, Ethik, Sitte und Gewohnheiten usw.[227]. Die Rechtsnorm ist eine besondere Form der sozialen Norm. Diese gibt

---

222 Hassemer, ZRP 1992, 379 f.; weiterhin auch NK-Hassemer, Vor § 1 Rn. 276; vgl. auch ferner Kühl, Bedeutung der Rechtsphilosophie, S. 31 f.; vgl. hierzu auch Kant, Metaphysik, Rechtslehre, Allgemeine Anmerkung, E. Vom Straf- und Begnadigungsrecht.

223 Grundlegend Ryffel, Rechtssoziologie, S, 262 ff.; vgl. v. Trotha, Zeitschrift für Rechtssoziologie 21 (2000), 328 ff.; Göppinger, Kriminologie, S. 150 f.; vgl. auch Rössner, in: FS Roxin, S. 979 ff.; Kaiser, Kriminologie, S. 40.

224 Vgl. dazu Jakobs, Norm, S. 32; Geiger, Vorstudien, S. 23 ff.; über die Definitionen des abweichenden Verhaltens siehe NK-Hassemer, Vor § 1 Rn. 145 ff.

225 Näher dazu v. Trotha, Zeitschrift für Rechtssoziologie 21 (2000), S. 328 f.; vgl. grundlegend über die Abgrenzung von Kriminalunrecht zu anderen Unrechtsformen, Wolff, in: Strafrechtspolitik, S. 137 ff.; vgl. auch ferner Kant, Metaphysik, Einleitung, III. Von der Einteilung einer Metaphysik der Sitten: "Rechtslehre und Tugendlehre unterscheiden sich also nicht sowohl durch ihre verschiedenen Pflichten, als vielmehr durch die Verschiedenheit der Gesetzgebung, welche die eine oder die andere Triebfeder mit dem Gesetze verbindet."

226 Popitz, Begriff der sozialen Rolle, S. 28 ff.; Geiger, Vorstudien, S. 6 ff.

227 Dazu LK-Jescheck, Einl. Rn. 1; Krey, AT Bd. 1 Rn. 2.

Grundinformationen, die Rechtsnormen und den Charakter des Strafrechts zu bestimmen.

Beide, Sozial- und Rechtsnormen bezwecken aber eine gleiche soziale Ordnung. Ihre Gemeinsamkeiten sind, dass sie die Norm, die Sanktion und das Verfahren festlegen[228]. Die Sanktion ist die an die Abweichung gebundene Reaktion. Sie verdeutlicht die verletzte Norm und bestätigt sie. Das Verfahren ist die Verlängerung von Norm und Sanktion in der Realität[229].

Die Unterschiede zwischen Sozialnorm und Rechtsnorm sind folgende: Die Rechtsnorm unterscheidet sich von anderen sozialen Normen durch ihren Formalisierungsgrad und Formalisierungsprozess[230]. Die Rechtsnorm ist am stärksten formalisiert und rational durchgebildet. Ihr Geltungsanspruch ist allgemein und unbedingt. Dies folgt daraus, dass Sozialnorm und Rechtsnorm unterschiedliche vollziehende Organisationen und Sanktionsmittel haben[231]. Der Formalisierungsgrad der sozialen Norm fällt zusammen mit dem Formalisierungsgrad der Sanktion. Dieser wird danach bestimmt, wie das Sanktionssubjekt ausgestaltet ist. Bei der Frage nach der Ausgestaltung des Sanktionssubjekts kommt es darauf an, nach welchem Verfahren es den Normbruch behandelt und welche Pflichten und Rechte es im Umgang mit der normativen Ordnung und ihren Verletzungen hat.

Die Rechtsnorm hat stärkere Sanktionsmittel als die Sozialnorm. Die vollziehende Organisation der Rechtsnorm ist der Staat. Der Staat hat das

---

228 Näher dazu NK-Hassemer, Vor § 1 Rn. 296; ders., Einführung, S. 316 ff.; vgl. auch Calliess, in: FS Müller-Dietz, S. 105.

229 Hassemer, Einführung, S. 317 f.

230 Vgl. Hassemer, Einführung, S. 319; NK-Villmow, Vor §§ 38 Rn. 2; Keller, in: Privatisierung, S. 90 f.; v. Trotha, Zeitschrift für Rechtssoziologie 21 (2000), 328; vgl. auch ferner Hoffmann, ARSP 88 (2002), 513 ff.

231 Vgl. hierzu auch Kant, Metaphysik, Rechtslehre, Einleitung, III. Von der Einteilung einer Metaphysik der Sitten.

umfangreichste Recht, Verstöße gegen die Rechtsnorm zu sanktionieren. Die vollziehenden Organisationen der Sozialnorm sind aber z. B. Familie, Schule, Kirche, Firma, usw., deswegen sind ihre Sanktionsmittel und Effekte allgemein schwächer als die Rechtsnorm[232].

Weiterhin muss die Sozialkontrolle durch die Rechtsnorm in höherem Maße als bei der Sozialnorm formalisiert sein, da sie in allen Stufen von Norm, Sanktion und Verfahren stärkere Mittel hat und sonst mit der Freiheit des Menschen nicht vereinbar ist. Die Rechtsnorm verlangt von daher höchste Verlässlichkeit, Voraussehbarkeit und Nachprüfbarkeit[233]. Jeder, der eine Handlung vornimmt, sollte danach in der Lage sein, die rechtlichen Konsequenzen seines Verhaltens abzuschätzen. Der betroffene Bürger soll sich genau orientieren können, ob ein Verhalten mit hoher oder geringer Wahrscheinlichkeit zu Strafe führen kann und welche Strafe zu erwarten ist. Strafvorschriften müssen berechenbar sein; sie unterliegen deshalb dem verfassungsrechtlich gesicherten Bestimmtheitsgebot[234].

Die Gegenreaktion auf den Verstoß gegen die Sozialnorm könnte aber spontan und willkürlich sein (vgl. z. B. die Sanktion des Vaters für das abweichende Verhalten des Sohnes im Vergleich zur gesetzesgebundenen Sanktion durch den Strafrichter) und man kann sie häufig nur abstrakt vorhersehen (vgl. z. B. den Sanktionsgrad nach der Laune des Vaters einerseits, der Schadensersatz wegen der Nichterfüllung und die Vorhersehbarkeit der Strafe wegen des Mordes andererseits).

---

232 Vgl. dazu Geiger, Vorstudien, S. 98 f.
233 Vgl. dazu Jung, in: FS Wassermann, S. 884.
234 Vgl. BVerfGE = StV 2002, 249; dazu auch Krey, AT Bd. 1 Rn. 109 ff.

2. Strafrecht als Teilbereich sozialer Kontrolle

Die soziale Ordnung und die soziale Kontrolle sind von Sozialnormen und Rechtsnormen geprägt. Die Rechtsnorm ergänzt die Sozialnorm lediglich. Wenn man an den Anteil der sozialen Ordnungsaufgaben von Sozialordnung und von Rechtsnormen außerhalb des Strafrechts denkt, ist der Anteil der sozialen Ordnungsaufgabe des Strafrechts nur gering. Das Strafrecht ist ein Teil der sozialen Normen und nur ein Teilbereich der gesamten Rechtsordnung[235]. Das Strafrecht garantiert nicht alle sozialen Ordnungen und kann auch nicht vor jedem Normverstoß schützen (fragmentarischer Charakter des Strafrechts)[236].

Die Frage ist nun, den Anteil des Strafrechts am sozialen Kontrollsystem zu bestimmen. Das Strafrecht hat von allen Rechtsnormen das stärkste Mittel der sozialen Sanktionen. Die Strafe ist die für den Einzelnen am meisten beeinträchtigende Maßnahme und gilt deswegen als die schwerste und härteste staatliche Sanktion. Es gibt keine andere stärkere Sanktion als die Strafe. Die Todesstrafe (wenn man sie überhaupt als mögliche Strafe ansieht) kann sogar den Verurteilten ihr Leben entziehen. Das Strafrecht als "ultima ratio", als letztes und äußerstes Mittel der Rechtsordnung, hat somit innerhalb des gesamten sozialen Kontrollsystems einen hervorgehobenen Standort[237]. Die Strafe gehört deswegen auch zur *ultima ratio* des Staats.

Wenn im Staat eine soziale Konfliktsituation herrscht, die durch Strafsanktionierung nicht gelöst werden kann, dann hat der Staat keine weiteren Mittel mehr, die er einsetzen kann. Dieser *ultima ratio* Charakter des Strafrechts

---

[235] Dazu LK-Jescheck, Einl. Rn. 1; NK-Hassemer, Vor § 1 Rn. 298; Zipf, Kriminalpolitik, S. 39 ff.

[236] Seit *Karl Binding* spricht man in diesem Zusammenhang bekanntlich vom fragmentarischen Charakter des Strafrechts. Binding, Handbuch, S. 9 f.; ders., Lehrbuch BT 1, S. 20 ff.; vgl. dazu auch Krey, AT Bd. 1 Rn. 18; Jescheck/Weigend, AT S. 52 ff.; Peters, ZStW 77 (1965), 475; Prittwitz, in: Vom unmöglichen Zustand, S. 388 m. w. N.; vgl. auch ferner Köbel, GA 2002, 403 ff.

bestimmt eine besondere Position des Strafrechts nicht nur im Gesamtsystem der Sozialkontrolle sondern auch in der Rechtsordnung. Das Strafrecht muss eine gravierendere Rechtfertigung als Sozialnormen oder nichtstrafrechtliche Rechtsnormen haben. Das ist ein selbstverständliches Ergebnis, da die Strafe keine Sanktion ist, die einfach und leicht gerechtfertigt werden kann[238]. Vor allem um den strafrechtlichen Eingriff rechtfertigen zu können, muss das andere Gebiet der Sozialkontrolle[239] vorausgesetzt werden, da es vorrangig gegenüber dem Strafrecht ist. Auf das Strafrecht kann erst dann zugegriffen werden, wenn andere soziale und rechtliche Kontrollmittel die soziale Konfliktsituation nicht angemessen bewältigen können (Subsidiarität des Strafrechts)[240]. Das bedeutet, dass das Strafrecht gegenüber der sozialen Kontrolle anderer Normen nur ergänzenden Charakter und gegenüber anderen Rechtsgebieten eine dienende Funktion hat. Ergänzungen können nicht zur Hauptsache werden.

"Ultima ratio" kann nur dann gerechtfertigt werden, wenn sie als "ultima ratio" benutzt wird. Wenn die Strafe als "ultima ratio" gegenüber den anderen Sozialnormen und Rechtsnormen einen Vorrang genießen würde, dann wäre sie "prima ratio" oder "sola ratio"[241]. Wenn also die Strafe ihre "ultima ratio" Position weiter behalten will, dann darf das Strafrecht nur schwere Normverstöße verbieten und dafür die Strafe als Sanktion benutzen[242]. Der "ultima ratio"-Charakter des Strafrechts und die daraus folgende besondere

---

237 Vgl. BVerfGE 39, 47.

238 Z. B. der Widerspruch, dass der Staat selbst im Namen der Strafe eine Handlung begeht (z. B. Freiheitsberaubung), die der Staat durch das Strafrecht verbietet.

239 Nicht nur Politik, Religion und Moral sondern auch andere Rechtsnormen wie Zivilrecht und öffentliches Recht.

240 Zum Subsidiaritätsprinzip des Strafrechts vgl. Krey, AT Bd. 1 Rn. 16 ff.; NK-Hassemer, Vor § 1 Rn. 183 ff.; Zipf, Kriminalpolitik, S. 52 f.; Schmidhäuser, Strafrecht, S. 5 f.

241 Vgl. hierzu Haffke, in: FS Roxin, S. 964 ff.

242 Vgl. LK-Jescheck, Einl. Rn. 4: ders., in: FS Miyazawa, S. 375; Baumann, in: GS Noll, S. 29.

Position des Strafrechts im gesamten sozialen Kontrollsystem bestimmt deswegen weiterhin die Aufgabe und den Zweck des Strafrechts[243].

II. Aufgaben des Strafrechts[244]

In der Literatur werden die unterschiedlichsten Funktionen des Strafrechts betont[245]. Im Folgenden werden jedoch nur die zwei wesentlichen Aufgaben des Strafrechts dargestellt, da sie im Grunde die andere umfassen.

1. Die positive Aufgabe des Strafrechts

a) Rechtsgüterschutz[246]

Der "ultima ratio" Charakter der Strafe bedeutet, dass das Strafrecht gegenüber den anderen sozialen Kontrollmitteln nur subsidiären Charakter hat. Der Anteil, den das Strafrecht ergänzen muss, ist, den Angriff auf das Rechtsgut abzuwehren, wenn alle anderen Mittel zum Schutz des Rechtsguts nicht ausreichen[247]. Die strafrechtliche Sozialkontrolle darf typischerweise nur dann eingesetzt werden, wenn andere Mechanismen (z. B. polizeirechtliche oder zivilrechtliche Abmahnung, Kündigung eines Arbeitsverhältnisses, Schadensersatzleistung) den Konflikt nicht oder nicht gänzlich lösen können[248].

---

243 Vgl. Baumann/Weber/Mitsch, AT § 34 Rn. 1.

244 In der Lehre wurde häufig "Funktion" statt "Aufgaben" des Strafrecht gebraucht; über die Unterscheidung des Begriffs von Funktion und Aufgabe NK-Hassemer, Vor § 1 Rn. 244 m. w. N.

245 Vgl. hierzu Rössner, in: FS Roxin, S. 982 ff.; Grünewald, Garantenpflichten, S. 84 ff.

246 Als Begründer der Lehre von Rechtsgut gilt Birnbaum; dazu Neues Archiv des Kriminalrechts, Bd. 15 (1834), 149 ff.: Seit Karl Binding die Lehre vom Rechtsgut entfaltet hat und Franz von Liszt dessen Begriff übernommen und verbreitet hat, ist er allgemein eingebürgert.

247 Vgl. Calliess, Theorie der Strafe, S. 122 ff.; Armin Kaufmann, in: Strafrechtsdogmatik, S. 263.

248 Dazu Müller-Dietz, Grundfragen, S. 38; Sonnen, Kriminalität, S. 28; Roxin, JA 1980, 546 ff.

Als Rechtsgüter werden die substantiell und rechtlich anerkannten wichtigsten Freiheitsinteressen des Einzelnen oder der Allgemeinheit bezeichnet (Beispiele: Leben, Körperintegrität, Bewegungsfreiheit, Eigentum und Gewahrsam)[249]. Rechtsgüter sind Daseinselemente der Freiheit, deren Existenzbedingungen auf die rechtlichen Verhaltensnormen bezogen sind[250]. Das Grundgesetz ist die positive Quelle, woraus man den Rechtsgutsbegriff herleiten kann, da das Grundgesetz die Würde und die Freiheit des Menschen garantiert[251].

Der Rechtsgutsbegriff ist zwar normativ, aber nicht statisch, sondern beweglich und wechselseitig[252]. Er unterliegt relativer historischer Veränderung und wird in einem Verhältnis wechselseitiger Anerkennung konstituiert. Das bedeutet, dass der Begriff des Rechtsguts von der gesellschaftlichen Entwicklung abhängig ist und auf den sozialen Wandel und die Veränderung der Kriminalpolitik reagiert, weil sich die menschliche Freiheit in natürlichen und gesellschaftlichen Verhältnissen, Produktions- und Organisationsweisen fortentwickelt[253]. Der Kreis der Rechtsgüter wird daher wesentlich durch die besonderen gesellschaftlichen, kulturellen, wirtschaftlichen und sozialen Gegebenheiten der jeweiligen historischen Situation bestimmt.

---

249 Das Rechtsgut bedeutet allgemein das vom Gesetz geschützte Interesse. Dies beinhaltet im weiteren Sinne die Rechtsgüter auch anderer Gesetze außer dem Strafrecht. Um diese Strafrechtsgüter und andere Rechtsgüter streng zu unterscheiden, ist der Begriff Strafrechtsgut statt Rechtsgut viel genauer; vgl. dazu Jakobs, AT S. 35 ff.; zu der gedanklichen Entwicklung des Rechtsguts, Zaczyk, Unrecht, S. 120 ff.; Köhler, AT S. 25; Wolff, in: Strafrechtspolitik, S. 145 f.; aber vgl. hierzu auch SK-Rudolphi, Vor § 1 Rn. 8; Kargl, in: Vom unmöglichen Zustand, S. 53 f.; Otto, Strafrecht, S. 7 ff. m. w. N.; vgl. auch ein kurzer Überblick über die historischen Entwicklung des Rechtsgutsbegriff, Haft, AT S. 72 ff.

250 Köhler, AT S. 25; Zaczyk, Unrecht, S. 165 f.; ders., NK, § 22 Rn. 7

251 Zur Ableitung der Rechtsgutsbegriffs aus der Verfassung siehe Roxin, AT I § 2 IV. Rn. 9 ff.; vgl. dazu auch Naucke, Strafrecht § 2 VI S. 81 ff.; Lagodny, Strafrecht, S. 3 f.; Kudlich, JZ 2003, 130; auch Calliess, Theorie der Strafe, S. 94.

252 Roxin, Strafrecht AT I § 2 Rn. 15; Lenckner, in: Handbuch I, S. 6; vgl. aber dazu Köhler, AT S. 36; Zaczyk, Unrecht, S. 170.

Die Begriffe von Rechtsgut und Handlungsobjekt sind aber zu unterscheiden[254]. Handlungsobjekt ist der konkrete Gegenstand der Verbrechenshandlung (Beispiele: ein Mensch beim Totschlag des § 212 StGB; eine fremde bewegliche Sache beim Diebstahl des § 242 StGB). Die Aufgabe des Strafrechts ist damit zuerst der Rechtsgüterschutz[255], der aus dem stärksten und härtesten Mittel sozialer Kontrolle besteht. Das Strafrecht bezweckt demnach Rechtsgüterschutz.

Die Rechtsgutslehre des Strafrechts, die im Aufklärungsgedanken wurzelt[256], verbietet es, einen Verstoß gegen eine Religion oder Moralnorm zu kriminalisieren. Wenn aber ein solches Verhalten das konkrete Interesse des Anderen, eben "Rechtsgüter", verletzt, d. h. wenn der Nachweis des Eingriffs in das Rechtsgut möglich ist, dann kann der Einsatz des strafrechtlichen Mittels legitimiert werden.

Um ein bestimmtes menschliches Verhalten als strafbares Verbrechen zu bestimmen, muss der Gesetzgeber das Opfer, das von dem betroffenen Verhalten verletzt wurde, und den konkreten Nachteil des Opfers nachweisen[257]. Dies ist notwendig, wenn man das Rechtsgut als Daseinselement von Freiheit, d. h. als thematisch beschränkten Ausdruck von rechtlich konstituierter

253 Z. B. etwa die wechselhafte Geschichte der Religions-, Sittlichkeits- und Abtreibungsdelikte und sog. Humanitätsverbrechen (insbesondere Völkermord, § 220 a StGB), § 80, §§ 298, 353 d StGB und vgl. §§ 183, 184 StGB; vgl. dazu auch Achenbach, JuS 1980, 83 f.; vgl. auch Köhler, AT S. 36.

254 Zu dieser allgemein anerkannten Unterscheidung vgl. grundlegend Schmidhäuser, Strafrecht AT, S. 36 ff.; Krey, AT Bd. 1 Rn. 10; Wessels/Beulke, AT § 1 Rn. 8; Baumann/Weber/Mitsch, AT § 3 Rn. 12; Stratenwerth, AT I Rn. 209 f.; Maurach/Zipf, AT Bd. 1 § 19 Rn. 14 ff.

255 So die heute wohl unbestrittene allgemeine Auffassung vgl. BVerfGE 27, 29; 39, 57; Krey, AT Bd. 1 Rn. 5 ff.; S/S/Stree, Vorbem §§ 38 ff. Rn. 1; LK-Günter Hirsch, Vor § 46 Rn. 2; Jescheck/Weigend, AT S. 7 m. w. N.; Günter, JuS 1978, 9; Lüderssen, in: FS Bemmann, S. 47; Calliess, Theorie der Strafe, S. 123; vgl. aber auch Köhler, AT S. 51.

256 Hassemer, Einführung, S. 24; ders., Theorie und Soziologie, S. 34 ff.; Amelung, Rechtsgüterschutz, S. 16 ff.; ders., in: Recht und Moral, S. 269 f.

257 Vgl. Schild, in: FS Lenckner, S. 305 f.; Hassemer, Einführung, S. 24 f.; Jakobs, ZStW 97 (1985), 751 ff.

Selbständigkeit versteht[258]. Die Schädigung des Opfers durch die Straftat bedeutet eine Missachtung seiner Rechtsstellung und damit eine Missachtung des Rechts aller[259]. Daraus folgt, dass der Strafgesetzgeber ein Verhalten nur dann kriminalisieren darf, wenn es Rechtsgüter des Einzelnen oder der Allgemeinheit verletzt oder gefährdet[260]. Dies ist die Voraussetzung des Rechtsguts.

Die Rechtsgutslehre könnte dem Gesetzgeber und den Gesetzesanwendern den Verbrechensmaßstab und die Grundlage geben, um zu prüfen, ob seine Entscheidung mit der Gerechtigkeit zusammentrifft[261]. Das ist eine notwendige Voraussetzung, um eine vernünftige rationale Kriminalpolitik zu leisten. Das heißt, die Verbotsinhalte, die man als Rechtsgüterschutz nicht klassifizieren kann, sind nicht im Strafgesetzbuch zu regeln. Man darf deswegen nicht erst dann ein Rechtsgut suchen, nachdem es kriminalisiert wurde. Es muss vielmehr zuerst ein geschütztes Rechtsgut existieren und erst danach darf dessen Kriminalisierung erfolgen[262].

b) Schutz der sozialethischen Gesinnungswerte

Neben der Rechtsgüterschutz-Aufgabe des Strafrechts wird in der Dogmatik eine weitere "sozialethische" Aufgabe betont. Die Hauptaufgabe des Strafrechts ist es nach Welzel, die "elementaren, sozialethischen Gesinnungs- (Handlungs-) werte" und erst darin eingeschlossen die einzelnen Rechtsgüter zu schützen[263].

---

258 Zaczyk, Unrecht, S. 180 f.

259 Zu dieser "Vergeistigung" des Rechtsgutsbegriffs, vgl. Eser, in: FS Mestmäcker, S. 1005 ff. m. w. N.

260 Vgl. hierzu Jakobs, ZStW 97 (1985), 751 ff.

261 Vgl. NK-Hassemer, Vor § 1 Rn. 267; SK-Rudolphi, vor § 1 Rn. 1 ff.; vgl. dazu Otto, Strafrecht, S. 8 ff.; Wohlers, GA 2002, 17 f.; vgl. aber a. A. Köhler, AT S. 25.

262 Vgl. ferner Kant, Metaphysik, Rechtslehre, Allgemeine Anmerkung, E. Vom Straf- und Begnadigungsrecht: "Er muss vorher strafbar befunden sein, ehe noch daran gedacht wird, aus dieser Strafe einigen Nutzen für ihn selbst oder seine Mitbürger zu ziehen."

Schwierigkeiten bereitet schon die Frage, wie die sozialethischen Gesinnungswerte inhaltlich zu beschreiben sind. Vor allem aber stellt sich zunächst die rechtstheoretische Frage, ob dem Strafrecht innerhalb des Gesamtsystems sozialer Kontrolle eine solche Aufgabe überhaupt zusteht, und weiterhin die rechtssoziologische Frage, ob das Strafrecht mit seinen Mitteln eine solche Aufgabe tatsächlich erfüllen könnte[264].

Aber diese Meinung von Welzel kann aufgrund seiner Argumentation hierzu[265] auch so verstanden werden, dass der Schutz der sozialethischen Gesinnungswerte ein effektives Mittel für den Rechtsgüterschutz ist. Welzel wollte nicht die Rechtsgüterschutz-Aufgabe des Strafrechts aufgeben oder vernachlässigen, sondern sie vollenden und einen möglichst umfassenden, dauerhaften Rechtsgüterschutz erreichen[266]. Die durch den Satz der "Entmoralisierung des Strafrechts" hervorgerufene Kritik kann mit der Erkenntnis kompensiert werden, dass der sozialethische Handlungswert die Bedingung und Möglichkeit des Rechtsgüterschutzes bestimmt[267].

Zu beachten ist hier vor allem, dass das Rechtsgut und der sozialethische Handlungswert nicht gleichzeitig und gleichmäßig geschützt werden können. Welzels Ansicht muss deshalb so verstanden werden, dass das Rechtsgut den sozialethischen Handlungswert inhaltlich bestimmt und führt. Der sozialethische Handlungswert ohne Rechtsgut kann als Formel ohne Inhalt die kriminalpolitische Kontrollfunktion der Strafrechtstheorie[268] nicht durchführen.

---

263 Welzel, Strafrecht, § 1 S. 3 ff.
264 Dazu Hassemer, Theorie und Soziologie, S. 94.
265 Welzel, Strafrecht § 1 S. 5.
266 Vgl. hierzu NK-Hassemer, Vor § 1 Rn. 251; Baumann, Grundbegriff, S. 13.
267 Vgl. dazu NK-Hassemer, Vor § 1 Rn. 249 ff.; Krey, AT Bd. 1 § 1 Rn. 11 f.
268 Z. B. die Richtung dem Gesetzgeber zu zeigen und die Kontrollfunktion über die Entscheidung des Gesetzgebers zu leisten.

Weiterhin muss der sozialethische Handlungswert durch den Rechtsgüterschutz mit der rechtsstaatlichen Formalisierungs-Aufgabe des Strafrechts verbunden werden, da die unformalisierte Strafrechtskontrolle den sozialethischen Handlungswert erniedrigen statt erhöhen könnte.

c) Einübung in Normanerkennung

Neben der Rechtsgüterschutz-Aufgabe wird auch die Meinung vertreten, dass die staatliche Strafe die "Einübung in Normanerkennung" zur Aufgabe habe[269]. Aber diese Meinung enthält nicht die Einschränkung, die Welzel im Prinzip des Rechtsgüterschutzes noch anerkannt hat. Einübung in Normanerkennung lässt sich auch mit Mitteln durchführen, die ihrerseits sozialethisch wertwidrig sind, etwa mit einem terrorisierenden Strafrecht, das neben den Kriminalitätsraten auch die persönlichen Freiheitsrechte und die Achtung vor der Person vermindert[270]. Das aber wäre ein zu großer Eingriff in die Würde und Freiheit der Menschen. Die rechtsstaatlich gebotenen Beschränkungen strafrechtlicher Maßnahmen zur Einübung in Normanerkennung sind in jener Meinung nicht eingeschlossen[271].

2. Die negative Aufgabe des Strafrechts (Formalisierung der strafrechtlichen Sozialkontrolle)

Die zweite Aufgabe des Strafrechts besteht darin, seinen Beitrag zum Rechtsgüterschutz im höchstmöglichen Maß zu formalisieren[272]. Das hat den gleichen Hintergrund wie die Tatsache, dass sich Rechtsnorm und Sozialnorm

---

269 Jakobs, AT S. 13 f., 35; vgl. auch ders., ZStW 107 (1995), 865; zusammenfassend dazu siehe Grünewald, Garantenpflicht, S. 84 ff.

270 NK-Hassemer, Vor § 1 Rn. 255; vgl. ferner Hirsch, ZStW 106 (1994), 753; Bock, ZStW 103 (1991), 643 ff.; vgl. hierzu auch Jakobs, ZStW 107 (1995), 853 ff.

271 NK-Hassemer, Vor § 1 Rn. 255; ders., Einführung, S. 251 ff.; vgl. hierzu in Zusammenhang mit dem Schuldprinzip, Arthur Kaufmann, Jura 1986, 230.

im gesamten sozialen Kontrollsystem nach ihrem Formalisierungsmaß unterscheiden lassen[273]. Für die Konfliktsituationen, die Sozialnorm und außerstrafrechtliche Rechtsnorm nicht bewältigen können, hat das Strafrecht, das auf sozial anerkannte wichtigste Rechtsgüter eingeschränkt ist, passende Mittel (nämlich die Strafe als das stärkste staatliche Zwangsmittel und als "ultima ratio"). Dies bedeutet, dass in Interessen, die den Strafrechtskonflikt betreffen, eingegriffen werden kann. Deshalb muss die Rechtsgüterschutz-Aufgabe des Strafrechts formalisiert wahrgenommen werden:

Wenn der Rechtsgüterschutz die strafrechtlichen Eingriffe begründet sein lässt, gibt die Formalisierung ihnen zusätzliche Rechtfertigung. Unformalisierter Rechtsgüterschutz ist nur Terror. Der Wunsch der Allgemeinheit, vor Kriminalität geschützt zu werden, ist letztlich maßlos. Die Rückfallquote nach Verbüßung einer Jugendstrafe liegt bei 80 %[274]. Zu viele Jugendliche oder Heranwachsende begehen nach der Entlassung aus der Jugendstrafanstalt wieder Straftaten. Die komplette Verwirklichung des Schutzes der Allgemeinheit und ihrer Rechtsgüter wäre deswegen, die Verurteilten für immer von der Gesellschaft zu isolieren[275]. Aber schon unser gesunder Menschenverstand sagt uns, dass diese Methode nicht anwendbar ist, und unterstützt damit die Notwendigkeit der Formalisierungsaufgabe des Strafrechts. Eine formalisierte Strafrechtskontrolle ist weitgehend voraussehbar und kontrollierbar[276]. Sie erfolgt nicht spontan, sondern vielmehr als vorprogrammierte Antwort auf die Normverletzungen[277].

---

272 "Formalisieren" heißt nichts anderes als "ein Maß zu halten" oder "in notwendigem Maße zu begrenzen"; dazu NK-Hassemer, Vor § 1 Rn. 302, 310 und 338; ders., Einführung, S. 320; Rössner, in: FS Roxin, S. 986 f.

273 Vgl. Calliess, Theorie der Strafe, S. 84.

274 Vgl. hierzu Streng, GA 1984, 154 ff m. w. N.

275 Vgl. dazu Köhler, JZ 1989, 698.

276 NK-Hassemer, Vor § 1 Rn. 302.

277 Näher dazu Hassemer, Theorie und Soziologie, S. 196; ders., Einführung, S. 320 f.

Für diese Methode der Formalisierung gibt es zwei Möglichkeiten[278]. Eine Möglichkeit ist die Strafgesetzgebung, eine weitere Möglichkeit ist der Rückgriff auf rechtsstaatliche Prinzipien (normativen Grundsätze):

Die von der Strafgesetzgebung als Verbrechen bestimmte menschliche Handlung und die Art und das Maß der darauf folgenden Sanktionen werden vorher festgelegt. Daher können Betroffene und die Allgemeinheit das Ausmaß der strafrechtlichen Kontrolle vorhersehen und nachprüfen. Die Formalisierung von Gesetzgebung ist jedoch keine spezifische Eigenschaft der strafrechtlichen Sozialkontrolle, sondern vielmehr allgemeine Eigenschaft aller rechtlichen Kontrollen.

Die Verwirklichung der Vorhersehbarkeit von Gesetzgebung und die Bindung des Richters an das Strafgesetz weisen aber Grenzen auf, da die semantischen Spielräume des Rechtsbegriffs den kontrollierenden Instanzen einen Definitionsspielraum eröffnen[279]. Die Formalisierung von strafrechtlicher Sozialkontrolle durch gesetzliche Regelungen muss daher durch die Herrschaft rechtsstaatlicher Prinzipien ergänzt werden. Genannt seien hier namentlich: Die vier Einzelprinzipien des Satzes nulla poena sine lege, Rückwirkungsverbot, Verbot von Gewohnheitsrecht, Analogieverbot und Bestimmtheitsgebot, das Schuldprinzip, der Grundsatz der Verhältnismäßigkeit, in dubio pro liberate, in dubio pro reo, Öffentlichkeit des Verfahrens, Recht auf Verteidigung, Beweisverbot, Schweigerecht, Zeugnisverweigerungsrecht[280].

Diese normativen Grundsätze der Formalisierung stehen der Rechtsgüterschutz-Aufgabe für effektive Verbrechensbekämpfung gegenüber. Sie bezwecken, den Einsatz der strafrechtlichen Sozialkontrolle zu mäßigen:

---

278 Dazu NK-Hassemer, Vor § 1 Rn. 311 ff.
279 Dazu auch Bae, Verhältnismäßigkeit, S. 79.
280 Näher dazu NK-Hassemer, Vor § 1 Rn. 318 ff.; ders., Theorie und Soziologie, S. 196.

Beispielsweise verhindert das Schuldprinzip, dass ein "Kleinkrimineller" zu einer langjährigen Freiheitsstrafe verurteilt wird, damit er durch die Resozialisierungsmaßnahmen im Vollzug zu einem "nützlicheren rechtstreuen Mitglied" der Gesellschaft wird.

Die Formalisierungsaufgabe des Strafrechts ist – neben dem Rechtsgüterschutz – eine unverzichtbare Aufgabe des Strafrechts[281]. Dies beruht, wie die Rechtsgutslehre, auf der Aufklärungsphilosophie[282]. Aus der Erkenntnis der Aufklärungsphilosophie, der Mensch sei als mündige Einzelperson Zweck an sich selbst, ergibt sich, dass dem Recht die Aufgabe zugewiesen ist, die freie Selbstentfaltung des einzelnen Bürgers zu ermöglichen und dessen Freiheitsräume von staatlicher Bevormundung möglichst freizuhalten[283]. Die strafrechtlichen Normen, welche die Handlungsfreiheit des Bürgers am stärksten einschränken, können nur durch die Handlungsfreiheit des Anderen begründet, über den Rahmen einer solchen Einschränkungsnotwendigkeit hinaus dagegen nicht legitimiert werden[284].

Das Strafrecht wird demnach erstens durch seine Rechtsgüterschutzfunktion begründet, zweitens wird es dadurch legitimiert, dass diese erste Funktion "formalisiert" vollzogen wird[285]. Es sichert also die Handlungsfreiheit aller vor den Übergriffen des Einzelnen, ebenso aber auch den Einzelnen vor unbeschränkter Freiheit aller anderen Menschen[286].

---

281 NK-Hassemer, Vor § 1 Rn. 301 ff.
282 Hassemer, ARSP-Beiheft Nr. 44, S. 141 m. w. N.
283 Vgl. Art. 1, 2, 3 GG; Zaczyk, StV 1993, 490 ff.
284 Vgl. dazu Fichte, Naturrecht, S. 122 f.; Wolff, in: Strafrechtspolitik, S. 139 f.; Köhler, NJW 1985, 2389 f.
285 NK-Hassemer, Vor § 1 Rn. 335.

3. Das Verhältnis von Rechtsgüterschutz- und Formalisierungsaufgabe des Strafrechts

Die Rechtsgüterschutz- und die Formalisierungsaufgabe des Strafrechts bilden zwei Seiten eines Gegenstandes, nämlich das Strafrecht. Die beiden Aufgaben stehen jedoch im Widerspruchsverhältnis zueinander. D. h. dass zwei widersprüchliche Konstruktionselemente zusammen eine Substanz bilden, das Strafrecht.

Man liest häufig, Aufgabe des Strafrechts sei es, den Staat, die Gesellschaft und das Individuum vor Kriminalität zu schützen, der Rechtsgüterschutz sei also der erste Zweck des Strafrechts. Dieser einfache Gedanke scheitert jedoch daran, dass das Strafrecht das Verbrechen selbst bestimmt. Einerseits normiert das Strafrecht Eingriffsbefugnisse des Staates, um die Allgemeinheit vor Kriminalität zu schützen. Aber andererseits normiert das Strafrecht aufgrund der erwähnten Formalisierungsaufgabe (rechtsstaatliche) Schranken für den Schutz des Staates, der Gesellschaft und der Individuen[287], d. h. das Strafrecht ist selbst eine Bestimmung der Eingriffsbefugnisse für den Schutzzweck und gleichzeitig eine Erklärung der Eingriffsschranken[288].

Die Eingriffsbefugnis und die Eingriffsschranke sind eindeutig verschiedene Bereiche und beide stehen gegenseitig im Widerspruchsverhältnis. Die effektivste Kriminalpolitik und Verbrechensprävention können daher nur dann erreicht werden, wenn alle möglichen Methoden und Mittel unabhängig von dem Strafrecht benutzt werden können. Ein schrankenloses Gewaltsystem wäre die Folge.

---

286 Dazu Hassemer, Einführung, S. 320 f.

287 Vgl. v. Liszt, Aufsätze und Vorträge Bd. 2 S. 80: "Das Strafrecht ist die unübersteigbare Schranke der Kriminalpolitik"; vgl. dazu auch Naucke, JuS 1989, 862 ff.

288 Vgl. hierzu Lüderssen, in: Hauptprobleme, S. 62; vgl. auch Kühne, in: Neue Strafrechtsentwicklungen, S. 153 ff.

Die zahllosen normativen Grundsätze (rechtsstaatliche Prinzipien) im Strafrecht und Strafprozessrecht schränken die positive Schutzaufgabe ein. Diese formalisierten Grundsätze sorgen dafür, dass der Straftäter und andere Betroffene der staatlichen Strafgewalt nicht schutzlos gegenüberstehen; sie sind notwendig, um die staatlichen Reaktionen gegenüber dem Straftäter rechtsstaatlich zu begrenzen.

a) Grund der Selbstbeschränkung des Strafrechts

Die Frage ist nun, warum das Strafrecht durch die Formalisierung der eigenen Handlung selbst den an die Gesetzgebung und Bewertungsprinzipien gebundenen schwierigen Weg nimmt. Anders ausgedrückt, es fragt sich, warum das Strafrecht gleichzeitig zwei widersprüchliche Aufgaben (den Schutz und die Formalisierung) zu erfüllen anstrebt.

Zum einen liegt dies daran, dass es bei der Unterscheidung zwischen Allgemeinheit und Straftätern keine feste Unveränderlichkeit gibt (tatsächlicher Grund). Die Allgemeinheit und die Verbrecher sind keine natürlichen oder angeborenen Unterscheidungen[289], sondern eine veränderbare Unterscheidung, da sich eine Gruppe stets zu der anderen Gruppe hinbewegt. Die Allgemeinheit ist kein permanentes potentielles Opfer, das immer nur vor der Kriminalität geschützt werden muss. Sie ist zugleich potentieller Verbrecher. Die Verbrecher kommen irgendwann wieder in die Position der Allgemeinheit zurück. Die heutigen Probleme der Straftäter können daher morgen das Problem der Allgemeinheit werden. Die Garantie der Straftäter ist daher eine andere Seite des Schutzes der Allgemeinheit. Man betont die rechtsstaatliche Garantie der Straftäter nicht aus emotionaler Barmherzigkeit, sondern weil es unmöglich ist,

---

289 Nach *Lombroso* ist der Verbrecher schon an äußeren körperlichen Merkmalen zu erkennen; vgl. auch zur "Lehre vom geborenen Verbrecher" von Ferri; näher hierzu Schwind, Kriminologie, § 4 S. 74 ff. m. w. N.

ohne den Schutz der Straftäter die Allgemeinheit zu schützen. Diese Tatsache beinhaltet die Weisheit der Selbstbeschränkung des Strafrechts.

Zum andern ist Subjekt des Grundrechts der Menschenwürde aus Art. 1 Abs. 1 GG nicht nur der rechtstreue Bürger, der vor der Kriminalität geschützt wird, sondern auch der Straftäter (normativer Grund)[290]. Das Menschsein wird nicht wegen der kriminellen Handlung entzogen, aber die Straftäter müssen akzeptieren, dass sie wegen ihrer Straftaten in ihren Grundrechten eingeschränkt werden (vgl. Art. 2, Art. 104 GG). Das Strafrecht sieht sich von daher ein in einer vom Grundgesetz vorgeschriebenen Spannung, gleichmäßig die Allgemeinheit und den Straftäter zu schützen. Dabei muss der Straftäter sowohl vor der übermäßigen staatlichen Strafbefugnis, als auch vor dem übermäßigen Schutzbedürfnis der Allgemeinheit geschützt werden.

b) Widerspruch von Schutz- und Formalisierungszwecken

Man muss beachten, dass es einen gravierenden Widerspruch zwischen dem Schutz der Allgemeinheit und der Formalisierungsaufgabe für den Straftäter und den Betroffenen gibt. Sie sind im Grund unvereinbar. Das hat zur Folge, dass sobald der eine Zweck bevorzugt wird, gleichzeitig der andere Zweck zu sehr vernachlässigt werden muss. Die effektive Erreichung eines Zwecks mit der Aufopferung anderer Zwecke ist nicht schwer. Die Schwierigkeit der Strafrechtstheorie und der Rechtfertigung des Strafrechts liegt jedoch darin, dass zwei völlig unterschiedliche Aufgaben gleichzeitig und gleichmäßig verwirklicht werden müssen. Das Nebeneinanderbestehen der Bedingung der Effektivität und der Bedingung der Einschränkung der Effektivität ist nicht einfach. Diese Methode des Nebeneinanderbestehens zu suchen ist das letzte Interesse aller Theorien im Strafrecht und die Aufgabe des Strafrechts.

---

290 Vgl. BVerfGE 9, 167 (169); 20, 323 (331); 25, 269 (285); 45, 187 (228); 50, 205 (214); 90, 145 (173).

c) Die relative Priorität des Schutzes der Allgemeinheit

Auf den ersten Blick scheint es nicht angemessen zu sein, die Formalisierungsaufgabe gleichrangig neben die Schutzaufgabe zu stellen, da die wichtigste Aufgabe des Strafrechts die effektive Bekämpfung der Kriminalität ist. Jedoch – der Schein trügt:

Zunächst ist der relative Vorrang des Schutzes der Allgemeinheit der erste Schritt zu einem Strafrecht ohne Schranken. Das Schutzbedürfnis der Allgemeinheit ist prinzipiell unbegrenzt[291]. Es ist weiterhin ein großer Irrtum, wenn man denkt, dass die Allgemeinheit bei Annahme eines Vorranges der Schutzaufgabe mehr geschützt werde. Der vorrangige Schutz der Allgemeinheit von heute ist nur möglich auf Kosten der Allgemeinheit (Allgemeinheit als Kreis potentieller Verbrecher) von morgen[292]. Anders gesagt, wovon der Straftäter heute betroffen ist, kann morgen die Allgemeinheit genauso betroffen sein.

Der Satz Kants gibt auch in dieser Beziehung: "Also: was für unverschuldetes Übel du einem Anderen im Volk zufügst, das tust du dir selbst an. Beschimpfst du ihn, so beschimpfst du dich selbst; bestiehlst du ihn, so bestiehlst du dich selbst; schlägst du ihn, so schlägst du dich selbst; tötest du ihn, so tötest du dich selbst."[293]. Auf den ersten Blick mag diese Behauptung als unsinnig erscheinen, da der zugrundeliegende Sachverhalt als eine Übelzufügung gegenüber einem Anderen beschrieben wird und man hinzusetzen kann: nur gegenüber einem Anderen. Damit scheint aber die Möglichkeit ausgeschlossen, dass der Übeltäter zugleich Übelbetroffener ist[294].

---

291 Vgl. hierzu Backes, KritV 1986, 341 f.
292 Vgl. auch hierzu Kühne, in: Strafrechtsentwicklungen, S. 153 f.
293 Kant, Metaphysik, Rechtslehre, Allgemeine Anmerkung, E. Vom Straf- und Begnadigungsrecht; vgl. hierzu auch Zaczyk, in: Freiheit, S. 82.
294 Dazu Höffe, in: Rechtsphilosophie, S. 372 f.

Der widersprüchliche Charakter des Strafrechts beruht darauf, dass das Strafrecht durch das Mittel des Rechtsgutseingriffs das Rechtsgut schützt[295]. Um das Eigentum und das Vermögen zu schützen, wird das Vermögen entzogen (z. B. Geldstrafe), um die Freiheit und das Leben zu schützen, wird die Freiheit entzogen (Freiheitsstrafe), in vielen Staaten sogar das Leben (Todesstrafe). Der Staat verbietet einerseits dem Bürger durch die Verbotsnorm Eingriffe in Leben, Leib, Eigentum Dritter usw., hält aber andererseits selbst im Namen der Gesetze diese Verbotsnorm nicht ein. "Besseres Strafrecht" und "bessere Strafe" sind daher eine "contradictio in adjecto" und können nicht existieren[296]. Besseres Strafrecht wäre nur dann möglich, wenn das Rechtsgut durch keine rechtsgutentziehenden Mittel[297] geschützt werden könnte.

d) Die Methode der gleichzeitigen Verwirklichung der zwei verschiedenen Zwecke

Die Frage ist nun, wie man die zwei widersprüchlichen Zwecke gleichzeitig und gleichmäßig realisieren kann. Mit anderen Worten, wann und in welchem Zustand kann man sagen, dass die beiden Zwecke gleichzeitig und gleichmäßig erfüllt worden sind. Eine solche Erfüllung der beiden Zwecke bedeutet schließlich den Ausgleich und die Harmonie der beiden Aufgaben.

Der Maßstab für den gebotenen Ausgleich zwischen der Schutz- und der Formalisierungsaufgabe im Strafrecht hat mit der jeweiligen Kultur und ihrem Menschenbild[298] sowie den jeweiligen Kriterien der Gerechtigkeit[299] viel zu tun.

---

[295] *Franz von Liszt* sagt deswegen, das Strafrecht sei ein zweischneidiges Messer und Strafe sei Rechtsgüterschutz durch Rechtsgüterverletzung. v. Liszt, Aufsätze und Vorträge, Bd. 1 S. 126, 161.

[296] Vgl. Radbruch, Mensch im Recht, S. 57; ders., Rechtsphilosophie S. 313.

[297] Nämlich andere Mittel als gegenwärtige Strafe oder Abschaffung der Strafe.

[298] Dazu Radbruch, Mensch im Recht, S. 9 ff.; Zipf, Kriminalpolitik, S. 45 ff.

[299] Dazu Kriele, Kriterien der Gerechtigkeit; Radbruch, Mensch im Recht, S. 91 ff.; dazu auch Arthur Kaufmann/Hassemer, Grundprobleme, S. 5.

Die Geschichte solcher Maßstäbe ist jedoch noch nicht geschrieben[300]. Sie hat aber viel mit unserem existentiellen Strafrechtsalltag zu tun und drückt unsere kollektive Hoffnung und Furcht aus. Es besteht deswegen auch eine Abhängigkeit von langen historischen Prozessen. Dass das, was gerecht ist, im Laufe der Kulturentwicklung wechselt, ist bekannt.

4. Zusammenfassung

Alle rechtlichen Institute haben dann eine Berechtigung, wenn sie für die Bürger existieren (vgl. Art. 20 Abs. 2 GG)[301]. Das Strafrecht ist dabei keine Ausnahme. Man kann die Bürger, die der letztendliche Schutzgegenstand allen Rechts sind, aus strafrechtlicher Sicht in zwei Gruppen einteilen: die Allgemeinheit und die Straftäter. Das Strafrecht hat deswegen die zwei großen Aufgaben: den Schutz der Allgemeinheit und die Schaffung von rechtsstaatlichen Garantien für die Straftäter. Wenn die beiden Aufgaben gleichzeitig und gleichmäßig durchgeführt werden, dann wird die Aufgabe des gesamten Rechts für die Bürger erfüllt. Wie der Schutz der Allgemeinheit betont wird, so muss auch die Garantie der Straftäter in gleichem Maße betont werden. Das ist der einzige Weg, die Terrorisierung des Strafrechts zu vermeiden und das Strafrecht als Recht zu rechtfertigen.

---

300 Im Zusammenhang der philosophischen Weltgeschichte wird von *Kant* gesagt, dass auch Freiheit nicht als Natur, sondern geschichtlich besteht; sie wird auch für Kant in vom Menschen hervorgebrachten Institutionen: Sittsamkeit, Sitte, Zivilisation, Kultur vollendet und in einer das Recht verwaltenden bürgerlichen Gesellschaft verwirklicht. Kant, Idee zu einer allgemeinen Geschichte in weltbürgerlichen Absicht, S. 33 ff.

301 Vgl. Zipf, Kriminalpolitik, S. 45 ff.; vgl. auch über den funktionalistischen Strafrechtsansatz siehe Jakobs, ZStW 107 (1995), 843 ff.; dens., ZStW 97 (1985), 754 f.

III. Strafrecht und Strafe im zeitlichen Wandel

Strafrecht ist, wie alles Recht, ein Teil der Kultur seiner Zeit. Sowohl das, was als Verbrechen gilt, als auch die Art und Weise, wie auf Verbrechen reagiert wird, ist an den Geist der jeweiligen Gesellschaft (Zeitgeist) eng gebunden. Qualität oder Größe des Verbrechens ist nach dem Zustand der bürgerlichen Gesellschaft veränderlich[302]. Deshalb könnte etwa eine gefestigte bürgerliche Gesellschaft das Verbrechen als etwas Isoliertes, Vereinzeltes betrachten, mit der Folge milderer Strafen oder einem Verzicht auf sie[303].

Ein Strafkodex kann nicht für alle Zeiten gelten und gehört darum vornehmlich seiner Zeit und dem jeweiligen Zustand der bürgerlichen Gesellschaft an[304]. Man sollte deswegen nicht hoffen, aus dem richtig erkannten Freiheitsprinzip heraus im deduktiven Verfahren ein System ableiten zu können, das für alle Zeiten und Räume gleichermaßen unveränderte Geltung und Richtigkeit beanspruchen kann[305]. Das Strafrecht ist deswegen besonders abhängig von den sozialen Verhältnissen, den kulturellen Errungenschaften, vom Zeitgeist, von den politischen und wirtschaftlichen Strömungen und unterliegt einem ständigen Wandel[306]. Das bedeutet, dass das Strafrecht den sozialen Wandel mit seinen eigenen Prinzipien und Instrumenten verarbeiten muss. Das Strafrecht soll sich natürlich von der kulturellen und sozialen Entwicklung nicht so weit entfernen,

---

302 Hegel, Grundlinien, § 218; beispielsweise begründet sich die Relativierung des Diebstahls vom todeswürdigen Verbrechen im Mittelalter zum Vergehen (im 18. Jahrhundert) insgesamt aus größerer Stabilität der staatlich verfassten Gesellschaft, im Besonderen aus der Relativierung der Eigentumsgegenstände in der Wandlung zur warenproduzierenden Industriegesellschaft; näher dazu Köhler AT S. 36; vgl. auch ferner Kühl, GA 1977, 361 f.

303 Hegel, Grundlinien, § 218 Zusatz.

304 Nach *Hegel* sind harte Strafen also an und für sich nichts Ungerechtes, sondern stehen im Verhältnis mit dem Zustande der Zeit. Hegel, Grundlinien, § 218 Zusatz.

305 Vgl. auch Kühl, GA 1977, 361 f.

306 Vgl. v. Liszt, Lehrbuch, § 2 S. 3; NK-Hassemer, Vor § 1 Rn. 469.

dass es, sei es auch nur in Teilen, unverständlich, atavistisch oder unzeitgemäß wird[307].

Das Grundprinzip muss jedoch von Vernunft abgeleitet werden, denn ein empirisches Strafrecht ohne apriorischen Inhalt ist blind[308]. Strafrecht und Strafe, der liberalen Tradition des deutschen Idealismus folgend, sind dementsprechend vom einzelnen Subjekt ausgehend zu begründen und ebenso zu rechtfertigen. Der inhaltliche Bezug des Strafrechts wird durch den bürgerlichen Zustand in Freiheit und Vernunft begründet, weil Freiheit und Vernunft im bürgerlichen Stand und in dem aus ihm hervorgehenden Weltbürgerstand geschichtlich zu ihrer Verwirklichung kommen. Die Aufgabe des Strafrechts ist es, die fundamentalen Freiheitsrechtsgüter des Einzelnen zu schützen und zu sichern[309] und diesen Schutz formalisiert auszuüben. Strafrecht als Garantie der Freiheit muss deswegen in einem prinzipienorientierten Begründungszusammenhang entwickelt werden[310].

---

307 NK-Hassemer, Vor § 1 Rn. 469.

308 *Kant* hält eine bloß empirische Rechtslehre für hirnlos. Metaphysik, Einleitung in die Rechtslehre, § B; vgl. hierzu auch Naucke, in: Recht und Humanismus, S. 68 ff.

309 Zur freiheitsgesetzlichen Strafrechtsbegründung grundlegend Wolff, ZStW 95 (1985), 786 ff.; Zaczyk, Unrecht, S. 128 ff.; Köhler, Begriff der Strafe, S. 1 ff.; ders., AT S. 7 f.; vgl. auch zum Primat des Rechts bei Kant und Hegel Ritter, in: Recht und Ethik, S. 77 ff.

310 Nach *Hegel* ist die Rechtswissenschaft ein Teil der Philosophie. Sie hat daher die Idee, als welche die Vernunft eines Gegenstandes ist, aus dem Begriff zu entwickeln. So der Anspruch Hegels in Grundlinien § 2; vgl. auch Köhler, AT S. 7 f., 37 f.

C. Reformgeschichte des Strafrechts und des Straftatfolgensystems

Das geltende deutsche Strafgesetzbuch ist Produkt einer sehr langen historischen Entwicklung[311]. Diese Geschichte des Strafrechts zu kennen, ist zum Verständnis des gegenwärtigen Strafrechts erforderlich. Ohne Berücksichtigung einiger wichtiger Hintergründe und Daten zur Reformgeschichte des StGB ist es schwer, den gegenwärtigen Aufbau und Inhalt des Straftatfolgensystems zu verstehen und das künftige Strafrecht zu entwickeln[312]. Im Folgenden kann jedoch die geschichtliche Entwicklung des StGB nicht im Einzelnen dargestellt werden, sondern sollen nur die wichtigsten Wandlungen - besonders die das strafrechtliche Sanktionensystem betreffenden - von StGB und JGG[313] kurz skizziert werden, um einen Gesamteinblick in das geltende und in das zukünftige Sanktionensystem vermitteln zu können.

I. Entstehung und Reform des deutschen StGB

Bevor einzelne wichtige Reformen im Straftatfolgensystem dargestellt werden, empfiehlt es sich, einen Blick auf die allgemeinen Entwicklungslinien des deutschen Strafrechts zu werfen, denen die Reformen gefolgt sind, und im Zusammenhang damit auf die Reformgeschichte hinzuweisen, die die Entwicklung des Straftatfolgensystems entscheidend beeinflusst haben.

---

311 Vgl. Lenckner, in: 40 Jahre Rechtsentwicklung, S. 325.

312 Vgl. Laufs, JuS 1976, 63 ff.

313 Wenn man die politische Geschichte nur seit 1871, dem Jahr der Gründung des Bismarck-Wilhelminischen Reiches betrachtet, so ergeben sich etwa fünf Abschnitte: das Kaiserreich von 1871 bis 1918, also knapp 50 Jahre, die Weimarer Republik mit 15 Jahren, die NS-Zeit mit 12 Jahren, von 1949 bis zur deutschen Einheit und nach 1990 bis jetzt. Ein Überblick der chronologischen Darstellung der Strafrechtsreform, Roxin, AT I § 4 S. 72 ff.; vgl. hierzu auch aus der Sicht der präventiv-zweckhaften Kriminalpolitik Kubink, Strafen, S. 48 ff.

1. Die Partikularstrafgesetze des 19. Jahrhunderts und das RStGB von 1871

Die historische Entwicklung des deutschen Strafrechts begann mit dem Naturrecht der Aufklärung und der aus ihr hervorgegangenen großen französischen Revolution (1789)[314], in deren Erklärung der Menschenrechte bereits alle wesentlichen Grundsätze einer modernen Strafgesetzgebung niedergelegt waren. Die Aufklärung förderte eine säkulare, rationale und präzise Betrachtung des staatlichen Strafens[315]. Sie hatte das Ziel, den Menschen vor dem ihn bedrohenden allmächtigen Staat zu schützen und führte damit zu einer entscheidenden Humanisierung und Modernisierung der Strafrechtspflege[316]. Mit der Humanisierung des Strafrechts ist auch die Idee der Proportion zwischen Verbrechen und Strafe verknüpft. Diese Idee wird als Erfordernis der Gerechtigkeit und der Menschlichkeit gerechtfertigt. Sie reicht über die Partikularstrafgesetze des 19. Jahrhunderts und das Reichsstrafgesetzbuch von 1871 bis in unsere Zeit[317].

1532 erhielt Deutschland erstmals ein eigenes Strafgesetzbuch. Es war die Peinliche Gerichtsordnung Kaiser Karls V. (auch CCC, Constitutio Criminalis Carolina genannt), aus der das gemeinrechtliche Strafrecht der nächsten

---

314 Vgl. dazu Köhler, AT S. 61; Jescheck/Weigend, AT § 10 S. 95; Lenckner, in: Handbuch I, S. 31 f.; vgl. auch Naucke, in: Zerbrechlichkeit, S. 29 ff.; über die allgemeine Strafrechtspflege und Rezeption s. Eb. Schmidt, ZStW 62 (1942), 232 ff.

315 Dazu Eb. Schmidt, Einführung, § 203 S. 212; Sturm, in: FS Dreher S. 513; vgl. aber hierzu auch Lüderssen, in: FS Arthur Kaufmann, S. 488; Röhl, Lebenslange Freiheitsstrafe, S. 138; Köhler, Begriff der Strafe, S. 2 f.; vgl. auch zur Strafrechtsphilosophie der Aufklärung Cattaneo, in: Strafrechtsphilosophie, S. 321 ff.

316 Der Anstoß zu einer wirklichen Humanisierung des Strafrechts ging jedoch nicht von den Aufklärungsphilosophen aus, sondern von der internationalen Bewegung, die im letzten Drittel des 18. Jahrhunderts auf religiös-philantrophischer Grundlage bei den Quäkern in Philadelphia ihren Anfang nahm und mit einer Verbesserung des Gefängniswesens begann. Näher dazu Röhl, Lebenslange Freiheitsstrafe, S. 140.

317 Zur kriminalpolitischen Entwicklung der Strafen seit dem Ende des 19. Jahrhunderts bis heute siehe Kubink, Strafen, S. 48 ff.

Jahrhunderte erwuchs[318]. Sie wurde als Strafprozessordnung und zugleich als Strafgesetzbuch des "Heiligen Römischen Reiches Deutscher Nation" in jenem Jahr vom Reichstag beschlossen[319]. Die mit der CCC verfolgten Ziele waren dabei Rechtsvereinheitlichung und der Schutz der Bürger vor richterlicher Willkür[320]. Dank ihrer inneren Autorität blieb die CCC bis ins 17. Jahrhundert die Grundlage des deutschen Strafrechts. Die CCC wurde durch drei wichtige Reichspolizeiordnungen (von 1530, 1548 und 1577) ergänzt. Danach kam es für drei Jahrhunderte nicht mehr zu einer grundlegenden Neuerung der Reichsstrafgesetzgebung.

Das heute geltende deutsche Strafgesetzbuch stammt aus dem deutschen Reichsstrafgesetzbuch vom 15. 5. 1871[321]. In Wirklichkeit ist es jedoch noch älter: Es dehnte nur die Geltung des StGB des Norddeutschen Bund von 1870 auf die süddeutschen Staaten aus, die dem Bund durch die Novemberverträge von 1870 beigetreten waren[322]. Das StGB des Norddeutschen Bundes war jedoch auch seinerseits nur eine Umarbeitung des preußischen StGB von 1851 gewesen[323]. Die Grundlage des StGB für den Norddeutschen Bund von 1870 waren die Partikulargesetzbücher des 19. Jahrhunderts. Das preußische StGB von 1851 stellt dabei das entscheidende Vorbild für das RStGB von 1871 dar[324].

---

318 Näher zur Peinlichen Gerichtsordnung Kaiser Karls V. siehe bei Schroeder, Peinliche Gerichtsordnung, S. 131 ff.; v. Liszt, Lehrbuch, § 9 S. 48 ff.; Radbruch, in: Strafrechtsreform, S. 246; Schmidhäuser, Strafrecht S. 70; Krey, AT Bd. 1 Rn. 151.

319 Näher dazu Schmidhäuser, Strafrecht S. 70; Krey, Keine Strafe, Rn. 10, 11, 36, 50, 71, 85 m. w. N.

320 Die wichtigsten strafrechtlichen Errungenschaften der CCC waren z. B. Überwindung der privaten und endgültigen Durchsetzung des öffentlichen Charakters der Strafe, klar umrissene Straftatbestände und Ablösung der Erfolgshaftung durch die Schuldhaftung. Näher dazu Haft, AT S. 9; auch Krey, Keine Strafe, Rn. 10 m. w. N.

321 RGBl. S. 127; ausführlich zur Entstehung des RStGB von 1871 Schubert, GA 1982, 194 ff.

322 Näher zur Vorgeschichte und zum Charakter des RStGB vgl. LK-Jescheck, Einl. Rn. 46 f.; Schroeder, JZ 1970, 393; Eser, in: FS Maihofer, S. 109 f.

323 Vgl. dazu Jescheck/Weigend, AT § 10 S. 96 f.; Schroeder, JZ 1970, 393.

324 Krey, Keine Strafe, Rn. 19 m. w. N.

Das deutsche RStGB von 1871 ist in wesentlichen Teilen auch auf den französischen Code Penal Napoleons von 1810 zurückzuführen[325].

Die strafrechtliche Entwicklung des 19. Jahrhunderts steht zunächst im Zeichen der in den meisten deutschen Staaten nach und nach entstehenden Partikularstrafgesetzbüchern[326], die alle mehr oder weniger von den Idealen des aufkommenden bürgerlichen liberalen Rechtsstaates geprägt sind[327]. Diese Periode wurde vor allem durch das Preußische Allgemeine Landrecht von 1794[328] und das bayerische StGB von 1813[329], dem Werk des *Anselm von Feuerbach* (1775-1833), vorbereitet. Im Anschluss an die bayerische Kodifikation von 1813 wurden im Deutschland des 19. Jahrhunderts zahlreiche Partikularstrafgesetzbücher erlassen, bis das Strafgesetzbuch für das Deutsche Reich von 1871 in Kraft trat.

Das bayerische StGB von 1813 krankte zwar an seiner einseitigen Orientierung an Feuerbachs Theorie von der Generalprävention, im Übrigen aber erwies es sich als eine wegweisende Leistung[330]. Mit ihm begann die Epoche des liberalen Rechtspositivismus. Feuerbachs klare, sachbezogene Systematik, seine deutliche klare Bestimmtheit der Straftatbestände und die ihr entsprechende Bestimmtheit der Strafdrohungen und das Bestreben nach strenger Wahrung der Rechtsstaatlichkeit ließen es zum Vorbild für die deutsche Gesetzgebung in der

---

325 Näher dazu Eb. Schmidt, Einführung, § 297 S. 343 ff.; Radbruch, in: Strafrechtsreform, S. 202; Rüping, Strafrechtsgeschichte, Rn. 284 ff.; Schubert, GA 1982, 191.

326 Ein umfangreiches Verzeichnis dieser deutschen Landesstrafgesetzbücher findet sich bei Binding, Handbuch, S. 42 ff.; dazu auch Schröder, in: Bedeutung der Wörter, S. 404 f.

327 Vgl. Eb. Schmidt, Einführung, § 297 S. 344; Lenckner, in: Handbuch I, S. 32; Maurach/Zipf, AT Bd. 1 § IV Rn. 16 ff.; Krey, Keine Strafe, Rn. 19; Schroeder, JZ 1970, 393.

328 Näher hierzu Naucke, in: Zerbrechlichkeit, S. 56 f.; Eb. Schmidt, Einführung, § 241 S. 251; Rieß, GA 1978, 138 ff.

329 Näher dazu Eb. Schmidt, Einführung, § 248 S. 261 ff.

330 Vgl. zu Feuerbachs Bedeutung für die Entwicklung des Strafrechts Lüderssen, JuS 1983, 910 ff.; Schröder, in: Bedeutung der Wörter, S. 413.

ersten Hälfte des 19. Jahrhunderts werden[331]. Der von Anselm v. Feuerbach formulierte Satz "nullum crimen, nulla poena sine lege"[332] bildete die Grundlage der Strafrechtspflege. In Art und Ausmaß der Strafen findet sich jedoch im bayerischen StGB von 1813 kein Fortschritt i. S. der Humanisierung. Die Todesstrafe wird häufig eingesetzt, die Kettenstrafe und Prügelstrafe werden beibehalten. Die Kettenstrafe war noch dazu mit dem "bürgerlichen Tod" verbunden (Art. 7)[333] und immer lebenslang (Art. 8).

Das RStGB von 1871 war ein einheitliches Strafgesetzbuch und ein einheitliches System von Sanktionen und Rechtsfolgen. Das Ziel, sozialschädliches Verhalten zu verhindern, verfolgte es vorrangig durch Generalprävention. Im Zielkonflikt von Prävention und Resozialisierung trat der Strafzweck der sozialen Eingliederung des straffällig gewordenen Menschen zurück[334]. Als Strafarten kannte das RStGB von 1871 die Todesstrafe, Freiheitsstrafen, ferner die Geldstrafe und einige Nebenstrafen. Zu den Freiheitsstrafen zählten Zuchthaus, Gefängnis, Haft und Festungshaft[335]. Als Nebenstrafe galt z. B. die Aberkennung der bürgerlichen Ehrenrechte. Das Gesetz bezog das einzelne Strafmaß erkennbar besonders auf die Schwere von Tat und Taterfolg i. S. einer gerechten Entsprechung des Strafübels. Das führte weithin zu einer taxmäßigen Festsetzung der Strafen in der Praxis. Das Gesetz brauchte daher auch keine Grundsätze über die Strafzumessung. Ebenso wenig wurde – von ganz knappen Andeutungen abgesehen (§§ 14-22) – der Vollzug der Freiheitsstrafe geregelt[336].

---

331 Vgl. Welzel, Strafrecht, § 3 S. 12; Radbruch, in: Strafrechtsreform, S. 323 f.; Eb. Schmidt, Einführung, § 298 S. 344; Schmidhäuser, Strafrecht S. 72 f.; Roxin, AT I § 4 I Rn. 1; vgl. zu dem J. P. A. Feuerbachs Begriff der Strafrechtskritik siehe bei Naucke, in: FS Lüderssen, S. 297 ff.

332 Über die Dogmengeschichte des Satzes "nullum crimen, nulla poena sine lege" siehe Krey, Keine Strafe, S. 1 ff.

333 Näher dazu Kürzinger, in: Freiheitsstrafe und ihre Surrogate, S. 1755 ff.

334 v. Winterfeld, NJW 1987, 2631.

335 Dazu Kürzinger, in: Freiheitsstrafe und ihre Surrogate, S. 1759 f.

336 Schmidhäuser, Strafrecht S. 75 f.

Das RStGB von 1871 trat am 1. Oktober 1871 in Elsass-Lothringen, am 1. Januar 1872 in Bayern, Württemberg und Baden in Kraft. In Hessen südlich des Mains war das Strafgesetzbuch bereits am 1. Januar 1871 in Kraft getreten[337]. Die Bedeutung des RStGB von 1871 lag in der Wiedergewinnung der in der Zeit davor verlorengegangenen Rechtseinheit in Deutschland. Das RStGB von 1871, das zweite deutsche Reichsstrafgesetzbuch, wurde nach Art. 123 I, 125 (i. V. mit Art. 74 Nr. 1) GG mit der Gründung der Bundesrepublik Deutschland 1949 Bundesrecht[338].

2. Die Entwicklung seit 1871

Das RStGB von 1871 unterscheidet sich in seiner damaligen Fassung ganz erheblich vom gegenwärtigen Strafrecht. Aufgrund einer Neubestimmung des Verhältnisses zwischen Bürger und Staat als Folge der Betonung verfassungsrechtlicher und menschenrechtlicher Grenzen des Strafrechts haben sich die traditionellen Auffassungen von Strafrecht und Kriminalität grundlegend gewandelt.

Die Kriminalität nahm immer mehr zu. Neue Wege in der Verbrechensbekämpfung wies das RStGB von 1871 jedoch nicht. Es war noch von dem autoritären Geist des Code Penal von 1810 bestimmt[339]. Das RStGB von 1871 konnte weder den Anforderungen des in schneller Entwicklung begriffenen Industriezeitalters an ein soziales Strafrecht genügen noch die Fortschritte, die die Strafrechtswissenschaft inzwischen gemacht hatte, in sich

---

337 v. Liszt, Lehrbuch § 13 S, 72 f.; Eb. Schmidt, Einführung, § 297 S. 344.
338 Vgl. Radbruch, in: Strafrechtsreform, S. 246; Baumann/Weber/Mitsch, AT, § 6 Rn. 4.
339 Vgl. hierzu v. Liszt, Aufsätze und Vorträge, Bd. 2 S. 356 ff.

aufnehmen, noch die Erkenntnisse der entstehenden Kriminologie in zeitgerechte Strafrechtssätze umformen[340].

Eine laufende Anpassung an die Anschauungen späterer Zeiten und eine Fortentwicklung nach den zunehmenden kriminalpolitischen und kriminologischen Erkenntnissen war daher nur von einer Strafrechtsreform zu erwarten. Das RStGB von 1871 wurde bereits bald nach dem Inkrafttreten als reformbedürftig erkannt. Eigentlich haben die Reformbestrebungen schon 1882 mit dem berühmten "Marburger Programm" des Franz von Liszt begonnen[341]. Ihren Hintergrund bildete die im Zuge der Industrialisierung und der damit verbundenen sozialen Umschichtung stark angewachsene Kriminalität. Dieser Kriminalitätsanstieg führte zu der Einsicht, dass die im Wesentlichen auf Vergeltung abgestellten Strafen des geltenden Rechts verbrechensvorbeugend wirkungslos, wenn nicht sogar schädlich seien. Die Aufgabe der Strafrechtswissenschaft sei die Beobachtung der Gesellschaft, die Erforschung des Verbrechens als soziale Erscheinung (Kriminologie)[342]. Dabei stand konsequenterweise nicht mehr die Straftat, sondern die Person des Täters im Vordergrund der Untersuchung.

Von hier aus ergab sich dann der bekannte Schulenstreit zwischen der konservativen, am Vergeltungsgedanken festhaltenden "klassischen" Schule[343], die auf der Grundlage eines liberal-rechtsstaatlichen Staatsverständnisses vom Dogma der Freiheit des menschlichen Willens ausgeht[344], und der

---

340 Nach einem Worte *Franz v. Liszts* war das RStGB von 1871 "bei seiner Geburt bereits veraltet"; dazu Verhandlungen des 26 DJT (1902) Bd. I S. 262; vgl. E 1962, BT-Drs. 4/650, 1962, S. 93.

341 Liszts Marburger Programmschrift "Der Zweckgedanke im Strafrecht" ZStW 3 (1882), 1 ff.

342 v. Liszt, Aufsätze und Vorträge, Bd. 1 S. 161, 178.

343 Besonders zu nennen: Binding, Beling und Birkmeyer.

344 Vgl. zum Staatsverständnis der klassischen Schule Rauch, Klassische Strafrechtsschule, S. 3 ff.

spezialpräventiv ausgerichteten sogenannten "modernen" oder soziologischen Schule[345] mit ihrer weltweit wirksamen Internationalen Kriminalistischen Vereinigung. Diese Auseinandersetzung bestimmte auf Jahrzehnte hinaus die deutsche Strafrechtswissenschaft[346]. Der Schulenstreit war insofern ein Streit über unterschiedliche Grundanschauungen von Sinn und Zweck der staatlichen Strafe[347].

Der Gesetzgeber, der sich zunächst abwartend verhielt, konnte sich erst in der Zeit nach 1918 zu einer Reihe von Einzelreformen entschließen[348]. Sie entsprachen teils den Forderungen der modernen Schule, kamen aber teils auch den Wünschen beider Richtungen entgegen. Die Einzelreformen veränderten insgesamt das Gesicht des RStGB von 1871 erheblich. Sie waren Teilersatz für die bisher nicht gelungene Gesamtreform des Strafrechts. Trotz zahlreicher Novellen veränderte sich jedoch gesetzgeberisch die Grundhaltung des StGB bis 1933 nicht wesentlich[349].

Die gebotene Gesamtreform scheiterte immer wieder, und zwar nicht nur an äußeren Ereignissen, wie den zwei Weltkriegen[350] und der NS-Machtergreifung von 1933[351]. Der NS-Staat wollte freilich eine ganz andere Strafrechtsreform. Die Entwürfe von 1934 und 1936 sind Zeugnisse dafür[352]. Auch in dieser Zeit wurden wichtige Punkte statt durch eine Gesamtreform durch Teilreformen neu

---

345 Besonders zu nennen: v. Liszt, später Kohlrausch.

346 Dazu v. Liszt, Lehrbuch § 5 S. 28 ff.; Roxin, AT I § 4 II Rn. 3 ff.

347 Vgl. Naucke, ZStW 94 (1982), 552; Kubink, Strafen, S. 751.

348 Der erste "Vorentwurf zu einem Deutschen StGB" stammt aus dem Jahre 1909. Es folgten die Entwürfe von 1911, 1913, 1919, 1922, 1925, 1927 und 1936; über den einzelnen Entwurf und dessen Inhalt siehe v. Liszt, Lehrbuch, § 16 S. 80 ff.; Kubink, Strafen, S. 167 ff.

349 Vgl. aber dazu Hassemer, JuS 1969, 496; vgl. auch zur Strafrechtsreform bis in die dreißiger Jahre Eser, in: FS Müller-Dietz, S. 226 ff.; ders., in: FS Maihofer, S. 111 ff.

350 Vgl. den Vorentwurf 1909, den Gegenentwurf 1911 und den Kommissionsentwurf 1913.

351 Über die Strafrechtsreform in der NS-Zeit, Werle, NJW 1988, 2865 ff.; Rüping, GA 1984, 297 ff.; Kubink, Strafen, S. 249 ff.; über die Strafrechtswissenschaft im Dritten Reich siehe auch Frommel, ARSP-Beiheft Nr. 18 (1983), 46 ff.

geregelt[353]. Der Ruf nach Reform führte bis zum Jahre 1936 zu sieben bedeutenden Entwürfen[354]. Die normativen Änderungen erschöpfen sich jedoch im Wesentlichen im Bereich der Geldstrafe, des Jugendstrafrechts und des Strafregisterrechtes.

Das Bekenntnis des Grundgesetzes von 1949 zu einer wertgebundenen Ordnung von Würde, Freiheit und Gleichheit erforderte eine Neuorientierung des Sanktionensystems und der Strafzwecke[355]. Die neue Strafrechtsreform begann nach Abschluss der ersten Phase – der Vereinheitlichung des zersplitterten Rechts[356] – noch 1952 mit Aufträgen zu rechtsvergleichenden Vorarbeiten. Gleichzeitig wurden Gutachten zu den wichtigsten Fragen der Gesamtreform vergeben[357].

Die Bundesrepublik beauftragte 1954 die Große Strafrechtskommission mit der Ausarbeitung eines neuen Entwurfes[358]. Den großen Reformkonzepten - dem Regierungsentwurf 1962[359] und dem Alternativenentwurf von Strafrechtslehrern 1969 - blieb zwar, wie in der Vergangenheit, der Durchbruch versagt. Sie

---

352 Dazu Baumann, in: 40 Jahre Rechtsentwicklung, S. 294 m. w. N.

353 Z. B. die Einführung der "Maßregeln der Besserung und Sicherung" in §§ 42 a ff. StGB im Jahre 1933 oder die Weiterentwicklung des Jugendstrafrechts vom Jugendgerichtsgesetz 1923 zum Jugendgerichtsgesetz 1943; dazu Wolf, JuS 1996, 189 ff.; vgl. auch zum Einfluss des Nationalsozialismus auf das Strafrecht siehe Vogel, ZStW 115 (2003), 640 ff.

354 Vorentwurf 1909 zu einem neuen StGB, Gegenentwurf 1911, Überarbeiteter Kommissionsentwurf 1919, Radbruch-Entwurf 1922, Amtlicher Entwurf der Reichsregierung 1925, Entwurf 1930, Entwurf 1936; vgl. dazu LK-Jescheck, Einl. Rn. 58 ff.

355 Vgl. zu der geistigen Situation der deutschen Strafrechtswissenschaft nach 1945 siehe Müller-Dietz, GA 1992, 100 ff.

356 Gesetz zur Wiederherstellung der Rechtseinheit vom 12. 9. 1950; BGBl I, 455.

357 Die Materialien zur Strafrechtsreform Bd. 1-7 erschienen 1954. Bd. 1 erhält Gutachten der Strafrechtslehrer, Bd. 2 rechtsvergleichende Arbeiten (Teil I zum Allgemeinen Teil 1954, Teil II zum Besonderen Teil 1955). Die Bände 3-5 sind Nachdrucke der Entwürfe von 1925, 1927 und 1930.

358 Näher hierzu Schwalm, MDR 1959, 797 ff.; Baumann, in: 40 Jahre Rechtsentwicklung, S. 295 f. m. w. N.

359 E 1962: Regierungsentwurf eines Strafgesetzbuches BT-Drs. 200/62.

befruchteten jedoch die Reform in Teilgebieten und führten zum Ersten Gesetz zur Reform des Strafrechts[360]. Diese große Strafrechtsreform war ein vorläufiger Abschluss eines langen historischen Prozesses, der das Zeitalter von der Jahrhundertwende bis zur Gegenwart umfasst. Sie wurde durch weitere Strafrechtsreformgesetze ergänzt[361].

Das Strafrecht und sein Rechtsfolgensystem unterliegen einem ständigen Wandel und spiegeln die geistigen, kulturellen, wirtschaftlichen sowie politischen Strukturen der einzelnen Epochen wider[362]. Mehr als 150 Novellen sind seit Inkrafttreten des RStGB von 1871 bis zum Erlass des 6. Strafrechtsreformgesetzes[363] vom 26. 1. 1998 ergangen[364]: sie haben das deutsche Strafgesetz zum Teil grundlegend verändert[365].

II. Die Neuregelung des Straftatfolgensystems

Eine große Leitlinie der Strafrechtsreformen im Rechtsfolgenbereich überhaupt war die Humanisierung des geschichtlich entstandenen strengen Strafrechts mit dem Übergang von der mittelalterlichen Leibesstrafe zur Freiheitsstrafe. Diese Humanisierung und Rationalisierung beruhen auf dem Gedankengut der

360 Erstes Gesetz zur Reform des Strafrechts vom 25. 6. 1969 i. d. Änderungsfassung des Gesetzes vom 28. 8. 1969 (BGBl I. 645 und 1509); in Kraft getreten am 1. 9. 1969 und 1. 4. 1970.

361 Zweites Gesetz zur Reform des Strafrechts vom 4. 7. 1969 (BGBl I, 1717); 3. StrRG v. 20. 5. 1970 (BGBl I, 505); 4. StrRG v. 23. 11. 1973 (BGBl I, 1725); 5. StrRG v. 18. 6. 1974 (BGBl I, 1297); 6. StrRG v. 26. 1. 1998 (BGBl I, 164); näher dazu Naucke, Strafrecht, § 6 V Rn. 198 ff.

362 Sturm, in: FS Dreher, S. 513.

363 BGBl I, 164.

364 Über den einzelnen Inhalt der ersten 5 Strafrechtsreformgesetze siehe Baumann, in: 40 Jahre Rechtsentwicklung, S. 313 ff.; über den 6 Strafrechtsreformgesetz, Sander/Hohmann, NStZ 1998, 274 ff.

365 Ein Überblick dazu Naucke, Strafrecht, § 6 V Rn. 186 ff.; man unterscheidet dabei dem Wortlaut nach Strafrechtsänderungsgesetze und Strafrechtsreformgesetze. Änderungsgesetze enthalten, der Prävention nach, weniger eingreifende, weniger wesentliche Änderungen, Reformgesetze hingegen stärkere Eingriffe.

Hochaufklärung, namentlich Beccaria (1738-1794)[366]. Die Hexereidelikte wurden beseitigt. Die Folter wurde abgeschafft[367]. Die Strafen wurden milder. Die Freiheitsstrafe stand, nach der Überwindung der mittelalterlichen Leibesstrafen, spätestens seit dem 19. Jahrhundert beherrschend im Mittelpunkt der Sanktionen[368]. Bei der Todesstrafe verschwand zunächst ihr verschärfter Vollzug; sodann wurde ihr Anwendungsbereich Schritt für Schritt eingeschränkt, bis es schließlich zu ihrer Abschaffung kam.

In der Entwicklung des Strafrechtsfolgensystems seit dem 2. Weltkrieg ist eine Tendenz hin zu milderen Sanktionen und/oder milderem Vollzug zu beobachten. Besonders harte, in erster Linie der Vergeltung und Abschreckung dienende Sanktionen wurden abgeschafft[369]. Im unteren Bereich der Kriminalität wurde durch die Ausweitung bestehender bzw. durch die Einführung neuer Rechtsfolgen stärker entkriminalisiert[370].

Das deutsche Reformwerk stand auch im Rahmen einer großen internationalen Bewegung zur Resozialisierung, Liberalisierung, Humanisierung, Entkriminalisierung und Modernisierung des Strafrechts[371]. Dabei handelt es sich doch keineswegs um überstürzte, unausgereifte Änderungen des bestehenden, sondern vielmehr um den Abschluss eines langen Entwicklungsprozesses. Die Ideen, die sich damit durchgesetzt haben, entstammen zum großen Teil schon der Gedankenwelt früherer Jahrhunderte. So waren die deutlich hervortretenden Tendenzen der Milderung und

---

366 Zur Modernisierung des Strafrechts durch Beccaria siehe Naucke, in: Über die Zerbrechlichkeit, S. 14 ff.

367 Friedrich II. von Preußen schaffte 1740 die Folter ab.

368 Vgl. dazu Radbruch, in: Strafrechtsreform, S. 246 ff.

369 Z. B. die Todesstrafe (Art. 102 GG).

370 Vgl. hierzu Roxin, in: GS Zipf, S. 141 f.

371 Vgl. Tiedemann, ZStW 86 (1974), 347 f.; Kaiser, ZStW 86 (1974), 350 ff.; Jescheck, SchwZStr 91 (1975), 4; Hirsch, in: 25 Jahre Rechtsentwicklung, S. 37 ff.; Sturm, in: FS Dreher, S. 520 f.; Eser, in: FS Maihofer, S. 121 ff.

Humanisierung der Strafrechtspflege – wie bereits erwähnt - schon ein Hauptliegen der Aufklärung. Im Folgenden werden die chronologischen Änderungen im Sanktionensystem kurz dargestellt, um einen Überblick im vergangenen und gegenwärtigen deutschen Straftatfolgensystem zu verschaffen.

1. Die Neuregelung im StGB

Dem Wandel im Verständnis der Aufgaben des Strafrechts entspricht es, dass der Allgemeine Teil des StGB und besonders das Recht der Sanktionen große Änderungen und Ergänzungen erfahren haben. Ziel der Reformbestrebungen seit 1900 war vornehmlich der Allgemeine Teil des StGB und besonders das Straftatfolgensystem. Die gegenwärtige Grundstruktur des strafrechtlichen Sanktionensystems wurde wesentlich durch das 1. und 2. Strafrechtsreformgesetz von 1969 sowie durch das Einführungsgesetz zum StGB von 1974 geprägt oder modernisiert[372].

Die Strafrechtsreform von 1969 hatte als wichtigstes kriminalpolitisches Ziel die Ersetzung der Freiheitsstrafe durch mildere und resozialisierungsfreundlichere Sanktionen[373]. Durch neue Regelungen sollte u. a. "die moderne Ausgestaltung des Sanktionensystems als taugliches Instrument der Kriminalpolitik mit dem Ziel einer Verhütung künftiger Straftaten, vor allem durch Resozialisierung des Straftäters"[374] erreicht werden. Im Folgenden werden bedeutsame Änderungen des Straftatfolgensystems im StGB und JGG kurz dargelegt.

---

[372] Näher dazu Lackner/Kühl, Vor § 1 Rn. 4 f.; Blei, AT, S. 382 ff.; Heinz, ZStW 94 (1982), 632 ff.; Zipf, in: Einführung, S. 62 ff.; Jung, in: Einführung, S. 112 ff.; vgl. über den Rechtsfolgensystem des Alternativ-Entwurfs, Grünwald, ZStW 80 (1968), 89 ff.

[373] Zu den Prinzipien und Zielen der Reform siehe Jescheck, in: Freiheitsstrafe und ihre Surrogate, S. 2154 ff.

a) Die Abschaffung der Todesstrafe durch das GG

Das RStGB von 1871 kannte die Todesstrafe[375]. Sie wurde mit der Einführung des Grundgesetzes für die Bundesrepublik Deutschland vom 23. 5. 1949 abgeschafft[376]. Entscheidend für die Abschaffung der Todesstrafe[377] war neben humanitären Gründen der schreckliche Missbrauch dieser Sanktion während der NS-Diktatur[378].

b) Die einheitliche Freiheitsstrafe

Das RStGB von 1871 hatte vier verschiedene, nach ihrer Schwere abgestufte Arten von Freiheitsstrafe (Zuchthaus[379], Gefängnis[380], Festungshaft[381] und Haft[382]) gekannt[383]. Seit dem 1. StrRG vom 25. 6. 1969 gibt es nur noch eine einheitliche Freiheitsstrafe[384].

---

374 BT-Drs. V/4094, S. 3; BT-Drs. V/4095, 3; dazu auch Heinz, ZStW 94 (1982), 632 ff.

375 Über die Todesstrafe und Hinrichtungen durch die Strafgerichte bzw. Staatsanwaltschaften im Deutschen Reich 1882 – 1932 und im Dritten Reich 1933 – 1945 siehe Kerner, ZStW 98 (1986), 875 ff.

376 In Kraft ab 24. 12. 1948; BGBl I, 1; dazu BVerfGE 18, 117.

377 Zur rechtsphilosophischen Grundlagen der Todesstrafe, s. u. Erster Teil, 2. Abschnitt, A.

378 Vgl. dazu BVerfGE 39, 36 f.; 45, 225; Jarass/Pieroth-GG, Art. 102 Rn. 1; Jescheck/Weigend, AT S. 752; Kaiser, Kriminologie, S. 128 ff.; Röhl, Lebenslange Freiheitsstrafe, S. 151 f.

379 Zuchthausstrafe war im RStGB von 1871 die schwerste, ehrmindernde Freiheitsstrafe mit Arbeitszwang.

380 Gefängnisstrafe war im RStGB von 1871 die zweitschwerste, an sich nicht ehrmindernde Strafe mit Arbeitszwang.

381 Festungshaft war im RStGB von 1871 eine nicht entehrende Strafe ("custodia honesta") ohne Arbeitszwang. Festungshaft ersetzte sowohl Zuchthaus als auch Gefängnis und wurde wahlweise mit diesen beiden Strafen bei einer Reihe politischer Straftaten sowie bei Zweikampf angedroht. Seit dem 3. StrÄG vom 4. 8. 1953 wurde Festungshaft durch Einschließung ersetzt; dazu Radbruch, Strafrechtsreform, S. 183 f. und 249.

382 Haftstrafe war im RStGB von 1871 eine leichte, nicht entehrende Strafe, bei der regelmäßig Arbeitszwang nicht bestand.

383 Dazu Roxin, AT I § 4 I Rn. 2 und § 4 VIII Rn. 31.

384 Vgl. § 38 StGB; vgl. auch Kürzinger, in: Freiheitsstrafe und ihre Surrogate, S. 1800 ff. m. w. N.

Sie ist zeitlich begrenzt (mindestens 1 Monat; Höchstmaß 15 Jahre)[385], wenn das Gesetz nicht lebenslange Freiheitsstrafe androht[386]. Die Einheitsfreiheitsstrafe bedeutet aber keinen einheitlichen Strafvollzug. Sie will ganz im Gegenteil für den Vollzug die Möglichkeit eröffnen, ausschließlich an den jeweiligen Präventionsbedürfnissen der einzelnen Strafgefangenen orientierte Vollzugsreformen zu schaffen[387].

Für diese einheitliche Freiheitsstrafe war maßgebend[388], dass in der Praxis kein erheblicher Unterschied zwischen Zuchthaus und Gefängnis besteht und dass im Vollzug keine oder eine nur unwesentliche Unterscheidung möglich ist, da das Wesentliche beider Strafarten die Freiheitsentziehung ist. Eine Unterscheidung war im Übrigen sachlich auch nicht geboten, da die verschiedenen Strafarten das gleiche Vollzugsziel – nämlich die Resozialisierung des Verurteilten - haben[389]. Hinzu kommt, dass die Art der Freiheitsstrafe, Zuchthaus oder Gefängnis, keine brauchbare Grundlage für die im Vollzug erforderliche Klassifizierung der Gefangenen bildet[390]. Anderseits hatte die Zuchthausstrafe keinen nachweisbaren höheren Abschreckungseffekt als etwa die Gefängnisstrafe[391]. Damit verzichtet man auch auf unnötige Kosten für besondere Zuchthäuser[392].

---

385 Vgl. nunmehr § 38 II StGB. Die Mindestdauer der Freiheitsstrafe wurde durch das 2. StrRG vom 4. 7. 1969 von 1 Tag auf einen Monat heraufgesetzt. Man war sich einig, dass eine Freiheitsstrafe bis zu einen Monat gänzlich untauglich ist. Insgesamt wollte man an der Auffassung der wesentlichen Einschränkung des Anwendungsbereiches der kurzen Freiheitsstrafe festhalten; vgl. BT-Drs. 5/4095, 18 f.; dazu auch Horn, ZStW 89 (1977), 550.

386 Zum unbestimmten Strafurteil s. Eb. Schmidt, SchwZStr 45 (1931), 218 ff.

387 Zipf, in: Einführung, S. 64; vgl. hierzu auch NK-Dünkel, § 38 Rn. 2 ff.; vgl. auch zum einheitlichen Strafkonzept in Hessen Wagner, ZRP 2002, 34 ff.

388 Vgl. dazu Schmidhäuser, Einführung S. 80; Bemmann, GA 1967, 129; Müller-Emmert, NJW 1966, 712.

389 Dazu Hassemer, JuS 1969, 496; Kunert, NJW 1970, 537; Sturm, JZ 1970, 82; Heinitz, ZStW 65 (1953), 29 ff.

390 Schulz, MschrKrim 51 (1968), 297.

391 Sturm, JZ 1970, 83.

392 BT-Drs. 4/4094, 8.

Von Bedeutung war auch, dass die Zuchthausstrafe eine vollständige Resozialisierung des zu ihr Verurteilten verhinderte, da sie ihn nach seiner Entlassung unnötig abwertete und unangemessen nachhaltig behinderte, indem sie ihm den Makel des "Zuchthäuslers" anhaftete[393]. Seine Wiedereingliederung in das bürgerliche Leben wurde auf diese Weise erschwert, wenn nicht gar unmöglich gemacht. Die Abschaffung der Zuchthausstrafe bedeutet einen Erfolg des Resozialisierungsgedankens[394], denn das Zuchthaus, das bei den schweren Delikten verhängt wurde, konnte sich vom Gefängnis (und der noch leichteren Haftstrafe) nur durch härteren Vollzug und zusätzliche Nebenfolgen (wie Aberkennung der bürgerlichen Ehrenrechte) unterscheiden.

c) Einführung der Strafaussetzung zur Bewährung

Die Bewährungsstrafe ist nicht allgemein geregelt, sondern hat sich historisch als Spezialfall der Freiheitsstrafe entwickelt. In Deutschland wurde die Freiheitsstrafenaussetzung zur Bewährung zuerst in Form der "bedingten Begnadigung" 1895 durch Verordnungen deutscher Einzelstaaten, 1903 nach reichseinheitlichen Grundsätzen eingeführt. Gesetzliche Anerkennung fand sie dann zunächst im Jugendstrafrecht (JGG von 1923)[395]. Die Strafaussetzung zur Bewährung wurde allerdings durch das RJGG 1943 völlig abgeschafft[396]. Es gab daher am Ende des Zweiten Weltkrieges in Deutschland keine gesetzliche Regelung einer Strafaussetzung zur Bewährung[397]. Nur im Gnadenwege war die bedingte Strafaussetzung der Freiheitsstrafe bis zu sechs Monaten nach der "Verordnung des Reichsministers der Justiz über das Verfahren in

---

[393] Näher dazu Roxin, AT I § 4 VIII Rn. 32; Bemmann, GA 1967, 130 f.; Kunert, NJW 1970, 537 f.; Hohler, NJW 1969, 1226; Müller-Emmert, NJW 1966, 712; Schultz, JZ 1966, 117; Jescheck, SchwZStr. 91 (1975), 33.

[394] Vgl. Roxin, AT I § 4 VIII Rn. 32; ders., JA 1980, 548; Hirsch, in: GS Hilde Kaufmann, S. 135.

[395] Näher dazu NK-Ostendorf, Vor § 56, Rn. 2.

[396] Zur historischen Entwicklung insgesamt vgl. Schaffstein/Beulke, Jugendstrafrecht, § 5 und § 24; Dünkel, ZStW 95 (1983), 1039 ff.; Grünhut, ZStW 64 (1952), 122 ff.

[397] Kürzinger, in: Freiheitsstrafe und ihre Surrogate, S. 1872.

Gnadensachen vom 6. 2. 1935" möglich, aber ihre Bewilligung war sehr eingeschränkt[398]. Die Einführung der Strafaussetzung zur Bewährung wurde durch das 3. StrÄG von 1953 wieder in das JGG und erstmalig auch in das Erwachsenenstrafrecht aufgenommen[399].

Aussetzung zur Bewährung bedeutet nicht Straflosigkeit. Rechtlich handelt es sich dabei um die Verhängung einer Strafe, deren Vollstreckung vom Tatrichter mit dem Ziel des Erlasses ausgesetzt wird[400]. Der Angeklagte wird zur Freiheitsstrafe verurteilt, bleibt aber in Freiheit, solange die Aussetzung nicht widerrufen wird. Die Strafaussetzung ist Strafe insofern, als eine Freiheitsstrafe im Urteil ausgesprochen und der Täter dadurch zum Vorbestraften wird. Dem zu Freiheitsstrafe mit Bewährung Verurteilten soll damit eine Chance gegeben werden, seine Resozialisierung in der Freiheit durch geeignete Maßnahmen zu erreichen. Des weiteren sollte die Möglichkeit der Strafaussetzung zur Bewährung die kurze und mittelfristige Freiheitsstrafe zurückdrängen[401]. Aussetzungsfähig war und ist nur die Freiheitsstrafe, nicht aber die Geldstrafe[402].

Aufgebaut auf dem Konzept der belgisch - französische "sursis" wurde die Strafaussetzung im Ersten und Zweiten Strafrechtsreformgesetz weiter ausgebaut[403]. Im Zuge der Strafrechtsreform wurde die Strafaussetzung zur

---

398 Kürzinger, in: Freiheitsstrafe und ihre Surrogate, S. 1871.

399 BGBl I, 735; dazu Lackner, JZ 1953, 428 ff.; Jagusch, JZ 1953, 688; Bruns GA 1956, 193 ff.

400 Zur Maßgerechtigkeit der Bewährungsstrafe allgemein siehe Köhler, AT S. 648 ff.

401 S/S/Stree, § 56 Rn. 1 und 3; Lackner, JZ 1953, 428; vgl. Armin Kaufmann, JZ 1958, 298.

402 Vgl. aber die Bedenken des *Sond*A, BT-Drs. V/4094, S. 10; Schultz, JZ 1966, 118; Sturm, in: FS Dreher, S. 529.

403 Zur geschichtlichen Entwicklung der Strafaussetzung vgl. u. a. LK-Ruß, Vor § 56, Rn. 1; Grünhut, ZStW 64 (1952), 122 ff.; vgl. Bietz, ZRP 1977, 62 ff.; zum rechtsvergleichenden Hinweis der Strafaussetzung, Dünkel, ZStW 95 (1983), 1039 ff.

Bewährung zur heute geltenden Fassung der §§ 56 ff. StGB erweitert[404] und gehört zu den wichtigsten Reformen des Strafrechts nach dem 2. Weltkrieg[405]. Neben Strafen und Maßregeln wird die Strafaussetzung zur Bewährung in der Lehre als dritte Spur bezeichnet[406], da die ihr zugrundeliegende Sanktion Freiheitsstrafe stationären Charakter hat, sie aber ambulant vollstreckt wird. Die zur Bewährung ausgesetzte Freiheitsstrafe ist nicht identisch mit der vollzogenen Freiheitsstrafe. Das Institut der Strafaussetzung zur Bewährung ist eine selbständige strafrechtliche Sanktionsart, die sich keinesfalls in einer bloßen Modifikation der Freiheitsstrafe erschöpft[407].

d) Die Einführung der Aussetzung des Strafrestes bei der lebenslangen Freiheitsstrafe (§ 57 a StGB)

Durch das 20. StrÄG vom 8. 12. 1981[408] wurde § 57 a StGB eingeführt, der die Aussetzung der weiteren Vollstreckung der lebenslangen Freiheitsstrafe nach Verbüßung von 15 Jahren durch die Strafvollstreckungskammer beim Landgericht (§§ 454, 462 a StPO) vorsieht, wenn - entsprechend der Aussetzung des Restes einer zeitigen Freiheitsstrafe - eine günstige soziale Prognose gestellt werden kann, wofür ein Sachverständigengutachten zwingend vorgeschrieben wurde (§ 454 Abs. 1 S. 5 StPO)[409]. Bisher gab es die Aussetzung eines Strafrestes nur bei zeitiger Freiheitsstrafe nach Verbüßung von zwei Dritteln der verhängten Strafe, ausnahmsweise schon nach Verbüßung der Hälfte (§ 57

---

404 Zuletzt 23. StrÄG vom 13. 4. 1986 (BGBl. I, 393); hierzu Dölling, NJW 1987, 1041 ff.; auch zur Entstehungsgeschichte und Entwicklung Dünkel, ZStW 95 (1983), 1039 ff.

405 Kaiser, Kriminologie, S. 297; zu der Statistik siehe NK-Ostendorf, Vor § 56 Rn. 5 ff.

406 SK-Horn, § 56 Rn. 2; LK-Gribbohm, § 56 Rn. 1; Jescheck/Weigend, AT S. 79; vgl. auch Roxin, AT I S. 67 ff.

407 Lackner/Kühl, § 56 Rn. 2 f.; Köhler, AT S. 648 ff.; Müller-Dietz, Grundfragen, S. 58 jeweils m. w. N.

408 BGBl. I, 1329 ff.; in Kraft ab 1. 5. 1982. § 57 a Abs. 1 S. 2 StGB wurde durch das 23 StrÄG vom 13. 4. 1986 ergänzt; dazu BGBl. I. S. 393.

409 Näher zu § 57 a StGB siehe unten S. 193 ff.

StGB). Bei lebenslanger Freiheitsstrafe war nur Begnadigung möglich, die aber regelmäßig nach Verbüßung von durchschnittlich 20 Jahren gewährt wurde[410].

Gegenüber der bisherige Begnadigung nach freiem Ermessen der Exekutive bestehen die großen Vorteile der gesetzlichen Regelung für die lebenslange Freiheitsstrafe (§ 57 a StGB) in folgendem:

Erstens entscheiden anstelle der Exekutive unabhängige Richter. Zweitens besitzt der Verurteilte einen Rechtsanspruch auf Aussetzung des Strafrechts nach Maßgabe des § 57 a StGB[411]. Drittens hat die Erste Gewalt die Voraussetzungen für jene Aussetzung umschrieben. Dies alles kann die Gnade ihrem Wesen nach nicht leisten.

Im Unterschied zur Aussetzung der zeitigen Freiheitsstrafe spielt bei der Entscheidung über die bedingte Entlassung bei lebenslanger Freiheitsstrafe nicht nur die Täterprognose, sondern auch der Schuldgehalt der Tat eine Rolle. § 57 a StGB beruht auf einer verfassungsrechtlichen Begründung im Prinzip der Menschenwürde (Art. 1 GG)[412]. Dass die Aussetzung des Strafrestes auf die lebenslange Freiheitsstrafe ausgedehnt wurde, ist ein Verdienst der Bewegung für die Humanisierung des Strafrechts und für die Ausschaltung jeder staatlichen Willkür aus allen die persönliche Freiheit des Bürgers betreffenden Entscheidungen[413].

---

410 Vgl. zur bisherigen Gnadenpraxis bei Verurteilung zu lebenslanger Freiheitsstrafe, BVerfGE 45, 203 ff.; Groß, ZRP 1979, 135; Kunert, NJW 1982, 89 f.; Petersen, JuS 1974, 502 ff.; vgl. dazu auch Laubenthal, Lebenslange Freiheitsstrafe, S. 100 ff.; vgl. zur Gnade nach Rechtsbegriffen Köhler, in: Rechtsdogmatik, S. 57 ff.

411 Vgl. BVerfGE 45, 187.

412 BVerfGE 45, 187.

e) Das Geldstrafensystem

Die Geldstrafe ist ein bestimmter Geldbeitrag, dessen Zahlung an den Staat dem wegen einer Straftat Verurteilten auferlegt wird. Noch im RStGB von 1871 stand die Freiheitsstrafe im Mittelpunkt der strafrechtlichen Sanktionen[414]. Geldstrafe war nach der Gefängnisstrafe lediglich die zweithäufigste aller Sanktionen und wurde nur mit großer Zurückhaltung angedroht[415]. Erst das Gesetz zur Erweiterung des Anwendungsgebietes der Geldstrafe und zur Einschränkung der kurzen Freiheitsstrafe von 1921[416] brachte einen Wandel, der in seiner kriminalpolitischen Bedeutung kaum überschätzt werden kann. Der Anteil der Geldstrafe ist inzwischen auf über 80 % aller verhängten Strafen gestiegen[417], wobei die Geldbußen bei Ordnungswidrigkeiten selbstverständlich nicht berücksichtigt sind. Die Geldstrafe ist nur theoretisch die zweite Hauptstrafe des geltenden Strafensystems, praktisch ist sie jedoch die erste Hauptstrafe.

Die Geldstrafe ist in den Tatbeständen des StGB nicht als einzige Sanktion, sondern (fast) ausnahmslos als Alternative zur Freiheitsstrafe angedroht. Daher kommt es im Bereich geringer Schuld zu einer Konkurrenz von Geld- und Freiheitsstrafe[418]. Die Geldstrafe, die als typische Rechtsfolge für die leichteren und mittelschweren Delikte vorgesehen ist, war ursprünglich als Endsummengeldstrafe ausgestaltet. Sie machte in diesem Zusammenhang keinen Unterschied zwischen Schuld und finanzieller Leistungskraft des Täters sichtbar. Durch das 2. StrRG vom 4. 7. 1969 wurde die Geldstrafe reformiert,

---

413 Vgl. BT-Drs. 8/3218, 5; Jescheck, SchwZStr 100 (1983), 4.

414 Z. B. für Diebstahl (§ 242 StGB), Begünstigung und Hehlerei (§§ 257, 259 StGB), Urkundenfälschung (§ 267 StGB) wurde ausschließlich Gefängnis angedroht.

415 Vgl. dazu v. Liszt, Aufsätze und Vorträge Bd. 1 S. 290 ff.

416 Gesetz vom 21. 12. 1921 RGBl. S. 1604; näher zu den Änderungen und Bewertungen der Geldstrafenreform Kubink, Strafen, S. 185 ff.

417 Vgl. Kaiser, Kriminologie, S. 434; ders., ZStW 86 (1974), 375; der Anteil der Geldstrafen betrug 1920 nur 38, 5 %. 1926 war der Anteil bereits auf 65, 3 % gestiegen und 1971 belief er sich auf 83, 44 %.

indem das Tagessatzsystem eingeführt wurde[419]. Sinn der Einführung des Tagessatzsystems war es, die Geldstrafe durch die Anknüpfung der Zahl der Tagessätze an die Schuld und das Präventionsziel und durch Bestimmung der Höhe des Tagessatzes nach der wirtschaftlichen Leistungsfähigkeit des Verurteilten sowohl gerechter als auch durchsichtiger zu machen[420].

Bei der Festsetzung des Tagessatzes ist die Höhe des durchschnittlichen Nettoeinkommens zu Grunde zu legen (§ 40 Abs. 2 S. 2 StGB). Indessen kommt es bei der Frage nach dem potentiellen Einkommen in diesem Sinne nicht auf die abstrakte Fähigkeit zur Einkommensgewinnung an, sondern auf die konkrete Lebenssituation[421]. Maßgebend für die Einführung des Tagessatzsystems war auch, die Geldstrafe schlagkräftiger zu machen sowie die kurze Freiheitsstrafe stärker zu verdrängen, indem Freiheitsstrafe unter einem Monat abgeschafft und die Verhängung von Freiheitsstrafen unter 6 Monaten in § 47 StGB massiv beschränkt wurde[422]. Damit soll auch der Vorstellung entgegengewirkt werden, die Geldstrafe sei ein nachrangiges, weniger empfindliches und auch weniger ernst zu nehmendes Strafmittel[423].

---

418 Näher dazu Mitsch, JA 1993, 307.

419 Vgl. § 40 StGB und näher dazu Grebing, in: Die Geldstrafe, S. 78 ff.

420 Das Problem der ungleichen Wirkung auf Arm und Reich wird hierdurch indessen nicht gänzlich gelöst. Da dem Verurteilten auch bei weitgehendem Verzicht auf Konsum und Bedürfnisbefriedigung bestimmte Ausgaben für die Lebensführung in jedem Fall verbleiben, die auch dann abgedeckt werden müssen, wenn die vorhandenen Geldmittel für die Begleichung der Geldstrafe bereitgestellt werden, bleibt das Problem, dass der wirtschaftlich Wohlhabende diesen finanziellen Engpass besser überwinden kann als der wirtschaftlich Schwäche; in diesem Zusammenhang siehe zur Problematik der Geldstrafe NK-Albrecht, § 40 Rn. 11; Meier, Sanktionen, S. 55 f.; vgl. auch Heghmanns, NStZ 1994, 519 ff.

421 Tröndle, ÖJZ 1975, 593; Meier, Sanktionen, S. 60 ff. m. w. N.

422 Vgl. BT-Drs. 5/4049, 21; §§ 38, 47 StGB; Jescheck, SchwZStr 91 (1975), 35.

423 Vgl. dazu u. a. Baumann, JZ 1963, 736 ff.

Ist der zu Geldstrafe Verurteilte zahlungsunfähig oder zahlungsunwillig, dann tritt die Ersatzfreiheitsstrafe an die Stelle der Geldstrafe (§ 43 StGB)[424]. Der Verurteilte muss dann für jeden Tagessatz, den er schuldig geblieben ist, einen Tag Freiheitsstrafe verbüßen (§ 43 S. 2 StGB)[425]. Die Statistiken zeigen, dass ab Mitte der 70er Jahre zwischen 5 und 7 % aller zu Geldstrafe Verurteilten im Rahmen dieser Regelung in den Strafvollzug mussten. Zunehmend wird überdies erkannt, dass das System der Geld- und Ersatzfreiheitsstrafe Angehörige der einkommensschwachen Bevölkerungsgruppen benachteiligen kann und diese Personen bei sich verschlechternden wirtschaftlichen Verhältnissen über § 43 StGB verstärkt in den Kurzstrafenvollzug geraten[426].

Eine ganz neuartige und besonders resozialisierungsfreundliche Sanktion ohne Freiheitsentzug ist auch die "Verwarnung mit Strafvorbehalt" im Bereich der Geldstrafen (§§ 59 ff.)[427]. Sie bildet nach dem Reformprogramm des 2. StrRG von 1969 die mildeste förmliche Sanktion im StGB, deren Anwendung allerdings auf besonders gelagerte Ausnahmefälle beschränkt worden ist[428]. Kriminalpolitisch stellt sich die Verwarnung mit Strafvorbehalt als Geldstrafe ohne Strafmakel dar.

---

424 Art. 293 EGStGB ermächtigt eine uneinbringliche Geldstrafe durch freie Arbeit zu tilgen; näher dazu Tröndle/Fischer, § 43 Rn. 8.

425 Vgl. dazu Schott, JR 2003, 315 ff.

426 NK-Villmow, Vor §§ 38 Rn. 33.

427 Für die Einführung der Verwarnung mit Strafvorbehalt vorher schon Welzel, Ndschr. I, S. 104; kritisch aber dazu Dreher, in: FS Maurach, S. 275 ff.; vgl. zur Entstehungsgeschichte des Instituts der Verwarnung mit Strafvorbehalt, Tröndle/Fischer, Vor § 59 Rn. 2; Baumann, JZ 1980, 464 ff. m. w. N.

428 Zur praktischen Bedeutung der Verwarnung mit Strafvorbehalt siehe bei Horn, NJW 1980, 106 f.; Cremer, NStZ 1982, 449 ff.; vgl. auch Dreher, in: FS Maurach, S. 275 ff.; Kritik zum unsystematischen Nebeneinanderstehen verschiedener Rechtsfolgeregelungen für ähnliche Sachverhalte leichter Delikte, ohne dass die maßgebenden materiell rechtlichen Voraussetzungen schlüssig bestimmt wären, Köhler, AT S. 615.

Bei Geldstrafen bis zu 180 Tagessätzen ist eine Verwarnung mit Strafvorbehalt möglich (§ 59 Abs. 1 StGB)[429]. D. h. der Täter wird zwar verurteilt, es wird also auf eine Strafe erkannt, die Verhängung dieser Strafe wird jedoch ausgesetzt. Das Gericht beschränkt sich hierbei auf den Schuldspruch und erteilt dem Angeklagten lediglich eine Verwarnung, statt eine Geldstrafe zu verhängen. Zugleich wird eine bestimmte Geldstrafe festgesetzt, deren Ausspruch jedoch für den Fall vorbehalten bleibt, dass sich der Verurteilte in der vom Gericht angedrohten Bewährungszeit nicht bewährt. Bei günstigem Verlauf bleibt es bei der Verwarnung, und der Verurteilte ist dann im Gegensatz zur Strafaussetzung zur Bewährung bei der Freiheitsstrafe nicht bestraft[430]. Vom Absehen von Strafe (dazu unten eingehend) unterscheidet sich die Verwarnung mit Strafvorbehalt darin, dass der Täter verwarnt und die verwirkte Strafe im Urteil bereits bestimmt wird.

Das kriminalpolitische Ziel der Verwarnung mit Strafvorbehalt ist es, im unteren Bereich der Kriminalität dem Täter, insbesondere dem Ersttäter, die Bestrafung zu ersparen[431]. Die praktische Bedeutung der Verwarnung mit Strafvorbehalt ist jedoch sehr gering[432]. Der Grund dafür sind informelle Sanktionsmöglichkeiten, z. B. Einstellungen gemäß §§ 153, 153 a StPO[433]. Es bedarf daher im Sanktionssystem einer Rechtsfolge zwischen der Verfahrenseinstellung nach § 153 a StPO und einer zu vollstreckenden Geldstrafe[434].

---

429 Dieses Institut bezeichnet sich daher als eine Art "unvollkommener Geldstrafe"; vgl. dazu Streng, Sanktionen, S. 59; vgl. zur weiteren Voraussetzungen für die Verwarnung mit Strafvorbehalt siehe Zipf, in: Einführung, S. 86; Meier, Sanktionen, S. 48 ff.; zur Ermöglichung des § 59 StGB siehe den "Entwurf eines Gesetzes zur Reform des Sanktionenrechts", www. bmj.de; dazu auch Wolters, ZStW 114 (2002), 81 ff.

430 Vgl. dazu Dölling, ZStW 104 (1992), 269.

431 S/S/Stree, § 59 Rn. 1 ff.; LK-Gribbohm, Vor §§ 59-59 c Rn. 3, § 59 Rn. 1; Tröndle/Fischer, Vor § 59 Rn. 3.

432 Vgl. aber hierzu Schöch, Gutachten, C 90; ders., JR 1985, 378; Dölling, NJW 1989, 1046.

433 Vgl. hierzu Dölling, ZStW 104 (1992), 269; vgl. auch Schöch, in: FS Baumann, S. 265 ff.

434 Für verstärkte Anwendung der Verwarnung mit Strafvorbehalt Baumann, JZ 1980, 464; Dencker, StV 1986, 399; Horn, NJW 1980, 106; vgl. auch Schöch, in: FS Baumann, S. 255 ff.

f) Einführung des Fahrverbots als Nebenstrafe (§ 44 StGB)

Das Fahrverbot ist die einzige vom Gesetzgeber ausdrücklich so bezeichnete Nebenstrafe im geltenden StGB. D. h., das Fahrverbot kann nicht isoliert gegen den Täter verhängt werden, sondern nur in Verbindung mit einer Geld- oder Freiheitsstrafe. Das Fahrverbot wurde durch das am 2. 1. 1965 in Kraft getretene Zweite Gesetz zur Sicherung des Straßenverkehrs in das StGB eingefügt. Durch diese Bestimmung haben die Gerichte die Befugnis erhalten, einem Verkehrsdelinquenten das Führen von Kraftfahrzeugen jeder oder einer bestimmten Art auf die Dauer von einem bis zu drei Monaten zu verbieten[435].

Dieses verkehrsrechtliche Reaktionsmittel hebt sich in seiner Aufgabe und dementsprechend in den Voraussetzungen deutlich von der Entziehung der Fahrerlaubnis ab. Das Fahrverbot als Nebenstrafe ist namentlich für solche Täter gedacht, die im Verkehr aus Nachlässigkeit oder Leichtsinn erheblich versagt haben, aber zum Führen von Kraftfahrzeugen noch geeignet sind[436]. Das Gesetz geht hier von der Erwägung aus, dass in der heutigen Zeit das Auto zum Statussymbol und das Autofahren zu einer beliebten Freizeitbeschäftigung geworden ist. Der Täter ist auch durch ein zeitlich eng begrenztes Fahrverbot empfindlich getroffen. Er kann auf diese Weise nachdrücklich zur Ordnung gerufen werden.

Im Unterschied zu dem Fahrverbot, das das Vorliegen einer schuldhaft begangenen Straftat voraussetzt, ist für die Fahrerlaubnisentziehung als Maßregel der Besserung und Sicherung eine Verurteilung wegen der begangenen schuldhaften Tat nicht erforderlich[437]. Das Fahrverbot ist eine

---

435 Vgl. § 44 StGB.

436 Dazu Warda, GA 1965, 65 ff.; Hartung, NJW 1965, 86; Lackner, JZ 1965, 120; Nüse, JR 1965, 41.

437 Vgl. zur Austauschbarkeit der Entziehung der Fahrerlaubnis gegen ein Fahrverbot Cramer, NJW 1968, 1764 ff.

vorwiegend spezialpräventiv zu verstehende "Warnungs- und Besinnungsstrafe"[438].

g) Absehen von Strafe (§ 60 StGB)[439]

Durch das 1. StrRG von 1969 wurde gänzlich neu[440] das "Absehen von Strafe" in das StGB eingeführt. Danach kann das Gericht von Strafe absehen, wenn die den Täter selbst betreffenden Tatfolgen so schwer sind, dass die Verhängung einer Strafe offensichtlich verfehlt wäre[441]. Gemeint ist damit, dass der Täter schon durch die Auswirkungen seiner Tat genug bestraft ist, und dass die zwecklose Bestrafung eines Täters, der durch die Folgen seiner Tat bereits hinreichend bestraft ist, nicht nur überflüssig ist, sondern in der Rechtsgemeinschaft auf Unverständnis stößt[442]. Die Folgen müssen sich entweder aus der Beziehung zwischen Täter und Opfer ergeben[443], oder der Täter muss infolge seiner Tat selbst schwere Verletzungen erlitten haben[444].

Voraussetzung für die Anwendbarkeit des Absehens von Strafe ist aber stets, dass der Täter nicht mehr als ein Jahr Freiheitsstrafe zu erwarten hat (§ 60 S. 2 StGB)[445]. Die Sanktion liegt hier allein im Schuldausspruch, der allerdings durch die den Täter treffenden schweren Folgen als eine Art von "*poena*

---

438 Tröndle/Fischer, § 44 Rn. 2.

439 Umfassend dazu Weber, MDR 1956, 705 ff.; Wagner, GA 1972, 33 ff.; Müller-Dietz, in: FS Lange, S. 303 ff.

440 Auch E 1962 hat dieser Vorschrift noch nicht enthalten. In Kraft ab 1. April 1970.

441 BT-Drs. V/4094, 6; Wagner, GA 1972, 33; kritisch dazu Hassemer, Strafrechtsdogmatik, S. 110; ders., in: FS Sarstedt, S. 65; Maiwald, ZStW 83 (1971), 663 ff.; Müller-Dietz, in: FS Lange, S. 303.

442 LK-G. Hirsch, § 60 Rn. 5.

443 Z. B. wenn der Täter infolge von Fahrlässigkeit einen nahen Angehörigen getötet hat, desgleichen der einseitig misslungene Doppelselbstmord Liebender oder der erweiterte Selbstmord schlechthin.

444 Z. B. der Autofahrer, der einen Unfall verschuldet hat, trägt etwa selbst lebensgefährliche Verletzungen davon; vgl. dazu weitere Beispiele bei Meier, Sanktionen, S. 45.

445 Näher dazu Horstkotte, JZ 1970, 127 f.

naturalis" (natürliche Strafe) fühlbar ergänzt wird[446]. Das Absehen von Strafe bedeutet prozessual, dass im Urteilstenor die Schuld des Täters festgestellt, gleichzeitig aber auf einen Strafausspruch verzichtet wird[447]. Dieser Schuldspruch ohne Strafausspruch, der mehr symbolischer Art ist, gleichwohl aber eine Form der Reaktion auf die Straftat darstellt, ist Ausdruck humaner Strafrechtspflege[448].

Das Institut "Absehen von Strafe" gilt heute als ein typisches Beispiel moderner Kriminalpolitik[449]. Durch das "*Verbrechensbekämpfungsgesetz*" vom 28. 10. 1994 wurde die Möglichkeit geschaffen, von Strafe abzusehen oder die Strafe nach § 49 Abs. 1 StGB zu mildern, wenn der Täter in dem Bemühen, einen Ausgleich mit dem Verletzten zu erreichen, seine Tat ganz oder überwiegend wiedergutmacht oder die Wiedergutmachung ernsthaft erstrebt hat (§ 46 a StGB)[450]. Die Tragweite des Absehens von Strafe hat sich durch die Einführung des § 46 a StGB offensichtlich erweitert. Während bei den ambulanten Maßnahmen die Geldstrafe und die zur Bewährung ausgesetzte Freiheitsstrafe große Bedeutung gewonnen haben, ist jedoch das neue Rechtsinstitut des Absehens von Strafe (§ 60 StGB) von der Praxis kaum angenommen worden[451]. Im Durchschnitt der Jahre 1975-2000 erreichte das Absehen von Strafe nur eine Quote von 0,1 % aller Verurteilungen[452].

---

446 Vgl. Lackner/Kühl, § 60 Rn. 1; Tröndle/Fischer, § 60 Rn. 4; Jescheck/Weigend, AT S. 862.

447 Vgl. dazu Maurach/Gössel/Zipf, AT Bd. 2, S. 879; Wagner, GA 1972, 37.

448 Vgl. dazu Schüler-Springorum, Kriminalpolitik, S. 172.

449 So Hassemer, in: FS Sarstedt, S. 68; vgl. Dölling, ZStW 104 (1992), 271; Rössner, NStZ 1992, 409.

450 Neues Anwendungsfeld des Absehens von Strafe im Zusammenhang mit der Wiedergutmachung siehe Schöch, Gutachten, C 89.

451 Dazu NK-Villmow, Vor §§ 38 Rn. 53.

452 Vgl. dazu statistisches Bundesamt, Strafverfolgung 2001, S. 122 ff.; Heinz, ZStW 94 (1982), S. 663 m. w. N.

h) Vermögensstrafe

Die Vermögensstrafe (§ 43 a StGB) wurde durch das "*Gesetz zur Bekämpfung des illegalen Rauschgifthandels und anderer Erscheinungsformen der organisierten Kriminalität*" vom 15. 7. 1992[453] neu ins StGB eingeführt. Sie wurde bereits durch das "*Verbrechensbekämpfungsgesetz*" vom 28. 10. 1994[454] in ihrem Anwendungsbereich erweitert[455]. Danach konnte neben einer Freiheitsstrafe von mehr als zwei Jahren (oder lebenslang) zu einer potentiell das gesamte Vermögen erfassenden Geldsummenstrafe verurteilt werden. Die Tat musste den Tatbestand eines Strafgesetzes verwirklichen, welches auf § 43 a StGB verwiesen hat[456]. Die Vermögensstrafe war eine "besondere, nicht am Tagessatzsystem zu bemessende Geldstrafe"[457].

Mit der Vermögensstrafe wollte der Gesetzgeber Vermögen wirksam abschöpfen, die durch kriminelle Machenschaften angehäuft worden sind, ohne dass von den Strafverfolgungsbehörden dafür im Einzelnen der mühsame Nachweis des illegalen Erwerbs der betroffenen Vermögensgegenstände erbracht werden müsste[458]. Die Vermögensstrafe wurde jedoch wegen der verfassungsrechtlichen Probleme in der Strafrechtsliteratur heftig kritisiert und stieß auf nahezu einstimmige starke Ablehnung[459]. Das BVerfG hat durch das

---

453 BGBl I, 1302.

454 BGBl I, 3186; dazu auch König/Seitz, NStZ 1995, 1 ff.; Neumann, StV 1994, 273 ff.

455 Über die Einführung und Wandlung der Vermögensstrafe siehe Hörnle, ZStW 108 (1996), 333 ff.; vgl. zur Vermögensstrafe als eine neue Sanktion des Jugendstrafrechts, Nibbeling, NStZ 1997, 63 ff.

456 Zu den einzelnen Voraussetzungen der Vermögensstrafe ausführlich Mitsch, JA 1994, 425 ff.

457 BT-Drs. 12/989, 22; vgl. dazu BR-Drs. 395/85, 8 f.

458 Vgl. Perron, JZ 1993, 918.

459 Auf die einzelnen Probleme der Vermögensstrafe soll hier nicht näher eingegangen werden; aber vgl. dazu Schoreit, MDR 1990, 1 ff.; Köhler/Beck, JZ 1991, 797 ff.; Krey/Dierlamm, JR 1992, 353 ff.; Bringewat, NStZ 1993, 316 ff.; Arzt, NStZ 1990, 1 ff.; Weßlau, StV 1991, 226 ff.; Eser, in: FS Stree/Wessels, S. 836 ff.; Mitsch, JA 1994, 432; Park, Vermögensstrafe, S. 38 ff.; Herzog, in: FS Lüderssen, S. 241 ff.

Urteil vom 20. 3. 2002[460] die Vermögensstrafe gem. § 43 a StGB für verfassungswidrig erklärt, was gem. § 95 Abs. 3 S. 2 BVerfGG die Nichtigkeit der Vorschrift zur Folge hat[461].

i) Neugestaltung der Maßregeln der Besserung und Sicherung

Das RStGB von 1871 enthielt zwar einige wenige Rechtsfolgen, die zielgerichtet der Sicherung dienten[462], kannte aber keine Maßregeln der Besserung und Sicherung im heutigen Sinn[463]. Sie sind auch nicht erörtert worden. Das Strafrecht war also im Rechtsfolgensystem streng "einspurig". Die ersten StGB-Entwürfe, die Strafen und Maßregeln der Besserung und Sicherung nebeneinander vorsehen, stammen vom Anfang des letzten Jahrhunderts. Sie sind durch die "moderne Schule" v. Liszt entwickelt worden. Fertige Gesetzesvorschläge entstanden in den zwanziger Jahren[464]. Die Maßregeln der Besserung und Sicherung als die sog. "Zweite Spur" des Strafrechts wurden durch das Gesetz gegen gefährliche Gewohnheitsverbrecher vom 24. 11. 1933 nach der Machtübernahme durch das NS-Regime ins StGB eingeführt[465]. Es besteht heute Einigkeit, dass das Gewohnheitsverbrechergesetz trotz seines Entstehungsdatums jedenfalls im Kern kein nationalsozialistisches Gedankengut

---

[460] BVerfG StV 2002, 247 ff.

[461] Näher hierzu Park, StV 2002, 395 f.

[462] Z. B. die Polizeiaufsicht (§ 38 RStGB), die heute durch die Führungsaufsicht in den §§ 68 ff. StGB ersetzt ist.

[463] Der Gedanke der Zweispurigkeit stammt von dem Schweizer Juristen *Carl Stooß* und wurde für den schweizerischen Vorentwurf eines StGB von 1893 entwickelt; vgl. Maßregeln in der Geschichte des Strafrechts bis zum RStGB von 1871 Eser, in: FS Müller-Dietz, S. 216 ff.

[464] Vgl. dazu Eser, in: FS Müller-Dietz, S. 227 ff.

[465] Dazu Eser, in: FS Müller-Dietz, S. 233 f.; Kubink, Strafen, S. 274 f.; Müller-Christmann, JuS 1990, 802; im Laufe der Zeit wurde die Reihenfolge von "Sicherung" und "Besserung" in der Überschrift des Titels und §§ 61 f. n. F. geändert. Aus "Maßregeln der Sicherung und Besserung" sind also "Maßregeln der Besserung und Sicherung" geworden; zu den rechtsvergleichenden Aspekten siehe bei Frisch, ZStW 102 (1990), 345 ff.

enthält (auch wenn es sicher nicht unbeeinflusst ist), sondern auf den genannten Entwürfen zur Strafrechtsreform aufbaut[466].

Das StGB kennt drei verschiedene Maßregeln, die mit dem Freiheitsentzug verbunden sind: Unterbringung in einem psychiatrischen Krankenhaus (§§ 61 Nr. 1, 63 StGB), in einer Entziehungsanstalt (§§ 61 Nr. 3, 66 StGB) und in der Sicherungsverwahrung (§§ 61 Nr. 3, 66 StGB). Die §§ 61 ff. StGB sind bis heute immer wieder geändert worden. Die Geschichte der Gesetzgebung zu den Maßregeln der Besserung und Sicherung ist ein Nebenprodukt der Erörterung der Straftheorien seit Anfang des letzten Jahrhunderts[467]. Dass freiheitsentziehende Maßregeln strafähnlich sind, sollte jedoch nicht übersehen werden. Schon *Kohlrausch* hat hier das Wort vom "Etikettenschwindel" geprägt[468]. Heute spricht man von einer "Krise der Zweispurigkeit"[469]. Die Grundidee der Maßregeln der Besserung und Sicherung ist allein die Spezialprävention.

aa) Normierung des Grundsatzes der Verhältnismäßigkeit

Bei den freiheitsentziehenden Maßregeln der Besserung und Sicherung hat sich im 1. StrRG vom 25. 6. 1969 eine neue am freiheitlichen Gedanken orientierte Betrachtungsweise durchgesetzt. Diese Entwicklung stand unter dem Einfluss des Grundsatzes der Verhältnismäßigkeit (Geeignetheit, Erforderlichkeit und Angemessenheit von Grundrechtseingriffen)[470] und dem Einfluss des die Arbeiten der Strafvollzugskommission beherrschenden Gedankens der

466 BVerfGE 2, 118; BGH, MDR 1951, 33; Müller-Christmann, JuS 1990, 802 m. w. N.
467 So Naucke, Strafrecht, § 3 Rn. 16; vgl. zu der Kritik der Sicherungsmaßregel allgemein Köhler, Begriff der Strafe, S. 80 ff.; ders., AT S. 55 ff.
468 Nachw. bei NK-Böllinger, § 61 Rn. 20.
469 Nachw. bei NK-Böllinger, § 61 Rn. 20.
470 Vgl. Jescheck, SchwZStr 91 (1975), 40; Weigend, in: FS Hirsch, S. 917 ff.; zu verschiedenen Einzelaspekten und grundlegenden Bedeutung des Verhältnismäßigkeitsprinzips siehe v. Münch/Kunig-GG, Art. 2 Rn. 24 m. w. N.

Resozialisierung[471]. So wurde für den Gesamtmaßregelbereich der Verhältnismäßigkeitsgrundsatz ausdrücklich festgeschrieben (§ 62 StGB) und augenfällig gemacht. Mit der ausdrücklichen Positivierung hat der Gesetzgeber allerdings kein neues Recht geschaffen, da der Grundsatz der Verhältnismäßigkeit als allgemein anerkanntes Rechtsstaatsprinzip bereits vor der Kodifikation für das Maßregelrecht galt[472].

Eine vom Schuldprinzip unabhängige Maßregel hat grundsätzlich keine zeitliche Begrenzung. Die Ausgestaltung des heutigen Maßregelrechts zeigt, dass mit ihm regelmäßig schwerwiegende Eingriffe in die individuelle Freiheit verbunden sind.

Die Maßregeln der Besserung und Sicherung unterliegen also dem Übermaßverbot, d. h. sie dürfen nur angeordnet werden, wenn und soweit eine vom Täter weiterhin ausgehende Gefahr für andere ebenfalls vom Grundgesetz geschützte und bedeutende Rechtsgüter einen solchen Eingriff in die Rechte des Täters unabweisbar macht. Dieser Grundsatz ist verfassungsrechtlich normiert[473]. Das Gericht wird durch den Grundsatz der Verhältnismäßigkeit darauf hingewiesen, dass es bei der Androhung einer Maßregel nicht nur die besonderen Voraussetzungen der Maßregel feststellen, sondern auch prüfen muss, ob die Anordnung der Maßregel mit dem Grundsatz der Verhältnismäßigkeit vereinbar ist. Danach hat das Gericht bei der Entscheidung über die Anordnung einer Maßregel sowohl die Bedeutung der Tat als auch die vom Täter für die Zukunft zu befürchtenden Handlungen als auch den Grad der von ihm ausgehenden Gefahr zu berücksichtigen[474].

---

471 Sturm, in: FS Dreher, S. 529.
472 Vgl. BVerfGE 70, 312.
473 Vgl. BVerfGE 16, 202: NJW 1963, 1598; BVerfGE 19, 342: NJW 1966, 243; BGHSt. 20, 232: NJW 1965, 1869.

bb) Die sozialtherapeutische Anstalt

Die Unterbringung in einer sozialtherapeutischen Anstalt wurde im 2. StrRG vorgesehen, wenn auch ihr Anwendungsbereich dabei wesentlich eingeschränkt war[475]. Der Vorschlag entstammte aus § 69 AE. Mit der Vorschrift (§ 65 StGB) sollte bezweckt werden, durch moderne therapeutische Mittel und soziale Hilfen auf solche kriminell besonders gefährdeten Tätergruppen einzuwirken, bei denen eine effektive Resozialisierung erwartet werden kann[476]. Dass sie niemals in Kraft getreten und seit dem 1. 1. 1985 ganz gestrichen worden ist, liegt daran, dass sie in ihrem Anwendungsbereich zu weit geraten war, um realisierbar zu sein[477].

Die Vorschrift hatte jedoch eine wichtige Signalfunktion für den Strafvollzug und den Inhalt des Strafvollzugsgesetzes. Die sozialtherapeutische Anstalt lebt nunmehr in reduzierter Form im Rahmen einer durch §§ 9, 123 ff. StVollzG geregelten sog. "Vollzugslösung" weiter[478]. Neuerdings wird im Interesse einer wirksameren Bekämpfung der Sexualdelinquenz[479] wieder der vermehrte Einsatz sozialtherapeutischer Behandlungsmethoden gefordert[480]. In der ab 1. 1. 2003 geltenden Fassung besteht nach § 9 Abs. 1 StVollzG die Pflicht, den Gefangenen, der wegen bestimmter, dort abschließend aufgezählter

---

474 Vgl. BT-Drs. 5/4094 S. 17.

475 Die Einführung der sozialtherapeutischen Anstalt soll die mutigste und risikoreichste Entscheidung der Strafrechtsreformgesetze sein; vgl. dazu Zipf, in: Einführung, S. 91 f.

476 Zusammenfassend Kaiser/Kerner/Dünkel, ZRP 1982, 198 ff.; Müller-Dietz, Grundfragen, S. 205 ff.

477 Dazu Hirsch, in: GS Hilde Kaufmann, S. 139; Tiedemann, ZStW 86 (1974), 342 f.

478 Aus der Diskussion einerseits Schwind, NStZ 1981, 121 ff. m. w. N.; andererseits Schöch, ZRP 1982, 207 ff.

479 Vgl. § 9 Abs. 1 i. d. F. des Gesetzes zur Bekämpfung von Sexualdelikten und anderen gefährlichen Straftaten vom 26. 1. 1998 (BGBl. I, 160).

480 Roxin, AT I § 4 VIII Rn. 45; vgl. dazu auch NK-Dünkel, § 38 Rn. 3; Arloth, GA 2001, 315.

Sexualstraftaten verurteilt wurde, in eine sozialtherapeutische Anstalt oder Abteilung (§ 123 StVollzG) zu verlegen, wenn dies angezeigt ist[481].

cc) Sicherungsverwahrung (§ 66 StGB)

Wird jemand wegen einer vorsätzlichen Straftat zu zeitiger Freiheitsstrafe von mindestens zwei Jahren verurteilt, muss die Maßregel der Sicherungsverwahrung zusätzlich zur Strafe angeordnet werden[482], wenn die Gesamtwürdigung des Täters und seiner Taten ergibt, dass er infolge eines Hanges zu erheblichen Straftaten, namentlich zu solchen, durch welche die Opfer seelisch oder körperlich schwer geschädigt werden oder schwerer wirtschaftlicher Schaden angerichtet wird, für die Allgemeinheit gefährlich ist (§ 66 Abs. 1 StGB)[483]. Zusätzlich müssen allerdings die Voraussetzungen des § 66 Abs. 1 Nr. 1 und 2 bzw. des § 66 Abs. 2 StGB vorliegen.

Die Sicherungsverwahrung wird im Anschluss an die Freiheitsstrafe vollstreckt[484]. Die Sicherungsverwahrung ist mit schwerwiegenden Eingriffen in die individuelle Freiheit verbunden. Eine vom Schuldprinzip unabhängige Maßregel hat grundsätzlich keine zeitliche Begrenzung. Die Dauer der Unterbringung wird bei deren Anordnung nicht festgesetzt. Bei erstmaliger Unterbringung kann es bei fortbestehender Gefährlichkeit des Täters zu unbefristeter Freiheitsentziehung führen (§ 67 d StGB)[485]. Der nach zehn Jahren Entlassene steht danach aber noch unter Führungsaufsicht (§ 67 d Abs. 4 StGB). Die Vollstreckung der Sicherungsverwahrung kann jedoch zur Bewährung ausgesetzt werden (§ 67 c, e, g StGB).

---

481 Kritisch dazu Böhm, Strafvollzug, Rn. 142, 233; Kaiser/Schöch, Strafvollzug, § 7 Rn. 5.

482 Ausgeschlossen ist die Sicherungsverwahrung bei Jugendlichen und Heranwachsenden (§§ 7, 106 Abs. 2 JGG).

483 Näher zu den materiellen Voraussetzungen der Anordnung Müller-Metz, StV 2003, 43 ff.

484 Deswegen ist nicht bekannt, wie lange und wie viele der Verurteilten tatsächlich Sicherungsverwahrung verbüßt haben.

Ziel der Sicherungsverwahrung ist der Schutz der Allgemeinheit vor Gewohnheits- oder Hangtätern (§ 129 StVollzG, § 66 StGB)[486]. Der Vollzug der Sicherungsverwahrung bedeutet, dass der dazu Verurteilte zum Schutz der Allgemeinheit sicher untergebracht ist und ihm wie einem zur Freiheitsstrafe Verurteilten die Freiheit entzogen wird (vgl. §§ 129, 130 StVollzG).

Die Regelungen zur Sicherungsverwahrung beruhen auf dem Gewohnheitsverbrechergesetz vom 24. 11. 1933 als dessen Kernstück[487]. Nach einer kontroversen Reformdebatte erhielt sie durch das 1. StrRG von 1969 die heute geltende Fassung. Ihre Anwendbarkeit wird durch das Strafrechtsreformgesetz von 1969 auf erhebliche Kriminalität beschränkt[488], und dies hat dazu geführt, dass ihre Verhängung seltener geworden ist[489].

Bei der Maßregel geht man von der Schuldbeschränkung des Strafens ab und zum bloßen Sicherungszweck über. Dies führt erfahrungsgemäß dazu, die Täterhaltung nur weiter zu befestigen, so dass der Täter schließlich permanent eingeschlossen bleibt[490]. Die Sicherungsverwahrung stellt damit die schwerste und einschneidendste Maßregel des geltenden Strafrechts dar[491].

485 Näher zu dieser unbegrenzten Dauer der Sicherungsverwahrung, Weichert, StV 1989, 269 f.; vgl. auch Frisch, in: GS Schlüchter, S. 679 f.

486 Zu dem Begriff "Hangtäter" siehe Müller-Merz, StV 2003, 43 m. w. N.

487 RGBl. I, S. 995; zur Geschichte der Sicherungsverwahrung Weichert, StV 1989, 266 ff.; vgl. auch Kaiser, in: FS Müller-Dietz, S. 328 ff.; Müller-Metz, StV 2003, 42.

488 Vgl. BVerfG NStZ-RR 1996, 122: Die im Gesetz beschriebenen Voraussetzungen genügen den verfassungsrechtlichen Grundsätzen.

489 Vgl. zur Statistik Weichert, StV 1989, 267 f.; Kürzinger, in: Freiheitsstrafe und ihre Surrogate, S. 1772.

490 Die Sicherungsverwahrung ist nach *h. M* (vgl. BVerfGE 2, 118; 4, 15; 7, 323; S/S/Stree, § 66 Rn. 3; SK-Horn, § 66 Rn. 2; Jescheck/Weigend, AT S. 814 m. w. N.) trotzdem mit dem GG vereinbar, kriminalpolitisch jedoch sehr umstritten; dazu NK-Böllinger, § 66 Rn. 33 ff.; H. Mayer, AT S. 380; Köhler, AT S. 642 f.; Weichert, StV 1989, 265 ff.; Hall, ZStW 70 (1958), 54; Günther, KritV 2000, 308.

491 Vgl. Günther, KritV 2000, 308; Kürzinger, in: Freiheitsstrafe und ihre Surrogate, S. 1771.

Gegen die Sicherungsverwahrung sind deswegen Bedenken geltend gemacht worden[492]: Die Maßregel der Sicherungsverwahrung widerspricht dem Schutz der Menschenwürde (Art. 1 GG), da sie einen an sich schuldfähigen und strafbaren Täter zum bloßen Mittel für den Sicherungszweck anderer herabwürdigt[493]. Mit der Sicherungsverwahrung wird der Täter nicht als Mensch, sondern wie "unbrauchbares Material", das unschädlich gemacht werden muss oder wie "eine wertlose Sache" behandelt, die man einfach aufbewahrt und verschlusssicher verwahrt[494]. Die Sicherungsverwahrung ist daher mit dem Grundsatz des Tätersubjekts und der Menschenwürde des Art. 1 GG unvereinbar. Den Täter zuerst tatschuldangemessen zu bestrafen, damit ausdrücklich als rechtsvernünftig zu bestätigen, und sodann unbestimmt sicher zu verwahren, ist ein Widerspruch an sich.

Bei schweren Gewohnheitsverbrechen müssen die bestimmte Freiheitsstrafe und die hinzutretende unbestimmte Freiheitsentziehung der Sicherungsverwahrung nach dem Schuldmaß aufeinander abgestimmt werden. Die abstrakte nachträgliche Kombination von Strafe und Maßregeln ist begrifflich unhaltbar und passt auch nicht zur Schuldstrafe[495]. In einer auf Wiederfreisetzung des Gefangenen zielenden Vollzugsreform darf nicht nach instrumenteller Zweckrationalität, sondern muss nach konkreten Strafgerechtigkeitsgründen entschieden werden[496].

Der Vollzug der Sicherungsverwahrung unterscheidet sich kaum von dem Vollzug der Freiheitsstrafe. So relativiert das StVollzG (§§ 129, 130) den Sicherungszweck durch das dem Strafvollzug entsprechende

---

492 Zusammenfassend Weichert, StV 1989, 265 ff.

493 Vgl. H. Mayer, AT S. 380; Köhler, AT S. 643; ders., Begriff der Strafe, S. 69 ff.; Hall, ZStW 70 (1958), 54 f.; Weichert, StV 1989, 272; vgl. hierzu auch ferner Calliess/Müller-Dietz, Strafvollzugsgesetz, Einleitung Rn. 28.

494 Hall, ZStW 70 (1958), 54; Köhler, Begriff der Strafe, S. 81.

495 Köhler, in: FS Lackner, S. 36 f.; vgl. ferner Hall, ZStW 70 (1958), 56.

Resozialisierungsziel[497]. Sicherungsverwahrung wird nach § 139 StVollzG in Justizvollzugsanstalten vollzogen und praktisch wie eine Strafe vollstreckt. Dies unterscheidet sich nicht wesentlich von dem Vollzug der Freiheitsstrafe, obwohl sich im Gegensatz zum Strafgefangenen der Sicherungsverwahrte nunmehr für zukünftig prognostizierte, aber noch nicht begangene Delikte im Freiheitsentzug befindet. Sie muss daher in gerechter Strafe aufgehoben werden, die sich auf Gewohnheitsverbrechen nach Schwere und Bewährungsregelung maßgerecht bezieht[498]. Das Bedürfnis nach mehr Sicherheit für die Allgemeinheit ist oft mit der Forderung nach neuen Gesetzen verbunden[499], die zum Zweck der Vorbeugung den präventiven Eingriff in Freiheitsrechte zulassen. Dies gilt für die Ausweitung der Polizeibefugnisse zur Gefahrenvorsorge. Derartige Maßnahmen sind wie die Sicherungsverwahrung mit dem Schutz der Menschenwürde (Art. 1 Abs. 1 GG) nicht vereinbar.

dd) Die Führungsaufsicht

Das Institut der Führungsaufsicht wurde als nicht freiheitsentziehende Maßregel im 2. StrRG vom 4. 7. 1969 neu eingeführt[500]. Die Führungsaufsicht soll die Polizeiaufsicht des früheren Rechts (§§ 38, 39 a. F.) ersetzen, die sich wegen ihres reinen Sicherungscharakters als wenig erfolgreich erwiesen hatte[501]. Sie

---

496 Köhler, in: FS Lackner, S. 36 f.

497 Der Vollzug der Sicherungsverwahrung erfolgt nach § 140 Abs. 1 StVollzG vom Strafvollzug räumlich getrennt in besonderen Anstalten oder Abteilungen der Justizvollzugsanstalten. Zahlreiche strafvollzugsrechtliche Vorschriften sind aber entsprechend auf den Vollzug der Sicherungsverwahrung anwendbar (§ 130 StVollzG).

498 Köhler, AT S. 58, 643; vgl. ferner H. Mayer, AT S. 380; Hall, ZStW 70 (1958), 56.

499 Vgl. z. B. das Gesetz zur Bekämpfung von Sexualdelikten und anderen gefährlichen Straftaten, BGBl. I, S. 160: Dadurch wurde die Sicherungsverwahrung deutlich verschärft; vgl. zur Diskussion über die nachträgliche Sicherungsverwahrung Kinzig, StV 2002, 500 ff.; Peglau, ZRP 2000, 147 ff.

500 Zur Gesetzgebungsgeschichte vgl. LK-Hanack, Vor § 68 Rn. 16 ff.; Lackner/Kühl, Vor § 68 Rn. 1; Tröndle/Fischer, Vor § 68 Rn. 1.

501 Vgl. Lackner/Kühl, Vor § 68 Rn. 1; Roxin, AT I § 4 VIII Rn. 43.

verfolgt zwei unterschiedliche Ziele[502]. Zum einen soll sie gefährdeten Tätern Hilfe geben, nicht rückfällig zu werden; zum anderen soll mit ihr der gefährliche Täter durch strenge Überwachung "ambulant verwahrt" werden, um die Allgemeinheit vor von ihm erwarteten Straftaten zu schützen[503]. Ob diese Verfolgung dieser Ziele legitim und anstrebenswert ist, ist kriminalpolitisch sehr fraglich. Zwei Einwände werden im Wesentlichen vorgebracht[504], Überwachung und Eingliederungshilfe schließen einander aus, bestenfalls behinderten sie sich. Weiterhin sei die Führungsaufsicht überflüssig: Da Weisungen und Bewährungshilfe dem Zwecke der Unterstützung des willensschwachen Verurteilten nach Entlassung aus dem Strafvollzug dienten, stünden diese Möglichkeiten im Rahmen der Strafrestaussetzung ohnehin in ausreichendem Maße zur Verfügung.

Das Gericht kann neben der Freiheitsstrafe Führungsaufsicht anordnen, wenn zeitige Freiheitsstrafe von mindestens sechs Monaten verwirkt ist und eine entsprechende Gefahrenprognose (Gefahr der Begehung weiterer Straftaten) zu stellen ist (§ 68 Abs. 1 StGB). Die Führungsaufsicht kraft Gesetzes (§ 68 Abs. 2 StGB) kann hier außer acht bleiben[505].

ee) Entziehung der Fahrerlaubnis (§§ 69, 69 a StGB)

Durch das 1. Gesetz zur Sicherung des Straßenverkehrs vom 19. 12. 1952 wurde die Möglichkeit eingeführt, im Falle einer Verurteilung (bzw. eines Freispruchs wegen Schuldunfähigkeit) die Fahrerlaubnis zu entziehen, wenn sich der Betreffende durch die Tat als ungeeignet zum Führen von Kraftfahrzeugen

---

502 Gerade wegen dieser Doppelstellung vgl. a. A. Baumann, AT S. 751; Maurach/Zipf, AT Bd. 1, S. 905; Zipf, in: Einführung, S. 98.
503 BT-Drs. 5/4095, 35; dazu auch Jescheck, SchwZStr, 91 (1975), 42; Horn, ZStW 89 (1977), 554 f.; vgl. auch Dölling, ZStW 104 (1992), 288.
504 Vgl. Zipf, in: Einführung, S. 100; Horn, ZStW 89 (1977), 555.
505 Vgl. dazu Zipf, in: Einführung, S. 100 f.

erwiesen hat[506]. Ziel dieser Maßregel ist es, Personen, die zum Führen eines Kraftfahrzeuges ungeeignet sind, für die Zukunft vom Straßenverkehr auszuschließen. Der Gesetzgeber geht davon aus, dass eine zur Führung von Kraftfahrzeugen ungeeignete Person immer gefährlich und dass daher die Entziehung der Fahrerlaubnis in jedem Fall verhältnismäßig ist[507]. Die Entziehung der Fahrerlaubnis ist nach der Geldstrafe die zweithäufigste Sanktion und zugleich die wichtigste verkehrsstrafrechtliche Maßnahme[508]. Sie steht als grundsätzlich spezial präventiv orientierte Maßregel der Besserung und Sicherung im Mittelpunkt der Bekämpfung der Verkehrskriminalität[509].

2. Die Neuregelung im JGG

Die besonderen Rechtsfolgen für Straftaten Jugendlicher bzw. das Jugendstrafrecht haben keine lange Geschichte[510]. Als Sonderbereich des Strafrechts hat sich das Jugendstrafrecht erst im letzten Jahrhundert herausgebildet[511]. Die Reform des Jugendstrafrechtes war meist sehr eng mit Reformüberlegungen zum Allgemeinen Strafrecht verbunden, etliche Reformschritte sind in enger zeitlicher Nachbarschaft durchgeführt worden[512]. Im RStGB von 1871 waren (in §§ 55 bis 57) nur recht unvollständige Regeln des Umgangs mit Jugendlichen vorgesehen gewesen[513]. Das Verfahren richtete sich grundsätzlich nach denselben Prozessvorschriften wie bei Erwachsenen.

---

[506] Die Entziehung der Fahrerlaubnis wurde jedoch mehrfach geändert; hierzu Tröndle/Fischer, § 69 Rn. 2; vgl. nunmehr § 69 StGB; vgl. auch zur Reform der Entziehung der Fahrerlaubnis Gontrad, in: FS Rebmann, S. 211 ff.

[507] Vgl. Kunert, NJW 1970, 542 m. w. N.

[508] Dazu Schöch, Gutachten, C 114 f, 124.

[509] Vgl. hierzu Schöch, NStZ 1991, 17.

[510] Zusammenfassend zur geschichtlichen Entwicklung des Jugendstrafrechts, Müller, Jugendstrafrecht, S. 1 ff.; Terdenge, Strafsanktion, S. 37 ff.; Schüler-Springorum, in: FS Müller-Dietz, S. 821 f.; vgl. dazu auch Schaffstein/Beulke, Jugendstrafrecht, S. 28 ff. m. w. N.

[511] Vgl. dazu Kubink, Strafen, S. 127 ff.

[512] Zur Entwicklung des Jugendstrafrechts siehe Voß, Jugend ohne Rechte, S. 52 ff.

Bei strafrechtlicher Verantwortlichkeit galten die allgemeinen Strafen. Noch zu Beginn der 20er Jahre des letzten Jahrhunderts wurden rund zwei Drittel aller verurteilten Jugendlichen mit Gefängnis bestraft[514]. Die Jugendlichkeit war lediglich ein Milderungsgrund. Der Beginn der Strafmündigkeit war auf die Vollendung des 12. Lebensjahres festgelegt[515].

Erstmals wurde in Deutschland die Idee eines eigenen Jugendstrafrechts und -strafprozessrechts im Jugendgerichtsgesetz vom 16. 2. 1923 verwirklicht[516]. In diesem Gesetz wurde ein Sonderstrafrecht für junge Täter geschaffen, und es wurden besondere Rechtsfolgen festgelegt[517]. So wurden neben die Strafe sog. Erziehungsmaßregeln gestellt und die Strafaussetzung auf Probe eingeführt[518]. Das überkommene Jugendstrafrecht war daher von Anfang an zweispurig und hat diese Zweispurigkeit bis heute beibehalten. Die Jugendgerichtsgesetze von 1923, 1943, 1953[519] haben die strafrechtliche Behandlung jugendlicher und heranwachsender Täter aus dem allgemeinen Strafrecht herausgenommen.

Im Dritten Reich wurde zunächst die Weiterentwicklung nicht direkt unterbrochen; vielmehr wurden weitere spezielle Maßnahmen für Jugendliche eingeführt: so wurde durch die Verordnung vom 4. 10. 1940 der Jugendarrest eingeführt, aber auch das Verbot bedingter Strafaussetzung zur Bewährung. Das JGG vom 6. 11. 1943 brachte dann eine Umgestaltung des gesamten Jugendstrafrechts. Es beruhte auf einer Dreigliederung der Rechtsfolgen der

---

513 Daher wird bereits auf der zweiten Tagung der deutschen Landesgruppe der IKV in Halle (1891) die Frage nach einer möglichen Umgestaltung der §§ 55 bis 57 RStGB verhandelt; vgl. auch Schaffstein/Beulke, Jugendstrafrecht, S. 30.

514 Heinz/Spieß, in; Kriminalitätskontrolle, S. 899 m. w. N.

515 Vgl. Blei, Strafrecht S. 409 f.

516 Näher zu den jugendrechtlichen Reformstrebungen Eb. Schmidt, Einführung, S. 410 f.

517 Vgl. zur Entwicklungslinien des Jugendstrafrechts bei v. Liszt und dem von ihm im Marburger Programm ausgearbeiteten spezialpräventiven Täterstrafrecht, ZStW 3 (1883), 1 ff.

518 Vgl. Appelius, bei Friedeberg, ZStW 13 (1893), 755.

Jugendstraftat in Jugendgefängnis, Zuchtmittel und Erziehungsmaßregeln. Die Systematik des JGG und einzelne Rechtsfolgen wurden schon Anfang der 50er Jahren durch das neue Jugendgerichtsgesetz vom 4. 8. 1953 aufgrund gewandelten Zeitgeistes erheblich geändert[520]. Es wurde durch die Strafreformgesetze Ende der 60er Jahre entsprechend ergänzt, meist im Sinne einer Liberalisierung bzw. einer noch stärkeren Betonung des Erziehungsgedankens. Die Strafmündigkeit ist im StGB definiert [521]: Strafmündig ist ein Jugendliche grundsätzlich ab seinem 14. Geburtstag (§ 19 StGB).

Der Gesetzgeber hat beim 1. JGGÄndG vom 30. 8. 1990 an der Erziehung als Leitlinie festgehalten und die Möglichkeiten informeller Reaktionen durch den Jugendstaatsanwalt und das Jugendgericht gestärkt[522]. Das Jugendstrafrecht steht ganz im Lichte des spezialpräventiven Erziehungsgedankens[523]. Das jugendstrafrechtliche Sanktionensystem unterscheidet sich dabei erheblich von dem im StGB vorgestellten Modell für Erwachsene. Die Kritik am Erziehungsgedanke des Jugendstrafrechts verstärkt sich aber im neueren Schrifttum. Beispielsweise wird darauf hingewiesen, dass die Jugendstrafe als reine Erziehungsstrafe dem eigenen Erziehungsinteresse des Täters dienen soll, Rückfallstudien und andere Untersuchungen aber keinen Beleg für eine nennenswerte resozialisierende Wirkung dieser Strafe ergeben[524].

---

519 Näher dazu Schaffstein/Beulke, Jugendstrafrecht, S. 34 ff.; Schlüchter, Erziehungsgedanken, S. 16 ff.

520 Zu den Neuregelungen JGG 1953 siehe Kubink, Strafen, S. 355 ff.

521 Siehe dazu auch E 1962, 2. Strafrechtsreformgesetz und EGStGB.

522 Vgl. zu den Reformdiskussionen des Jugendstrafrechts siehe Walter, GA 2002, 431 ff.; Laubenthal, JZ 2002, 807 ff.; Geisler, NStZ 2002, 449 ff.

523 Näher dazu Schlüchter, GA 1988, 106 ff.; zur Offenheit des Erziehungsbegriffs im JGG siehe bei Köhler, JZ 1988, 751 f. m. w. N.

Das Rechtsfolgensystem des JGG besteht aus einem abgegrenzten Kreis von Reaktionsmitteln, von denen keines mehr in Abhängigkeit zum allgemeinen Strafrecht steht (§§ 5 ff. JGG). Ein wesentlicher Unterschied ist, dass das JGG keine Geldstrafe kennt. Der Vorrang des Erziehungsgedankens zeigt sich in der Art der Sanktionen und ihrer näheren Ausgestaltung. Das JGG kennt drei Kategorien von formellen Rechtsfolgen[525], nämlich Erziehungsmaßregeln, Zuchtmittel und Jugendstrafe. Ferner sind auch im Jugendstrafrecht einige der Nebenfolgen des StGB, insbesondere die Erteilung eines Fahrverbots, und einige der Maßregeln der Besserung und Sicherung (§§ 6, 7 JGG) zulässig[526]. Im Jugendstrafrecht gelten nicht die aus dem Allgemeinen Teil des StGB bekannten Konkurrenzen (§ 31 JGG). Die erforderlichen jugendrechtlichen Sanktionen werden einheitlich festgesetzt ("Prinzip der einheitlichen Rechtsfolgenverhängung")[527].

a) Erziehungsmaßregeln

Erziehungsmaßregeln sind die nicht "wegen", sondern die "aus Anlass der Straftat" anzuordnenden Maßnahmen, deren Zweck nicht in der Ahndung der Tat, sondern ausschließlich in der Erziehung des Täters bestehen soll. Die Erziehungsmaßregeln (Weisungen, Schutzaufsicht und Fürsorgeerziehung) wurden im JGG vom 4. 8. 1953 nicht grundlegend geändert[528].

An die Stelle der Schutzaufsicht trat im Gesetz zur Änderung und Ergänzung des RJWG vom 11. 8. 1961 dann die Erziehungsbeistandschaft. Dieses

---

524 Die Rückfallquote nach Verbüßung einer Jugendstrafe liegt bei 80 %; vgl. hierzu auch Hinz, JR 2001, 50 ff.; P.-A. Albrecht, in: FS Lüderssen, S. 159; Streng, GA 1984, 154 f.; Schaffstein/Beulke, Jugendstrafrecht, S. 41 m. w. N.; vgl. hierzu auch Beulke, in: GS Meyer, S. 677 ff.

525 Vgl. dazu Terdenge, JA 1978, 95 ff.; Kubink, Strafen, S. 192 ff.

526 Zu den Reformdiskussionen des jugendstrafrechtlichen Rechtsfolgensystems siehe Goerdeler/Sonnen, ZRP 2002, 347 ff.; vgl. auch P.-A. Albrecht, in: FS Lüderssen, S. 153.

527 Näher dazu Schaffstein/Beulke, Jugendstrafrecht, S. 89 ff.

528 Vgl. § 9 ff. JGG.

Rechtsinstitut wurde nicht nur begrifflich, sondern auch inhaltlich geändert[529]. Die Fürsorgeerziehung wurden geringfügig verändert, ohne dass sich daraus inhaltliche Änderungen ergaben[530]. Bei Weisungen und Auferlegung besonderer Pflichten wurde dann im 1. StrRG vom 25. 6. 1969 der Vorbehalt eingeführt, keine unzumutbaren Anforderungen zu stellen[531]. Als Grund dafür wurde der das JGG beherrschende Erziehungsgrundsatz angeführt[532].

Durch das 1. JGG-Änderungsgesetz[533] ist der Täter-Opfer–Ausgleich als jugendstrafrechtliche Sanktion im Jugendgerichtsgesetz verankert worden[534]. Unter Täter-Opfer-Ausgleich werden Bemühungen um eine Regelung der nach einer Straftat zwischen Täter und Opfer bestehenden Konflikte, insbesondere durch Wiedergutmachungsleistungen des Täters, verstanden. Wird ein Ausgleich zwischen Täter und Opfer erreicht, soll dies zum Verzicht auf eine Bestrafung oder jedenfalls zu einer Strafmilderung führen.

b) Die Zuchtmittel

Das JGG kennt als Reaktionen ahndenden Charakters die Zuchtmittel, und zwar die Verwarnung, die Auflagen und den Jugendarrest (§§ 13 ff. JGG)[535]. Die Zuchtmittel sind nicht Kriminalstrafen, sondern spezifische Reaktionsmittel des Jugendstrafrechts, die sich von den Erziehungsmaßregeln zwar nicht im Ziel, wohl aber im Weg unterscheiden. Sie sind dann anzuwenden, "wenn Jugendstrafe nicht geboten ist, dem Jugendlichen aber eindringlich zum Bewusstsein gebracht werden muss, dass er für das von ihm begangene Unrecht

529 Vgl. § 12 JGG.
530 Vgl. § 12 JGG.
531 Vgl. §§ 10 Abs. 1 S. 2, 15 Abs. 1 S. 2 JGG.
532 BT-Drs. 5/4094, 44; vgl. dazu auch Streng, GA 1984, 150 ff.
533 Erstes Gesetz zur Änderung des Jugendgerichtsgesetzes vom 30. 8. 1990, BGBl. I, S. 1853.
534 Siehe §§ 10 Abs. 1 S. 3 Nr. 7, 45 Abs. 2 S. 2 JGG in der Fassung des 1. JGGÄndG.
535 Näher dazu Schlüchter, Erziehungsgedanken, S. 118 ff.

einzustehen hat" (§ 13 Abs. 1 JGG). Die Zuchtmittel wurden durch das JGG vom 4. 8. 1953 ebenfalls nicht grundlegend verändert[536].

c) Die Jugendstrafe

Die Jugendstrafe wurde durch das JGG vom 4. 8. 1953 an die Stelle der Freiheitsstrafe des Erwachsenenstrafrechts gesetzt. Damit sollte jeder Vergleich mit der allgemeinen Freiheitsstrafe ausgeschlossen und zugleich klargestellt werden, dass die Strafe für die Jugendlichen eigenständigen Regeln folgt[537]. Die Jugendstrafe ist keine besondere Form der Freiheitsstrafe des allgemeinen Strafrechts, sondern die einzige echte Kriminalstrafe des Jugendstrafrechts[538]. Durch Veränderung der Systematik sollte der Charakter der ultima ratio dieser Maßnahme klargestellt werden. Dieser "Freiheitsentzug in einer Jugendstrafanstalt" (§ 17 Abs. 1 JGG) darf nur gemäß § 17 Abs. 2 JGG verhängt werden, entweder "wenn wegen der schädlichen Neigungen des Jugendlichen, die in der Tat hervorgetreten sind, Erziehungsmaßregeln oder Zuchtmittel nicht ausreichen" oder "wenn wegen der Schwere der Schuld Strafe erforderlich ist"[539]. Obwohl es sich um eine Kriminalstrafe handelt, soll der Erziehungsgedanke bei der Verhängung eine wesentliche (§ 18 Abs. 2 JGG) und beim Vollzug gar eine dominierende Rolle spielen (§ 91 JGG).

Die unbestimmte Jugendstrafe, die in einem Rahmen zwischen 6 Monaten bis zu 4 Jahren verhängt werden konnte, wurde 1990 durch das 1. JGGÄndG aus dem formellen Rechtsfolgensystem gestrichen[540]. Damit wurde die 1941 in das deutsche Jugendstrafrecht nach ausländischem Vorbild (Österreich,

---

536 Vgl. §§ 13 ff. JGG; vgl. dazu auch Kubink, Strafen, S. 359 f.

537 Vgl. §§ 17 f. JGG; BT-Drs. 1/4437, 40.

538 Streng GA 1984, 149 Fn. 1 m. w. N.; vgl. a. A. Eisenberg, JGG § 17 Rn. 10; zu den Voraussetzungen ihrer Verhängung vgl. §§ 5 Abs. 2, 17 Abs. 2 JGG als "ultima ratio".

539 Kritisch dazu Jäger, GA 2003, 474 ff.

540 BGBl. I, 1853; dazu auch Böhm, NJW 1991, 537; Böttcher/Weber, NStZ 1991, 8; vgl. auch Kubink, Strafen, S. 364 ff.

Nordamerika, englische Borstallhaft) eingeführte Jugendstrafe von unbestimmter Dauer aufgegeben. Die unbestimmte Jugendstrafe war lange Zeit ein normatives Leitsymbol für das "erzieherische" Täterstrafrecht des JGG, aber sie widersprach in besonderem Maße verfassungsrechtlichen Postulaten[541]. Das JGG kennt damit nur noch eine Jugendstrafe von bestimmter Dauer. Die Dauer der Jugendstrafe beträgt mindestens 6 Monate und (bei Jugendlichen) höchstens 5 Jahre, jedoch, wenn nach allgemeinem Strafrecht eine Höchststrafe von mehr als 10 Jahren Freiheitsstrafe angedroht ist, bis zu zehn Jahren (§ 18 Abs. 1 JGG). Bei Heranwachsenden beträgt das Höchstmaß in jedem Fall 10 Jahre (§ 105 Abs. 3 JGG)[542].

d) Die Aussetzung der Verhängung der Jugendstrafe

Als neue Sanktion wurde im JGG vom 4. 8. 1953 die Aussetzung der Verhängung der Jugendstrafe eingeführt (§ 27 JGG), die unmittelbar an das amerikanisch-englische Probationssystem anknüpft ist. Diese Möglichkeit sollte für Fälle gelten, die nach vorherigem Recht nahezu als ausweglos angesehen wurden, d. h. in denen es dem Richter aufgrund der Erkenntnis der Hauptverhandlung nicht möglich war zu erkennen, ob beim Jugendlichen "schädliche Neigungen" vorlagen. Dieses Mittel, das als erzieherisch sehr wirksam angesehen wurde, sollte zunächst nur in engem Rahmen erprobt werden, weil mit diesem Rechtsinstitut auch gewisse Gefahren verbunden schienen, vor allem die Möglichkeit einer unzulässigen strafrechtlichen Bewertung schlechter Führung während der Bewährungszeit. Die Aussetzung der Verhängung der Jugendstrafe ist deshalb bewusst auf Fälle beschränkt worden, in denen der Richter keine andere Entscheidung treffen kann[543].

---

541 P.-A. Albrecht, Jugendstrafrecht, S. 258.

542 Die Strafrahmen des allgemeinen Strafrechts gelten nicht (vgl. § 18 Abs. 1 S. 3 JGG); zu einer Urteilsanalyse der Höchststrafe im Jugendstrafrecht siehe Schulz, MschrKrim 84 (2001), 310 ff.

543 Vgl. BT-Drs. 1/4437, 6 f.

Durch das 1. JGGÄndG vom Jahre 1990 sind die einschlägigen Bestimmungen der §§ 21 ff. JGG geändert worden. Die Möglichkeit der Strafaussetzung zur Bewährung im Bereich der Jugendstrafe von über einem Jahr bis zu zwei Jahren wurde ausgeweitet (§ 21 Abs. 2 JGG). Die bisherige Vorschrift, die die im Allgemeinen Strafrecht vorgesehene "Umständeklausel" übernommen hatte, passte ohnehin nicht für das Jugendstrafrecht[544]. Die Aussetzung der Strafe zur Bewährung, wenn die Strafe zwischen ein und zwei Jahren beträgt, ist durch die Änderung von § 21 Abs. 2 JGG erleichtert worden.

III. Zusammenfassung

Die Geschichte der Strafe und des Strafrechts ist die Geschichte seiner nie endenden Reform[545] und zugleich auch die Geschichte des Versuchs, besonders schwere Strafen abzuschaffen[546]. Dies beruht auf dem Wandel des Zeitgeistes. Wie die Geschichte zeigt, ändert sich die Strafe mit der Zeit. Sie ist entsprechend den sich wandelnden Sensibilitäten milder und moderner geworden[547]. Seit der Carolina wird die Geschichte der Strafe im Wesentlichen von ihrer Humanisierung und Liberalisierung bestimmt. Die Ehrenstrafe (Pranger etc.), die Beschränkung der rechtlichen Existenz des Verurteilten (bürgerlicher Tod) und Leibesstrafen[548] sind spätestens Anfang des 20. Jahrhunderts abgeschafft worden[549]. Das gegenwärtige deutsche Strafrecht vergreift sich nicht mehr an Leben oder körperlicher Unversehrtheit des Straftäters. Änderungen im Sanktionensystem lassen sich als Realisierung des

---

544 Böhm, NJW 1991, 537.

545 Vgl. Jescheck, SchwZStr 100 (1983), 26; Rogall, ZRP 1982, 124 ff.; Eser, in: FS Maihofer, S. 132.

546 Zur Kritik dieser traditionellen Betrachtungsweise vgl. Foucault, Überwachen und Strafen, S. 93 ff.

547 Vgl. hierzu Jung, in: Langer Freiheitsentzug, S. 26 f.; vgl. auch Seelmann, in: FS Müller-Dietz, S. 867 m. w. N.

548 Nach deutschem Recht verstößt der Vollzug der Prügelstrafe gegen Art. 1. Abs. 1 GG. In Singapur gibt es jedoch noch die Prügelstrafe; näher dazu Graef, JZ 1996, 1171 ff.; vgl. auch zur Prügelstrafe bei Schüler-Springorum, in: FS Henkel, S. 141 ff.

549 Vgl. Schüler-Springorum, in: FS Henkel, S. 142 m. w. N.

freiheitlichen liberalen Strafrechts und Erscheinung sozialen Wandels begreifen, da für alle Zeiten gleich geltende Strafarten und -maßstäbe nicht bestehen können und daher die Voraussetzungen für die Verwirklichung der Freiheit im strafrechtlichen Sanktionensystem stets aufs Neue geschaffen werden müssen.

Nach über einem Jahrhundert der Geltung des RStGB von 1871 hat sich das Straftatfolgensystem sehr verändert. Die Todesstrafe ist verfassungsgesetzlich abgeschafft (Art. 102 GG). Die Freiheitsstrafe wurde vereinheitlicht. Die lebenslange Freiheitsstrafe wurde durch die Möglichkeit der vorzeitigen Entlassung (§ 57 a StGB) erheblich relativiert. Freiheitsstrafen ohne Bewährung als ultima ratio strafrechtlicher Sanktionierung werden zurückgedrängt und machen zur Zeit nur noch einen Anteil von etwa 5 % aller formellen Sanktionen aus. Die Strafaussetzung zur Bewährung hat in der Strafrechtspraxis eine zentrale Bedeutung gewonnen. Die Geldstrafe aber ist gegenwärtig in der Strafrechtspraxis die am häufigsten verhängte Strafe des Erwachsenen-Strafrechts.

Die Strafen des geltenden Erwachsenenstrafrechts stehen in folgender Reihe:
- Schuldspruch unter Absehen von Strafe (§ 60 StGB),
- Verurteilung mit Schuldspruch unter Geldstrafenvorbehalt (§ 59 StGB),
- Geldstrafe (§§ 40 ff. StGB),
- Ersatzfreiheitsstrafe bei uneinbringlicher Geldstrafe (§ 43 StGB),
- Nebenstrafe: Fahrverbot (§ 44 StGB),
- Freiheitsstrafe, verhängt bis zu 2 Jahren, aber ausgesetzt zur Bewährung (§§ 56 ff. StGB),
- verhängte und vollzogene zeitige Freiheitsstrafe innerhalb der gesetzlichen Mindest- und Höchstgrenzen (§§ 38, 47 StGB), allerdings mit der Möglichkeit der 2/3- oder gar 1/2- Strafrestaussetzung zur Bewährung (§ 57 StGB),

- lebenslange Freiheitsstrafe, mit der Möglichkeit der Strafrestaussetzung nach Mindestverbüßungszeit von 15 Jahren (§ 57 a StGB).

Das StGB kennt unabhängig von der Verhängung einer Strafe verschiedene z. T. mit Freiheitsentziehung verbundene Maßregeln der Besserung und Sicherung. Als freiheitsentziehende Maßregeln gelten die Unterbringung in einem psychiatrischen Krankenhaus (§ 63 StGB), in einer Entziehungsanstalt (§ 64 StGB) und in der Sicherungsverwahrung (§ 66 StGB). Als freiheitseinschränkende Maßregeln gelten die Führungsaufsicht (§§ 68 ff. StGB), die Entziehung der Fahrerlaubnis (§ 69 StGB) und das Berufsverbot (§ 70 StGB). Die Anordnung aller Maßregeln steht unter dem Verfassungsgrundsatz der Verhältnismäßigkeit, der in § 62 StGB ausdrücklich angesprochen ist. Danach darf eine Maßregel der Besserung und Sicherung nicht angeordnet werden, wenn sie zur Bedeutung der vom Täter begangenen und zu erwartenden Taten sowie zu dem Grad der von ihm ausgehenden Gefahr außer Verhältnis steht.

Die besonderen Rechtsfolgen für junge Täter sind im JGG festgelegt. Die Strafrechtsfolgen des JGG unterscheiden sich nach Erziehungsmaßregeln (§§ 5, 17 ff. JGG), Zuchtmitteln (§§ 5, 13 ff. JGG) und Jugendstrafe (§§ 5, 17 ff. JGG). Das Jugendstrafrecht wird vom Erziehungsgedanke beherrscht. Die Jugendstrafe ist die härteste Sanktion für Jugendliche. Nach § 18 Abs. 2 JGG ist die Jugendstrafe so zu bemessen, dass die erforderliche erzieherische Einwirkung möglich ist. Das Mindestmaß der Jugendstrafe beträgt einheitlich sechs Monate, Höchstmaß sind grundsätzlich fünf Jahre (vgl. §§ 18, 105 JGG). Das Höchstmaß beträgt jedoch zehn Jahre, wenn es sich bei der Tat um ein Verbrechen handelt, für das nach allgemeinem Strafrecht eine Höchststrafe von mehr als zehn Jahren Freiheitsstrafe angedroht ist, oder wenn der Täter ein Heranwachsender ist, auf den Jugendstrafrecht angewendet wird.

D. Die gegenwärtigen Prinzipien und Strukturen des Straftatfolgensystems

Im Folgenden werden die gegenwärtigen Prinzipien und Strukturen des geltenden deutschen Straftatfolgensystems dargestellt, in dem die historische Entwicklung des deutschen Sanktionensystems widergespiegelt und zugleich auf die künftigen Reformrichtungen des Rechtsfolgensystems hingewiesen wird.

I. Die Zweispurigkeit

Das Strafrecht ist ein Normensystem, das die rechtlichen Voraussetzungen der Straftaten und die entsprechenden rechtlichen Folgen als strafrechtliche Sanktionen regelt[550]. Die Strafe wird heute durch ein System sog. Maßregeln der Besserung und Sicherung ergänzt. Das gegenwärtige Straftatfolgensystem ist somit ein zweispuriges (dualistisches) System[551], das der Strafen (erste Spur) und das der Maßregeln der Besserung und Sicherung (zweite Spur)[552].

Die Diskussion über Sinn und Zweck der Strafe ist wie oben dargestellt nach wie vor offen. Einigkeit herrscht aber im modernen Strafrecht jedenfalls darüber, dass Strafe Schuld voraussetzt (*nulla poena sine culpa*)[553] und das Maß der Schuld nicht durch irgendeinen strafrechtlich für relevant gehaltenen Zweck überschritten werden darf[554]. Nach § 46 Abs. 1 StGB bildet die Schuld des Täters demgemäß die Grundlage für die Strafzumessung. Die strafrechtliche Schuld setzt mindestens eine Tat, die in der Vergangenheit liegt und eine

---

550 Vgl. dazu Köhler, AT S. 7.

551 Das Prinzip der Zweispurigkeit wurde durch das Gewohnheitsverbrechergesetz von 1933 in das StGB eingeführt; dazu Roxin, AT I § 1 Rn. 4; Müller-Christmann, JuS 1990, 801 ff.; vgl. auch Dreher, ZStW 65 (1953), 481 ff.

552 Zur Geschichte der Zweispurigkeit siehe bei Bruns, Strafzumessung, S. 31 ff.; Schroeder, JZ 1970, 394; vgl. zur Kritik der Maßregeltheorie siehe Köhler, AT S. 55 ff.; vgl. dazu auch Engisch, ZStW 66 (1954), 363 f.

553 Das BVerfG hat die Regel "nulla poena sine culpa" als Verfassungsgrundsatz aufgestellt; dazu BVerfGE 20, 323, 331; BVerfGE 6, 389, 439; BGH 13, 192.

554 Vgl. BGHSt 20, 264 (267); BGH NJW 1987, 3015; Dreher, ZStW 65 (1953), 486 ff.; Stark, JZ 1994, 191.

ebenfalls in der Vergangenheit liegende Beziehung zwischen Täter und Tat (wie z. B. Vorsatz, Fahrlässigkeit) voraus.

Besonders wichtig ist, dass alle Tatsachen für die strafrechtliche Schuldbeurteilung im Zeitpunkt der Tatbegehung vorliegen müssen. Daraus folgt, dass die Strafe der präventiven Aufgabe des Strafrechts (Rechtsgüterschutz durch Verbrechensverhütung) nicht immer gerecht werden kann[555]. Dies bedeutet konkreter, dass bei der Festsetzung der Strafe z. B. wegen Totschlags (§ 212 Abs. 1 StGB) nicht berücksichtigt werden kann, ob der Täter künftig besonders erziehungsbedürftig oder besonders gefährlich sein wird. Strafe scheidet bei schuldunfähigen Tätern aus[556]. Sie bedarf daher einer Ergänzung durch schuldunabhängige Maßregeln, die ausschließlich an die Gefährlichkeit des Täters anknüpfen[557].

Maßregeln setzen eine fortdauernde Gefährlichkeit des Täters für die Zukunft voraus. Sie sollen künftige Rechtsbrüche des Täters unabhängig davon verhindern, ob die Schuld für sich genommen einen solchen Eingriff rechtfertigen würde. Anknüpfungspunkt für Anordnung, Ausgestaltung und zeitliche Dauer der Maßregel ist nicht die Schuld, sondern die in der Tat zutage getretene Gefährlichkeit[558]. Maßregeln der Besserung und Sicherung sind rein spezialpräventiv orientierte Zweckmaßnahmen.

---

555 Vgl. S/S/Stree, Vorbem. §§ 38 ff. Rn. 5; zur Kritik der präventiven Aufgabe des Strafrechts, Köhler, AT S. 44 ff.

556 Siehe § 20 StGB; dazu auch Roxin, AT I § 1 Rn. 3.

557 Über diesen utilitarischen Gedanken der Verbrechensverhütung z. B. Beccaria, Über Verbrechen und Strafe, S. 74; über die scharfe Kritik der Maßregeltheorie siehe Köhler, AT S. 56 ff.; ebenso Klesczewski, Rolle der Strafe, S. 331 ff.

558 Eine Sanktionsbegründung gegenüber dem Täter müsse straf- und schuldtheoretisch geleistet werden. Die Maßregeltheorie sei insgesamt Teilelement einer Rechtskrise; so Köhler, AT S. 57; ebenso Klesczewski, Rolle der Strafe, S. 331 ff.

1. Rückwirkungsverbot (lex praevia)

An den verschiedenen Ausgestaltungen des Rückwirkungsverbots (Art. 103 Abs. 2 GG) zeigt sich der Unterschied zwischen Strafe und Maßregeln. Sie sind das Ergebnis einer Bewegung, die mit den Begriffen der Sozialverteidigung einerseits, des Zweckstrafrechts andererseits gekennzeichnet werden kann[559]. In § 2 Abs. 6 StGB wurde nämlich normiert, dass über Maßregeln der Besserung und Sicherung, wenn gesetzlich nichts anders bestimmt ist, nach dem Gesetz zu entscheiden ist, das zur Zeit der Entscheidung gilt. § 2 Abs. 6 StGB nimmt die Maßregeln also vom Rückwirkungsverbot grundsätzlich aus und ordnet die Anwendung des Gesetzes an, das zur Zeit der Entscheidung gilt. § 2 Abs. 6 StGB verfolgt das Ziel einer flexiblen und zeitgerechten Prävention. Dies beruht auf der herkömmlichen Funktionstrennung von Strafen und Maßregeln im zweispurigen Straftatfolgensystem. Da die Theorie des zweispurigen Strafrechtssystems den Maßregeln anders als Strafen die Kategorien Gefährlichkeit, Zukunft und Prävention zuordnet, erschließt sich der Sinn der § 2 Abs. 6 StGB vor diesem Hintergrund klar und zwingend.

Der Gesetzgeber hat die Freistellung der Maßregeln der Besserung und Sicherung vom Rückwirkungsverbot also bewusst bestätigt. Folglich wird diese Freistellung gegen Einwände aus Art. 7 Abs. 1 S. 2 EMRK, wonach keine höhere als die vom Tatzeitrecht angedrohte Strafe verhängt werden darf, mit dem Argument verteidigt[560], das Maßregelrecht enthalte keine "Strafen". Die scharfe Unterscheidung zwischen Strafen und Maßregeln dient als Grundlage der Überzeugung, dass Art. 103 Abs. 2 GG den einfachen Gesetzgeber in der

---

559 Kerner, in: 40 Jahre Rechtsentwicklung, S. 349.
560 E 1962, S. 108.

Gestaltung der Maßregeln freistelle und § 2 Abs. 6 StGB deshalb verfassungsmäßig sei[561].

Art. 103 Abs. 2 GG garantiert eine rechtsstaatliche Strafrechtspflege. Niemand wird den Verfassungsgrundsatz des Art. 103 Abs. 2 GG zu einer inhaltsleeren Formel herabqualifizieren wollen. Bei dem Versuch einer Konkretisierung seines Inhalts und seiner Zielsetzung sieht man sich freilich mit der Vorschrift des § 2 Abs. StGB konfrontiert[562]. Aber aus Sicht der Betroffenen gibt es keinen Grund, Strafe und Maßregeln zu unterscheiden. Für den Betroffenen und sein Vertrauen in die Strafrechtspflege zählt nicht das theoretische Kleid, in dem die Strafrechtspflege auftritt, sondern die reale Belastung, die sie mit sich führt.

Die rechtsstaatlichen Garantien dürfen nicht nur auf begriffliche Unterscheidungen abstellen; vielmehr müssen (auch) tatsächliche Übereinstimmungen der Strafrechtsfolgen aus der Sicht des Betroffenen für den Geltungsbereich des Rückwirkungsverbots maßgeblich sein[563]. Das Straftatfolgensystem unterliegt einer ständigen Veränderung, so dass was heute noch als Strafe gilt, schon morgen als Maßregel eingestuft werden kann – und umgekehrt[564]. Wenn deshalb Maßregeln als ein Teil der strafrechtlichen Sanktion verstanden werden, dann muss das Gesetzlichkeitsprinzip des

---

561 So BGHSt 24, 106 zum damaligen § 2 Abs. 4 StGB. Aber das BVerfG hat bisher die Frage offengelassen, ob Art. 103 Abs. 2 GG auch Maßregeln der Besserung und Sicherung erfasst; vgl. hierzu BVerfGE 74, 126; 83, 128.

562 Zur Regelung und Entwicklungsgeschichte des § 2 VI StGB siehe Jung, in: FS Wassermann, S. 876 f.

563 NK-Hassemer, § 2 Rn. 60 ff.; ders., Einführung, S. 260 f.; ähnlich Jakobs, AT, S. 95; Jung, in: FS Wassermann, S. 886; Frisch, ZStW 94 (1983), 587 f.

564 Das Beispiel der sozialtherapeutischen Anstalt zeigt, dass dies kein theoretisches Gedankenspiel ist, es lässt sich aber auch an der Genese der Maßregel der Führungsaufsicht belegen. Die Führungsaufsicht enthält nämlich Elemente der früheren Polizeiaufsicht, deren Qualifikation als Strafe oder Maßregeln umstritten war; vgl. hierzu Best, ZStW 114 (2002), 88 ff.

Strafrechts auch bei den Maßregeln der Besserung und Sicherung respektiert werden[565].

2. Wiedergutmachung als eine neue Spur ?

Die Reformen im Sanktionsrecht in den 60er, 70er und 80er Jahren hatten ihren Ausgangspunkt vor allem in rechtsvergleichenden und kriminologischen Untersuchungen zur Freiheitsstrafe, ihren Surrogaten und Alternativen, zur Gewinnabschöpfung, zur Strafzumessung und zum Strafvollzug[566]. In den achtziger und neunziger Jahren trat schließlich die Beschäftigung mit dem Deliktsopfer, seinen Bedürfnissen und Interessen in den Vordergrund[567]. Dies ist ein Teilaspekt der Tendenzen zur Suche nach weniger freiheitsentziehenden Sanktionen. Neben Strafen und Maßregeln wird in der Lehre die Wiedergutmachung des Schadens, der Täter-Opfer-Ausgleich als eine neue oder dritte Spur bezeichnet[568]. Neuregelungen hierzu finden sich z. B. in den §§ 46 Abs. 2, 46 a, 56 ff. StGB, § 153 a StPO, §§ 15 Abs. 1, 45 Abs. 2 JGG.

a) Wiedergutmachung als Rechtszwang

Zuerst muss der rechtliche Charakter der Wiedergutmachung als indirekter Rechtszwang kurz dargelegt werden, da in der Literatur die Wiedergutmachung

---

565 Bei Maßregeln der Besserung und Sicherung halten Rechtsprechung und ein Großteil der Literatur die Rückwirkung aber nach wie vor für verfassungsrechtlich unbedenklich. Der BGH hat die Verfassungsmäßigkeit des § 2 Abs. 4 StGB a. F bejaht mit dem Hinweis darauf, der Grundgesetzgeber habe eine Strafrechtsordnung vorgefunden, die zwischen Strafe und Maßregeln scharf unterscheide. Da das Grundgesetz aber nur die Strafe unter das Rückwirkungsverbot stelle, müsse geschlossen werden, dass die einfache Gesetzgebung hinsichtlich der Maßregeln frei sei.; BGHSt 24, 103, 106; vgl. auch Krey, in: FS Blau, S. 124 ff.; ders., ZStW 101 (1989), 853 f.

566 So z. B. Hrsg. von Jescheck, Freiheitsstrafe und ihre Surrogate.

567 Vgl. z. B. Der Entwurf eines Opferschutzgesetzes (1985), BT-Drs. 10/3636; über die Sanktionsentwicklung in sich ändernden Zeiten siehe Streng, ZStW 111 (1999), 828 ff.

568 So z. B. AE-WGM, §§ 4 bis 6; Frehsee, Schadenswiedergutmachung, S. 119; Roxin, in: Wiedergutmachung, S. 51 f.; ders., in: FS Baumann, S. 244; Frühauf, Wiedergutmachung, S. 66 ff.; Walther, Rechtsbruch, S. 297 ff.

als reine freiwillige Sanktion betont wurde[569]. Wenn man die Wiedergutmachung mit den anderen Sanktionen, z. B. Freiheitsstrafe und Geldstrafe, vergleicht, dann scheint sie nur eine Wohltat zu sein. Diesen gegenüber ist sie wirklich eine mildere Sanktion. Die Wiedergutmachung ist jedoch im Grunde ebenfalls ein Zwang, und zwar ein indirekter; nämlich, eine zumindest mittelbare Beeinträchtigung der Freiheit.

Der Täter entscheidet sich im Rahmen der Wiedergutmachung und des Täter-Opfer-Ausgleichs, im Grunde genommen nicht allein aus freien Stücken, aus inneren, autonomen Motiven heraus, zu diesem Ausgleich, sondern deshalb, weil er unter dem Druck der Strafverfolgung steht und ansonsten mit härteren Sanktionen zu rechnen hat. Die Wiedergutmachung und der Täter-Opfer-Ausgleich sind daher ein Rechtszwang als Strafe, weil sie notwendig mit einer Drohung verbunden sind[570]. Jedoch setzt Freiwilligkeit keinen ethisch motivierten Akt des Täters voraus[571]. Es genügt eine unter dem Druck des Strafverfahrens zustandegekommene autonome Entscheidung[572]. Da Strafzwang nicht Sühne und Versöhnung ist, sondern sie nur bewirken kann, muss sie auf die autonome Entscheidung des Täters zielen. Zwang und Autonomie sind daher untrennbar verbunden[573].

b) Zweck der Wiedergutmachung

Mit § 46 a StGB bezweckt der Gesetzgeber einerseits die Verbesserung des Opferschutzes und anderseits eine Zurückdrängung repressiver Bestrafung im

---

569 Vgl. z. B. Frehsee, Schadenswiedergutmachung, S. 6 ff.; Roxin, in: FS Baumann, S. 250 ff.; Laue, Wiedergutmachung, S. 77 f., 101 ff.; Rössner, in: FS Baumann, S. 269 ff.

570 Kritisch zur Freiwilligkeit der Wiedergutmachung vor allem Lampe, GA 1993, 487 ff.; Loos, ZRP 1993, 54 ff.; vgl. hierzu auch Köhler, AT S. 669.

571 Vgl. Meier, GA 1999, 6; Rössner, NStZ 1992, 413.

572 Vgl. § 1 AE-WGM; vgl. auch hierzu Weigend, in: FS Müller-Dietz, S. 994.

573 Dazu vgl. Rössner, in: FS Baumann, S. 274 ff.

unteren und im mittleren Bereich der Kriminalität[574]. Mit der Aufstellung dieser Zwecke will er zugleich die friedensstiftende Wirkung des Strafverfahrens sanktionsmäßig ergänzen. Der an sich strafbare Täter wird von Strafe freigestellt, wenn der Opferschaden materiell und immateriell ausgeglichen wird[575]. Wiedergutmachungsleistungen des Täters können mit der Übernahme von Verantwortung für das eigene Verhalten und der Erbringung von Leistungen zum Unrechtsausgleich Elemente des Schuldausgleichs enthalten[576]. Eine bedeutende kriminalpolitische Leistung des § 46 a StGB ist aber auch die Kanalisierung und Begrenzung des Genugtuungsinteresses des Verletzten[577].

Die Abwendung vom bisherigen klassischen Verständnis der Strafart ist hier weit fortgeschritten. Die rigide Bestrafung ist nicht alles. Nicht rigide Straferwartungen und passives Erleiden einer harten Sanktion sollen im Mittelpunkt stehen, sondern die persönliche Genugtuung, die der Verletzte dadurch erfährt, dass es nicht um die Erfüllung eines bloßen Erduldens staatlicher Zwangsmaßnahmen (die Erfüllung des negativ unendlichen Strafurteils des Verbrechens), sondern vielmehr um den interaktiven Ausgleich seiner persönlichen Rechtsverletzung, die Anerkennung des besonderen subjektiven Willens des Täters und einen Fortschritt hinsichtlich der Verwirklichung der Freiheit geht[578]. Dadurch zielt die Wiedergutmachung auch

---

574 Vgl. Lackner/Kühl, § 46 a Rn. 1; S/S/Stree, § 46 a Rn. 1; Rössner, NStZ 1992, 412.

575 Zur Unterscheidung zwischen strafrechtlicher Schadenswiedergutmachung und zivilrechtlichem Schadensersatz siehe Laue, Wiedergutmachung, S. 27 ff.; Grünewald, Garantenpflichten, S. 116 f.

576 Vgl. Dölling, JZ 1992, 498; Rössner, NStZ 1992, 411; Bemmann, JR 2003, 227 f. m. w. N.

577 Dazu Rössner, NStZ 1992, 414; Schöch, in: 50 Jahre BGH, S. 337; vgl. Walther, ZStW 111 (1999), 126 f.

578 Vgl. Schöch, Gutachten, C 61, 65 f.; Pfeiffer, ZRP 1992, 338; Rössner, NStZ 1992, 410; Frehsee, KrimJ 1982, 130; Roxin, in: FS Müller-Dietz, S. 714; vgl. auch hierzu Klesczewski, Rolle der Strafe, S. 265 f.

auf die Wiederanerkennung des allgemeinen Willens und die Wiederherstellung der verletzten Rechtsordnung ab[579].

Täter und Opfer sowie die anderen am Verfahren Beteiligten sollen durch einen gelungenen Täter-Opfer-Ausgleich erfahren, dass sie in der Lage sind, durch eigene ernsthafte Bemühungen zu einer befriedigenden Lösung des strafrechtlichen Konflikts beizutragen[580]. Der zur Leistung angehaltene Täter ist nicht bloß duldendes Objekt einer Zufügung von Leiden oder einer Erziehungsmaßnahme. Er wird vielmehr in seiner Autonomie als verantwortlich handelndes Vernunftsubjekt und unter Achtung seiner Persönlichkeit in die Pflicht genommen, in eigener Initiative und Aktivität durch konstruktive Leistungen zur Beseitigung der Straftatfolgen beizutragen. Die Wiedergutmachung und der Täter-Opfer-Ausgleich trennen somit Strafbarkeit und Bestrafung[581].

Im Konzept der Wiedergutmachung könnte daher für bestimmte Konstellationen im Verhältnis von Täter und Opfer die Chance einer Alternative zur Freiheitsstrafe liegen[582]. Der Täter-Opfer-Ausgleich und die Schadenswiedergutmachung könnten ein Versuch sein, durch nicht freiheitsentziehende Mittel die Freiheit zu verwirklichen. Jedes rechtsstaatlich gerechte Mittel, welches den Vollzug der Freiheitsstrafe vermindert, ist schon als dritte Spur des Strafrechts empfehlenswert.

---

579 Vgl. auch Meier, GA 1999, 3.

580 Anders als im Zivilrecht kann im Strafrecht ein ernsthaftes Bemühen des Täters genügen, die Tat wiedergutzumachen; vgl. § 46 a Nr. 1 StGB.

581 Naucke, Strafrecht, § 3 Rn. 63.

c) Gesetzliche Anerkennung der Wiedergutmachung

Nach langen Diskussionen, ob sich Änderungen und Ergänzungen bei den Sanktionen ohne Freiheitsentzug empfehlen, wobei es unter anderem um die Frage ging, wie dem Wiedergutmachungsgedanken zu größerem Recht verholfen werden könnte, hat der Gesetzgeber sich im Jahre 1994 in Gestalt des neuen § 46a StGB zur stärkeren Einbeziehung des Wiedergutmachungsgedankens durchgerungen[583]. Diese Bestimmung sieht vor, dass das Gericht bei nachweislichem Wiedergutmachungsbemühen die Strafe mildern oder, wenn keine höhere Strafe als Freiheitsstrafe bis zu einem oder entsprechende Geldstrafe verwirkt ist, sogar von Strafe absehen kann.

Das Gesetz nennt dabei neben der "Schadenswiedergutmachung" auch den "Täter-Opfer-Ausgleich" (§ 46 a StGB)[584]. Damit sollte die ins Erwachsenenstrafrecht vordringende Idee des mittelbaren, konfliktlösenden Ausgleichs gesetzliche Anerkennung finden. In Verbindung mit § 153 b StPO ergibt sich dann für den Fall, dass von Strafe abgesehen werden könnte, sogar die Möglichkeit der Verfahrenseinstellung. Auch im Bereich der Strafaussetzung zur Bewährung und der Verwarnung mit Strafvorbehalt findet der Wiedergutmachungsgedanke stärkere Berücksichtigung[585].

Die Ausdifferenzierung des Sanktionensystems hat damit einen beachtlichen Grad erreicht. § 46 a StGB will einen Ausgleich zwischen Täter- und

---

582 Zu den Möglichkeiten einer theoretisch–konzeptionellen Integration der Wiedergutmachung in das strafrechtliche Sanktionensystem siehe Laue, Wiedergutmachung, S. 106 ff.

583 Zur Entstehungsgeschichte des § 46 a StGB s. Schöch, in: 50 Jahre BGH, S. 313 ff.

584 Im Gesetz wird fast ausschließlich nicht von "Wiedergutmachung", sondern von "Schadenswiedergutmachung" gesprochen (vgl. §§ 46 Abs. 2 S. 2, 46 a Nr. 1, Nr. 2, 56 Abs. 2 S. 2, 56 b Abs. 2 S. 1 Nr. 1 StGB, § 153 a Abs. 1 S. 2 Nr. 1 StPO). Die "Schadenswiedergutmachung" und der "Täter-Opfer-Ausgleich" stehen jedoch in unklarem Verhältnis zueinander; dazu Schöch, in: 50 Jahre BGH S. 312 f.; vgl. auch Pfeiffer, ZRP 1992, 338.

585 Vgl. §§ 56 Abs. 2 S. 2, 59 Abs. 2 StGB.

Opferinteressen im Strafverfahren ermöglichen. Im Ermittlungsverfahren kann die Staatsanwaltschaft das Verfahren gem. §§ 153, 153 b StPO ohne oder gem. § 153a StPO mit Auflagen und Weisungen, insbesondere Anordnung von Schadenswiedergutmachung einstellen. Auch das Gericht kann das Verfahren einstellen, sei es gemäß § 153 Abs. 2 StPO, sei es gemäß § 153 a Abs. 2 StPO i. V. m. Auflagen und Weisungen wie Schadenswiedergutmachung. Weiterhin kann das Gericht gemäß §§ 59, 59 a Abs. 2 Nr. 1 StGB eine Verwarnung mit Strafvorbehalt mit einer Weisung verbinden, sich um einen Ausgleich mit dem Opfer zu bemühen oder sonst Schadenswiedergutmachung zu leisten. Auf der nächsten Stufe steht den Strafgerichten die "Strafaussetzung zur Bewährung" zur Verfügung (§§ 56 a, 56 b StGB), eine Sanktion, die ebenfalls wieder mit Auflagen und Weisungen (wie Schadenswiedergutmachung) gekoppelt werden kann.

II. Rechtsfolgen nach dem allgemeinen Strafrecht im Überblick

Die Rechtsfolgen der Tat sind im dritten Abschnitt des deutschen Strafgesetzbuches geregelt.

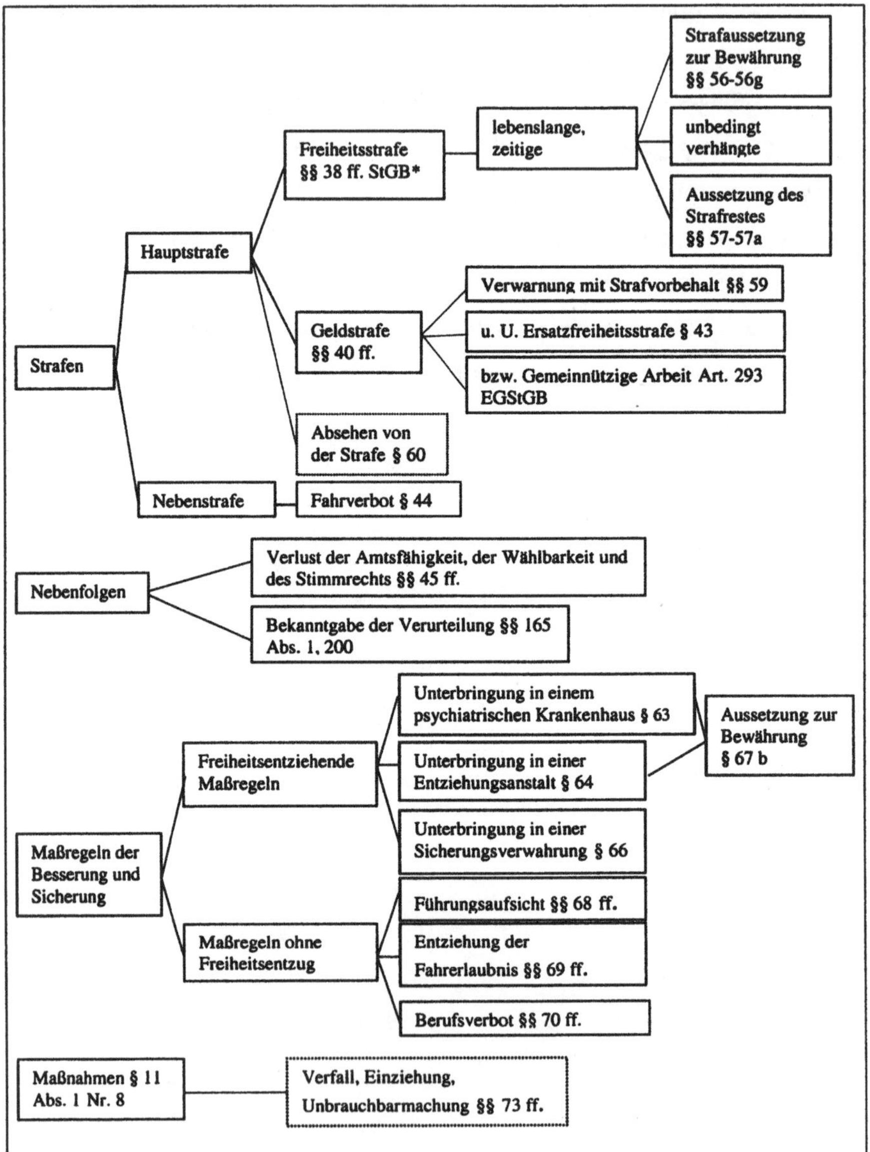

* §§ ohne Gesetzesangabe sind hier solche des StGB

III. Rechtsfolgen nach dem Jugendstrafrecht im Überblick

§ 5 JGG sieht eine Stufenfolge der jugendlichen Sanktionen vor. Aus Anlass der Tat sind in erster Linie Erziehungsmaßregeln anzuordnen. Wenn diese nicht ausreichen, werden Zuchtmittel verhängt und nur wenn diese ungenügend erscheinen, kommt Jugendstrafrecht in Frage. Hierbei unterbleiben Zuchtmittel oder Jugendstrafe, wenn die Unterbringung in einem psychiatrischen Krankenhaus oder einer Entziehungsanstalt anzuordnen ist. Der jugendliche Straftäter durchläuft hierbei ein System, das vielfach von Einstellungen durch die Staatsanwaltschaft nach § 45 JGG oder dann durch das Gericht geprägt ist, § 47 JGG, bevor es zu einer jugendlichen Verurteilung kommt.

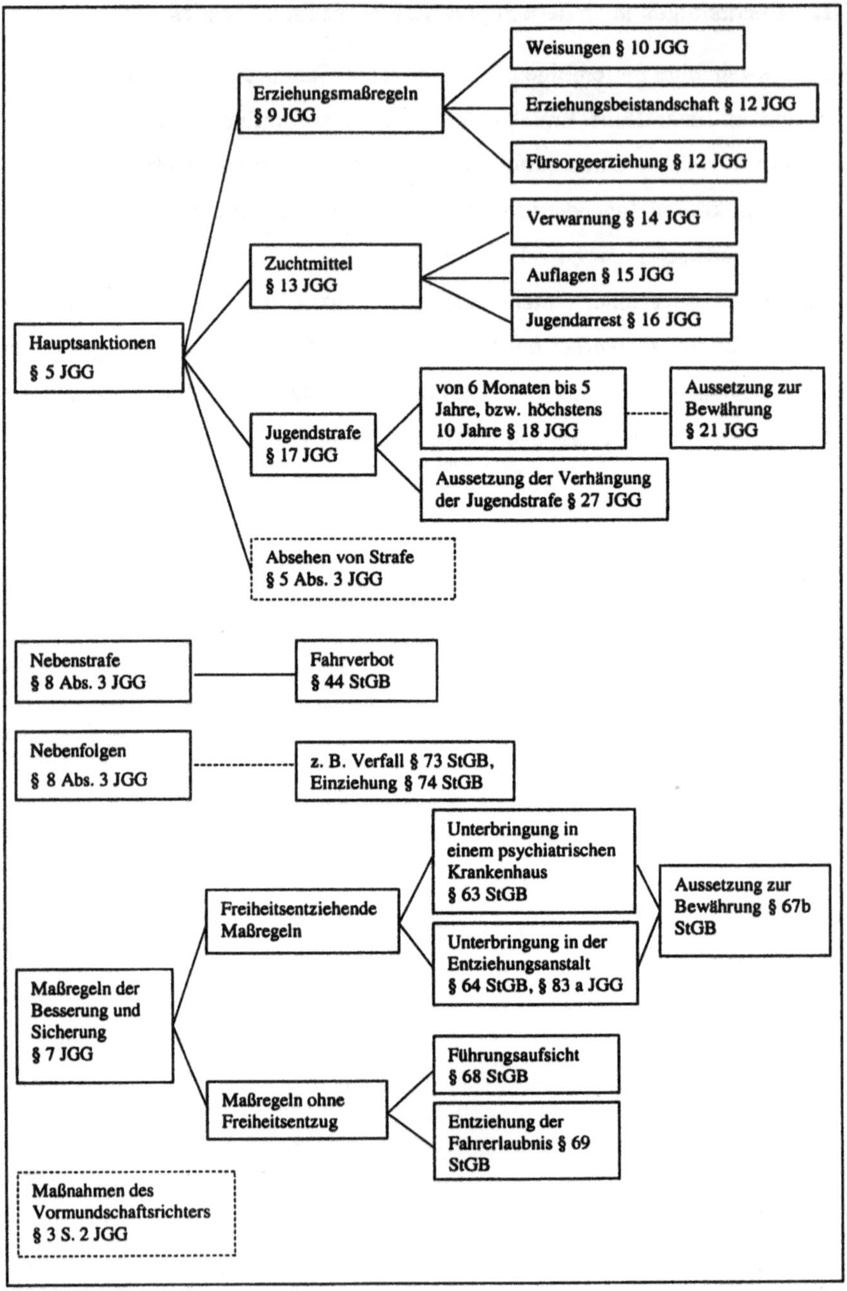
Weisungen § 10 JGG
Erziehungsmaßregeln § 9 JGG
Erziehungsbeistandschaft § 12 JGG
Fürsorgeerziehung § 12 JGG
Verwarnung § 14 JGG
Zuchtmittel § 13 JGG
Auflagen § 15 JGG
Jugendarrest § 16 JGG
Hauptsanktionen § 5 JGG
von 6 Monaten bis 5 Jahre, bzw. höchstens 10 Jahre § 18 JGG
Aussetzung zur Bewährung § 21 JGG
Jugendstrafe § 17 JGG
Aussetzung der Verhängung der Jugendstrafe § 27 JGG
Absehen von Strafe § 5 Abs. 3 JGG
Nebenstrafe § 8 Abs. 3 JGG
Fahrverbot § 44 StGB
Nebenfolgen § 8 Abs. 3 JGG
z. B. Verfall § 73 StGB, Einziehung § 74 StGB
Unterbringung in einem psychiatrischen Krankenhaus § 63 StGB
Freiheitsentziehende Maßregeln
Aussetzung zur Bewährung § 67b StGB
Unterbringung in der Entziehungsanstalt § 64 StGB, § 83 a JGG
Maßregeln der Besserung und Sicherung § 7 JGG
Führungsaufsicht § 68 StGB
Maßregeln ohne Freiheitsentzug
Entziehung der Fahrerlaubnis § 69 StGB
Maßnahmen des Vormundschaftsrichters § 3 S. 2 JGG

IV. Informelle Sanktionsmöglichkeiten im allgemeinen Strafrecht und im Jugendstrafrecht

Die Entwicklung des deutschen Sanktionensystems ist nicht nur durch die Zurückdrängung stationärer zugunsten ambulanter Sanktionen gekennzeichnet, sondern auch durch den zunehmenden Gebrauch der Einstellungsmöglichkeiten aufgrund der Opportunitätsvorschriften, also der deutschen Variante der Diversion[586] in Form verfahrensrechtlicher Entkriminalisierung[587]. Bagatelldelikte und geringfügige Taten bleiben daher mangels erheblicher Strafunrechtsqualität vielfach unverfolgt[588]. Leichter Delinquenz angemessen ist eine zumindest informell verfahrensmäßige Schuldfeststellung mit leichter Sanktion, bei Tatschuld, die schon ausgeglichen ist, u. U. auch ohne weitere Sanktion[589].

1. Informelle Sanktionsmöglichkeiten im allgemeinen Strafrecht

Die Mittel der verfahrensrechtlichen Entkriminalisierung im allgemeinen Strafverfahrensrecht sind §§ 153, 153 a, 153 b StPO. Diese zeichnen sich dadurch aus, dass nicht die Strafbarkeit, sondern lediglich der Verfolgungszwang eingeschränkt ist. Die Verfahrenseinstellung dient nicht nur den justizökonomischen Zielen der Verfahrensbeschleunigung. Vielmehr ist sie in den Dienst der präventiven Aufgaben des Strafrechts gestellt worden[590]. Wenn oder wo eine Entkriminalisierung nicht möglich ist[591], lassen sich bei

---

586 Mit der "Diversion" ist "Ablenkung", "Umleitung" oder "Wegführung" des Straftäters vom System formeller Sozialkontrolle gemeint. Dieses Konzept wurde in den 60er Jahren in die kriminalpolitische Diskussion eingeführt; dazu Jescheck/Weigend, AT S. 749 m. w. N.

587 Heinz, ZStW 111 (1999), 478; über die Möglichkeiten der Entkriminalisierung siehe bei Roxin, in: GS Zipf, S. 141 f.

588 Dazu NK-Villmow, Vor §§ 38 Rn. 24 ff.; vgl. auch Dölling, ZStW 104 (1992), 268.

589 Über die Begründungszusammenhang der Nichtsanktionierung bei leichten Strafrechtsfolgen s. Köhler, AT S. 609 ff.

590 Rieß, NStZ 1981, 6; vgl. auch zur präventiven Aufrüstung des Kriminaljustizsystems P.-A. Albrecht, KritV 1986, 60 ff.

591 Wie etwa beim Diebstahl.

leichteren Straftaten die Nachteile der Kriminalisierung dadurch vermeiden, dass Alternativen zur formellen gerichtlichen Verurteilung geschaffen werden.

Derartigen Methoden der Diversion haben in Deutschland dadurch ein beträchtliches Ausmaß erreicht, dass das Gericht, aber auch die Staatsanwaltschaft bei Bagatelldelikten, an deren Verfolgung kein öffentliches Interesse besteht, das Verfahren einstellen und auch bis in den Bereich der mittleren Kriminalität hinein eine solche Einstellung bei Erfüllung von Auflagen bzw. Weisungen (§ 153 a StPO) vornehmen dürfen[592]. Die Einstellung des Verfahrens aus Opportunitätsgründen spielt inzwischen im Bereich der ambulanten Maßnahmen eine große Rolle[593]. Sie übertrifft auch die Zahl der zur Bewährung ausgesetzten Freiheitsstrafen beträchtlich. Bereits jedes zweite anklagefähige Verfahren endet über die Opportunitätsvorschriften in der informalisierenden Verfahrenseinstellung.

2. Informelle Sanktionsmöglichkeiten im Jugendstrafrecht

Die Jugendstaatsanwaltschaft und das Gericht haben die Möglichkeit, das Verfahren gegen hinreichend tatverdächtige Beschuldigte nach §§ 45, 47 JGG einzustellen[594]. § 45 Abs. 1 JGG ermöglicht die Einstellung durch den Staatsanwalt, wenn die Voraussetzungen des § 153 StPO vorliegen. § 45 Abs. 2 JGG ermöglicht ein solches Vorgehen, wenn eine erzieherische Maßnahme bereits durchgeführt oder eingeleitet ist und die Beteiligung des Richters nicht erforderlich erscheint. Dem Staatsanwalt wird so eine eigene Sanktionierungsmöglichkeit gegeben, weil er zunächst selbst erzieherische Maßnahmen anordnen und daran anschließend gem. § 45 Abs. 2 JGG von der

---

592 Dazu Jescheck/Weigend, AT S. 749.

593 Dazu hinweisende Statistik NK-Villmow, Vor §§ 38 Rn. 56; Heinz, ZStW 111 (1999), 481 f.; Schöch, Gutachten, C 127; Backes, KritV 1986, 316 f.

594 Vgl. dazu Heinz/Spieß, in: Kriminalitätskontrolle, S. 905 ff.; vgl. auch zur Einstellungsquote Dünkel, Freiheitsentzug, S. 64 ff. m. w. N.

Verfolgung absehen kann[595]. Um dem Staatsanwalt diese Vorgehensweise zu eröffnen, wird eine zunehmende Anzahl von Diversionsmöglichkeiten angeboten[596].

Diversion dient im Jugendstrafrecht nicht nur der Verfahrensentlastung. Vielmehr dient das spezialpräventive Konzept des Gesetzgebers, der solche Verfahrenseinstellungen kriminalpolitisch für aussichtsreich und verantwortbar hält[597], gerade auch dem Erziehungsgedanken des Jugendstrafrechts. Die Praxis macht von den Einstellungsmöglichkeiten der §§ 45, 47 JGG entsprechend der Zielsetzung des JGG in noch stärkerem Maße als im allgemeinen Strafrecht Gebrauch[598]. Zur Zeit werden etwa 70 % aller Verfahren im Jugendstrafrecht divertiert[599]. Inzwischen ist die Einstellung des Verfahrens die Regel, die Verurteilung ist die Ausnahme.

V. Neue Diskussion über das strafrechtliche Sanktionensystem und Alternativen

Wie die gesamte Rechtsordnung ist auch das strafrechtliche Sanktionensystem ständig im Fluss. Die heutigen Tendenzen der internationalen Kriminalpolitik zielen auf die Entwicklung neuartiger Sanktionen ohne Freiheitsentzug oder auf die Anwendung neuer, weniger freiheitseinschränkender Strafen ab[600]. Wegen der Skepsis bezüglich der Freiheitsstrafe wurde jüngst diskutiert, welche Maßnahmen als Alternativen zu den kurzen und Ersatzfreiheitsstrafen in Frage kommen könnten[601]. Die Frage nach Ausgestaltung und Anwendungsbereich der

---

595 Näher dazu Kuhlen, Diversion, S. 19 ff.
596 Z. B. Täter-Opfer-Ausgleich, sozialpädagogische Betreuung, gemeinnützige Arbeit.
597 Vgl. BT-Drs. 11/5829, 13; Heinz, ZRP 1990, 7 ff.
598 Statistik dazu Streng, Sanktionen, S. 34 m. w. N.
599 Vgl. statisches Bundesamt, Strafverfolgung 2001, S. 228 ff.
600 Vgl. hierzu Weigend, ZStW 94 (1982), 802 ff.
601 Vgl. z. B. Verhandlungen des 59. Deutschen Juristentags, Bd. I Gutachten Teil C.

nicht mit Freiheitsentzug verbundenen Sanktionen hat daher gegenwärtig zentrale kriminalpolitische Bedeutung. Da die neuen Diskussionen über das strafrechtliche Sanktionensystem und ihre Alternativen nicht vertieft behandelt werden sollen, werden im Folgenden die von der Bundesregierung geplanten Erweiterungen der allgemeinen Sanktionsalternativen[602] knapp dargelegt. Die gemeinnützige Arbeit und das Fahrverbot kommen als Hauptstrafe, der elektronisch überwachte Hausarrest und das Strafgeld als weitere Alternative in Frage[603]. Inwieweit diese Alternativen tatsächlich realisierbar sind, ist jedoch offen.

1. Gemeinnützige Arbeit als Hauptstrafe

Gemeinnützige Arbeit als Sanktion[604] ist schon jetzt im geltenden Recht verankert und existiert in verschiedenen Formen[605]: z. B. in Form von Arbeitsauflagen oder –weisungen bei Aussetzung einer Freiheitsstrafe zur Bewährung (§ 56 b Abs. 2 Nr. 3 StGB) oder zur Ermöglichung einer Verfahrenseinstellung (§ 153 a Abs. 1 S. 1 Nr. 3 StPO) und als Surrogat für die

---

602 Vgl. BT-Drs. 14/1519; BR-Drs. 698/97; dazu auch http://www.bmj.bund.de/inhalt.htm; vgl. hierzu auch Wolters, ZStW 114 (2002), 63 ff.; Helgerth/Krauß, ZRP 2001, 281 ff.

603 Diese Alternativen sind keine neuen Erfindungen der jüngsten Zeit. Das Fahrverbot findet sich bereits als Vorschlag im Gutachten von *Schöch* zum Juristentag 1992. Arbeitsstrafe und Hausarrest waren Gegenstand von Gesetzesentwürfen des Landes Berlin von 1999; vgl. dazu Schöch, Gutachten, C 120; BR-Drs. 82/98; BR-Drs. 99/99; BR-Drs. 698/97.

604 Vgl. zum Gedanken an Arbeit als Strafe s. Eb. Schmidt, Einführung, S. 188 ff.; Pfohl, Gemeinnützige Arbeit, S. 21 ff.; Villmow, in: FS Kaiser, S. 1304 ff.; vgl. auch über den Begriff der Gemeinnützigkeit Feuerhelm, Gemeinnützige Arbeit, S. 332 ff.; auch Gerken/Henningsen, MschrKrim 72 (1989), 229 ff.: "Es gibt weder eine verfassungsrechtliche noch eine strafrechtliche Definition von Gemeinnützigkeit"; grundlegend zur grundsätzlichen Kritik an der Zwangsarbeitsstrafe Köhler, GA 1987, 145 ff.

Ersatzfreiheitsstrafe anstelle einer uneinbringlichen Geldstrafe (Art. 293 EGStGB)[606]. Im geltenden allgemeinen Strafrecht kann jedoch gemeinnützige Arbeit nicht als Hauptstrafe verhängt werden[607].

a) Gemeinnützige Arbeit[608] als Strafinhalt

Die Arbeit ist selbstbestimmte Tätigkeit des Menschen. Sie bedeutet in der freien Gesellschaft für die Person ihre rechtliche Haltung[609]. Arbeitstätigkeit als ein Willensverhalten des Einzelnen ist die Bedingung für den Eingriff in die rechtlich gewährleistete äußere Freiheit[610]. Der Straftäter schuldet der Allgemeinheit über die Duldung der Strafe hinaus keine bestimmte Leistung für sich selbst oder für Andere.

Die gesellschaftliche Arbeitsteilung ist für die Einzelnen ein Austausch von Leistungen. Dieser Vorgang folgt aber der Logik der eigenen Bedürfnisbefriedigung nach Wahlfreiheit[611]. Eine rechtliche Zwangsverbindlichkeit zur Arbeitstätigkeit kann sich daher aus dem

---

605 Ausführlich hierzu Feuerhelm, Gemeinnützige Arbeit, S. 5 ff.; mit Kritik über diese gesetzlichen Regelungen Köhler, AT S. 672; ders., GA 1987, 145; über die Anordnungsmöglichkeiten der gemeinnützigen Arbeit im Jugendstrafrecht siehe Pfohl, Gemeinnützige Arbeit, S. 85 ff.; auch Feuerhelm, Gemeinnützige Arbeit, S. 36 ff.: Im Jugendstrafrecht wird mit dem Anspruch der "Erziehung" und unter der Drohung des Jugendarrestes (§ 11 Abs. 2 JGG) die Arbeitsweisung nach § 10 Abs. 1 Nr. 4 JGG ausgeweitet; zur praktischen Bedeutung der gemeinnützigen Arbeit im Jugendstrafrecht siehe Blau, JR 1987, 482.

606 Für die Anzahl der zu vollstreckenden Ersatzfreiheitsstrafen sind regelmäßig durchschnittlich etwa 7 % aller Haftplätze belegt; dazu auch Cornel, in: FS Lüderssen, S. 821.

607 Im Jugendstrafrecht ist sie dagegen eigenständige Sanktion; vgl. §§ 10 Abs. 1 S. 3 Nr. 4, 15 Abs. 1 Nr. 3 JGG.

608 Seit Einführung des community service England (1972), wo der Angeklagte mit seiner Zustimmung zu gemeinnütziger Arbeit zwischen 40 und 240 Stunden verurteilt werden kann, haben sich mehrere Länder diesem Vorbild angeschlossen; zu dem englischen Modell siehe Pfohl, Gemeinnützige Arbeit, S. 123 ff.; Huber, JZ 1980, 638 ff.; Schneider, MschrKrim 84 (2001), 276 ff.

609 Vgl. hierzu Hegel, Grundlinien, § 189; vgl. dazu auch Häberle, JZ 1984, 345.

610 Vgl. Hegel, Grundlinien, § 189; dazu auch Köhler, GA 1987, 146.

611 Vgl. Hegel, Grundlinien, §§ 188, 189.

Rechtsverhältnis nicht ergeben[612]. Straftäter hierin unter einen Zwang zu stellen, bedeutet sie in einer zentralen Hinsicht als freies gesellschaftliches Subjekt zu unterdrücken[613]. So verhält es sich ohnehin bei direkt fremdnützig definierter gemeinnütziger Arbeit. Der Straftäter darf nicht zur Herbeiführung gesellschaftlichen oder individuellen Nutzens instrumentalisiert werden[614]. Rechtsstrafe darf nicht unmittelbar in den Nutzzweck, sei es des Täters, sei es der Allgemeinheit, gesetzt werden[615]. Das Strafrecht begründet sich als der Tatschuld entsprechend angemessener und ausgleichender Eingriff in die dem Täter an sich gewährleistete äußere Freiheit. Damit hat es auch eingriffsbegrenzende und schützende Qualität[616].

Die gemeinnützige Arbeit als eigenständige Hauptstrafe wäre ein direkter Eingriff in die Arbeitskraft. Unter dem Namen der gemeinnützigen Arbeit wird der Straftäter zu allen möglichen Tätigkeiten und Diensten in behördlichen und gesellschaftlichen Feldern gezwungen[617]. Strafe würde dadurch zu einem das Subjekt objektivierenden Zwangsmittel denaturiert. Der Strafinhalt ist zwar immer mit Zwang verbunden[618]. Er darf aber nicht als Zwangsinstrument zu allen möglichen Zwecken missverstanden werden[619]. Strafe darf nicht zur Erzwingung von Verhaltensweisen im Sanktionensystem missbraucht werden.

---

612 Vgl. ferner Zaczyk, ARSP-Beiheft Nr. 74 S. 110.

613 Köhler, AT S. 671; ders., GA 1987, 155; ders., JZ 1988, 750; vgl. auch Klesczwski, ARSP-Beiheft Nr. 71 S. 146 f.

614 Wolff, ZStW 97 (1985), 796 ff.; Köhler, Begriff der Strafe, S. 2; ders., JZ 1988, 750; Naucke, Wechselwirkung, S. 194.

615 Köhler, Begriff der Strafe, S. 68.

616 Köhler, JZ 1988, 750.

617 Die Möglichkeit, die bei der Tilgung einer uneinbringlichen Geldstrafe durch freie Arbeit eröffnet wurden, wird ausgefüllt durch ein buntes Subsystem gemeinnütziger unentgeltlicher Arbeit von Straftätern in der Form etwa von Transport-, Instandhaltungs-, Umweltschutz-, Aufraümungsarbeiten bei Einsatzstellen in Behörden, Wohlfahrtsverbänden, Kirchen, Verbänden des Natur- und Umweltschutzes, der Alten- und Jugendpflege usw.; dazu Köhler, GA 1987, 147 ff.; Gerken/Henningsen, MschrKrim 72 (1989), 229 ff; Schöch, Gutachten, C 97; Schall, NStZ 1985, 105; Pfohl, Gemeinnützige Arbeit, S. 58; Cornel, in: FS Lüderssen, S. 827 f.

618 Vgl. hierzu Kant, Metaphysik, Einleitung in die Rechtslehre, § D.

619 So auch Köhler, GA 1987, 156 f.; ders., Begriff der Strafe, S. 52 f.

Das Zwangsarbeitsverbot beruht also unmittelbar auf der Würde der Person, über ihre Tätigkeit selbst zu bestimmen und darin im gesellschaftlichen Austauschprozess anerkannt zu sein[620]. Arbeit als autonome Tätigkeit in Bezug auf individuelle und soziale Pragmatik kann deshalb nicht Strafinhalt sein[621]. Eine Erweiterung der gemeinnützigen Arbeit als Hauptstrafe im strafrechtlichen Sanktionensystem ist daher abzulehnen.

b) Verfassungsrechtliche Problematik

Das Grundgesetz schützt für alle gleich die Arbeit in ihrer Beziehung zur Persönlichkeit des Menschen[622]. Zwangsarbeit, bestimmter Arbeitszwang [623] und jeder öffentlich rechtliche Berufszwang sind nach Art. 12 Abs. 2, Abs. 3 GG grundsätzlich verboten. Nach Art. 12 Abs. 3 GG ist Zwangsarbeit nur im Strafvollzug einer gerichtlich angeordneten Freiheitsentziehung zulässig[624]. Nach dieser Vorschrift kann nur die Vollzugsarbeit nach den §§ 37 ff., 148 f. StVollzG erlaubt sein, nicht aber Arbeit als eigenständige Hauptstrafe. Strafrechtliche Zwangsarbeitssanktionen außerhalb des Freiheitsentzuges sind

---

620 Köhler, ZRP 1993, 143 m. w. N.

621 Ausführlich hierzu Köhler, AT S. 671 f.; ders., GA 1987, 150 ff.; vgl. auch Gerken/Henningsen, MschrKrim 72 (1989), 225 ff.; Gerken, ZRP 1989, 72; aber trotz dogmatischen Problemen wurde in der Literatur überwiegend die gemeinnützige Arbeit befürwortet, z. B. Albrecht/Schädler, ZRP 1988, 278 ff.; Schädler, ZRP 1985, 191; Dölling, ZStW 104 (1992), 282; Baumann, in: FS Schaffstein, S. 211; Schöch, Gutachten C 97 f.; Däubler-Gmelin, ZRP 1999, 81 ff.; Böhm, ZRP 1998, 360 ff.; Jung, JuS 1986, 745; Kunz, SchwZStr 103 (1986), 209; Kubink, Strafen, S. 568 ff.; vgl. auch BT-Drs. 12/2597; zusammenfassend zu den Argumenten für die Verwendung der gemeinnützige Arbeit als Sanktion siehe Pfohl, Gemeinnützige Arbeit, S. 168.

622 Vgl. Art. 12 Abs. 1 GG; vgl. auch BVerfGE 7, 397; auch 13, 104.

623 Über den Begründungszusammenhang der Begriffe Arbeit, Zwang und Rechtszwang siehe Köhler, GA 1987, 150 f.; zu dem ungeklärten Verhältnis der Verbote von Arbeitszwang und Zwangsarbeit siehe Maunz/Dürig/Herzog-GG-Scholz Art. 12 Rn. 479, 492; vgl. auch Art. 4 EMRK.

624 Ausführlich zur Entstehungsgeschichte BVerfGE = NJW 1988, 45; Pflichtarbeit im Strafvollzug wird vom *BVerfG* grundsätzlich als zulässiges Mittel der verfassungsrechtlich nach Art. 2 Abs. 1 i. V. m. Art. 1 Abs. 1 und Art. 20 Abs. 1 GG gebotenen Resozialisierung anerkannt. Der Strafvollzug soll durch Arbeitsbeschäftigung sinnvoll gestaltet werden und auf diese Weise zur Resozialisierung des Strafgefangenen beitragen. BVerfGE 98, 200.

verfassungsrechtlich verboten[625]. Da ein Strafurteil kein allgemeines Dienstpflichtverhältnis zu begründen vermag, ist ein gegenüber strafrechtlich verurteilten Personen ausgeübter Arbeitszwang grundsätzlich unzulässig. Eine gemeinnützige Arbeit als Hauptsanktion ist daher weder von dem Wortlaut des Art. 12 Abs. 2 GG noch von dem seines Abs. 3 gedeckt[626].

Arbeit als Strafsanktion stünde weder im Zusammenhang mit Berufsausübung noch handelte es sich um eine allgemeine, für alle gleiche Dienstpflicht, sondern stets um eine konkrete. Grundrechtlich geschützt ist gerade auch die Freiheit, keinen Beruf zu ergreifen und nicht zu arbeiten[627]. Strafe kann als Dienstpflichtverhältnis im Sinne von Art. 12 Abs. 2 GG nicht gelten. Dem in der Form der gemeinnützigen Arbeit gegenüber dem Straftäter ausgeübten Arbeitszwang als Hauptstrafsanktion stehen daher schwere verfassungsrechtliche Bedenken entgegen[628].

2. Fahrverbot als Hauptstrafe

Die bisherige Nebenstrafe des Fahrverbots soll nicht nur bei Verkehrsdelikten, sondern auch als eigenständige Hauptstrafe bei allgemeiner Kriminalität Alternative zur Geldstrafe und Freiheitsstrafe sein[629]. Gründe dafür sind, dass die Geldstrafe oft aus der "Hosentasche" bezahlt oder von Dritten beglichen wird und den Verurteilten nicht weiter beeindruckt[630]. "Modern" ist das

---

625 Stree, Deliktsfolgen, S. 184 ff.

626 Das Bundesverfassunsgericht hat aber für die Arbeitsweisung des § 10 Abs. 1 3 Nr. 4 JGG und für die Arbeitsgesetze, insbesondere mit Art. 12 Abs. 2 und Abs. 3 GG verfassungsgemäß erklärt; hierzu BVerfGE 74, 102 f. = NStZ 1987, 275; BVerfGE 83, 119 ff.; BVerfGE 77, 102; vgl. hierzu auch Pfohl, Gemeinnützige Arbeit, S. 154; vgl. auch Gusy, JuS 1989, 711; vgl. mit Kritik Sachs, JuS 1991, 770.

627 BVerfGE 58, 358.

628 So mit Recht Köhler, GA 1987, 148 ff.; Weigend, GA 1992, 359; Gerken/Henningsen, MschrKrim 71 (1989), 226 m. w. N.

629 Vgl. BT-Drs. 14/3189, 2, 6; Roxin, in: GS Zipf, S. 146; Frommel, NJ 1999, 5.

630 Vgl. Heghmanns, ZRP 1999, 299.

Fahrverbot, weil es auf die Bedingungen des heutigen Massen-Individualverkehrs eingeht.

Das Auto hat in der heutigen modernen Mobilgesellschaft für die meisten Menschen eine wichtige Bedeutung und wird sie auch in Zukunft noch haben. Die Berechtigung zur jederzeitigen Teilnahme am Straßenverkehr ist für viele Menschen eine typische und bedeutsame Ausprägung individueller Freiheit[631]: Es geht bei dem Fahrverbot deswegen um die Verhängung einer speziellen Fahrfreiheitseinbuße[632]. Für die Einführung des Fahrverbots als Hauptstrafe spricht deshalb, dass diese Strafe den Einzelnen spürbar treffen könnte, weil der Verlust der Fahrfreiheit als besonders schmerzhaft empfunden wird[633]: Das Fahrverbot hätte somit höhere und wirksamere generalpräventive Auswirkungen als die Geld- oder Freiheitsstrafe[634]. Negative Auswirkungen der Freiheitsstrafe könnten so vermieden werden[635]. Fahrverbote könnten gut in ein bestimmtes Quantum Inhaftierungszeit und in Tagessätze umgerechnet werden. Bei einer Einführung des Fahrverbots als Hauptstrafe bestünde also die Hoffnung, dass mit einer derartigen Individualisierung der Sanktionen eine optimale spezialpräventive Einwirkung auf den Delinquenten möglich wäre[636].

Die Bedenken liegen trotz der geschilderten Vorteile eines Fahrverbot als Hauptstrafe auf der Hand[637]: Das Fahrverbot ist angemessen bei Verletzung einer Fahrzeugführerpflicht, bei der Tat und Täterverhalten so schwer wiegen, dass man den Betroffenen nicht mehr ohne weiteres fahren lassen darf[638]. Fahrverbot als Hauptstrafe würde aber eine in einem ganz anderen

631 Schöch, Gutachten, C 116 ff.
632 Streng, ZStW 111 (1999), 852; vgl. auch Frommel, NJ 1999, 5.
633 Vgl. etwa Heghmanns, ZRP 1999, 299; Schily, ZRP 1998, 236.
634 Vgl. Dokument der SPD-Bundestagsfraktion vom 11. 10. 1996 (WiP-4170).
635 Vgl. Roxin, in: GS Zipf, S. 146.
636 Vgl. Dokument der SPD-Bundestagsfraktion vom 11. 10. 1996 (WiP-4170).
637 Zusammenfassend hierzu König, NZV 2001, 8 ff.; P.-A. Albrecht, NJ 2000, 452.
638 Vgl. BGHSt 24, 351= NJW 1972, 1332; Warda, GA 1965, 72 ff.; Köhler, AT S. 659.

Lebensbereich angesiedelte Verfehlung mit einer Sanktion im speziellen Lebensbereich des Führens von Kraftfahrzeugen bestrafen und erscheint deswegen fernliegend[639]. Dem Fahrverbot als Hauptstrafe steht damit der Gesichtspunkt einer sachfremden Verbindung von Tat und Strafe entgegen[640].

Das Hauptproblem des Fahrverbots als Hauptstrafe liegt nicht nur in der Frage der Korrespondenz zwischen Tat und Strafe als Tatausgleich[641], sondern auch im Gleichbehandlungsgebot[642]. Losgelöst von theoretischen Grundmodellen muss man Strafe als zwangsweise Anordnung eines allgemein generalisierbaren Verlustes oder einer Einschränkung betrachten. Mit dem Fahrverbot wird in die automobile Handlungsfreiheit, ein Fahrzeug zu führen, eingegriffen[643]. Die Wirkung des Fahrverbots könnte individuell höchst unterschiedlich sein[644], weil nicht jeder Inhaber eines Führerscheines ist und ein Auto hat. Differenziert werden muss nicht nur nach dem tatsächlichen Maß der Benutzung, sondern auch nach der Abhängigkeit des zu Verurteilenden von dem Gebrauch des Kraftfahrzeuges, zumal die einen auf die Nutzung des Kraftfahrzeuges beruflich angewiesen sind, während andere es nur in ihrer Freizeit benutzen oder gar kein Auto besitzen. Die einen wohnen zentral in der Stadt, die anderen auf dem Land, ohne öffentliche Nahverkehrsanbindung. Eine materielle gleiche Strafwirkung kann deswegen auf diese Weise kaum gewährleistet werden[645].

Eine genaue Abstufung des Fahrverbots im Hinblick auf die individuellen Lebensumstände des Täters würde zu erheblichen Abwägungs- und

---

639 Köhler, AT S. 659.
640 So auch Streng, ZStW 111 (1999), 852.
641 Vgl. Köhler, AT S. 659; Streng, ZStW 111 (1999), 853.
642 P.-A. Albrecht, NJ 2000, 452; Ebert, in: FS Lackner, S. 414 ff.; Eisenberg, JuS 2000, 370; Weßlau, StV 1999, 286; v. Selle, JR 2002, 230 f.; Fehl, DAR 1998, 383.
643 Vgl. allgemein zu dem Grundgesetz und automobile Freiheit siehe Brenner, DAR 2001, 559 ff.
644 Tröndle/Fischer, § 44 Rn. 2; vgl. auch Franke, ZRP 2002, 22; P.-A. Albrecht, NJ 2000, 452.
645 Streng, ZStW 111 (1999), 854 f.; v. Selle, JR 2002, 230.

Willkürproblemen führen[646]. Das Fahrverbot würde daher einen erweiterten, außerordentlichen kostenintensiven staatlichen Kontrollaufwand erforderlich machen. Ohnehin birgt das Fahrverbot als Alternative zur Freiheitsstrafe die Gefahr, dass es auch dann eingesetzt würde, wenn der Täter ansonsten ohne eine spürbare Strafe bliebe. Wird das Fahrverbot als Hauptstrafe möglich, obwohl nicht jeder durch dieses Verbot erreicht werden kann, werden Forderungen nach weiteren, gezielt in den persönlichen Lebensbereich des einzelnen Verurteilten eingreifenden Strafen nicht lange auf sich warten lassen[647]. Die Frage bleibt aber offen, wo man dann die Grenzen ziehen will.

Weiterhin würden viele Täter, deren Entsozialisierung durch Freiheitsentzug man vermeiden wollte, durch das erweiterte Fahrverbot deutlich mehr in die Gefahr beruflicher Benachteiligung gebracht, als dies bei einer Geldstrafe der Fall wäre[648]. Durch ein Fahrverbot würden auch viele Leute nur in ihrem normalen Familienleben unnötig beeinträchtigt werden, indem ihnen der tägliche Weg zum Arbeitsplatz erschwert würde. Unter der mangelnden Fahrbeweglichkeit würde nicht nur der Verurteilte selbst zu leiden haben, sondern die gesamte Familie, so dass der soziale Hintergrund für gesellschaftsadäquates und normgerechtes Verhalten dadurch eher gefährdet als gestützt würde. Hinzu kommt, dass ein Fahrverbot mit mehr Stigmatisierung belastet als die Zahlung einer Geldstrafe. Während nämlich die Geldstrafe ohne das Wissen Außenstehender getilgt werden kann, muss das soziale Umfeld bemerken, wenn der Verurteilte monatelang sein Auto unbenutzt stehen lässt und mit anderem Verkehrsmitteln fährt. All diese Aspekte lassen das Fahrverbot als für eine Hauptstrafe nicht geeignet erscheinen.

---

646 Fehl, DAR 1998, 383.
647 P.-A. Albrecht, NJ 2000, 452.
648 Streng, ZStW 111 (1999), 854; v. Selle, JR 2002, 231.

3. Elektronisch überwachter Hausarrest

Von dem elektronisch überwachten Hausarrest verspricht man sich eine Entlastung des Strafvollzugs[649], einen Ersatz für die Freiheitsstrafe, eine Reduzierung der Stigmatisierung der Straftäter, eine Vermeidung der schädlichen Nebenwirkungen der Inhaftierung, Kosteneinsparungen[650] und die Beseitigung von Ungerechtigkeiten bei der Verhängung von Geldstrafen, da der Freiheitsentzug in Form des elektronischen Hausarrests zweifellos weniger entsozialisierende Wirkungen aufweist als der Strafvollzug und sogar die Fortführung einiger Formen von Berufstätigkeit ermöglichen könnte[651]. Durch den elektronisch überwachten Hausarrest sollen auch kurze Freiheitsstrafen außerhalb von Vollzugsanstalten vollstreckt werden.

Der Verurteilte wird im eigenen Wohnbereich arrestiert, statt die Freiheitsstrafe in einer Justizvollzugsanstalt verbüßen zu müssen. Sein Aufenthalt in den eigenen Räumen wird ständig kontrolliert. Dazu muss er einen mit einem Band am Körper (z. B. am Fuß- oder Armgelenk) befestigten Sender tragen[652]. Durch diesen Sender wird der Bewegungsradius des Straftäters überwacht. Er signalisiert seinen jeweiligen Aufenthaltsort.

---

649 Vgl. ferner Roxin, in: FS Zipf, S. 146.

650 Die "elektronische Fußfessel" wird als billigere Alternative zur Strafhaft aufgefasst. Nach Schätzungen soll sie etwa den halben Betrag gegenüber einem Platz in einer Strafvollzugsanstalt erforderlich machen. Das ist jedoch umstritten; dazu Krahl, NStZ 1997, 457 f.

651 Vgl. Entwurf eines Gesetzes zur Änderung des Strafvollzugsgesetzes des Landes Berlin, BR-Drs. 698/97. Das Gesetzgebungsvorhaben wurde durch einen Antrag des Landes Berlin im Bundesrat angestoßen. Dieser hat am 9. 7. 1999 einen entsprechenden Gesetzesentwurf zur Änderung des StVollzG beschlossen; näher hierzu Weichert, StV 2000, 336; vgl. über die Darstellung des elektronisch überwachten Hausarrest als Strafvollzugsalternative in den Vereinigten Staaten siehe bei Jolin/Rogers, MschrKrim 73 (1990), 201 ff.; vgl. zum hessischen Modellversuch zur Anwendung der "elektronischen Fußfessel" s. Albrecht/Arnold/Schädler, ZRP 2000, 466 ff.

652 Näher zu den technischen Varianten Weichert, StV 2000, 336; Dahs, NJW 1999, 3470; Krahl, NStZ 1997, 457; Jolin/Rogers, MschrKrim 73 (1990), 203; Ostendorf, ZRP 1997, 475 f.

Obwohl der elektronische Hausarrest von der Zustimmung des Betroffenen wie auch seiner Familienangehörigen abhängig wäre, erscheint er als erster Schritt zur totalen, permanenten Überwachung und Kontrolle der Privatsphäre durch staatliche Organe[653]. Für den Betroffenen ist die elektronische Überwachung äußerst eingriffsintensiv. Zudem beeinträchtigt diese ständige Überwachung das Selbstwertgefühl des Betroffenen hinsichtlich seiner Freiheitsrechte auf Unverletztlichkeit der Wohnung und auf Achtung seiner Privatsphäre. Die Familienangehörigen des Täters werden über die Überwachungseffekte hinaus auch dadurch bestraft, dass sie ein partiell entrechtetes und daher unzufriedenes Familienmitglied im Nahbereich ertragen müssen (vgl. Art. 6 GG).

Weiterhin ist mit dem elektronisch überwachten Hausarrest nicht nur eine Begrenzung des Aufenthaltsortes verbunden, sondern auch eine Überwachung und massive Beschränkung der Betätigungsmöglichkeiten allgemein (Art. 2 Abs. 1 GG)[654]. Bei der geschlossenen Unterbringung liegt die Strafe vor allem in der Beschränkung der Bewegungsfreiheit (§ 4 Abs. 2 StVollzG); bei dieser Gelegenheit erfolgende Kontrollmaßnahmen haben keine eigenständige, sondern nur eine dienende Nebenfunktion[655]. Dem elektronisch überwachten Hausarrest stehen negative kriminalpolitische Folgewirkungen und schwerwiegende verfassungsrechtliche Bedenken entgegen[656]. Daher ist er auch keine wirkliche ambulante Alternative zur kurzen Freiheitsstrafe[657].

---

653 Über den elektronische Hausarrest aus Sicht des Datenschutzes s. Weichert, StV 2000, 335 ff.

654 Vgl. ferner Heghmanns, ZRP 1999, 302; vgl. aber a. A. LG Frankfurt a. M. NJW 2001, 697.

655 Weichert, StV 2000, 338.

656 Näher zu den Pro - und Contra - Argumente für den elektronisch überwachten Hausarrest siehe Ostendorf, ZRP 1997, 475 f.

657 Vgl. Krahl, NStZ 1997, 461; Ostendorf, ZRP 1997, 476; P.-A. Albrecht, NJ 2000, 452; Dölling, ZStW 104 (1992), 286.

4. Strafgeld

Mit dem geplanten Strafgeld sollte weniger die Sanktionspalette im Bereich der kleineren Alltagskriminalität erweitert, sondern vielmehr ein gegenüber dem bisherigen staatsanwaltschaftlichen Einstellungsverfahren gem. § 153 a StPO vereinfachtes Sanktionierungsmodell geschaffen werden. Bagatelldelikte, wie z. B. Ladendiebstähle, sollen in Zukunft in einem bürokratiearmen Verfahren mittels eines sog. Strafgeldes geahndet werden[658]. Das Strafgeld soll durch die Polizei ausgesprochen und auch sofort eingezogen werden[659]. Es entspricht der Forderung nach einer schnellen, einfachen und fühlbaren aber dabei nicht notwendigerweise harten und zudem unbürokratischen staatlichen Reaktion auf Bagatelldelikte[660]. Die Motive für eine Einführung des Strafgeldes sind etwa, die vielfach überlastete Justiz im Bereich des Verfahrens der Kleinkriminalität zu entlasten[661]. Weiterhin wird auch beabsichtigt, die derzeit vielfach praktizierte folgenlose Einstellung gem. § 153 StPO zurückzudrängen[662].

Es soll sich bei dem Strafgeld nicht um eine Ordnungswidrigkeiten-Sanktion in der Folge einer Entkriminalisierung von Alltagskriminalität wie Ladendiebstahl und Beförderungserschleichung handeln[663], sondern um eine Reaktion auf Straftaten[664]. Probleme bestehen jedoch darin[665], dass Polizisten in eigener Verantwortung strafrechtliche Sanktionen verhängen könnten. Wie dabei die

---

658 Zu den rechtlichen Umsetzungsmöglichkeiten des Strafgeldes siehe Weßlau, StV 1999, 286.

659 Dazu Däubler-Gmelin, ZRP 1999, 83.

660 Vgl. hierzu Landau/Fünfsinn, ZRP 2000, 6 ff.

661 Vgl. dazu Däubler-Gmelin, ZRP 1999, 83.

662 Weßlau, StV 1999, 286 m. w. N.

663 Zu Bedenken i. S. von Entkriminalisierung vgl. Landau/Fünfsinn, ZRP 2000, 5 ff.

664 Streng, ZStW 111 (1999), 855; zu der Abgrenzung zu den Ordnungswidrigkeiten von Strafrecht grundlegend Wolff, in: Strafrechtspolitik, S. 218 ff.; vgl. zu den Entkriminalisierung des strafrechtlichen Bagatelldelikts siehe Jakobs, KritV 1996, 220 ff.; Hamm, KritV 1996, 325 ff.; ders., KritV 1993, 213 ff.; P.-A. Albrecht, KritV 1996, 330 ff.

Unschuldsvermutung (Art. 1 Abs. 1, 2 Abs. 1 GG) weiterhin gewährleistet werden soll erscheint äußerst fraglich. Dass ein Straftäter im Bereich der Kriminalität bis zu seiner rechtskräftigen Verurteilung als unschuldig zu gelten hat, gehört es zu den unantastbaren Grundsätzen der rechtsstaatlichen Strafverfahrensordnung[666]. Die Verhängung einer Kriminalstrafe "Strafgeld" durch Polizeibeamte scheitert auch am Richtervorbehalt des Art. 92 GG, weil die Verhängung jeder Form von Kriminalstrafe dem Richter vorbehalten ist[667].

VI. Zusammenfassung

In der heutigen Kriminalpolitik stehen zwei Tendenzen im Vordergrund. Zum einen konzentriert sich die Diskussion in zunehmendem Maße auf den Ausbau und die Verstärkung präventiver Maßnahmen. Zum anderen ist man mehr und mehr darum bemüht, Alternativen zum Freiheitsentzug zu entwickeln[668]. Mit der modernen Kriminalpolitik ist seit von Liszt die Entwicklung von Präventionsmodellen gemeint. Der präventive Zeitgeist herrscht im gegenwärtigen Strafrecht und Straftatfolgensystem.

Das Reformziel des neu diskutierenden Sanktionenrechts ist, das geltende Sanktionensystem zu flexibilisieren und den Spielraum der Sanktionsmöglichkeiten zu erweitern, weil die gegenwärtigen zwei Hauptstrafen zunehmend als zu eng empfunden wurden. Alle vorgeschlagenen Alternativen sind ein Versuch, humane, ökonomisch günstige und präventiv orientierte moderne Strafarten zu finden. Bei den Reformüberlegungen zum

---

665 Vgl. zu den kriminologischen Bedenken gegenüber einem den § 153 a StPO entlehnten Modell der Einstellung gegen Strafgeld siehe Streng, ZStW 111 (1999), 856; Weßlau, StV 1999, 286 f.; Eisenberg, JuS 2000, 371 f.; vgl. auch Landau/Fünfsinn, ZRP 2000, 7.

666 Vgl. auch Art. 6 Abs. 2 EMRK; vgl. hierzu auch Schaefer, NJW 1999, 543.

667 So BVerfGE 22, 73 ff.; 27, 28; näher hierzu Krey, Strafverfahrensrecht, Bd. 1, Rn. 162 ff.; Weßlau, StV 1999, 286; Rautenberg, NJ 1999, 453 f.; Streng, ZStW 111 (1999), 854 f.; kritisch dazu Maunz/Dürig/Herdegen/-GG-Herzog, Art. 92 Rn. 49 ff.; Appel, Verfassung und Strafe S. 546 ff., 554 f.

668 Vgl. Müller-Dietz, Grundfragen, S. 52 ff.

Sanktionensystem werden jedoch nicht Universalität und prinzipielle Überzeugungskraft angestrebt. Vielmehr steht im Vordergrund aktueller Strafrechtspolitik allzu häufig allein der Relevanzhorizont der Legislaturperiode[669]. Wichtige Reformschritte zum Schutz eines freiheitlichen rechtsstaatlichen Strafrechts und seiner funktionierenden Institutionen sind jedoch überfällig. Die vorgeschlagenen Alternativen beruhen auf der Fehlvorstellung, eine "an sich" verwirkte Freiheitsstrafe könne in einen anderen Eingriff umgewandelt werden.

Die Freiheitsstrafe ist entweder bei schwerem Verbrechen notwendig, oder sie darf nicht verhängt und auch nicht zu einem anders ausgerichteten Zwangsmittel denaturiert werden[670]. Geldstrafe ist kategorisch zu verhängen und zu vollstrecken. Ist oder wird ein Täter, für den an sich eine Geldstrafe angemessen wäre, zahlungsunfähig, so ist die Geldstrafe sachwidrig. In äußere Freiheit, über die jemand nicht verfügt, kann nicht strafend eingegriffen werden[671]. Die rechtsstaatliche Grundlage einer von Prinzipien geleiteten Strafrechtsordnung beruht auf dem freiheitlichen Strafbegriff.

Strafe darf nicht persönlichkeitsnegierend wirken. Zulässig ist nur ein Entzug der äußeren Handlungsfreiheit, welcher die autonome Person als solche respektiert[672]. Das Strafrecht darf nicht als ein Präventionszwangsinstrument betrachtet werden. Strafen werden heute von vielen weniger unter dem Aspekt zu begründender Freiheitseingriffe, als bloß demjenigen zweckmäßiger Präventionsinstrument verstanden. Die eigentlich vorrangige Frage nach der rechtsbegrifflichen Haltbarkeit des Freiheitseingriffs wird nicht ernsthaft gestellt. Die Meinung, gegenüber Straftätern dürfte zu verschiedenen Zwecken

---

669 P.-A. Albrecht, NJ 2000, 449.
670 Köhler, AT S. 671.
671 So Köhler, GA 1987, 160 f.
672 Zutreffend Köhler, GA 1987, 158.

staatlicher Arbeitszwang geübt werden, ist in ungebrochener historischer und systemübergreifender Tradition verbreitet[673]. Die gegenwärtige Kriminalpolitik bietet in großem Umfang nur noch prinzipienlose Alternativen zur gerechten Strafe an[674].

---

673 Köhler, JZ 1988, 749.
674 Vgl. auch Harzer, in: FS Wolff, S. 96.

2. Abschnitt: Das deutsche Strafensystem

Wo es Rechtsnormen gibt, gibt es auch Sanktionen. Sanktionen sind Zwangsmittel, um Rechtsnormen durchzusetzen und um ihre Wirksamkeit zu sichern. Viele Normen hätten ohne Sanktion keine Wirksamkeit[675]. Wenn es gleichgültig ist, ob man eine Norm einhält oder nicht, dann denkt niemand daran, dass diese Norm eine Normqualität besitzt. Deshalb gehört die Sanktion (regelmäßig) zur Rechtsnorm. Die Strafrechtsnormen und ihre Rechtsfolgen bilden hiervon keine Ausnahme[676].

Auch die Straftatfolgen werden "Sanktionen" genannt. Die Benutzung eines solchen Oberbegriffs ist deswegen sinnvoll, weil das gegenwärtige Strafrecht ein breites Spektrum unterschiedlicher Rechtsfolgen einer Straftat kennt. Es gibt nicht nur die Strafe, wie schon oben erwähnt, sondern noch andere Rechtsfolgen der Straftat, die keinen Strafcharakter haben, dennoch aber spezifisch strafrechtliche Rechtsfolgen sind.

Im StGB existieren gegenwärtig drei Strafen: Freiheitsstrafe (§ 38), Geldstrafe (§ 40) und Fahrverbot (§ 44)[677]. Die zwei erstgenannten sind sog. Hauptstrafen, das Fahrverbot ist Nebenstrafe. Der Unterschied zwischen Haupt- und Nebenstrafe besteht darin, dass Hauptstrafen jeweils für sich allein, Nebenstrafen aber nur bei gleichzeitiger Verurteilung zu einer Hauptstrafe verhängt werden können[678]. Wenn man z. B. ein Verkehrsdelikt begangen hat, kann also kein isoliertes Fahrverbot verhängt werden, sondern die Verurteilung zu einem Fahrverbot ist daran gebunden, dass gleichzeitig eine Verurteilung zu einer Freiheits- oder Geldstrafe erfolgt.

---

675 Vgl. Feuerbach, Lehrbuch, § 16 S. 39; vgl. auch Hanssen/Otto, ZRP 2002, 318.

676 Vgl. hierzu grundlegend Kant, Metaphysik, Einleitung in die Rechtslehre, § D; vgl. auch Frisch, Vorsatz und Risiko, S. 62 f.

677 Kritische Rekonstruktion des geltenden Strafenkataloges aus dem freiheitlichen Rechtsprinzip siehe bei Köhler, AT Kapitel 10 S. 578 ff.

Die gleichzeitige Verhängung von Freiheitsstrafe und Geldstrafe – also eine Verbindung von Hauptstrafen - kommt ausnahmsweise gemäß §§ 41, 53 Abs. 2 S. 2 StGB in Betracht[679].

Im folgenden Abschnitt wird nicht das vollständige deutsche Strafensystem behandelt, das ja schon im vorigen Abschnitt dargestellt wurde, sondern lediglich die Problematik der Todesstrafe und die der Freiheitsstrafe, die im geltenden Strafensystem die härteste und schwerste Strafe ist.

A. Die Problematik der Todesstrafe

Zunächst wird die Problematik der Todesstrafe behandelt, da ihre Abschaffung bemerkenswerterweise nicht *rechtlich* begründet wurde.

I. Die Aktualität des Themas

Die Todesstrafe ist in Deutschland nach Art. 102 GG seit 1949 abgeschafft[680]. Das stellt diese Verfassungsnorm kategorisch und lapidar fest. Das heißt aber nicht, dass die Todesstrafe bloß allein von historischem Interesse ist und damit das Thema erledigt wäre. So lange es Staaten gibt, in denen die Todesstrafe verhängt und vollstreckt werden kann[681], ist das Thema Todesstrafe in Theorie

---

678 S/S/Stree, Vorbem §§ 38 ff. Rn. 26; Roxin, AT I S. 1; Schmidhäuser, Strafrecht S. 759.

679 S/S/Stree, Vorbem §§ 38 ff. Rn. 28; Tröndle/Fischer, Vorbem §§ 38 ff. Rn. 26.

680 Die letzten Hinrichtungen wurden am 29. 4. und 11. 5. 1949 in West-Berlin vollzogen; zur Entwicklung der Todesstrafe vor Inkrafttreten des Grundgesetzes siehe Ebel/Kunig, Jura, 1998, 617 ff.; vgl. hierzu auch Radbruch, in: Strafrechtsreform, S. 321 ff., 339 ff.; Hohmann, in: Todesstrafe, S. 247 ff.; die Todesstrafe wurde in DDR erst durch einen Beschluss des Staatsrates als erstes sozialistisches Land vom 17. 7. 1987 abgeschafft; zur Todesstrafe in der DDR Koch, ZStW 110 (1998), 89 ff.; die Wiedereinführung der Todesstrafe wurde 1958 von der Großen Strafrechtskommission mit 19:5 Stimmen abgelehnt.

681 Etwa über 100 Länder in der Welt haben noch Todesstrafe; näher zu diesen aktuellen Informationen und Statistik, http//www.todesstrafe.de; http//www.amnesty.de/i-themen.htm; dazu auch ein Tagungsbericht über die Todesstrafe Möhrenschlager, ZStW 100 (1988), 252 ff.

und Praxis nach wie vor höchst aktuell. Vor allem aber wegen der Rechtslage in Korea ist es sinnvoll, sich möglicher rechtlicher Grundlagen der Todesstrafe zu vergewissern.

Aktualität gewinnt die Todesstrafe auch immer wieder dadurch, dass Bundesbürger im Ausland zur Todesstrafe verurteilt oder gar hingerichtet werden[682] oder im Ausland zum Tode verurteilte Personen zur Vollstreckung der Strafe von der BRD ausgeliefert werden sollen, was völkerrechtlich nicht unproblematisch ist[683]. Außerdem steigt seit Beginn der neunziger Jahre die Zahl der Befürworter der Todesstrafe in der Bevölkerung und selbst von Politikern wird ihr Verbot in Frage gestellt, zumal Art. 102 GG nicht unwiderruflich ist[684].

Nicht nur Länder mit autoritären Regimen halten an der Todesstrafe fest, sondern auch Demokratien in modernen Industriestaaten wie etwa die USA[685], Japan[686] und auch Südkorea[687]. Befürworter der Todesstrafe verweisen besonders oft auf die USA. Sie argumentieren damit, dass, wenn die Todesstrafe in den USA Rechtens sei, sie hier nicht Unrecht sein könne. Es ist also keineswegs sicher, dass die Forderung nach Wiedereinführung der Todesstrafe ungehört verhallen würde, indem man etwa behauptete, der Staat müsse doch in Ausnahmefällen über dieses schärfste Machtmittel verfügen, wobei man

---

682 Wie z. B. die Brüder *Karl und Walter LaGrand* am 26. Februar und 3. März 1999 im US-amerikanischen Bundesstaat Arizona; dazu Hohmann, Jura 2000, 286; Kühn, ZRP 2001, 542; Tams, JuS 2002, 324 ff.; ausführlich zu dem Fall LaGrand auch Weigend, in: FS Lüderssen, S. 463 ff.; auch Hillgruber, JZ 2002, 94 ff.

683 Vgl. zur Todesstrafe aus völkerrechtlicher Sicht Weiß, in: Todesstrafe, S. 427 ff.

684 Vgl. dazu Jescheck/Weigend, AT S. 753; Maurach/Gössel/Zipf, AT Bd. 2, S. 449 f.; Arzt, ZStW 83 (1971), 11; Calliess, NJW 1988, 849; ders., NJW 1989, 1020; Hohmann, Jura 2000, 286, Fn. 4 m. w. N.

685 Zur Funktionalisierung der Todesstrafe in den USA siehe Mohn, in: Todesstrafe, S. 89 ff.; vgl. auch über die Todesstrafe in den USA Lynch, in: Todesstrafe, S. 131 ff.

686 Zur Todesstrafe in Japan siehe Miyazawa, in: FS für Arthur Kaufmann, S. 729 ff.; Schmidt, in: Todesstrafe, S. 151 ff.; vgl. auch zur Todesstrafe in China H.-J. Albrecht, in: Todesstrafe, S. 165 ff.

687 Vgl. dazu Arthur Kaufmann, Rechtsphilosophie, S. 161 Fn. 15.

genügend Kautelen einfügen müsste, um einen Justizirrtum auszuschließen etc.[688]

Die rechtliche und rechtsphilosophische Problematik des Themas wird dadurch aber nicht erfasst. Gerade im Bereich der Todesstrafe sind die landläufigen Argumente Pro und Kontra eher dürftig und weit davon entfernt, gedankliche Festigkeit für ein bestimmtes Ergebnis zu gewährleisten.

II. Rechtfertigungsproblem der Todesstrafe

Die Fragestellung muss lauten, ob und wie die Todesstrafe sich rechtfertigen lässt. Grundsätzliches wissenschaftliches Fragen und Denken sind notwendig, um nicht zu vorschnellen Antworten zu kommen. Aus diesem Grunde werden im Folgenden die Argumente für und gegen die Todesstrafe kurz zusammengefasst.

1. Argumente für und gegen die Todesstrafe[689]

Für die Todesstrafe werden besonders zwei Argumente ins Feld geführt: Das erste ist, dass sie abschreckend wirke[690]. Wer wisse, dass er für seine Tat mit seinem Leben büßen müsse, überlege sich die Tat vielleicht doch noch einmal. Das zweite Argument besagt, die Todesstrafe verhindere den Rückfall des Täters. Es gibt noch ein weiteres Argument: Es sei billiger, einen Mörder ins Jenseits zu befördern als ihn in lebenslanger Haft zu kleiden und zu ernähren. Manche wollen dieses Argument damit widerlegen, dass sie sagen, eine Exekution sei in Wahrheit teurer.

---

688 Vgl. über den Streit der Todesstrafe Müller, Todesstrafe, S. 98 ff.

689 Näher und ausführlich dazu Wieck, MDR 1990, 113 ff.; Hohmann, Jura 2000, 285 ff. m. w. N.; über die Rechtswidrigkeit der Todesstrafe Kersting, ARSP 52 (1966), 251 ff.

690 Dazu vgl. Keller, Todesstrafe, S. 72 ff.

Gegen die Todesstrafe werden u. a. folgende Argumente vorgebracht: Sie sei erstens eine grausame Strafe[691] und sei zweitens bedroht von irreparablen Justizirrtümern, weil sie irreversibel ist[692]. Hinzu kommen einige Argumente, die sich spezifisch auf die US-amerikanische Situation beziehen, etwa die Gefahr rassistischer Vorurteile der Geschworenen oder die wirklich empörende Verhängung der Todesstrafe gegen Jugendliche und psychisch Behinderte[693].

Diese Argumente sind insgesamt dürftig. Vor dem Hintergrund solcher Argumente könnte man folgendes erwägen: Sollte man nicht wenigstens einmal versuchen, die abschreckende Wirkung der Todesstrafe zu testen? Man könnte sie so wenig grausam wie möglich ausgestalten und nur in Fällen anwenden, in denen ein Justizirrtum nicht einmal denkbar ist. Etwa weil der Täter von zwei Zeugen bei der Tat gesehen wurde und zusätzlich ein Geständnis abgelegt hat.

Die Argumente, die hier angeboten werden, stehen damit auf unsicherem Grund. Es sind vor allem Argumente, die zweckrational und pragmatisch ausgerichtet sind. Die Frage ist dabei, ob die Todesstrafe einen nützlichen Zweck erreicht oder nicht[694]. Es wird auch vorausgesetzt, dass der Staat wirklich so schrankenlos strafen darf, wobei die Wahl der Strafart dann eine sekundäre Frage ist. Die Todesstrafe muss aber viel prinzipieller hinterfragt werden, nämlich ob sie eine *rechtlich* begründete Strafe ist[695].

---

691 Das spricht auf Art. 5 Allgemeine Erklärung der Menschenrechte an: "Niemand darf der Folter oder grausamer unmenschlicher oder erniedrigender Behandlung oder Strafe unterworfen werden"; über die einzelne Darstellung der Grausamkeit der Todesstrafe s. Müller, Todesstrafe, S. 21 ff.; zur "Unwürdigkeit" der Todesstrafe aus christlicher Sicht vgl. Beristain, ZStW 89 (1977), 233 f.

692 Weitere Nachweise zu diesen Argumente Keller, Todesstrafe, S. 143 ff.; Wieck, MDR 1990, 116 ff.; Hohmann, Jura 2000, 290 f.

693 Vgl. dazu Frankowski, ZStW 100 (1988), 957 ff.; Gleß, MschrKrim 77 (1994), 71 ff.; Giegerich, EuGRZ 1995, 7 f.; vgl. auch EuGRZ 1989, 316; zur Anwendung der Todesstrafe in den USA siehe auch Bagge, in: Todesstrafe, S. 65 ff.

694 Vgl. dazu Martis, Funktion der Todesstrafe, S. 151 ff.; Baumann, ARSP 46 (1960), 77 ff.

695 Vgl. dazu Zaczyk, in: FS Wolff, S. 509 ff.; vgl. auch zur Todesstrafe aus philosophischer Sicht Lohmann, in: Todesstrafe, S. 25 ff.

2. Menschenrecht[696] und Todesstrafe

Das Thema Todesstrafe ist noch weiter gespannt und schließt auch das Menschenrecht mit ein. Der Gedanke eines allgemeinen Rechtsstatus aller Menschen ist erheblich älter als etwa die Allgemeine Erklärung der Menschenrechte durch die Vollversammlung der Vereinten Nationen am 10. Dezember 1948[697]. Dieser Gedanke reicht etwa 300 Jahre zurück[698]. Aber von der Verwirklichung dieser Idee ist man immer noch weit entfernt. Mehr noch, in der Gegenwart wird von manchen Seiten diese Idee selbst wieder angezweifelt[699]. Es wird einem Pluralismus der Kulturen das Wort geredet, in dem scheinbar die Sklavenhaltergesellschaft unbekümmert neben einer freiheitlichen Gesellschaft stehen kann und sich über beide nicht mehr sagen lässt als dies, dass sie und worin sie sich unterscheiden. Selbst innerhalb der westlichen Kultur wird eine so fundamental das Menschenrecht berührende Institution wie die Todesstrafe zu einem Problem erklärt, das jeder Staat für sich selbst zu entscheiden habe.

Im Folgenden wird deshalb zuerst die Frage dargestellt, ob es universale Menschenrechte gibt[700], und sodann, ob sich in diesem gedanklichen Zusammenhang ein fundamentales Argument gegen die Todesstrafe entwickeln lässt.

---

696 Hier wird das Menschenrecht absichtlich im Singular benutzt, weil das Menschenrecht nur ein einziges, das angeborene Recht, "Freiheit" ist. *Kant* spricht von der grundlegend rechtlichen Freiheit eines jeden Menschen deswegen nur im Singular und betont explizit, dieses angeborene Recht sei "nur ein einziges"; Kant, Metaphysik, Einleitung in die Rechtslehre, Einteilung der Rechtslehre, B.

697 Vgl. dazu EMRK; vgl. auch zur Herkunft der Menschenrechtserklärungen Hofmann, Einführung, S. 38 ff.; ders., JuS 1988, 841 ff.; Brugger, in: Jahrbuch für Recht und Ethik Bd. 3 (1995), 121 ff.: vgl. auch über die Entwicklung des internationalen Menschenrechtsschutzes, Bartsch, NJW 1989, 3062 ff.

698 Vgl. dazu Wolff, in: Strafrechtspolitik, S. 162 ff.; Köhler, in: FS Wolff, S. 247 f.

699 Dazu Zaczyk, Mainzer Runde '98, S. 7.

a) Universale Menschenrechte und Todesstrafe

Es bleibt allerdings dabei, dass die Idee der Menschenrechte geboren ist aus der politischen Philosophie des Abendlandes, beginnend mit englischen Aufklärungsphilosophen[701], sich fortsetzend in der Rechts- und Staatsphilosophie des 18. Jahrhunderts und in dieser Zeit dann auch wirkmächtig in den großen politischen Bewegungen wie etwa der französischen Revolution[702]. Es ist dieser "westliche" Ursprung, der in anderen Teilen der Welt Skepsis bezüglich der Allgemeingültigkeit dieses Denkens auslöst. Es ist auch das westliche Verständnis von Menschenrechten, das die Befürchtung einer Art von philosophischem Kolonialismus hervorruft. Die Befürchtung besteht also darin, dass der Westen andere Kulturen an seinem Verständnis der Menschenrechte misst. Bevor man sich mit dem Problem der Todesstrafe befasst, muss man sich deshalb zunächst mit diesem Vorwurf auseinandersetzen.

Der beschriebene Einwand gegen die Idee der Menschenrechte ist nicht oberflächlich abzutun, denn er benennt eine wirkliche Schwierigkeit, die allerdings auch zu lösen ist. Die Idee der Menschenrechte, wie etwa *John Locke* (1632-1704) sie entwickelt hat[703], stattet die einzelne Person gewissermaßen empirisch mit einem festen Ensemble von Rechten aus, die fast wie Kleider an ihr hängen: Leben, Freiheit, Eigentum[704]. Von diesem Verständnis der Menschenrechte ist auch heute etwa das US-amerikanische Denken in diesem Bereich bestimmt.

---

700 Vgl. zur Universalität der Menschenrechte Köhler, in: Recht und Humanismus, S. 87 ff.; ders., in: Vielfalt des Rechts, S. 82 ff.; Kriele, ARSP-Beiheft Nr. 51 (1993), 47 ff.

701 Vgl. hierzu Köhler, in: FS Mestmäcker, S. 212.

702 Vgl. dazu Köhler, in: FS Wolff, S. 245 ff.; ders., in: Recht, S. 87 ff.; Bielefeldt, in: FS Schwartländer, S. 147 m. w. N.

703 Vgl. dazu König, Menschenrechte, S. 118 f.

704 Grundlegend Locke, Zwei Abhandlungen über die Regierung, 2/5; vgl. hierzu Zaczyk, Unrecht, S. 165 ff.; siehe auch Köhler, in: Vielfalt des Rechts, S. 61 ff.

Setzt man aber so an, dann nimmt es nicht wunder, dass ein in solche Rechte gekleideter Mensch sich im Falle einer Begegnung mit Menschen anderer Kulturen fragen lassen muss, warum diese sich genauso anziehen sollen. Noch konkreter gesagt, eine solche am Phänomen des westlichen Bürgers orientierte Rechtsausstattung liefert sich ganz ungeschützt der Frage aus, warum es z. B. ein Recht auf Eigentum geben soll, man könnte es doch auch negieren oder warum parlamentarische Demokratie sein soll, es gehe doch auch mit einer Herrschaft von Familienclans usw.

Der Westen wird geradezu notwendig sprachlos, wenn ihm von einer anderen Kultur eben dieser Pluralismus vorgehalten wird mit der Forderung, die fremde Tradition auch dann anzuerkennen, wenn sie völlig anders handelt, als der Westen es will, also z. B. demonstrierende Studenten auf dem Platz des Himmlischen Friedens niedermetzelt oder aber einen Schriftsteller mit dem Todesfluch belädt[705]. Hier zeigt sich, dass die Idee der Menschenrechte noch vertiefter Begründung bedarf, soll sie ihre universelle Geltung behaupten können. Diese Begründung muss kurz dargelegt werden, um dann auf das Problem der Todesstrafe übertragen zu werden. Nur so kann dem Einwand des Relativismus begegnet werden.

b) Fundament der Menschenrechte

Alle Menschen sind Wesen, die sich ihrer Existenz bewusst sind und aus diesem Bewusstsein heraus ihr Leben gestalten. Das Individuum ist nicht nur eine körperliche Einheit, sondern auch eine geistige. Jede kulturelle Äußerung und jede Gestalt einer Kultur ist Ausdruck dieser Grundvoraussetzung, die man synonym auch mit Freiheit und Vernunft umschreiben kann[706]. Von dieser Grundidee ausgehend lebt der Mensch in historisch und auch sozial genau

---

705 Vgl. auch hierzu Bielefeldt, in: FS Schwartländer, S. 153 f.
706 Vgl. hierzu auch Zaczyk, in: FS Wolff, S. 511 ff.

bestimmten Verhältnissen, die er selbst mitgestaltet und die ihn auch prägen. So mag sich der Einzelne wesentlich in Familienstrukturen aufgehoben wissen, oder er mag sich als Teil einer Religionsgemeinschaft verstehen, die den Geist in einer Alleinheit zusammenfasst. Immer ist dabei aber die individuelle Einheit des einzelnen Menschen als der den Zusammenhang tragende Grund mitgedacht[707].

Das ist der Grund dafür, dass jeder Mensch und jede Kultur Anspruch darauf hat, von jedem Anderen in dieser Grundbedingung anerkannt zu werden[708]. Die Forderung nach Anerkennung setzt diesen Grund voraus und aktualisiert ihn in dem Moment, in dem sie formuliert wird. In den Worten Kants: " Das angeborene Recht ist nur ein einziges. Freiheit (Unabhängigkeit von eines Anderen nötigender Willkür), sofern sie mit jedes Anderen Freiheit nach einem allgemeinen Gesetz zusammen bestehen kann, ist dieses einzige, ursprüngliche, jedem Menschen kraft seiner Menschheit zustehende Recht"[709].

Damit ist auch gemeint, dass dieser Grundgedanke nicht weiter hinterfragt werden kann. Denn alles Fragen, Reden und Denken setzt ihn immer schon voraus. Dies ist das Grundprinzip aller Menschenrechte in konkreter Gestalt, aus dem sich das Recht auf Freiheit, auf Selbstbestimmung und auf Anerkennung der eigenen Person in wechselweiser Anerkennung der anderen Person ergeben. Von dieser Basis aus lassen sich dann konkrete Menschenrechte in der Tat auch universal ableiten. Vor allem aber lässt sich das Prinzip des Umgangs miteinander in dieser einen Welt ableiten.

---

707 Vgl. dazu Zaczyk, GA 1996, 493.

708 Vgl. hierzu Zaczyk, JuS 2004, 98 f. m. w. N.; Schüler-Springorum, Kriminalpolitik, S. 230.

709 Kant, Metaphysik, Einleitung in die Rechtslehre, Einteilung der Rechtslehre, B; dazu auch Zaczyk, JuS 2004, 98 f.

Es geht also nicht darum, eine westliche Werteordnung vor sich herzutragen und etwa der asiatischen Welt deren komplette Übernahme zu empfehlen. Es geht darum, das Andere in seinem Anderssein zunächst einmal zu akzeptieren und gerade dadurch den universalen Gedanken der Würde jedes Einzelnen zur Geltung zu bringen[710]. Auf dieser Grundlage können sich die Kulturen gleichwertig begegnen. Im Folgenden wird nun versucht, von diesem Gedanken aus auf das Problem der Todesstrafe näher einzugehen.

c) Todesstrafe als Rechtsstrafe ?

Wenn eine Strafe Rechtsstrafe sein soll, muss man sie aus Rechtsprinzipien rechtfertigen können[711]. Diese Rechtfertigung kann nicht so ansetzen, dass sie die Strafgewalt des Staates als gegeben voraussetzt. Würde man anders ansetzen, stellte sich dann nur noch die Frage, wie dieses Machtmittel klug eingesetzt wird. Andere Prinzipien, z. B. die Würde des Menschen, würden dem Machtmittel nur entgegengesetzt. Aber da sie ihm nicht zugrunde liegen, sind sie prinzipiell schwach ihm gegenüber. Man sieht das an dem Argument der Menschenwürde gegenüber der Todesstrafe. Zu fragen ist, ob die Todesstrafe überhaupt mit der Menschenwürde vereinbar ist und auch ob eine lebenslange Freiheitsstrafe die Menschenwürde nicht noch mehr verletzt[712].

aa) Strafe als Rechtszwang

Die Begründung der Rechtsstrafe folgt der allgemeinen Strafbegründung[713]. Die Strafe als Zwang muss rechtlich begründet sein, als Rechtszwang, den der Staat

---

710 Vgl. auch Zaczyk JuS 2004, 97 ff.

711 Näher zur Begründung der Strafe Zaczyk, in: Rechtsphilosophische Kontroversen, S. 139 ff.; vgl. auch ders., GA 1992, 388 f.; vgl. auch Köhler, Begriff der Strafe, S. 16, 44 ff.; ders., GA 1984, 389 f.

712 Vgl. dazu Sarstedt, in: Rechtsstaat als Aufgabe, S. 87 f.; Röhl, Lebenslange Freiheitsstrafe, S. 125.

713 Köhler, Begriff der Strafe, S. 44 ff.

als Rechtsgemeinschaft gegenüber einem Einzelnen ausübt[714]. Er darf keineswegs als Zwang einfach vorausgesetzt werden. Eine Begründung der Strafe muss also angeben, warum der Staat den Einzelnen berechtigterweise diesem Zwang aussetzen darf. Der Strafzwang richtet sich aber immer gegen konkrete Personen und nicht nur gegen deren abstrakte Maske[715].

Der Rechtszwang setzt zu seiner Rechtfertigung eine positive Einbeziehung der äußeren Seite des Freiheitsdaseins als notwendig voraus[716]. Strafe ist Rechtszwang wegen einer bestimmten Straftat und als freiheitsgesetzlich vermittelte Aufhebung des Verbrechens zu begreifen[717]. Diese Definition legt nahe, die Begründung des Rechtszwanges allein an eben jener Tat anzusetzen. Diese einfache Form von Vergeltung gibt aber keine Antwort darauf, wie mit dem gegenwärtigen Handeln das abgeschlossene Geschehen der Tat ausgeglichen werden soll. Die Begründung des Rechtszwanges der Strafe muss noch einen Schritt vor die Tat zurückgehen. Der Staat, in dem wir leben, bestimmt und sichert unsere Freiheitssphären[718]. Die einzelnen Bürger respektieren ihre Freiheitssphären nicht etwa demütig und furchtsam, sondern erkennen sie in freier Selbstverantwortung und allgemeinem Umgang

714 Vgl. Kant, Metaphysik, Einleitung in die Rechtslehre, § D; dazu auch Zaczyk, StV 1993, 491 f.; ders., in: FS Wolff, S. 514 ff.; ders., in: Rechtsphilosophische Kontroversen, S. 139 f.; Köhler, AT S, 21 f.; ders., Begriff der Strafe, S. 16, 46 f.; Höffe, in: Rechtsphilosophie, S. 336 ff.; ausführlich zur Begründung des Rechtszwangs im Anschluss an Kant und Fichte siehe Köhler, in: Fichtes Lehre S. 93 ff.; vgl. auch über Moral und Recht in der Philosophie Kant siehe Kaulbach, in: Recht und Ethik, S. 43 ff.

715 Näher dazu Zaczyk, in: Rechtsphilosophische Kontroversen, S. 139.

716 Wie *Hegel* es formuliert hat: "Das Recht ist das Dasein der Freiheit"; Hegel, Grundlinien, § 30; vgl. auch dazu Kant, Metaphysik, Einleitung in die Rechtslehre, § B: "Das Recht ist also der Inbegriff der Bedingungen, unter denen die Willkür des Einen mit der Willkür des Anderen nach einem allgemeinen Gesetze der Freiheit zusammen vereinigt werden kann". *Kant* ist der erste Philosoph, der die Freiheit, die auch in den älteren Naturrechtstheorien eine zentrale Rolle spielte, in den Staat, in die bürgerlichen Gesellschaft gebahnt hat; vgl. dazu auch Wolff, ZStW 97 (1985), 798; Zaczyk, in: Rechtsphilosophische Kontroversen, S. 51 ff.; ders., in: Freiheit, S. 76 f.; Köhler, AT S. 9, 14 f.; ders., in: FS Lackner, S. 12; vgl. auch Folkers, ARSP 71 (1985), 247 ff.

717 Zaczyk, in: Rechtsphilosophische Kontroversen, S. 139; Köhler, AT S. 37; ders., GA 1987, 155 f.

wechselseitig an[719]. Lebendiges Recht findet sein Fundament in gegenseitiger Anerkennung.

Als Rechtsinstitut gegenüber dem Gestraften kann die Strafe dann nur begründet werden, wenn sie auf einem Rechtsverhältnis mit ihm aufruht. Strafe setzt für ihre rechtliche Qualität eine vorverstandene Einheit zwischen dem Strafenden und dem Gestraften voraus. Die Strafe mindert den Rechtsstatus des Täters in eben dem Maß, indem er sich selbst über den Anderen erhoben hat[720]. So gesehen vergilt sie die Tat. Aber sie tut es nicht aus Rache, sondern in einem gedanklich ausgewiesenen Sinn. Es geht nicht um Auge um Auge, Zahn um Zahn. Die Strafe folgt aus dem Unrecht und folgt auf Unrecht. Deshalb ist die Strafe auch nicht primär ein Übel wie etwa eine Krankheit[721]. Sie ist vielmehr eine Rechtsfolge ganz anderer und eigener Art[722].

Strafe ist Minderung des einer Person an sich zukommenden Rechtsstatus[723]. Sie manifestiert das Unrechte des Unrechts an dem, der es verwirklicht hat. Ist er durch die Strafe hindurchgegangen, dann hat er sich in den Augen der Anderen auch wieder als vernünftiges Subjekt konstituiert. So eigenartig es auch für

---

718 Vgl. dazu Zaczyk, JuS 2004, 98 f.

719 Vgl. dazu auch Kant, Grundlegung, S. 28 ff.; ders., Metaphysik, Einleitung in die Rechtslehre, § C; Hegel, Grundlinien, §§ 4 ff.; dazu auch Wolff, ZStW 97 (1985), 807 f.; Zaczyk, Unrecht, S. 126 ff.; ders., Strafrechtliches Unrecht, S. 22; Köhler, Bewusste Fahrlässigkeit, S. 133 ff.; Kahlo, Pflichtwidrigkeitszusammenhang, S. 276 ff.

720 Zaczyk, in: Rechtsphilosophische Kontroversen, S. 140; Köhler, in: FS Lackner, S. 16 f., 35 f.; ders., GA 1981, 286.

721 Eine Bestimmung der Strafe als Übel ist deswegen ganz unzureichend, weil darin das Rechtliche in ihr ganz unbenannt bleibt. Sie ist in dieser Formulierung im Grunde unbegriffen; vgl. hierzu Hegel, Grundlinien, § 99; vgl. dazu auch Köhler, Zusammenhang, S. 12 ff.; ders., Begriff der Strafe, S. 9; ders., in: FS Lackner, S. 16; Zaczyk, Mainzer Runde '98 S. 5 f.; weitere Nachweise zu dem unkritischen Gebrauch der Übeldefinition Köhler, Zusammenhang, S. 12 f. Fn. 8.

722 Vgl. zu den rechtsphilosophischen Grundlagen Wolff, ZStW 95 (1985), 786 ff.; ders., in: Strafrechtspolitik, S. 137 ff.; Köhler, Zusammenhang, S. 12 ff.; ders., Begriff der Strafe, S. 19 ff.; ders., AT Kap. 1, S. 3-67; Zaczyk, Strafrecht, S. 108 ff.; ders., in: Freiheit, S. 73 ff.

723 Dazu Zaczyk, Mainzer Runde '98 S. 5 f., besonders Fn. 11.

modernes Verständnis klingen mag: Strafe muss sein. Es ist ferner Bedingung der Rechtsstrafe, dass sie nur im Staat und durch den Staat verhängt werden darf[724]. Die Straftat verletzt nicht nur das einzelne Opfer, sondern darüber hinaus die Rechtsgemeinschaft selbst auch, die dem Opfer gerade die Sicherheit seiner Rechtssphäre garantiert hat[725]. Diese allgemeine Bedeutung der Tat muss ihre Entsprechung in der Reaktion auf sie haben. Daher kann sie auch nur vom Staat bzw. seinen Organen verhängt werden. Nur dann hat sie ein in sich rechtliches Maß und nicht nur das Maß subjektiver Willkür und Stärke wie in der Rachehandlung[726].

Wenn man aber die Strafe als eine Vergeltung der Tat bestimmt, dann liegt der Schluss nahe, den schon Kant gezogen hat: "Hat er aber gemordet, so muss er sterben. Es gibt hier kein Surrogat zur Befriedigung der Gerechtigkeit"[727]. *Julius Ebbinghaus* hat diesen Gedanken weiter ausgeführt: "Wer in einem Staat lebt, erklärt damit, das Lebensrecht seiner Mitmenschen anerkennen zu wollen"[728]. Erkennt er es nicht an - wie im Fall der vorsätzlichen Tötung -, so hebt er die Grundlage auf, die das Zusammenleben mit Anderen begründet, und verfällt der Todesstrafe. Denn der Staat kann nicht verpflichtet sein, ein Leben zu schützen,

---

724 Das Subjekt der Strafe ist der Staat. Private Strafe ist daher verboten. Die Form des öffentlichen Schuldspruchs gehört an sich notwendig zum Strafrecht, da es das Rechtsverhältnis des Täters zur verfassten Allgemeinheit betrifft; vgl. dazu Kant, Metaphysik, Allgemeine Anmerkung E. Vom Straf- und Begnadigungsrecht: "Nur das Wiedervergeltungsrecht (ius talionis) aber, wohl zu verstehen, vor den Schranken des Gerichts (nicht in deinem Privaturteil), kann die Qualität und die Quantität der Strafe bestimmt angeben"; hierzu auch Hegel, Grundlinien, § 220; Köhler, AT S. 578; Andronlakis, ZStW 108 (1996), 303, 324 f.; dazu auch Höffe, in: Rechtsphilosophie, S. 360 f.

725 Vgl. dazu Hegel, Grundlinien, § 218; Zaczyk, Strafrecht, S. 101 f.; Wolff, ZStW 97 (1985), 819, 827; Klesczewski, ARSP-Beiheft Nr. 71 S. 146; vgl. auch in diesem Zusammenhang grundlegend zur Abgrenzung von Kriminalunrecht zu anderen Unrechtsformen Wolff, in: Strafrechtspolitik, S. 137 ff.

726 Näher dazu Zaczyk, Unrecht, S. 181 ff.; vgl. auch Bielefeldt, GA 1990, 116 f.

727 Kant, Metaphysik, Der Rechtslehre, Allgemeine Anmerkung, E. Vom Straf- und Begnadigungsrecht. I.

728 Ebbinghaus, Kantstudien-Ergänzungshefte, Bd. 94, S. 33.

das fremdes Leben nicht respektiert hat[729]. Dieses Argument ist aber nicht richtig, weil es hier nicht um die persönliche Rache, sondern um die staatliche Strafe geht. Es geht um eine Aktion des Rechts. Diese Aktion muss also alle Merkmale in sich tragen, die ein Handeln überhaupt zum rechtlichen Handeln machen[730].

bb) Gegenseitige Anerkennungsverhältnis als Grundlage des Rechts

Das Recht ist überhaupt nur vorstellbar als wechselseitiges Beziehungsverhältnis zwischen einzelnen Personen, also ein gegenseitiges Anerkennungsverhältnis zwischen dem selbstbewussten Einzelnen und den Anderen[731]. Das vernünftige Dasein des Einen steht in einer Beziehung zum vernünftigen Dasein des Anderen, weil der Einzelne wie der Andere dasselbe Begründende repräsentiert[732]. So gewiss ein Mensch ein selbstbewusstes Wesen ist, so gewiss muss er andere vernünftige Wesen außer sich nehmen. Anders gesagt: ein "Ich" ist ohne ein "Du" undenkbar. Der Mensch wird nur unter Menschen ein Mensch. Dies beruht aber auf der natürlichen Existenz des Menschen. Alle Rechtlichkeit setzt also diese Existenz voraus. Daraus folgt dann aber zwingend, dass nicht von der Rechtlichkeit einer Maßnahme die Rede sein kann, wenn es deren einziges Ziel ist, die natürliche Existenz des von ihr Betroffenen aufzuheben, ihn zu töten.

---

729 Ebbinghaus, Kantstudien-Ergänzungshefte, Bd. 94, S. 33 ff.; vgl. hierzu auch Bielefeldt, GA 1990, 115 f.

730 Hierzu Zaczyk, Strafrecht, S. 93 ff.

731 *Fichte* hat es entdeckt und formuliert. Er hielt sich dabei Kantischen Grundlegung; dazu Fichte, Naturrecht, §§ 1-4; vgl. hierzu auch Zaczyk, Strafrecht, S. 14 ff.; ders., Strafrechtliches Unrecht, S. 23; ders., in: Fichtes Lehre, S. 9 ff.; Janke, Kant-Studien 82 (1991), 197 ff.; vgl. auch zum Begriff des Rechts bei Kant, Hegel und Benjamin Folkers, ARSP 71 (1985), 247 ff.

732 Näher dazu Wolff, in: Strafrechtspolitik, S. 182 ff.

So wie das Recht interpersonal, intersubjektiv angelegt ist, so muss es auch die Strafe sein[733]. Das heißt, sie muss auf einen lebenden Anderen gerichtet sein, dessen vernünftige Fortexistenz gerade ihr Grund und ihr Ziel ist. Damit ist auch der Kreis geschlossen zum Menschenrechtsprinzip. Da es universal gilt und alles Recht erst begründet, kann es keinen Rechtssatz geben, der generell als Rechtsinstitut für einzelne Menschen (und seien es Verbrecher) eben jenes Fundament zerstört. Das ist selbst eine Konsequenz aus der Annahme eines allgemeinen Menschenrechts.

Die Todesstrafe ist daher keine Rechtsstrafe. Sie ist nicht deshalb unmöglich, weil sie grausam und inhuman ist, weil Justizirrtümer geschehen können usw., sondern deshalb, weil mit ihr die Rechtsgemeinschaft etwas für sich in Anspruch nimmt, was ihr als Rechtsgemeinschaft nicht zukommt und nicht zukommen kann, nämlich einem Menschen das Leben zu nehmen[734]. Wo es die Todesstrafe gibt, gibt es noch kein Menschenrecht; wo es Menschenrecht gibt, kann es keine Todesstrafe geben[735].

3. Drei Aspekte des Problems der Todesstrafe

Auf drei Aspekte der Probleme muss hier noch eingegangen werden. Zunächst wird immer wieder vorgebracht, dass in Meinungsumfragen stets eine deutliche Mehrheit für die Todesstrafe zustandekommt[736]. Gegen dieses Argument ist folgendes zu sagen: Es ist eines, spontan seine Meinung zu irgendeiner Frage zu sagen, und es ist ein anderes, zu einer Frage auf dem gedanklichen Niveau Stellung zu nehmen, auf dem sie selbst angesiedelt ist. Fragen der Strafe und besonders der Todesstrafe aber sind Fragen des Rechts und zu ihnen kann nur

---

733 Vgl. dazu Zaczyk, Strafrechtliches Unrecht, S. 23 ff.

734 Zutreffend auch Zaczyk, in: Rechtsphilosophische Kontroversen, S. 152; Köhler, AT S. 591 f.; ders., Begriff der Strafe, S. 74; Klesczewski, Rolle der Strafe, S. 245.

735 Die weltweite Abschaffung der Todesstrafe ist daher ein wesentlicher Schritt zur Verwirklichung des Menschenrechts.

Stellung nehmen, wer sich zu einer Einschätzung ihrer Komplexität emporgearbeitet hat. Das heißt nicht, dass nur noch Experten über bestimmte Fragen entscheiden können. Vor allem wenn es um Grundfragen des staatlichen Zusammenlebens geht, ist jeder Einzelne auch zu einer Stellungnahme aufgefordert. Aber unverbindliches Reden und begründete Ansicht sind zweierlei. Zudem ist es ein falsches Verständnis von Demokratie, dass über jeden Gegenstand abgestimmt werden kann. Gewiss nicht über den, der den Einzelnen der Stimme beraubt.

Der zweite Aspekt betrifft die Tatsache, dass eine Reihe von zur westlichen ("freien") Welt gehörende Staaten die Todesstrafe noch vollstrecken[737]; vor allem die USA, Japan und Korea. Die Ausführungen zur mangelnden Rechtsqualität der Todesstrafe als Strafe gelten allgemein[738]. Sie sind aus festen Bedingungen menschlichen Zusammenlebens gewonnen und sind relativierenden Gedankengängen nicht zugänglich. Der Staat also, der die Todesstrafe noch als Strafe kennt, steht zumindest für diesen Punkt seiner Rechtsstaatlichkeit noch auf einer niederen Stufe der Rechtskultur[739].

Der dritte Aspekt betrifft eine mit dem Verzicht auf die Todesstrafe zusammenhängende Einsicht, wie sie in den Worten von Goethe, wonach es kein Verbrechen gebe, von dem er sich nicht vorstellen könne, es selbst auch zu geben, zum Ausdruck kommt[740]. In der menschlichen Freiheit eingeschlossen liegt die Möglichkeit zu versagen. Dieses Versagen nimmt bisweilen freilich die Gestalt des kaum noch Nachvollziehbaren an, des Schrecklichen, des Bestialischen und was der Worte noch mehr sind, wenn es um bestimmte Straftaten geht. Es wäre viel erreicht, wenn allgemein die Einsicht weiter um

---

736 Vgl. hierzu Stephan, ZStW 89 (1977), 1048 ff.
737 Aktuelle Informationen dazu http//:www.todesstrafe.de.
738 Vgl. dazu Hassemer, in: FS Kaiser, S. 809.
739 Vgl. dazu BVerfGE 18, 112.

sich greife, dass in jeder solchen Tat zumindest ein Teil von dem steckt, was in allen von uns enthalten ist. So ist der Verzicht auf die Todesstrafe auch Ausdruck der Leistung, selbst mit denjenigen noch in Gemeinschaft zu leben, die schwere Schuld auf sich geladen haben. Der Ausschluss der Todesstrafe ist dann Zeichen der Einsicht, dass keiner so hoch über dem Anderen steht, dass er von Rechts wegen Herr über dessen Leben und Tod sein könnte[741].

III. Auslieferungsproblem bei drohender Todesstrafe

Art. 102 GG erlangt praktische Bedeutung auch in den Fällen, in denen es um die Auslieferung von Straftätern in Länder geht, in denen die Möglichkeit der Todesstrafe weiter besteht[742]. Da das geltende Völkerrecht die Todesstrafe nicht allgemein verbietet[743], stellt sich deswegen die Frage, ob eine Auslieferung durch die Bundesrepublik zulässig ist, wenn dem Ausgelieferten im ersuchenden Staat die Verhängung oder Vollstreckung der Todesstrafe droht[744]. Ein

---

740 Vgl. dazu auch Eb. Schmidt, SchwZStr 63 (1948), 444 ff. m. w. N.

741 Im Ergebnis zutreffend auch schon Beccaria, Über Verbrechen und Strafen, S. 123 ff.; aber vgl. hierzu auch Hegel, Grundlinien, § 100: "Beccaria hat dem Staat das Recht zur Todesstrafe bekanntlich aus dem Grunde abgesprochen, weil nicht präsumiert werden könne, dass im gesellschaftlichen Vertrage die Einwilligung der Individuen, sich töten zu lassen, enthalten sei, vielmehr das Gegenteil angenommen werden müsse. Allein der Staat ist überhaupt nicht ein Vertrag, noch ist der Schutz und die Sicherung des Lebens und Eigentums der Individuen als einzelner so unbedingt sein substantielles Wesen, vielmehr ist er das Höhere, welches dieses Leben und Eigentum selbst auch in Anspruch nimmt und die Aufopferung desselben fordert"; vgl. auch Giegerich, EuGRZ 1995, 1 f.

742 Bei der Überstellung und Abschiebung stellen sich auch die gleichen Probleme.

743 Die allgemeine Erklärung der Menschenrechte der UN-Vollversammlung vom 10. 12. 1948 bekräftigt zwar den Schutz der Menschenwürde, enthält aber keine ausdrückliche Ächtung der Todesstrafe; vgl. hierzu Vogler, NJW 1994, 1433 ff.; Möhrenschlager, in: FS Dünnebier, S. 621 ff.; Gusy, GA 1983, 74.

744 Vgl. OLG Köln NJW 1985, 572; vgl. auch hierzu BVerwGE 78, 285; 81, 356; § 53 Abs. 2 AuslG.; Frankenberg, JZ 1986, 415 Fn. 5, 6 m. w. N.; vgl. dazu auch BVerfGE 18, 112; Geck, JuS 1965, 221 ff.; vgl. auch im Fall Soering, in dem die Auslieferung eines Deutschen durch Großbritannien an die USA, wo ihm die Todesstrafe drohte, in Frage stand. Urteil vom 7. 7. 1989-Nr. 1/1989/161/217-abgedr. in EuGRZ 1989, 314 m. Anm. Blumenwitz; dazu auch Vogler, in: GS Meyer, S. 477 ff.; Schomburg/Lagodny, IRG § 8 Rn. 23; NJW 1990, 2183 ff. m. Anm. von Lagodny; Möhrenschlager, in: FS Baumann, S. 304.

ausdrückliches Verbot der Auslieferung bei drohender Todesstrafe kennt weder das Grundgesetz noch das Völkerrecht[745].

1. Völkerrecht und innerstaatliches Verfassungsrecht

Während die EMRK[746] vom 4. 11. 1950 in Art. 2 Abs. 1 Satz 2 die Todesstrafe noch uneingeschränkt als eine zulässige Ausnahme vom grundsätzlich garantierten Recht auf Leben anerkannte[747], wurde sie über dreißig Jahre später von Art. 1 des Zusatzprotokolls Nr. 6 zur EMRK über die Abschaffung der Todesstrafe allgemein untersagt[748]. Art. 1 des Zusatzprotokolls zur EMRK bestimmt: "Die Todesstrafe ist abgeschafft. Niemand darf zu dieser Strafe verurteilt oder hingerichtet werden". Die in Art. 1 Satz 2 des Zusatzprotokolls zur EMRK gewählte Formulierung betont dabei, dass es sich um ein subjektives Recht des Einzelnen handelt und nicht nur um eine den Staat verpflichtende Norm des Völkerrechts[749]. Die Beibehaltung der Todesstrafe ist jedoch nach Art. 2 des Zusatzprotokolls noch für Taten erlaubt, welche in Kriegszeiten oder bei unmittelbarer Kriegsgefahr begangen werden[750]. Die bedingungslose Abschaffung der Todesstrafe gilt daher nur in Friedenszeiten.

Die völkerrechtlichen Übereinkommen zum Schutz der Menschenrechte zeigen zwar eine wachsende Tendenz, die Anwendung der Todesstrafe einzuschränken, im Geltungsbereich des Grundgesetzes ist allerdings schon seit 1949 durch

---

745 Vgl. dazu Grützner/Pötz, IRG § 8 Rn. 1; v. Münch/Kunig-GG, Art. 102 Rn. 5; Weigend, JuS 2000, 108 f.

746 Die trat am 3. 9. 1953 in Kraft; vgl. zur Amerikanischen Menschenrechtskonvention Giegerich, EuGRZ 1995, 12.

747 Aus Art. 3 EMRK ergibt sich kein Verbot der Todesstrafe; dazu EuGRZ 1989, 314.

748 Das Zusatzprotokoll hat die Abschaffung der Todesstrafe in den 21 Mitgliedstaaten des Europarates zum Gegenstand. Das 6. Zusatzprotokoll zur EMRK trete am 1. 3. 1985 in Kraft; BT-Drs. 11/1468; BT Prot. 11/5432 ff.; näher dazu auch Bartsch, NJW 1983, 480; ders., NJW 1986, 1385; Calliess, NJW 1989, 1019 ff.; Hartig, EuGRZ 1980, 340 ff.; ders., EuGRZ 1983, 270.

749 Dazu Hartig, EuGRZ 1983, 270.

Art. 102 GG die Todesstrafe bedingungslos abgeschafft. Die im Zusatzprotokoll getroffene Regelung bleibt hinter dem in der Bundesrepublik geltenden innerstaatlichen Verfassungsrecht zurück, da die EMRK nur ein völkerrechtlicher Vertrag ist, der durch Gesetz in das nationale Recht umgesetzt worden ist[751].

Art. 102 GG begründet ein konstitutives Verbot der Todesstrafe. Die Ratifizierung von Art. 2 des 6. Zusatzprotokolls zur EMRK hat auf das innerstaatliche Verfassungsrecht der BRD keine Auswirkung[752], da die EMRK lediglich den Rang eines einfachen Bundesgesetzes hat und daher im Rang unter der Verfassung steht[753].

2. Art. 102 GG als Gewährleistung für Jedermann

Das IRG hat die Verpflichtung zur Rechtshilfe bei drohender Todesstrafe bedeutsamen Einschränkungen unterworfen[754]. § 8 IRG bestimmt nämlich explizit, dass die Auslieferung an einen Staat, in dessen Recht die Tat mit einer Todesstrafe bedroht ist, nur zulässig ist, wenn dieser zusichert, die Todesstrafe nicht zu verhängen bzw. jedenfalls nicht zu vollstrecken[755]. Eine ausdrückliche gesetzliche Regelung der Auslieferung bei drohender Todesstrafe war deswegen notwendig, weil die Anwendung der Todesstrafe zwar in Art. 102 GG und EMRK ausgeschlossen ist, ein Verbot der Todesstrafe aber wohl noch nicht als

---

750 Es fehlt im Protokoll eine klare Definition des Begriffs "Kriegszeiten"; dazu Hartig, EuGRZ 1983, 270.

751 Über die Bedeutung der EMRK für Deutschland s. Hoffmeister, Der Staat 40 (2001), 364 ff. m. w. N.; vgl. auch Naucke, Strafrecht, S. 139; Calliess, NJW 1989, 1020; Kühl, ZStW 100 (1988), 422 f.; Klug, in: GS Peters, S. 434 ff.

752 Calliess, NJW 1989, 1020.

753 Calliess, NJW 1989, 1020; Kühl, ZStW 100 (1988), 408 f.; Kühne, Strafprozessrecht, Rn. 29, 30; vgl. von strafrechtlicher Seite, Krey, Strafverfahrensrecht Bd. 1 Rn. 129; ders., JZ 1979, 708; Vogler, EuGRZ 1979, 641.

754 Näher dazu Frankenberg, JZ 1986, 416.

755 Hierzu etwa OLG Düsseldorf NJW 1994, 1485; zu dieser Entscheidung Vogler, NJW 1994, 1433; ausführlich über den Norm siehe Schomburg/Lagodny, IRG § 8.

allgemein verbindliches Völkerrecht angesehen werden kann[756]. Dieses Auslieferungsverbot bei drohender Todesstrafe gilt auch in den Fällen, in denen eine Auslieferung bei Fehlen einer entsprechenden Zusicherung im Ermessen des ersuchten Staates steht (z. B. Art. 11 EuAlÜbk).

§ 8 IRG setzt deklaratorisch die Wertentscheidung des Grundgesetzes (Art. 102 GG) für das deutsche Auslieferungsrecht um[757]. Durch die Vorschrift sollte sichergestellt werden, dass die Bundesregierung nicht durch eine Auslieferung zur Verhängung oder zur Vollstreckung der Todesstrafe im Ausland beiträgt[758]. Die Vorschrift lässt jedoch die Frage offen, ob Deutschland einen Beschuldigten, dem effektiv die Todesstrafe droht, dann ausliefern darf, wenn ein geltender Auslieferungsvertrag dies vorsieht oder jedenfalls nicht ausschließt, da das Auslieferungsverbot nach § 8 IRG unmittelbar nur den vertraglich nicht geregelten Bereich erfasst[759].

Das Verbot der Todesstrafe des Art. 102 GG hat einen Doppelcharakter. Art. 102 GG ist zugleich objektiv-rechtliche wie subjektiv-rechtliche Verfassungsgewährleistung[760]. Das bedeutet zum einen, dass sich im Verbot der Todesstrafe eine objektive Wertentscheidung niedergeschlagen hat, welche die gesamte Verfassungsordnung des Staates kennzeichnet. Zum anderen ist Art. 102 GG eine subjektive Grundrechtsnorm, die ein Abwehrrecht des strafrechtlich verfolgten Individuums, also für jedermann, nicht nur den Bürger

---

756 Weigend, JuS 2000, 108 f. m. w. N.

757 So Schomburg/Lagodny, IRG § 8 Rn. 1; Vogler, NJW 1994, 1434; zu beachten ist, dass das BVerfG die Todesstrafe nicht allein in Blickwinkel des Art. 102 GG würdigt, sondern auch Art. 2 Abs. 2 S. 1 GG und damit auf ihre menschenrechtlichen Dimension verweist; dazu vgl. Frankenburg, JZ 1986, 416; Gusy, GA 1983, 76 ff.; Jarass/Pieroth-GG, Art. 102 Rn. 2.

758 Vgl. Jescheck/Weigend, AT S. 682 ff.; Vogler, in: GS Meyer, S. 482; Grützner/Pötz, IRG § 8 Rn. 1, 17.

759 Schomberg/Lagodny, IRG § 8 Rn. 10; Weigend, JuS 2000, 109.

760 Calliess, NJW 1988, 852 m. w. N.; vgl. aber anders BGHSt 41, 324; Jarass/Pieroth-GG, Art. 102 Rn. 1.

und deutschen Staatsangehörigen, sondern auch für Ausländer und Staatenlose zum Gegenstand hat[761], da Menschenrechte fundamental unteilbar universal sind und sie daher aus Prinzip keine Staatsbürgerschaft und keine Grenzen kennen[762].

Die Auslieferung einer Person, der die Todesstrafe droht, ist daher verfassungswidrig[763]. Art. 102 GG dürfte einer solchen Auslieferung entgegenstehen, obwohl er neben dem Verbot der Verhängung und Vollstreckung der Todesstrafe durch deutsche Staatsgewalt nicht expressis verbis ein entsprechendes Auslieferungsverbot enthält[764].

IV. Zusammenfassung

Die Todesstrafe ist keine Rechtsstrafe. Sie kann niemals gerechtfertigt werden, denn sie vernichtet die Basis allen Rechts und das Rechtsverhältnis mit dem Täter überhaupt, das bewusste Dasein eines Anderen[765]. Mit der Abschaffung der Todesstrafe durch Art. 102 GG wird nicht nur das allgemeine Gebot konkretisiert, das Recht auf Leben zu achten und zu schützen, sondern vielmehr auch der Anspruch des Einzelnen auf Wahrung seiner Menschenrechte und Menschenwürde (Art. 1 Abs. 1 GG) gesichert[766]. Die Wiedereinführung der Todesstrafe durch Änderung des GG ist somit unzulässig (Art. 79 Abs. 3 GG)[767].

---

761 Vgl. dazu Gusy, GA 1983, 78 f.; Calliess, NJW 1988, 850 ff.

762 Daraus kann man für das Auslieferungsrecht mehrere Grundsätze herleiten; vgl. ferner Köhler, in: Vielfalt, S. 68 ff.; vgl. auch Kaiser, in: FS Schmitt, S. 359; Kriele, ARSP-Beiheft Nr. 51 (1993), 47 ff.

763 Ebenso v. Münch/Kunig-GG, Art. 102 Rn. 14; Frankenberg, JZ 1986, 416.

764 Vgl. dazu BVerwG, NJW 1988, 662; v. Münch/Kunig-GG, Art. 102 Rn. 14; Vogler, NJW 1994, 1434; aber nach der Gegenmeinung verbietet die Verfassung die Auslieferung nicht und es sei unzulässig, die Entscheidung des deutschen Rechts gegen die Todesstrafe gegenüber den abweichenden Wertentscheidungen ausländischer Rechtsordnungen zu verabsolutieren; hierzu BVerfGE 18, 112 (zu einer Auslieferung nach dem damaligen deutsch-französischen Auslieferungsvertrag vom 29. 11. 1951); Geck, JuS 1965, 221 ff.

765 Zaczyk, in: Freiheit, S. 84; Köhler, Begriff der Strafe, S. 74.

766 Vgl. v. Münch/Kunig-GG, Art. 102 Rn. 3; Jescheck/Weigend, AT S. 752.

767 Zutreffend v. Münch/Kunig-GG, Art. 102 Rn. 18; Calliess, NJW 1988, 852; ders., NJW 1989, 1020; Jescheck/Weigend, AT S. 752; vgl. auch BVerfGE 45, 228 f., 239; vgl. auch a. A. Ballhausen, NJW 1988, 2658; Tettinger, JZ 1978, 131 f.

Ein Straftäter darf nach Art. 102 GG (und § 8 IRG) nicht an ein Land ausgeliefert werden, in dem ihm die Todesstrafe droht, es sei denn, der ersuchende Staat sichert materiell zu, dass die Todesstrafe in diesem Fall nicht verhängt oder zumindest nicht vollstreckt wird, da Art. 102 GG ein Recht ist, das Jedermann zusteht.

B. Die Freiheitsstrafe

Nach der Abschaffung der Todesstrafe ist die Freiheitsstrafe die schwerste Form der Strafe. Sie hat in der geltenden Straftatfolgen-Problematik den Kernplatz inne. Obwohl die Freiheitsstrafe (ohne Bewährung) bekanntlich eine Sanktion ist, die nur in einer vergleichsweise geringen Zahl von Fällen als Rechtsfolge ausgesprochen wird[768], ist sie dem Gewicht nach die schwerste Form der Strafe und bedarf daher der genauesten Betrachtung. Eine auf Freiheitsgesetzen aufbauende Theorie der Rechtsstrafe als Tatvergeltung wirkt sich vor allem dahin aus, dass der Täter prinzipiell als Rechtsperson anerkannt bleibt. Gerade weil er eine Rechtsperson ist, wird er vom Recht zur Verantwortung gezogen. In der Kontinuität der Person und der Identität ihres Bewusstseins können Tat und Rechtsfolge nur partielle Ereignisse sein, auch was die rechtlichen Zugriffsmöglichkeiten durch andere betrifft[769].

I. Bedeutung und Maß der Freiheitsstrafe

1. Bedeutung der Freiheitsstrafe

Die Freiheitsstrafe ist wie der Wortlaut zeigt, eine die persönliche Freiheit entziehende Strafe[770]. Kriminalpolitisch ist sie wegen den damit verbundenen negativen Wirkungen eine zentrale wie problematische Form im modernen Strafensystem. Was das Strafgesetz schlicht "Freiheitsstrafe" nennt[771], ist eben wirklich eine "Strafe an der Freiheit". Die Freiheit der Gefangenen wird wegen der begangenen Straftat für eine bestimmte Zeit eingeschränkt. Die

---

768 Die Zahl schwankt um 5 % aller Verurteilungen mit leicht steigender Tendenz in den letzten Jahren; vgl. dazu statistisches Bundesamt, Strafverfolgung, 2001, S. 122 ff.

769 Zaczyk, Mainzer Runde '98, S. 10.

770 Zur Geschichte der Freiheitsstrafe siehe bei v. Hentig, Strafe, S. 159 ff.; Jescheck, in: Freiheitsstrafe und ihre Surrogate, S. 1949 ff.; Kürzinger, in: Freiheitsstrafe und ihre Surrogate, S. 1741 ff. m. w. N.; zur Begriffsbestimmung der Freiheitsstrafe siehe NK-Dünkel, § 38 Rn. 21 ff.

771 Z. B. §§ 12, 39, 43, 51, 60, 67 c, 78, 79 StGB; vgl. auch Lackner/Kühl, § 38 Rn. 1; Tröndle/Fischer, § 38 Rn. 1 a; NK-Dünkel, § 38 Rn. 22.

Freiheitsstrafe liegt allein in dem Freiheitsentzug und dieser muss mit allen zusätzlichen Leiden nicht verbunden sein[772]. Haftbedingungen und Vollzugsform der Freiheitsstrafe dürfen auch die damit zwangsläufig verbundenen Leiden nicht verstärken[773]. Die Vollstreckung einer Freiheitsstrafe stellt stets einen schweren Eingriff in die durch Art. 2 Abs. 2 S. 2 GG verfassungsrechtlich garantierte Freiheit der Person dar[774]. Sie bedarf deswegen einer gerichtlichen Entscheidung aufgrund eines förmlichen Gesetzes (Art. 2 Abs. 2 S. 2 und 3, 104 Abs. 1, Abs. 2 S. 1 GG)[775]. Die Freiheit der Person darf nur aus besonders gewichtigen Gründen und unter strengen formalen Voraussetzungen eingeschränkt werden. Art. 104 Abs. 2 GG behält die Entscheidung über die Zulässigkeit und Fortdauer einer Freiheitsentziehung allein dem Richter vor. Freiheitsentziehung wird als "allseitiger Ausschluss der Bewegungsfreiheit einer Person durch Einsperren in einem eng umgrenzten örtlichen Bereich" charakterisiert und nach der Eingriffsintensität von der bloßen Freiheitsbeschränkung abgegrenzt[776].

Während der Verbüßungszeit der Freiheitsstrafe werden die körperliche Fortbewegungsfreiheit und die damit verbundenen subjektiven Freiheitsrechte weitestgehend aufgehoben[777]. Betroffen ist vor allem der gesamte Grundrechtsstatus im personalen Selbstverhältnis, in Erwerb und Ausübung von Besitz- und Eigentumsrechten und in der Handlungsfreiheit, sowohl in familiären als auch in gesellschaftlichen Bezügen und in der politischen

---

[772] Tiedemann, Rechtsstellung des Strafgefangenen, S. 120 f.; vgl. dazu auch Britz, in: FS Müller-Dietz, S. 75 ff.

[773] Seebode, Strafvollzug, S. 84.

[774] BVerfGE 29, 316.

[775] Vgl. BVerfGE 33, 1 ff.

[776] Vgl. BVerfGE 94, 198; v. Mangoldt/Klein/Starck-GG-Gusy, Art. 104, Rn. 34.

[777] Köhler, AT S. 632; dazu auch Röhl, Lebenslange Freiheitsstrafe, S. 114 f.; vgl. auch Seebode, Strafvollzug, S. 78 ff.

Betätigung[778]. An diese Stelle tritt eine umfassende Regulation der Lebensführung des Gefangenen[779]. Die Beschränkung der körperlichen Fortbewegungsfreiheit des Verurteilten bewirkt zwar nicht eine Beschränkung seiner anderen Grundrechte, sie gelten jedoch für ihn nach den jeweils vorgesehenen gesetzlichen Bestimmungen eingeschränkt[780]. Ohne körperliche Fortbewegungsfreiheit sind Meinungsfreiheit, Informationsfreiheit, Bekenntnisfreiheit usw. entscheidend wertgemindert, selbst wo sie ihrerseits nicht beschnitten sind[781].

Die körperliche Fortbewegungsfreiheit wird in der Weise entzogen, dass der Gefangene an eigens hierfür vorgesehenen Orten festgehalten wird. Der kriminalstrafrechtliche Freiheitsentzug besteht nicht nur darin, dass er sich nicht bewegen kann, wohin er will, sondern auch darin, dass der Gefangene sein muss, wo er im Zweifel nicht sein will. Der Gefangene kann in der Vollzugsanstalt nicht selbst bestimmen, was er will, sondern das Alltagsleben und sein Tagesablauf dort werden fremdbestimmt[782]. Die einzelne Tür der Zelle des Gefangenen wird von außen ab- und aufgeschlossen. Dieses Moment des "fremden" Vollzugsortes macht den Unterschied zum Hausarrest aus, der ansonsten durchaus als perfekter Entzug der körperlichen Fortbewegungsfreiheit vorstellbar wäre[783].

---

778 Vgl. Art. 2 Abs. 2 S. 1, Art. 2 Abs. 1 allein oder i. V. m. Art. 1 Abs. 1 GG; man spricht deswegen im Hinblick auf die intensive und negative Wirkung der Freiheitsstrafe von ihren entsozialisierenden Wirkungen, sowohl in familiären als auch gesellschaftlichen ökonomischen Hinsichten.

779 Zusammenfassend Röhl, Lebenslange Freiheitsstrafe, S. 93 ff.; Meier, Sanktionen, S. 78 f.

780 Vgl. BVerfGE 33, 10 = NJW 1972, 811 = JZ 1972, 357 ff.

781 Vgl. Art. 5 Abs. 1, Art. 10 GG.

782 Zum Strafvollzugsablauf vgl. Kaiser/Schöch, Strafvollzug, S. 467 ff.; Laubenthal, Strafvollzug, S. 123 ff.

783 Schüler-Springorum, Strafvollzug im Übergang S. 123.

Die körperliche Fortbewegungsfreiheit ist mehr als nur ein persönliches Rechtsgut unter anderen persönlichen Rechtsgütern und Interessen. Sie ist eine Art Substrat der Entfaltung personalen menschlichen Lebens überhaupt[784]. Ihre Position im Grundrechtskatalog (Art. 2 Abs. 2 S. 2 GG) bringt dies nur unvollkommen zum Ausdruck[785]. Der Entzug der körperlichen Bewegungsfreiheit bewirkt eine Negation des Freiseins überhaupt[786]. Diese prinzipielle Umkehr der menschlichen Befindlichkeit unterscheidet die Freiheitsstrafe qualitativ von allen anderen Strafarten des geltenden Rechts.

Eine Geldstrafe mag sämtliche Lebensbereiche des Verurteilten noch so sehr betreffen, ja auch seine Fortbewegungsfreiheit beschränken, wenn er z. B. sein Auto stehen lassen und auf eine Reise verzichten muss, ein Fahrverbot mag die wirtschaftliche und soziale Existenz eines Berufsfahrers bedrohen, und doch haben die Betroffenen in allen diesen Fällen die Möglichkeit, die ihnen gebliebene körperliche Bewegungsfreiheit zu nutzen, um auf die Situation zu reagieren, sie irgendwie zu meistern oder auch an ihr zu scheitern. Wer aber "einsitzt", ist schon gescheitert. "Ohne Freiheit ist alles nichts". Nur daraus kann man erklären, dass die bloße körperliche Fortbewegungsfreiheit einen so hohen Wert verkörpert.

2. Maß der Freiheitsstrafe als ultima ratio

Das Strafmaß bedeutet die Einheit von Qualität und Quantität der Strafe. Es bestimmt sich durch die Wertangleichung mit der Straftat, welche sich nach den

---

784 Schüler-Springorum, Strafvollzug im Übergang, S. 126.

785 Vgl. Ullenbruch, NStZ 1999, 9; vgl. auch dazu Kruis, ZRP 2000, 3.

786 Kritik allgemein zur Freiheitsstrafe siehe bei Hassemer, Einführung, S. 289: "Freiheitsstrafe stigmatisiert und entwöhnt. Sie hält den Gefangenen nicht nur räumlich fest, sondern isoliert ihn auch sozial. "Erziehung zur Freiheit durch Freiheitsentzug" ist nicht nur ein gelungener Festschrifttitel, sondern bringt das Paradoxon der modernen Straftheorie sinnfällig zum Ausdruck."; vgl. auch zur Kritik der Negativität Foucault, Überwachen und Strafen, S. 9 ff.

aus dem Schuldprinzip abgeleiteten Strafzumessungsgründen richtet. Der Strafzumessung für eine Straftat liegt die Schuld zugrunde.

Geschichtlich betrachtet ist die Freiheitsstrafe keine vom strafrechtlichen Ansatz her systematisch vorgegebene Sanktion gewesen[787]. Sie war zunächst mit Zwangsarbeit verbunden, dann als reine Verwahrung und später in Verbindung mit Behandlungs- und Resozialisierungszweck als Regelstrafe durchgesetzt[788]. Der Kampf um die Rationalisierung und Humanisierung des Strafvollzugs unter dem Einfluss der Aufklärung machte die Freiheitsstrafe zu einer rechtsstaatlichen Institution, die der Erziehung der Gefangenen und der Vorbereitung ihrer Wiedereingliederung in die Gesellschaft dienen sollte[789].

Die subjektive, dem Verurteilten zugewandten Seite der Strafe beinhaltet stets die Hilfestellung bei der Wiedereingliederung in die Gesellschaft[790]. Daraus folgt die Einführung der Bewährungsstrafe (§ 56 StGB), der Vorrang der Geldstrafe vor der Freiheitsstrafe (§ 47 StGB) und schließlich ein auf Resozialisierung angelegter Strafvollzug (§§ 2 f. StVollzG).

Die lebenslange Freiheitsstrafe als Höchststrafe für schwerste Taten steht zu dem notwendigen Sicherungsmoment in einem abgeleiteten Verhältnis. Wenn man die lebenslange Freiheitsstrafe wörtlich als von vornherein lebenslängliche, durch die Lebenszeit des Täters bestimmte Einsperrung definiert, so ist sie nicht haltbar[791]. Es widerspricht selbst bei höchster Schuld dem auf die Restitution des freien Rechtsverhältnisses gerichteten Begriff der Schuldstrafe, ein Subjekt total auszuschließen. Für Höchstschuld müssen daher auch eine angemessene hohe

---

787 Walter, Strafvollzug, Rn. 35.

788 Zur Geschichte der Freiheitsstrafe v. Hentig, Strafe, S. 159 ff.; Eb. Schmidt, Einführung, S. 7; Laubenthal, Strafvollzug, S. 31 ff.; Kaiser/Schöch, Strafvollzug, S. 11 ff.; Walter, Strafvollzug, Rn. 7 ff.; vgl. auch Britz, in: FS Müller-Dietz, S. 81 ff.

789 Vgl. Jescheck, in: Freiheitsstrafe und ihre Surrogate, S. 1955 ff.

790 Dazu Klesczewski, Rolle der Strafe, S. 301 ff.

Mindest- und Höchststrafe zeitlich bestimmt werden[792]. Das erfordert ihre strafgesetzliche Regelung insbesondere hinsichtlich des Mindest- und Höchstmaßes und der späteren Aussetzung zur Bewährung. Gemäß § 57 a StGB kann die Vollstreckung des Restes der lebenslangen Freiheitsstrafe nach Verbüßung von 15 Jahren unter bestimmten Voraussetzungen zur Bewährung ausgesetzt werden.

Als schwerste Kriminalstrafe kommt die Freiheitsstrafe insbesondere in der Auseinandersetzung mit schwerer Kriminalität und mit besonders gefährlichen Tätern in Betracht[793]. Die Freiheitsstrafe, besonders die längere Freiheitsstrafe kann nur dann gerechtfertigt werden, wenn sie als ultima ratio im geltenden Strafensystem nur auf eine tatsächlich schwere, kontinuierliche Verbrechenshaltung des Täters angewendet wird.

3. Zum präventiven Ziel der Freiheitsstrafe

Die Freiheitsstrafe deutet zwar ein notwendiges Sicherungsmoment gegenüber schweren Verbrechen an, darf aber nicht als bloße Sicherungsstrafe missverstanden werden[794]. Dies gilt auch für die lebenslange Freiheitsstrafe, welche von vornherein als unwiderrufliches Eliminierungsmittel definiert wäre, und für den Strafvollzug, der ohne hinreichende Freiheitschancen auf bloße Sicherung hinausliefe. Das Problem eines Präventionskonzepts liegt darin, dass es mit dem Strafzwang bestimmte Handlungsanweisungen verbindet. Die Unterscheidung zwischen Strafmaßgründen aus verschuldeter Tat und unmittelbaren Präventionsbestimmungen hat weitreichende methodologische Bedeutung.

---

791 Vgl. BVerfGE 45, 187.
792 Köhler, AT S. 635 f.
793 Kreuzer, in: FS Blau, S. 463.
794 Allgemein zur Kritik der Sicherungsmaßregel s. Köhler, Begriff der Strafe, S. 80 ff.; ders., Zusammenhang, S. 29 ff.

Das Zuchthaus folgte ursprünglich moralisch-religiös motivierten Vorstellungen, indem es den als schuldig definierten Täter vergeltend auf sich selbst zurückzuwerfen versuchte[795]. Die Architektur alter Gefängnisbauten lässt die institutionelle Verfehlung, den "Stein gewordenen Riesenirrtum", anschaulich werden[796]. Die Freiheitsstrafe darf nicht als Zwangsmittel missverstanden werden, um inhaltliche Verhaltensmaximen dem Täter vorzuschreiben, weil damit über die ausgleichende Tatreaktion hinaus in die Autonomie des Täters übergegriffen würde[797]. Darüberhinausgehenden Sicherungs- und Besserungszwang hält die Freiheitsstrafe von den Straftätern fern[798].

II. Die Freiheitsstrafe im geltenden StGB

Das geltende StGB unterscheidet lebenslange und zeitige Freiheitsstrafe. Die Freiheitsstrafe ist zeitig, wenn das Gesetz nicht lebenslange Freiheitsstrafe androht (§ 38 Abs. 1 StGB). Freiheitsstrafe unter einem Jahr wird nach vollen Wochen und Monaten, Freiheitsstrafe von längerer Dauer nach vollen Monaten und Jahren bemessen (§ 39 StGB). Systematisch lassen sich zwei Anwendungsbereiche der Freiheitsstrafe unterscheiden, nämlich die primäre und die sekundäre Freiheitsstrafe. Die primäre Freiheitsstrafe ist vom erkennenden Gericht im Urteil gesprochen worden. Demgegenüber bedeutet die sekundäre Freiheitsstrafe (Ersatzfreiheitsstrafe, § 43 StGB), dass das erkennende Gericht im Urteil zunächst eine andere Sanktion ausspricht, die Vollstreckung dieser anderen Sanktion aber nicht in der vorgesehenen Weise möglich ist[799]. Sachliche Unterschiede sind mit der systematischen Differenzierung zwischen primärer und sekundärer Freiheitsstrafe nicht verbunden. In beiden Fällen handelt es sich

---

795 Dazu Eb. Schmidt, Einführung, §§ 176 ff.; Göppinger, Kriminologie, S. 777 f.
796 Vgl. Eb. Schmidt, Einführung, § 183.
797 Näher hierzu Köhler, AT S. 587 f.
798 Köhler, GA 1980, 122; ders., Begriff der Strafe, S. 69 f.

um eine echte Kriminalstrafe, deren Vollstreckung und Vollzug denselben Regeln folgen.

1. Lebenslange Freiheitsstrafe

Die lebenslange Freiheitsstrafe ist nach der Abschaffung der Todesstrafe (Art. 102 GG) die schwerste und härteste Strafe des geltenden Rechts. Sie ist gegen Schwerstverbrechen vorgesehen und wird vom Gesetz entweder allein (z. B. in §§ 211 Abs. 1, 212 Abs. 2 und 220 a Abs. 1 StGB) oder wahlweise neben der zeitigen Freiheitsstrafe angedroht (z. B. in §§ 178, 251 StGB). Das StGB kennt die Androhung der lebenslangen Freiheitsstrafe insgesamt für 20 Straftatbestände[800], obligatorisch jedoch nur für Mord (§ 211 StGB) und Völkermord (§ 220 a Abs. 1 Nr. 1 StGB). In der Praxis wird sie nur für schwerste Tötungsdelikte verhängt.

Die Strafandrohung für Mord ist absolut, d. h. wenn die Voraussetzungen für die Strafbarkeit wegen Mordes erfüllt sind, hat das Gericht keine andere Entscheidungsmöglichkeit. Etwaig vorhandene Milderungsgründe können nicht berücksichtigt werden. Das Gericht muss auf lebenslange Freiheitsstrafe erkennen. Dies bedeutet weiterhin, dass das Gericht die Strafe nicht aus einem Strafrahmen gewinnt und folglich keine Strafzumessung (§ 46 StGB) durchgeführt wird[801]. Verurteilungen zu lebenslanger Freiheitsstrafe erfolgen in

---

799 In diesem Zusammenhang siehe die Problematik der Ersatzfreiheitsstrafe siehe bei Seebode, in: FS Böhm, S. 519 m. w. N.

800 Die lebenslange Freiheitsstrafe wird als absolute Strafe in §§ 211, 220 a Abs. 1 Nr. 1 StGB, als Höchststrafe in §§ 80, 81 Abs. 1, 94 Abs. 2, 97 a, 97 b, 100 Abs. 2, 178, 212 Abs. 2, 239 a Abs. 3, 239 b Abs. 2, 251, 306 c, 307 Abs. 3, 308 Abs. 3, 309 Abs. 4, 313 Abs. 2, 316 a Abs. 3, 316 c Abs. 3 StGB angedroht; dazu auch Tröndle/Fischer, § 38 Rn. 2 a.

801 Indes hat schon 1980 der 53. Deutschen Juristentag unter der Federführung des Hauptgutachtens von *Albin Eser* eine grundlegende Reform verlangt. Freilich hat sich am Wortlaut des Mordtatbestandes bislang nichts geändert; vgl. dazu Eser, Gutachten, D 19 ff.; Heine, GA 2000, 305 f.

der Praxis fast ausschließlich wegen Mordes[802]. Die Frage nach der Berechtigung der lebenslangen Freiheitsstrafe ist deswegen so gut wie deckungsgleich mit der Frage nach der Berechtigung des Mordtatbestandes.

a) Begriffliche Unterscheidung zwischen Mord und Totschlag

§ 211 StGB (Mord) lautet: (1) Der Mörder wird mit lebenslanger Freiheitsstrafe bestraft, (2) Mörder ist, wer aus Mordlust, zur Befreiung des Geschlechtstriebs, aus Habgier oder sonst aus niedrigen Beweggründen, heimtückisch oder grausam oder mit gemeingefährlichen Mitteln oder um eine andere Straftat zu ermöglichen oder zu verdecken, einen Menschen tötet[803].

Für den Totschlag bestimmt § 212 Abs. 1 StGB: Wer einen Menschen tötet, ohne Mörder zu sein, wird als Totschläger mit Freiheitsstrafe nicht unter fünf Jahren bestraft. Totschlag hat einen Regelstrafrahmen von 5 bis 15 Jahren. Beim Totschlag, nicht aber beim Mord gibt es für minder schwere Fälle eine massive Herabsetzung des Strafrahmens auf 6 Monate bis 5 Jahre. Für Mord wird dagegen die lebenslange Freiheitsstrafe absolut angedroht[804].

Das Verhältnis des Totschlags zum Mord ist seit jeher als erklärungsbedürftig angesehen worden[805]. "Es ist eine historisch seltsame Tatsache, dass man Mord und Totschlag seit eineinhalb Jahrtausenden unterscheidet, dass man aber im

---

802 Vgl. dazu NK-Dünkel, § 38 Rn. 27; Kreuzer, ZRP 1977, 50; Kaiser, Kriminologie, S. 423; Sessar, MschrKrim 63 (1980), 194.; Kerner, ZStW 98 (1986), 874 ff. jeweils m. w. N.; vgl. aber hierzu auch BVerfGE 45, 216.

803 Hier soll jedoch nicht auf die einzelnen Mordmerkmale eingegangen werden; vgl. aber Wolf, in: FS Schreiber, S. 519 ff.

804 Vgl. allgemein zur Abschaffung der lebenslangen Freiheitsstrafe H.-M. Weber, MschrKrim 73 (1990), 65 ff.; ders., in: FS Mathiesen, S. 341 ff.; ders., Lebenslange Freiheitsstrafe, S. 10 ff.

805 Nachweise bei Arzt, ZStW 83 (1971), 17 ff.

Grunde genommen nie gewusst hat, wo die Grenze wirklich verläuft"[806]. Das RStGB von 1871 hatte als Mord die "Tötung mit Überlegung" qualifiziert und die Todesstrafe angedroht[807]. Die geltende Fassung des Mordtatbestandes (§ 211 StGB) beruht auf einer Novelle von 1941, die den § 211 StGB reformierte[808]. Damals wurden Todesstrafe oder lebenslanges Zuchthaus angedroht[809].

Leitbild war die Lehre vom "Tätertyp des Mörders" bzw. der von der Literatur beschriebene "Gesinnungsverfall des Täters"[810]. Den Mordmerkmalen des § 211 Abs. 2 StGB lag die nationalsozialistische Auffassung zugrunde, "Mördergestalten" ließen sich vom Standpunkt des "sittlich gesunden" Volksgenossen normativ bestimmen. Sie sollten "als minderwertig aus der Volksgemeinschaft ausgeschlossen werden, während derjenige, der Juden und andere `Feinde der Volksgemeinschaft` tötete, vom Vorwurf des Mordes ausgenommen werden sollte"[811]. Heute betrachtet man die Tätertypenlehre aus verschiedenen Gründen als überholt[812]. Das schließt aber nicht aus, § 211 StGB

---

806 Rüping, JZ 1979, 617 m. w. N.; vgl. Anders als das deutsche StGB kennt das koreanische und japanische StGB keinen Mordtatbestand, sondern nur den Totschlag. Für jede vorsätzliche Tötung wird die Todesstrafe oder die lebenslange Freiheitsstrafe oder eine zeitige Freiheitsstrafe angedroht. Die Entscheidung ist dann eine Frage des richterlichen Ermessens und in der Rechtswirklichkeit sind die koreanischen und japanischen Richter in der Verhängung der Höchststrafe gesetzlich nicht gebunden. § 250 des koreanischen StGB lautet: "Wer einen Menschen tötet, wird mit Todesstrafe oder mit lebenslanger Freiheitsstrafe oder mit Freiheitsstrafe nicht unter 5 Jahren bestraft"; vgl. dazu § 199 des japanischen StGB: "Wer einen Menschen tötet, wird mit Todesstrafe oder mit lebenslanger Freiheitsstrafe oder mit Freiheitsstrafe nicht unter 3 Jahren bestraft"; dazu auch Marx/Miyazawa, MschrKrim 59 (1976), 185 ff.

807 Vgl. zur geschichtlichen Entwicklung Küpper, in: FS Kriele, S. 778 f.

808 Gesetz zur Änderung des Reichsstrafgesetzbuchs vom 4. 9. 1941; RGBl. I S. 549; vgl. zur Entwicklung des Mordtatbestandes BVerfGE 45, 189 f.; BGHSt 9, 387 f.; Arzt, ZStW 83 (1971), 7 ff.; vgl. hierzu auch Woesner, NJW 1978, 1025; Frommel, JZ 1980, 559; Jähnke, MDR 1980, 705; Große, NStZ 1996, 222; Geilen, JR 1980, 310 ff.

809 Näher hierzu Hassemer, JuS 1977, 833; Scheffler, JR 1996, 485.

810 Vgl. Schaffstein, ZStW 53 (1934), 46 ff.; vgl. auch Heine, GA 2000, 306; Gallas, ZStW 60 (1940), 374 ff.; Schmidhäuser, Gesinnungsmerkmale, S. 193 ff.; Frommel, JZ 1980, 559; Woesner, NJW 1978, 1025; Wolf, JuS 1996, 192 f.; siehe auch Rieß NJW 1968, 629.

811 Frommel, JZ 1980, 563; vgl. auch Deckers, in: Antrieb, S. 107.

812 Vgl. dazu Kreuzer, ZRP 1977, 50.

durch das Erfordernis der besonderen Verwerflichkeit der Tat zu begrenzen, wenn man die Vorschrift dadurch mit der Verfassung in Einklang bringen kann[813].

Der BVerfG hat 1977 die lebenslange Freiheitsstrafe der zeitigen Freiheitsstrafe angenähert und damit die Bedeutung der Grenzziehung zwischen § 211 und § 212 StGB abgeschwächt[814]. Die Argumentation, mit der in der Lehre die Annahme der Verfassungswidrigkeit der lebenslangen Freiheitsstrafe begründet wurde, bezieht sich jedoch nicht allein auf den Tatbestand des § 211 StGB und nicht nur auf die absolute Strafandrohung für Mord. *Arzt* sprach von einem "Strafrahmensprung" zwischen Mord und Totschlag. Die lebenslange Freiheitsstrafe sollte abgeschafft werden und durch die zeitige ersetzt werden, während das Problem des dauerhaft gefährlichen Täters im Wege des Maßregelrechts gelöst werden sollte[815]. Folgende Argumente werden für die Abschaffung der lebenslangen Freiheitsstrafe für Mord vorgebracht[816].

Zuerst seien die Mordmerkmale nicht geeignet, die schweren Fälle der vorsätzlichen Tötung hinreichend zu charakterisieren[817]. Unabhängig davon, ob man die Mordmerkmale als Gesinnungsmerkmale oder als Ausdruck einer besonderes unangemessenen Zweck-Mittel-Relation ansehe, könnten sie zwar die Unterscheidung von Mord und Totschlag erklären, nicht aber die massive Steigerung der Strafandrohung[818]. Man könne zwar den Mordmerkmalen einen zusätzlichen Unrechtsgehalt nicht absprechen, doch sei das in der Vernichtung

---

813 Jescheck, in: Lebenslange Freiheitsstrafe, S. 132.

814 BVerfGE 45, 213 ff.

815 Arzt, in: Lebenslange Freiheitsstrafe, S. 142 ff.; vgl. dazu auch Arthur Kaufmann, Strafrecht, S. 1 ff.

816 Näher dazu Arzt, in: Lebenslange Freiheitsstrafe, S. 141 ff.; zur Problematik der lebenslangen Freiheitsstrafe siehe Baltzer, StV 1989, 42; H.-M. Weber, MschrKrim 73 (1990), 65; Große, NStZ 1996, 220.

817 Vgl. dazu auch Frommel, JZ 1980, 559; Kreuzer, ZRP 1977, 50; Arzt, in: Lebenslange Freiheitsstrafe, S. 147.

818 So Arzt, in: Lebenslange Freiheitsstrafe, S. 147 ff.

menschlichen Lebens liegende Unrecht kaum steigerungsfähig. Es sei daher zweifelhaft, ob eine solche Tat im Bereich der Schuld so viele Modifikationen haben könne, dass eine solche Differenzierung in der Strafandrohung gerechtfertigt sei. Gerade in der Überschätzung der Mordmerkmale liege daher eine besondere Geringschätzung des Rechtsguts menschlichen Lebens, weil die vorsätzliche Tötung nur bei Vorliegen der Mordmerkmale mit lebenslanger Freiheitsstrafe geahndet werde. Der Mord unterscheide sich daher vom Totschlag weder im Unrechts- noch im Schuldgehalt so gravierend, dass der Sprung zur lebenslangen Freiheitsstrafe verständlich werde[819].

Aus dem Schuldgrundsatz, der auf die Würde und die Eigenverantwortlichkeit des Menschen gestützt wird, bestimmt das *BVerfG*[820], dass Tatbestand und Rechtsfolge eines Strafgesetzes in einem sachgerechten Verhältnis zueinander stehen müssen. Damit sei im Bereich der Tötungsdelikte die Frage nach einer präzisen Abgrenzung zwischen Totschlag und Mord angesprochen. Eine unverhältnismäßig schwerwiegende Rechtsfolge, wie sie § 211 StGB absolut bestimmt, verstieße gegen die Verfassung[821]. Nicht nur aus diesem Grunde hatte der Alternativ-Entwurf von 1970 die lebenslange Freiheitsstrafe bei vorsätzlicher Tötung nur neben zeitiger Freiheitsstrafe vorgesehen und dem Richter damit eine Strafzumessungsentscheidung möglich gemacht[822].

Demgegenüber geht die *h. M.*[823] nach wie vor davon aus, dass dem Konflikt zwischen absoluter Strafdrohung und Schuldprinzip durch restriktive Auslegung des Mordtatbestandes begegnet werden kann. Diese Auslegung muss darauf

---

819 Vgl. ferner Hassemer, Einführung, S. 290.

820 BVerfGE 20, 331; 25, 286; 27, 29; vgl. auch BVerfGE 6, 439; vgl. hierzu auch Kau, in: FS Kriele, S. 774 f.

821 BVerfGE 6, 439.

822 AE-BT, Straftaten gegen die Personen, 1. Handband (1970), § 100 II, Begr. S. 17; vgl. auch Baumann, in: Strafrechtsreform, S. 163.

823 Vgl. BVerfGE 45, 258 f.; Jescheck/Weigend, AT S. 691; Krey, AT Bd. 1 Rn. 52 ff., 55–61a; Müller-Dietz, Jura 1983, 576.

hinwirken, dass nur solche Taten als Mord qualifiziert werden, die ihrem Schweregrad nach dem gesetzlichen Deliktstypus entsprechen. So wird allgemein eine einschränkende Auslegung insbesondere der problematischen Mordmerkmale Heimtücke, Verdeckungsabsicht und niedrige Beweggründe von Rechtsprechung und Lehre, freilich mit unterschiedlichen Akzenten vorgenommen[824]. Die in diesem Sinne ausgelegten Mordmerkmale können dann ein gegenüber dem Totschlag so gesteigertes Unrecht und Verschulden zum Ausdruck bringen, dass die Mordtaten als schwerstes Tötungsdelikt anzusehen sind, für die die lebenslange Freiheitsstrafe die schuldangemessene Sanktion darstellt. Die Mordmerkmale sind daher geeignet für den schwersten Unrechts- und Schuldvorwurf die nach geltendem Recht schwerste und absolute Strafe zu tragen[825].

Daneben wird auch darauf hingewiesen, dass die vorsätzlichen Tötungsdelikte ein wichtiger Bezugspunkte des Strafensystems sind[826]. Eine Beseitigung der lebenslangen Freiheitsstrafe würde daher zu einer Mäßigung des gesamten Strafniveaus führen. Auf die lebenslange Freiheitsstrafe kann daher sowohl aus Gründen gerechter Tatvergeltung als auch des Rechtsgüterschutzes gegenwärtig nicht verzichtet werden[827].

Mit der eingeschränkten Auslegung der Mordmerkmale ist ein Weg gewiesen, der es dem Richter grundsätzlich ermöglicht, eine Strafe zu verhängen, die der unterschiedlichen Schwere der Tat und Schuld des Täters angepasst ist, soweit er zu der Überzeugung kommt, dass die Verwirklichung eines so verstandenen Merkmals nicht vorliegt.

---

824 Zu der Auslegung der einzelnen Mordmerkmale und deren Entwicklung vgl. Müller-Dietz, Jura 1983, 571.

825 Zu den einzelnen Merkmalen siehe Jescheck, in: Lebenslange Freiheitsstrafe, S. 128 ff.

826 Vgl. LK-Jähnke, Vor § 211 Rn. 1.

Bei der Mordqualifikation ist nach Begründung von Strafe, von Höchststrafe für die Tötungsverbrechen gefragt. Das geltende Gesetz entspricht dem verfassungsrechtlichen Erfordernis einer relativen Gesetzesbestimmtheit strafbegründender Sätze in Tatbestand und Rechtsfolge (Art. 103 Abs. 2 GG), worauf gegenüber allen Erosionstendenzen zu bestehen ist. Die Bestimmtheit von Strafrechtssätzen ist aber als begrifflich-methodisches Mindesterfordernis ebenso für Strafbarkeitseinschränkungen zu behaupten, hat doch das Strafrecht seiner qualitativ besonderen Rechtsfolgen wegen als Muster des ius strictum zu gelten.

b) Verfassungsmäßigkeit der lebenslangen Freiheitsstrafe für Mord

Mit der Verfassungsmäßigkeit der in § 211 Abs. 1 StGB angedrohten lebenslangen Freiheitsstrafe hatte sich die Rechtsprechung lange nicht näher befasst. Erst 1976 durch das Landgericht Verden wurde die Frage der Verfassungsmäßigkeit der lebenslangen Freiheitsstrafe für Mord konkret gestellt[828]. In der Folge ist die verfassungsrechtliche Problematik der härtesten Strafsanktion des geltenden Rechts einer Lösung zugeführt worden.

Das Landgericht Verden sah sich vor allem vor drei Fragen gestellt: Erstens, ob die lebenslange Freiheitsstrafe als solche den Grundsatz der Menschenwürde (Art. 1 Abs. 1 GG) verletzt, zweitens, ob sie eine "notwendige und angemessene" Sanktion für Mord darstellt und drittens, ob ihre unbedingte Androhung für alle Fälle des Mordes gegen das Übermaßverbot verstößt.

Das LG Verden hielt § 211 Abs. 1 StGB insoweit für verfassungswidrig, als er bestimmt, den Mörder mit lebenslanger Freiheitsstrafe zu verurteilen, und erließ gemäß Art. 100 Abs. 1 GG einen entsprechenden Vorlagebeschluss zum

[827] Vgl. Müller-Dietz, Jura 1983, 577 m. w. N.; vgl. auch ferner Braum, KritV 1995, 376.
[828] LG Verden, Vorlegungsbeschluss vom 5. 3. 1976; NJW 1976, 980.

BVerfG. Es sah in der absoluten Strafdrohung einen Verstoß gegen das Grundrecht der Menschenwürde (Art. 1 Abs. 1 GG), weil der mit ihr verbundene endgültige Ausschluss des Straftäters aus der Gesellschaft seine psychische Vernichtung enthalte. Das LG Verden erblickte in der lebenslangen Inhaftierung ferner die völlige Beseitigung der Bewegungsfreiheit. Und damit sei ein Verstoß gegen die in Art. 2 Abs. 2 GG festgelegte Garantie der persönlichen Freiheit unter Überschreitung der Wesensgehaltsgarantie (Art. 19 Abs. 2 GG) und gegen Art. 3 Abs. 1 GG anzunehmen, da eine ausreichende Unterscheidung zwischen Mord (§ 211 StGB) und Totschlag (§ 212 StGB) unter dem Gesichtspunkt schuldangemessener Bestrafung nicht möglich erscheine.

Dafür, dass der Gesetzgeber beim Mord im Gegensatz zum Totschlag des § 212 StGB an der absoluten Androhung lebenslanger Freiheitsstrafe festhalte, lasse sich kein sachlich einleuchtender Grund erkennen. Überhaupt sei die lebenslange Freiheitsstrafe zum Schutz des Rechtsguts Leben nicht erforderlich. Auch eine Gnadenregelung – bei der die nach dem Grundgesetz und den Landesverfassungen zur Ausübung berufenen Amtsträger die Entscheidungen grundsätzlich nach freiem Ermessen treffen – die weder an rechtliche Maßstäbe gebunden, noch gerichtlich überprüfbar sei, könne mangels hinreichender Berechenbarkeit und fehlender Rechtsschutzgewährung nach Art. 19 Abs. 4 GG in einer rechtsstaatlichen Ordnung, die den Schutz von Freiheit und Menschenwürde als obersten Zweck allen Rechts erkennt, nicht eine Strafvorschrift rechtfertigen, welche jene Grundwerte generell ausschließt.

Das Bundesverfassungsgericht stellt jedoch nach Anhörung zahlreicher Sachverständiger[829] in seinem Urteil vom 21. 6. 1977[830] fest, dass die lebenslange Freiheitsstrafe mit dem Grundgesetz vereinbar ist. "Nach dem

---

[829] Vgl. BVerfGE 45, 199 ff.; Jescheck/Triffterer (Hrsg.), in: Ist die lebenslange Freiheitsstrafe verfassungswidrig ?, S. 7 ff.

[830] BVerfGE 45, 187 ff.; vgl. dazu auch Kau, in: FS Kriele, S. 766 ff.

gegenwärtigen Stand der Erkenntnis kann nicht festgestellt werden, dass der Vollzug der lebenslangen Freiheitsstrafe gemäß den Vorschriften des Strafvollzugsgesetzes und unter Berücksichtigung der gegenwärtigen Gnadenpraxis zwangsläufig zu irreparablen Schäden psychischer und physischer Art führt, welche die Würde des Menschen (Art. 1 Abs. 1 GG) verletzen".

Das BVerfG bestimmte jedoch einschränkend als Voraussetzung eines humanen Strafvollzugs, "dass dem zu lebenslanger Freiheitsstrafe Verurteilten grundsätzlich die Chance verbleibt, je wieder der Freiheit teilhaftig zu werden. Die Möglichkeit der Begnadigung allein sei nicht ausreichend; vielmehr gebiete das Rechtsstaatsprinzip, die Voraussetzungen, unter denen die Vollstreckung einer lebenslangen Freiheitsstrafe ausgesetzt werden könne, und das dabei anzuwendende Verfahren gesetzlich zu regeln"[831].

Das BVerfG hat durch seine Entscheidung auch eine Gesetzesänderung erzwungen, nach der die lebenslange Freiheitsstrafe zwar angedroht und verhängt, aber wegen des sich aus Art. 1 Abs. 2 GG i. V. m. dem Sozialstaatsprinzip ergebenden Anspruchs auf Resozialisierung prinzipiell nicht lebenslang vollstreckt werden darf.

Als Konsequenz des Urteils erstreckte nach dreijähriger kontroverser parlamentarischer Debatte das 20. Strafrechtsänderungsgesetz[832] das Institut der Aussetzung des Strafrestes auch auf die lebenslängliche Freiheitsstrafe. Durch Einfügung des § 57 a in das StGB erstrebte der Gesetzgeber, das Prinzip Hoffnung durch gesetzlich garantierten Anspruch auf gerichtliche Prüfung vorzeitiger Entlassung normativ festzulegen und stellte für die Überprüfung einen generellen Maßstab zur Verfügung[833].

---

831 BVerfGE 45, 187, Leitsatz 3.
832 BGBl. 1981 I, 1329.
833 Kunert, NStZ 1982, 91.

c) Aussetzung des Strafrestes bei lebenslanger Freiheitsstrafe zur Bewährung (§ 57 a StGB)

Die Maßgerechtigkeit der lebenslangen Freiheitsstrafe hängt im Weiteren von einer richtigen Fassung und Anwendung der Aussetzungsvorschrift (§ 57 a StGB) ab[834]. Eine vorzeitige Entlassung auf Bewährung aus lebenslanger Strafhaft ist nach 15 Jahren Verbüßungsdauer möglich (§ 57 a Abs.1 S. 1 Nr. 1 StGB). Neben einer günstigen Sozialprognose, insbesondere als negativer Gefährlichkeitsprognose, und der Einwilligung des Verurteilten (§ 57 a Abs. 1 S. 1 Nr. 3 StGB) ist erforderlich, dass nicht die besondere Schwere der Schuld die weitere Vollstreckung der Strafe gebietet (§ 57 a Abs. 1 S. 1 Nr. 2 StGB). Die Würde des Rechtssubjekts auch in der Person des Verbrechers (Art. 1 GG, das Rechtsstaatsprinzip) verbietet es, ihn unwiderruflich zu eliminieren. Strafe darf von Rechts wegen die Freiheitsmöglichkeit und –haltung des Tätersubjekts nicht negieren. Lebenslang bedeutet daher nun strafgesetzlich nicht notwendig lebenslang, sondern mindestens 15 Jahre mit dann gegebener Möglichkeit der Strafaussetzung.

aa) Mindestverbüßungszeit (§ 57 a Abs. 1 S. 1 Nr. 1 StGB)

§ 57 a Abs. 1 S. 1 Nr. 1 StGB, wonach mindestens 15 Jahre der lebenslangen Freiheitsstrafe verbüßt sein müssen, bevor der Strafrest ausgesetzt werden kann, war als erste Voraussetzung einer Strafrestaussetzung bei lebenslanger Freiheitsstrafe eine der meist umstrittenen Voraussetzungen der gesamten

---

834 Allgemein zur Entstehungsgeschichte des § 57 a StGB siehe Jung, JuS 1982, 222 f.; Müller-Dietz, StV 1983, 162; vgl. auch Hassemer, Einführung, S. 290: Er meint, dass die lebenslange Freiheitsstrafe trotz § 57 a StGB dem Verurteilten keine rechtssichere Perspektive auf den Wiedereintritt in die Gesellschaft bietet.

Regelung[835]. Eine Entlassung vor Ablauf von 15 Jahren ist nur auf dem Gnadenwege möglich[836].

Liepmann[837] hat in seinem Gutachten für den 31. DJT aufgrund eigener umfangreicher Erhebungen und empirischer Studien aus verschiedenen europäischen Ländern eine Dreiphasentheorie der lebenslangen Freiheitsstrafe entwickelt. Seine Feststellungen haben bis heute nichts an Aktualität verloren. Danach verläuft die lebenslange Haft in drei Stadien: (1) Abwechslung hochgradiger Erregung mit tiefer Depression; (2) Hoffnung auf ein Ende der Haftzeit, verbunden mit Anpassungsbemühungen des Gefangenen; (3) Resignation und Enttäuschung, Hypochondrie, Verbitterung und Hass auf die Gesellschaft.

Diese letzte Phase der Haft hat *Liepmann* eindrucksvoll so beschrieben[838]: "Nach 20 Jahren Strafhaft tritt dann regelmäßig das trübste, dritte Stadium ein. Es leitet sich ein durch ‚ein Abflauen der guten Affekte': anstelle der Hoffnungsfreudigkeit tritt dumpfe Resignation; die Enttäuschung schädigt wohl auch das Nervensystem, hypochondrische Befürchtungen nehmen überhand, die Gesundheit leidet vielleicht auch wirklich, der Gefangene fängt an, die Fortsetzung der Strafe als eine zwecklose Härte zu empfinden, er fühlt sich einer

---

835 Der Referentenentwurf des Bundesjustizministeriums 1974 ging noch von 12 Jahren aus, dagegen forderten CDU/CSU-Fraktion und Bundesrat 20 Jahre. Der Vorschlag des Vermittlungsausschusses – Mindestfrist 18 Jahre – wurde jedoch von der Bundestagsmehrheit abgelehnt, der Einspruch des Bundesrats wurde zurückgewiesen. So votierte der Bundestag mehrheitlich für die im Gesetzesentwurf der Bundesregierung vorgesehene Frist von 15 Jahren; dazu BT-Drs. 8/3857, 10; BGBl. 1981 I, 1329; zur Gesetzgebungsgeschichte und zu den politischen Hintergründen der Regelung vgl. etwa Laubenthal, Lebenslange Freiheitsstrafe, S. 195 ff.; Mysegades, Problematik der Strafrestaussetzung, S. 16 ff.; Krökel, in: Antrieb, S. 89 f.; ferner auch Fünfsinn, GA 1988, 180.

836 SK-Horn, § 57 a Rn. 5 m. w. N.; vgl. auch Art. 60 Abs. 2 GG; Kunert, NStZ 1982, 95 f.; H.-M. Weber, Lebenslange Freiheitsstrafe, S. 54 ff.; vgl. zur Gnade nach Rechtsbegriffen Köhler, in: Rechtsdogmatik, S. 59 ff.

837 DJT Gutachten 1912, Todesstrafe, S. 184 ff.

838 DJT Gutachten 1912, Todesstrafe, S. 186 f.

langsam zu vollziehenden Todesstrafe ausgesetzt. Anstelle früheren Vertrauens tritt Misstrauen, Verbitterung, Hass auf die Gesellschaft. ‚Stiller und trauriger' werden dann viele Gefangene und ziehen sich mit schwindender Hoffnung immer mehr zurück, werden zu Einsiedlern, kommen nicht mehr zum Arzt und antworten auf die Frage nach dem Grunde ihres Fernbleibens wohl, ‚weil ich dieses Leben nicht verlängern will'. Dann beginnt ein grausames Zerstörungswerk des inneren Lebens durch die abtötende Haft. Das Notwendigste und Beste im Menschen, sein Wille zum Schlechten, aber auch zum Guten, wird langsam aber sicher gewürgt. Es fehlt die den Menschen ‚heiligende' Freude. Das Vegetieren beginnt und siegt. Die Gefangenen werden stumpf und gefühllos, Maschine, endlich Ruinen". Es geht offenbar über die Kräfte des Durchschnittsmenschen, lebenslange Gefangenschaft durch Verinnerlichung zu bewältigen[839].

Das spätere Schrifttum beurteilt die Frage schwerwiegender Haftschäden unterschiedlich. Es überwiegen deutlich die Stimmen, die irreparable Schäden bei lebenslang Inhaftierten bejahen[840], gegenüber denen, welche die empirischen Erkenntnisse noch nicht für ausreichend halten[841], und denen, die dauerhafte Schäden nicht feststellen können[842]. Gegenüber den Ergebnissen *Liepmanns* wird insbesondere eingewandt, dass sie aufgrund gewandelter Vollzugsmethoden, auf die heutigen Verhältnisse nicht ohne weiteres übertragbar seien.

Die 15 Jahre Mindestverbüßungszeit sind trotz allem eine Kompromisslösung, um vermeiden zu können, dass die gesetzliche Mindestverbüßungszeit

---

[839] Röhl, Lebenslange Freiheitsstrafe, S. 115.

[840] Z. B. Zipf, JuS 1974, 138; Otto, ZStW 83 (1971), 39; Einsele und Müller-Dietz, in: Lebenslange Freiheitsstrafe, S. 43 ff., 76; Triffterer, ZRP 1970, 15 m. w. N.; vgl. auch ferner Albrecht, "Lebenslänglicher", S. 403.

[841] Röhl, Lebenslange Freiheitsstrafe, S. 125.

zwangsläufig die letzte dritte Phase (nach 20 Jahren Strafhaft) einläutet[843]. Mit 15 Jahren glaubt das Gesetz einen ausreichenden Abstand zu den Aussetzungsmöglichkeiten bei der höchsten zeitigen Freiheitsstrafe gefunden zu haben[844]. Für die Berechnung der 15 Jahresfrist bestimmt § 57 a Abs. 2 StGB, dass "jede Freiheitsentziehung, die der Verurteilte aus Anlass der Tat erlitten hat", zu berücksichtigen ist.

Die Mindestverbüßungszeit ist in ihren Auswirkungen nicht identisch mit der zeitigen Höchststrafe des § 38 Abs. 2 StGB. Der zu lebenslanger Freiheitsstrafe Verurteilte wird bei günstiger Prognose und Vorliegen der übrigen Voraussetzungen des § 57 a StGB frühestens nach 15 Jahren entlassen[845]. Dagegen muss der zu zeitiger Höchststrafe (15 Jahre) Verurteilte bei günstiger Prognose bereits nach 10 Jahren (§ 57 Abs. 1 StGB), er kann aber sogar schon nach 7,5 Jahren zur Bewährung entlassen werden (§ 57 Abs. 2 StGB).

Der Gesetzgeber wollte mit der Mindestverbüßungsdauer des § 57 a Abs. 1 S. 1 Nr. 1 StGB lediglich sicherstellen, dass eine richterliche Strafaussetzung bei lebenslanger Freiheitsstrafe nicht vor Ablauf von 15 Jahren der Strafverbüßung zulässig ist. Die Nominierung einer fünfzehnjährigen Mindestverbüßungsfrist indiziert das zur Verurteilung der lebenslangen Freiheitsstrafe notwendige Schuldmindestmaß als Ausgangspunkt einer Bewertung der Schuldschwere.

---

842 Bresser, in: Lebenslange Freiheitsstrafe, S. 15 ff.; ders., JR 1974, 265; Goemann, Schicksal der Lebenslänglichen, S. 27 ff.

843 *Stark* hält 15 Jahre Freiheitsstrafe als schuldangemessenes Strafmaß für Mörder ohne besonders schwere Schuld im Vergleich zu den Strafen, die für manche andere Delikte verhängt werden und häufig 15 Jahre heranziehen, zu gering. Der Mord sollte unter einer herausragenden Strafdrohung stehen, um den besonderen Schutz des menschlichen Lebens unmissverständlich zu verdeutlichen. JZ 1994, 189; es gibt aber auch die Ansicht, dass nur selten bedacht wird, dass eine Strafe über 10 Jahre hinaus sinnlos ist, weil sie zur Deformation der Persönlichkeit führt, von Resozialisierung kann nicht die Rede sein. Dies verweist jede Antwort auf jene Frage, was ihre empirische Absicherung anlangt, weitergehend in den Bereich der Spekulation. Beide Aussagen zeigen die empirischen und dogmatischen Entscheidungsschwierigkeiten.

844 LK-Ruß, § 57 a Rn. 4; vgl. auch Jung, JuS 1982, 223.

bb) Besondere Schwere der Schuld (§ 57 a Abs. 1 S. 1 Nr. 2 StGB)

Nach Ablauf der Mindestverbüßungszeit von 15 Jahren ist die bedingte Aussetzung der lebenslangen Freiheitsstrafe dann ausgeschlossen, wenn die besondere Schwere der Schuld die weitere Vollstreckung der Strafe gebietet (§ 57 a Abs. 1 S. 1 Nr. 2 StGB). Besonders schwer soll die Schuld sein, wenn ein deutliches Mehr an konkreter Schuld aus Gerechtigkeitsgründen die Weitervollstreckung gebietet. Lebenslange Freiheitsstrafe bedeutet nach den genannten Maßgaben, dass Mörder unter Schuldgesichtspunkten 15 Jahre zu verbüßen haben, wenn keine besonders schwere Schuld vorliegt. Es kommt nicht darauf an, ob der Verurteilte seine Schuld verarbeitet hat und einsichtig geworden ist, sondern entscheidend ist allein die besondere Schwere der Schuld[846].

Das Gesetz stellt hier auf ein Merkmal ab, auf das es bei der zeitigen Freiheitsstrafe (§ 57 StGB) nicht ankommt. Die Schuldschwereklausel beruht auf der gesetzgeberischen, aus den Gesetzesmaterialien hervorgehenden Überlegung, dass das Verschuldensmaß der Verhängung lebenslanger Freiheitsstrafe bei Mord durchaus höchst unterschiedlich sein kann[847]. Es gibt innerhalb der Gruppe der mit lebenslanger Freiheitsstrafe geahndeten Taten erhebliche Schuldunterschiede. Für die besondere Schwere der Schuld existieren zwar keine Regelbeispiele, aber eine gewisse Einigkeit besteht in der Heranziehung von Kriterien, die die besondere Schuldschwere begründen können. Genannt werden vor allem die Zahl der Opfer, die Verwirklichung mehrerer Mordmerkmale, die überaus grausame Begehungsweise, die

---

845 Vgl. dazu BT-Drs. 8/3857, S. 10; Beckmann, NJW 1983, 538 f.

846 S/S/Stree, § 57 a Rn. 4.

847 Vgl. BT-Drs. 8/3218, 7; BVerfGE 86, 312; BGHSt 31, 192; Lackner/Kühl, § 57 a Rn. 3 a; LK-Ruß, § 57 a Rn. 6; Köhler, AT S. 657; Streng, Sanktionen, S. 105; Bode, in: FS Faller, S. 328; vgl. auch zur Entstehungsgeschichte der Schuldschwereklausel Mysegades, Lebenslange Freiheitsstrafe, S. 36 ff.

rücksichtlose Gefährdung weiterer Personen[848]. Z. B. der Massenmörder, der unter widerwärtigen Umständen vorgegangen ist, verdient eine längere Strafverbüßung als der Täter, der einen Einzelmord ohne eine über die Mordvoraussetzungen hinausgehende Schuld verübt hat[849]. Die besondere Schwere der Schuld wird häufig auch festgestellt, wenn mehrere Mordmerkmale gleichzeitig vorlägen.

Der Grund hierfür liegt vor allem darin, dass die absolute Strafandrohung von § 211 StGB jede Schweredifferenzierung bei der Strafzumessung ausschließt[850]. Der Gesetzgeber wollte damit im Bereich der absoluten lebenslangen Freiheitsstrafe eine Art nachträgliche Strafzumessung einführen, da eine dem Urteil vorausgehende "primäre" Strafzumessung wegen der absoluten gesetzlichen Androhung nicht möglich ist[851]. Zu beachten ist jedoch das Doppelverwertungsverbot i. S. d. § 46 Abs. 3 StGB, so dass die besondere Schuld nicht auf Merkmale gestützt werden darf, die die Möglichkeit einer Verhängung der Strafe als lebenslange überhaupt erst begründet haben[852].

Was "besondere Schwere der Schuld" tatsächlich bedeutet, wird vom Gesetz nicht näher erläutert. Es ist daher sehr umstritten, ob die besondere Schwere der Schuld als die Überschreitung einer "Mindestschuld" des Mordes verstanden werden müsse[853], oder ob eine "Regelschuld" der "erfahrungsgemäß gewöhnlich vorkommenden Mordfälle" den Ausgangspunkt bilden soll[854].

---

848 Siehe die Zusammenstellungen bei S/S/Stree, § 57 a Rn. 4 f.; LK-Ruß, § 57 a Rn. 5; Bode, in: FS Fall, S. 329 f. jeweils m. w. N.

849 Beispiele von S/S/Stree, § 57 a Rn. 4; LK-Ruß, § 57 a Rn. 5.

850 Tröndle/Fischer, § 57 a Rn. 7; Streng, Sanktionen, S. 105; Laubenthal, JA 1984, 473; Müller-Dietz, StV 1983, 162 f.; Kunert, NStZ 1982, 94.

851 S/S/Stree, § 57 a Rn. 4; Laubenthal, Lebenslange Freiheitsstrafe, S. 220.

852 SK-Horn, § 57 a Rn. 10; Laubenthal, Lebenslange Freiheitsstrafe, S. 222; dazu auch Revel, Schuldschwereklausel, S. 84 ff.

853 So unbestimmt BGH (GS) NJW 1995, 407.

854 Siehe BGHSt 39, 121 ff.; BVerfGE 64, 261; 86, 288; Lackner/Kühl, § 57 a Rn. 3 a ff. m. w. N.

Nach der Schuldschwereklausel des § 57 a Abs. 1 S. 1 Nr. 2 StGB sollen Schuldsteigerungen, d. h. jedes "Mehr an Schuld", das das Mindestmaß erheblich übersteigt, bei der Frage einer Aussetzung des Strafrestes dahingehend Berücksichtigung finden, dass das unterschiedliche Maß gesteigerter Schuld in einer entsprechend differenzierten Dauer der Vollstreckung ihren Niederschlag findet[855]. Dieses unterschiedliche Schuldmaß kann bei der Entscheidung über die Strafrestaussetzung zu der Erkenntnis führen, dass die begangene Tat nach 15 Jahren noch keinen Schuldausgleich gefunden hat und die weitere Verbüßung erforderlich ist[856]. Ausgangspunkt ist nicht irgendein "Durchschnitt", sondern ein "Mindestmaß", so dass die dem leichtesten Mordfall zugrunde liegende Schuldschwere "deutlich" überschritten sein muss[857]. Die in § 57 a StGB bezeichnete Zeitspanne soll nach dem Willen des Gesetzgebers nicht Regelverbüßungszeit, sondern Mindestverbüßungszeit sein[858].

Umstritten ist aber, wann von einer "besonderen Schwere der Schuld" auszugehen ist, weil lebenslange Freiheitsstrafe an sich schon schwerste Schuld voraussetzt. Diese sog. Schuldschwereklausel in § 57 a Abs. 1 S. 1 Nr. 2 StGB

---

[855] Vgl. dazu BT-Drs. 8/3218, 7; BVerfGE 64, 272; BGHSt 40, 364; NStE GW Bl. 37 f.; S/S/Stree, § 57 a Rn. 4; Müller-Dietz, StV 1983, 163; Bode, in: FS Faller, S. 329.

[856] LK-Ruß, § 57 a Rn. 5.

[857] Foth, NStZ 1993, 369: vgl. auch BGHSt 40, 360; Revel, Schuldschwereklausel, S. 53 ff. m. w. N.

[858] Vgl. zu der Unbestimmtheit und Wandelbarkeit einer Regelschuld Stree, NStZ 1983, 289 ff.

hat aufgrund ihrer weiten Fassung in der Rechtsprechung und im Schrifttum zu Unklarheiten und Streit über ihr Verständnis geführt[859].

Grundsätzliche Einigkeit besteht jedoch darüber, dass mit dem Merkmal "besondere Schwere der Schuld" die Strafzumessungsschuld i. S. des § 46 Abs. 1 S. 1 StGB gemeint ist[860]. § 57 a Abs. 1 S. 1 Nr. 2 ist nicht generalpräventiv motiviert[861]. Sein Zweck ist Ausgleich der Tatschuld, wobei spezial- und generalpräventive Erfordernisse, die ein Andauern der Inhaftierung bedingen würden, nach fünfzehnjähriger Strafverbüßung hinter dem Aspekt der Schuldschwere zurücktreten. Daraus folgt, dass § 57 a StGB auch nach Ablauf der Mindestverbüßungszeit und bei günstiger Prognose nicht zu einer automatischen Entlassung führt[862], wenn die Schuldschwere die weitere Vollstreckung erforderlich macht[863].

Die besondere Schwere der Schuld wird vom entscheidenden Schwurgericht festgestellt und im Urteil dargestellt, so dass auf dieser Grundlage die

---

859 *Haffke* (in: Antrieb, S. 70) und *Beckmann* (NJW 1983, 539 ff.) halten deswegen § 57 a Abs. 1 S. 1 Nr. 2 StGB für verfassungswidrig, weil der Begriff der besonderen Schwere der Schuld keinen klaren und eindeutigen Regelungsgehalt hat und deshalb nicht den Anforderungen verfassungsrechtlicher Bestimmtheit an strafrechtlichen Begriffen genügt. Nach dem Wortlaut des § 57 a Abs. 1 S. 1 Nr. 2 StGB ist es nicht auszuschließen, dass selbst Täter mit positiver Prognose wegen ihrer besonders schweren Schuld lebenslang inhaftiert bleibt; vgl. hierzu ferner Grünwald, in: FS Bemmann, S. 173; Meier-Beck, MDR 1984, 44; *BVerfG* (BVerfGE 45, 370 und BVerfGE 72, 113 = NJW 1986, 2241; vgl. auch BVerfGE 45, 370); die *h. M.* hält aber das Merkmal der "besonderen Schwere der Schuld" in § 57 a StGB als hinreichend bestimmt und für verfassungsgemäß; vgl. ferner auch hierzu Lackner/Kühl, § 57 a Rn. 3; Stree, NStZ 1983, 293; Bode, in: FS Faller, S. 341; Laubenthal, Lebenslange Freiheitsstrafe, S. 210; Lenzen, NStZ 1983, 545.

860 Vgl. BVerfGE 86, 313; OLG Karlsruhe NStZ 1983, 74 ff.; S/S/Stree, § 57 a Rn. 5; Stree, NStZ 1983, 289; Streng, Sanktionen, S. 105; Bruns, Strafzumessung, S. 113; Laubenthal, JA 1984, 473; Müller-Dietz, StV 1983, 163; ders., Jura 1984, 74.

861 Vgl. Müller-Dietz, StV 1983, 164; Kunert, NStZ 1982, 511; gegen OLG Nürnberg, NStZ 1982, 509 f. = StV 1982, 528.

862 Vgl. BT-Drs. 8/3218, 5; BGHSt 31, 192.

863 OLG Koblenz GA 1983, 278.

Gewichtung der Schuld beruht[864]. Das hieran gebundene Strafvollstreckungsgericht muss bei Ablehnung der Strafrestaussetzung wenigstens entscheiden, bis wann die Vollstreckung unter dem Gesichtspunkt der besonderen Schwere der Schuld fortzusetzen ist[865].

Falls eine besondere Schwere der Schuld vorliegt, so bedeutet dies nicht, dass die lebenslange Freiheitsstrafe voll verbüßt werden muss, sondern dass eine Aussetzung erst später erfolgen darf[866], dann nämlich, wenn der erforderliche Ausgleich der Schuld erfüllt ist, die erhöhte Schuld daher den weiteren Vollzug der Strafe nicht mehr gebietet. Das unterschiedliche Maß gesteigerter Schuld wird sich daher in einer entsprechend differenzierten Dauer der Vollstreckung widerspiegeln[867]. Die besondere Schwere der Schuld kann deshalb unter Umständen auch eine 18 jährige, 20 jährige oder noch längere Verbüßungszeit in Betracht kommen lassen[868]. Die lebenslange Freiheitsstrafe ist deswegen insoweit nach wie vor eine Freiheitsentziehung von relativ unbestimmter Dauer[869].

Unklar und besonders umstritten ist auch, wie die Schwere der Schuld des Täters zu beurteilen ist, wenn jemand in Tatmehrheit zu dem Mord eine oder mehrere sonstige Straftaten begangen oder durch eine Handlung mehrere Strafgesetze bzw. dasselbe Strafgesetz mehrmals verletzt hat[870]. Hinzu kommt,

---

864 Vgl. BVerfGE 86, 288; vgl. zu den abweichenden Meinungen von Mahrenholz und Winter, JZ 1992, 1184 ff.; auch Anmerkung von Eisenberg, JZ 1992, 1188 ff.

865 Vgl. BVerfGE JZ 1992, 1176; dazu auch Geis, NJW 1992, 2938 ff.

866 Vgl. OLG Frankfurt NStZ 1983, 555.

867 Kritisch aber Meier-Beck, MDR 1984, 448.

868 BT-Drs. 8/3218, 7; Stree, NStZ 1983, 192 f.

869 Kaiser, Kriminologie, S. 423; vgl. zusammenfassend und rechtsvergleichend über den Daten zur Vollstreckung lebenslanger Freiheitsstrafe und Auswirkungen des § 57 a StGB siehe bei NK-Dünkel, § 38 Rn. 34 ff.; H.-M. Weber, Lebenslange Freiheitsstrafe, S. 57.

870 Vgl. hierzu Scheffler, JR 1996, 489; zur rechtlichen Behandlung der Mehrfachtäter bei Aussetzung des Restes einer lebenslangen Freiheitsstrafe siehe Lackner, in: FS Leferenz, S. 609; Müller-Dietz, StV 1983, 162; Lenzen, NStZ 1983, 545; Stree, NStZ 1992, 465; v. Bubnoff, JR 1982, 441 ff.

dass auch bei Begehung mehrerer schwerer und schwerster Straftaten als Gesamtstrafe nur auf einmal lebenslange Freiheitsstrafe erkannt werden kann[871]. Bei der Tatmehrheit (§ 57 b StGB) muss nach allgemeiner Meinung in aller Regel die 15jährige Mindestverbüßungszeit überschritten werden[872]. Entscheidend ist aber nicht ein bloßes Mehr an Schuld auf Grund mehrerer Taten, sondern nur eine erhebliche Schuldsteigerung[873]. Ausnahmen können sich aus dem Zusammentreffen mit minder schweren und deshalb vernachlässigbaren Bagatellstraftaten ergeben[874]. Bei der Tateinheit kommt es stets darauf an, dass das tateinheitlich mit dem Mord begangene Delikt Schuldelemente aufweist, die im Mordmerkmal selbst noch nicht erhalten sind. Nur dann kann die Schuldschwereklausel bei der Tateinheit zum Tragen kommen.

cc) Günstige Prognose (§ 57 a Abs. 1 Nr. 3 i. V. m. § 57 Abs. 1. S. 1 Nr. 2 StGB)

§ 57 a Abs. 1 S. 1 Nr. 3 StGB verweist für die weiteren Voraussetzungen einer Aussetzung auf die Aussetzungsregel bei zeitigen Freiheitsstrafen (§ 57 Abs. 1 S. 1 Nr. 2 i. V. m. S. 2 StGB). Entscheidend für eine günstige Prognose ist, dass es "verantwortet werden kann zu erproben, ob der Verurteilte außerhalb des Strafvollzugs keine Straftaten mehr begehen wird". Grundsätzlich muss die Straffreiheit des Täters sofort zu erwarten sein. Zu berücksichtigen sind namentlich die in § 57 Abs. 1 S. 2 genannten Faktoren. Wenn ein straffreies Leben in der Freiheit nicht mit Gewissheit feststehen kann, so muss jedoch die Möglichkeit einer schweren Straftat sehr entfernt liegen.

---

871 Vgl. §§ 54 Abs. 1 S. 1, 57 b StGB.

872 LK-Ruß, § 57 a Rn. 13; SK-Horn, § 57 a, b Rn. 9 b; Tröndle/Fischer, § 54 Rn. 1 a; Greger, JR 1986, 356; v. Bubnoff, JR 1982, 442.

873 S/S/Stree, § 57 b, Rn. 2 m. w. N.

874 Vgl. S/S/Stree, § 57 b Rn. 2; näher hierzu Revel, Schuldschwereklausel, S. 125 ff.

Fraglich ist aber, wie sicher die Erwartung der Straffreiheit zu sein hat und wie die mögliche weitere Entwicklung der Täterpersönlichkeit, insbesondere in Bezug auf seine Gefährlichkeit zu ermitteln ist. Das der Prognoseentscheidung immanente Risiko beruht darauf, dass Prognosen künftigen Verhaltens in Wirklichkeit niemals sicher, sofern in einem übergangslos breiten Feld offen und ungewiss sind[875].

Der Grundfehler der Prognoseentscheidung liegt in der Reduktion des freien Subjekts auf einen prognostizierbaren naturhaften Antriebsprozess. Für den zurechnungsfähigen Täter liegt darin eine grundsätzliche Negation seiner Rechtssubjektivität. Die sog. Prognoseforschung muss selbst einräumen, dass kriminelle Verhaltensweisen, da sie von der Persönlichkeit, ihrer reflexiven Entscheidung und von der Situation abhängen, mehr oder weniger wahrscheinlich, prinzipiell aber ungewiss sind[876]. Eine Aussetzung kommt nicht in Betracht, wenn der Verurteilte sich weigert, sich begutachten zu lassen[877]. So könnte die Gefährlichkeitsprognose eine mit einem tiefen Eingriff in die Persönlichkeit verbundene Zwangsprognose werden. Selbstbestimmtes menschliches Verhalten erschließt sich zwar aus ihrerseits in Freiheit gründenden habituellen Dispositionen, bleibt deshalb aber auch insofern einer reflexiven Veränderung aus normativem Selbstbewusstsein zugänglich.

Überwiegend wird für § 57 a i. V. m. § 57 Abs. 1 Nr. 2 StGB angenommen, dass eine begründete Wahrscheinlichkeit straffreier Führung ausreicht. Die Gerichte treffen ihre Entscheidungen in aller Regel intuitiv aufgrund der Erfahrungen, die die Richter selbst gemacht haben und die durch die obergerichtliche

---

875 Allgemein zur Kritik des Strafmaßes nach Gefährlichkeitsprognosen siehe Köhler, AT S. 588 ff.; vgl. dazu auch Kunert, NStZ 1982, 93.

876 Vgl. Jescheck/Weigend, AT S. 835; Frisch, Prognoseentscheidungen, S. 39 ff., 69 ff.

877 Tröndle/Fischer, § 57 a Rn. 9; H.-M. Weber, MschrKrim 73 (1990), 69.

Rechtsprechung tradiert und fortgeschrieben werden[878]. Maßgebend dürfen jedoch nur die begangenen Taten sein. Die Schwere der begangenen Tat kann durch eine in der bisherigen Verhaltensgeschichte der Person bewiesene Haltung in ihrer aktuellen Zukunftsoffenheit mitbestimmend sein.

dd) Einwilligung des Verurteilten (§ 57 a Abs. 1 S. 1 Nr. 3 i. V. m. § 57 Abs. 1 S. 1 Nr. 3)

Der Verurteilte muss ebenso wie bei der Aussetzung des Strafrestes zeitiger Freiheitsstrafe in die Aussetzung des Strafrestes einwilligen (§ 57 a Abs. 1 S. 1 Nr. 3 StGB)[879]. Das gesetzliche Erfordernis der Einwilligung schließt aus, dass ein Rechtszustand gegen den Willen des Einwilligungsberechtigten geschaffen oder geändert wird. Das Gesetz verlangt dies, weil von einem Verurteilten, der gegen seinen Willen vorzeitig entlassen wird, eine Resozialisierung weniger erwartet werden kann als von einem anderen[880]. Der BGH konstatiert darüber hinaus ein Recht des Verurteilten "seine Strafe voll zu verbüßen und damit Ort und Dauer der Nachwirkungen seiner Verurteilung weitgehend selbst zu bestimmen"[881]. Eine zunächst verweigerte Einwilligung kann noch später erklärt werden. Sie kann aber auch im Beschwerdeverfahren noch mit der Folge widerrufen werden, dass der noch nicht rechtskräftige Beschluss über die Festsetzung der Mindestverbüßungszeit aufzuheben ist[882].

---

878 Zu dieser sog. Intuitiven Prognose siehe bei Kaiser, Kriminologie, S. 411 f.; Göppinger, Kriminologie, S. 193 f.; vgl. auch allgemein zur Prognosemethode s. Göppinger, Kriminologie, S. 193 ff.

879 Zu dem Problem der Freiwilligkeit bei der Einwilligung eingesperrter Personen siehe Amelung, ZStW 95 (1983), 1 ff.

880 BT-Drs. 5/1094, 13.

881 BGH NJW 1969, 244; so auch OLG Düsseldorf MDR 1985, 71.

882 Näher hierzu Gross, in: FS Riess, S. 698 ff.

ee) Dauer der Bewährungszeit (§ 57 a Abs. 3 StGB)

Wenn die Voraussetzungen des § 57 a Abs. 1 StGB vorliegen, dann muss das Gericht die Vollstreckung des Strafrestes einer lebenslangen Freiheitsstrafe zur Bewährung aussetzen. Die Dauer der Bewährungszeit beträgt zwingend fünf Jahre (§ 57 a Abs. 3 StGB), ohne dass ein Mindest- und Höchstmaß festgesetzt wäre. Sie ist damit nicht länger als die bei der Aussetzung einer zeitigen Freiheitsstrafe längste Bewährungszeit[883]. Die Bewährungszeit kann nicht nachträglich verkürzt, wohl aber unter den Voraussetzungen des § 56 f Abs. 2 StGB um nicht mehr als die Hälfte verlängert werden[884].

2. Zeitige Freiheitsstrafe

Anders als die lebenslange Freiheitsstrafe ist die zeitige Freiheitsstrafe von vornherein befristet, so dass für den Verurteilten bei Antritt seiner Strafe feststeht, wann er spätestens seine Freiheit wiedererlangen wird.

a) Dauer der zeitigen Freiheitsstrafe

Die zeitige Freiheitsstrafe beträgt mindestens 1 Monat und höchstens 15 Jahre (§ 38 Abs. 2 StGB), während das Mindestmaß der Ersatzfreiheitsstrafe, die wegen Uneinbringlichkeit einer Geldstrafe verhängt wird, nach wie vor ein Tag ist (§ 43 S. 3 StGB). Das Höchstmaß von 15 Jahren darf auch bei der Bildung einer Gesamtfreiheitsstrafe nicht überschritten werden (§ 54 Abs. 2 S. 2 StGB). Die Freiheitsstrafe unterscheidet sich hier von der Geldstrafe, bei der im Fall der Gesamtstrafenbildung die Verdoppelung des Höchstmaßes zulässig ist.

Eine Überschreitung der 15 Jahresgrenze kommt bei der Freiheitsstrafe nur in zwei Fallkonstellationen in Betracht. Zum einen ist die Überschreitung der 15 Jahresgrenze dann zulässig, wenn mehrere Gesamtstrafen zu bilden sind;

---

883 Vgl. § 56 a Abs. 1 StGB.

884 Zur Entstehungsgeschichte s. BT-Drs. 8/3218, 12 ff.

dann gilt § 38 Abs. 2 StGB nicht für deren Summe[885]. Zum anderen darf die 15 Jahresgrenze dann überschritten werden, wenn mehrere Freiheitsstrafen nacheinander zu vollstrecken sind und die Voraussetzungen für eine nachträgliche Gesamtstrafenbildung nicht vorliegen[886].

Das gesetzliche Mindestmaß der zeitigen Freiheitsstrafe darf auch bei Strafmilderung nach § 49 StGB nicht unterschritten werden. Das Höchstmaß einer zeitigen Freiheitsstrafe im Einzelfall richtet sich nach dem Strafrahmen des anzuwendenden Strafgesetzes und der richterlichen Strafzumessung. Dabei sind Verbrechen rechtswidrige Taten, die im Mindestmaß mit einer Freiheitsstrafe von einem Jahr oder darüber bedroht sind (§ 12 Abs. 1 StGB) und Vergehen rechtswidriger Taten, die im Mindestmaß mit einer geringeren Freiheitsstrafe oder mit Geldstrafe bedroht sind (§ 12 Abs. 2 StGB). Die besonderen Strafrahmen der einzelnen Delikte treffen nähere Bestimmungen, z. B. "Freiheitsstrafe bis zu fünf Jahren" bei den wichtigsten Vergehenstatbeständen wie Diebstahl (§ 242 StGB) und Betrug (§ 263 StGB).

Die Straftatbestände im Besonderen Teil des StGB enthalten außer den Tatbestandsmerkmalen eine Androhung von Freiheitsstrafe. Das Gesetz gibt manchmal eine Unter- und Obergrenze an, manchmal auch nur eine Unter- bzw. Obergrenze[887]. Dann tritt jeweils die allgemeine Regel des § 38 Abs. 2 StGB ergänzend hinzu. Grenzverschiebungen in beiden Richtungen können sich aufgrund von Milderungen oder Schärfungen ergeben. Innerhalb der ermittelten Unter- und Obergrenze muss der Richter die der konkreten Tat angemessene Strafe durch Strafzumessung festsetzen (§ 46 StGB).

---

885 Dies hat jedoch in der Praxis sehr geringe Bedeutung. Beispiel dazu BGHSt 43, 216 mit Anm. von Fahl, JR 1998, 430.

886 RGSt 4, 54 f.; BGHSt 33, 368 f.; OLG Hamm NJW 1971, 1372.

887 Vgl. z. B. §§ 224 Abs. 1, 212 Abs. 1, 242 Abs. 1 StGB.

b) Aussetzung der Freiheitsstrafe zur Bewährung

Mit der Verhängung einer Freiheitsstrafe im Strafurteil steht noch nicht fest, ob der Verurteilte diese Strafe tatsächlich verbüßen muss[888]. Von der Höhe der im Urteil verhängten Strafe ist die Dauer der tatsächlichen Vollstreckung zu unterscheiden. Die Strafaussetzung zur Bewährung fasst zwei unterschiedliche Entscheidungstypen, die Aussetzung der Vollstreckung der Freiheitsstrafe und die Aussetzung der Vollstreckung des Strafrestes zusammen.

Die Vollstreckung einer verhängten Freiheitsstrafe bis zu zwei Jahren kann unter bestimmten Voraussetzungen zur Bewährung ausgesetzt werden. Grundvoraussetzung der Aussetzung zur Bewährung ist, dass die im konkreten Fall verhängte Freiheitsstrafe bestimmte Grenzen nicht übersteigt. Nach § 56 Abs. 1 und Abs. 2 StGB ist die Aussetzung der Freiheitsstrafen bis zu zwei Jahren möglich. Beträgt die Strafe ein Jahr oder weniger, ist die Aussetzung im Regelfall obligatorisch, wenn zu erwarten ist, dass der Verurteilte sich schon die Verurteilung zur Warnung dienen lassen und künftig auch ohne die Einwirkung des Strafvollzugs keine Straftaten mehr begehen wird (§ 56 Abs. 1 StGB). Bei einer höheren Freiheitsstrafe, die zwei Jahre nicht übersteigt, kann das Gericht die Strafe zur Bewährung aussetzen, wenn nach der Gesamtwürdigung von Tat und Persönlichkeit des Verurteilten besondere Umstände vorliegen (§ 56 Abs. 2 StGB). Das geschieht bei 80 % der Freiheitsstrafen bis zu zwei Jahren. Die Strafaussetzung einer Freiheitsstrafe von mindestens sechs Monaten kann trotz günstiger Prognose scheitern, wenn die Verteidigung der Rechtsordnung ihre Vollstreckung gebietet (§ 56 Abs. 3 StGB).

Materielle Voraussetzung der Strafaussetzung zur Bewährung ist die begründete Erwartung, dass der Verurteilte auch ohne die Einwirkung des Strafvollzugs künftig ein straffreies Leben führen wird. "Erwartung" ist weniger als

Gewissheit und mehr als Hoffnung für künftig straffreie Führung zu verstehen; es genügt eine durch Tatsachen begründete Wahrscheinlichkeit[889]. Maßgebend sind vor allem tatschuldbezogene Umstände wie Art und Gewicht der Tat (Dauer der Freiheitsstrafe) und die Vorstrafenbelastung. Der Richter muss aufgrund einer Prognose zu der Erkenntnis gelangen, dass die Vollstreckung der Strafe spezialpräventiv nicht erforderlich ist, da bereits das Strafverfahren und die Verurteilung genügend positiven Eindruck auf den Angeklagten gemacht haben. Grundgedanke der Strafaussetzung der Freiheitsstrafe zur Bewährung ist es, kurze und mittelfristige Freiheitsentziehungen zurückzudrängen und die Resozialisierung des Täters in der Freiheit zu fördern[890]. Im Übrigen spielt auch die Überfüllung der Justizvollzugsanstalten eine Rolle.

Die Aussetzung zur Bewährung ist unabhängig von der Einwilligung des Verurteilten. Die Bewährungsentscheidung trifft das erkennende Gericht[891]. Wenn die Freiheitsstrafe zur Bewährung ausgesetzt wird, muss das Gericht eine Bewährungszeit bestimmen. Die Bewährungszeit beträgt mindestens zwei und höchstens fünf Jahre (§ 56 a Abs. 1 StGB). Während der Bewährungszeit hängt es von dem Verhalten des Verurteilten ab, ob es bei der Aussetzung der Strafe bleibt oder ob die Aussetzung widerrufen und die Strafe doch noch vollstreckt wird. Bewährt sich der Täter in der vom Gericht festgesetzten Bewährungszeit, so wird die Freiheitsstrafe erlassen (§ 56 g StGB). Wird die Bewährung insbesondere durch eine erneute Straftat nachhaltig gebrochen (§ 56 f StGB), so wird die Strafaussetzung widerrufen und die Strafe vollstreckt[892].

---

888 Zu dem Sanktionsspruch des Strafurteils Mitsch, Jura 1994, 451 ff.

889 Dazu BT-Drs. 5/4094, 11; BGHSt 7, 10 f.; vgl. dazu auch Frisch, Prognoseentscheidungen, S. 49.

890 Zu den Zwecken der Strafaussetzung allgemein Frisch, ZStW 102 (1990), 715 f.

891 Eine Sonderregelung gilt für betäubungsmittelabhängige Straftäter (§§ 35 ff. BtMG).

892 Vgl. hierzu Jung, in: Langer Freiheitsentzug, S. 90 f.; auch zur Bedeutung des Widerruf der Strafaussetzung s. Hassemer, Einführung, S. 301 ff.

c) Aussetzung des Strafrestes bei zeitiger Freiheitsstrafe zur Bewährung (§ 57 StGB)

Wenn die Freiheitsstrafe nicht zur Bewährung ausgesetzt wird, wird sie vollstreckt, sobald das Strafurteil rechtskräftig geworden ist (§ 449 StPO)[893]. Die Dauer der Strafhaft ergibt sich aus dem Strafausspruch des Urteils. Das heißt aber nicht, dass der Verurteilte tatsächlich die gesamte Dauer der verhängten Strafe verbüßen muss. Das Gesetz sieht nämlich die Möglichkeit der vorzeitigen Entlassung auf Bewährung vor (§ 57 StGB).

Im Gegensatz zu der Aussetzung der Strafe ist die Aussetzung des Strafrestes bereits seit 1871 Bestandteil des StGB. Ihr Anwendungsbereich ist im Lauf der Zeit erweitert worden[894]. § 57 StGB unterscheidet zwei Fälle: Aussetzung des Strafrestes nach Verbüßung von zwei Dritteln der verhängten Strafe (§ 57 Abs. 1 StGB) und Aussetzung nach Verbüßung der Hälfte der verhängten Strafe (§ 57 Abs. 2 StGB). Nach Verbüßung von zwei Dritteln der verhängten Freiheitsstrafe ist die Aussetzung des Restes obligatorisch, wenn eine günstige Täterprognose gestellt werden kann und der Verurteilte einverstanden ist (§ 57 Abs. 1 StGB).

Schon nach Verbüßung der Hälfte der Freiheitsstrafe kann der Strafrest zur Bewährung ausgesetzt werden, wenn die besonderen Voraussetzungen des § 57 Abs. 2 StGB vorliegen. Es muss sich bei dem Gefangenen entweder um einen "Erstverbüßer", dessen Strafe zwei Jahre nicht übersteigt (§ 57 Abs. 2 Nr. 1 StGB), handeln oder es müssen "besondere Umständen" vorliegen (§ 57 Abs. 2 Nr. 2 StGB)[895]. In beiden Fällen steht die Entscheidung über die

---

893 Details der Vollstreckung der Freiheitsstrafe sind in dem am 1. 1. 1977 in Kraft getretenen Strafvollzugsgesetz geregelt.

894 Näher dazu Eisel, StV 1986, 312 ff.

895 Hierzu mit der Entstehungsgeschichte Jung, JuS 1986, 742 m. w. N.; vgl. auch Eisel, StV 1986, 313 ff.; dazu auch vgl. Wolters, ZStW 114 (2002), 75 ff.

Strafrestaussetzung nicht im Ermessen des Gerichts. Die Aussetzung des Strafrestes ist obligatorisch, wenn die erforderlichen Voraussetzungen vorliegen.

Die Bewährungszeit bei der zeitigen Freiheitsstrafe beträgt zwischen zwei und fünf Jahren (§ 56 a Abs. 1 StGB). Sie darf nicht kürzer als die Dauer des zur Bewährung ausgesetzten Strafrestes sein (§ 57 Abs. 3 StGB). Für den Straferlass nach Bewährung und den Widerruf bei Bewährungsbruch gelten ähnliche Regeln wie bei anfänglicher Aussetzung (§ 57 Abs. 3 StGB). Als Widerrufsgrund dominiert zu über 90 % eine erneute Straftatbegehung.

Die Bedeutung der Strafrestaussetzung besteht zum einen darin, dass auf diesem Weg dem Umstand entgegenwirkt werden soll, dass die Schwierigkeiten des Gefangenen bei der Wiedereingliederung mit zunehmender Vollzugsdauer größer werden. Dabei soll dem Gefangenen mit der Chance der vorzeitigen Entlassung auch ein Anreiz gegeben werden, während des Vollzugs an der Behandlung mitzuwirken, damit die für die Strafrestaussetzung erforderlichen Voraussetzungen für die positive Prognose geschaffen werden können. Insoweit stellt die Strafrestaussetzung ähnlich wie die Gewährung von Vollzugslockerungen (§§ 11, 13 StVollzG) ein wesentliches Element am Resozialisierungsgedanken orientierten Vollzugskonzeptes dar[896].

Zum anderen soll durch die mit der Strafrestaussetzung geschaffene Bewährungssituation nach der Entlassung für den Verurteilten ein zusätzlicher Druck erzeugt werden, sich an die Anforderungen der Gesellschaft (Leben ohne Straftat) anzupassen. Die Strafrestaussetzung der zeitigen Freiheitsstrafe verfolgt unter diesem Gesichtspunkt die gleichen Ziele wie die Strafaussetzung nach

[896] Vgl. Jescheck/Weigend, AT S. 849; Meier, Sanktionen, S. 127; Streng, Sanktionen, S. 99; vgl. auch Mrozynski, JR 1983, 133 ff.

§ 56 StGB, nämlich eine die Nachteile des geschlossenen Strafvollzugs vermeidende Behandlung des Täters.

3. Kurze Freiheitsstrafe (§ 47 StGB)

Freiheitsstrafe von weniger als 6 Monaten Dauer wird als kurzfristige Freiheitsstrafe bezeichnet[897]. Für diese Strafe - und zwar die tatsächlich zu verbüßende, d. h. nicht zur Bewährung ausgesetzte Freiheitsstrafe – trifft § 47 StGB eine Sonderregelung: Eine Freiheitsstrafe unter sechs Monaten darf danach nur verhängt werden, wenn besondere Umstände sie zur Einwirkung auf den Täter oder zur Verteidigung der Rechtsordnung unerlässlich machen. Die Vorschrift eröffnet einen Weg, Freiheitsstrafen im Bereich kleinerer bis mittlerer Kriminalität zu vermeiden.

Freiheitsstrafe unter einem Monat ist nach § 38 Abs. 2 StGB gänzlich ausgeschlossen[898], während das Mindestmaß der Ersatzfreiheitsstrafe nach wie vor ein Tag ist (§ 43 S. 3 StGB)[899]. Freiheitsstrafen im Bereich bis zu sechs Monaten sind gegenüber der Geldstrafe subsidiär (§ 47 StGB). Kurze Freiheitsstrafen sind kriminalpolitisch seit langem sehr umstritten. Der Alternativ-Entwurf (§ 36 Abs. 1) von 1969 hatte sogar ihre generelle Abschaffung vorgeschlagen. Das Reformziel im strafrechtlichen Sanktionenrecht in den 60er und 70er Jahren war die kurze Freiheitsstrafe möglichst zur Ausnahme zu machen und sie zugunsten der Geldstrafe weitgehend zurückzudrängen[900]. Sie bestimmt aber gleichwohl noch immer die

---

897 Das Wort "kurz" ist ein relativer Begriff; vgl. zur Betrachtung der kurzen Freiheitsstrafe Dolde/Rössner, ZStW 99 (1987), 425; zum Begriff "Kurze Freiheitsstrafe" siehe auch Villmow/Sessar/Vonhoff, KrimJ 1993, 205.

898 Freiheitsstrafe unter 1 Monat ist seit dem 2. Strafrechtsreformgesetz vom 4. 7. 1969 nicht mehr möglich.

899 Vgl. Strafrestaussetzung zur Bewährung bei Ersatzfreiheitsstrafen Dölling, NStZ 1981, 86 ff.; Schatz, ZRP 2002, 438 ff.

900 Vgl. zusammenfassend zur Änderungsgeschichte der kurzen Freiheitsstrafe Kohlmann, in: FS Triffterer, S. 606 ff.

Realität des Strafvollzugs[901]. Fast ein Drittel der Gefangenen befinden sich weniger als 6 Monate im Strafvollzug[902]. In vielen Fällen beruhen solche kurzen Strafverbüßungen auf Nebenfolgen bei der Vollstreckung anderer Sanktionen, z. B. durch Uneinbringlichkeit einer Geldstrafe (§ 43 StGB) oder durch Widerruf einer Strafaussetzung zur Bewährung (§ 56 f StGB).

a) Kampf gegen die kurze Freiheitsstrafe

Franz von Liszt hat bereits in einem Aufsatz über "kriminalpolitische Aufgaben" im Jahre 1889 die Argumente gegen die kurze Freiheitsstrafe geliefert[903]. Er bezeichnete die kurze Freiheitsstrafe als "Strafe, die das Verbrechen fördert" und sagte ihr den Kampf an[904]. Sein Kampf gegen die kurze Freiheitsstrafe erfolgte jedoch nicht etwa deswegen, weil er die Freiheitsstrafe als solche für inhuman oder für nutzlos gehalten hätte, sondern ganz im Gegenteil. *von Liszt* sah in der Freiheitsstrafe ein unverzichtbares Mittel zur spezialpräventiven Einwirkung auf den besserungsfähigen Täter[905]. Kurze Freiheitsstrafen erschienen ihm jedoch aus Gründen der Generalprävention und zur spezialpräventiven Einwirkung auf den besserungsfähigen Täter als schlechthin ungeeignet.

Er hielt das angestrebte Ziel nachhaltiger Besserung nur mittels einer längerfristigen Freiheitsstrafe für erreichbar[906]. Die kurze Freiheitsstrafe

---

901 Rechtsvergleichend Kaiser, Kriminologie, S. 427; Schaffmeister, in: FS Jescheck, S. 991 ff.; Schaeferdiek, Kurze Freiheitsstrafe, S. 25 ff.; über die kurze Freiheitsstrafe in Korea siehe bei Han, Kurze Freiheitsstrafe, 191 ff.

902 Vgl. Kaiser, Kriminologie, S. 426 f.

903 v. Liszt, Aufsätze und Vorträge, Bd. 1 S. 290: "Dass ... die kurze Freiheitsstrafe an und für sich ...nichts taugt, darüber sind heute wohl alle Einsichten einer und derselben Ansicht".

904 Vgl. v. Liszt, Aufsätze und Vorträge, Bd. 1 S. 126 ff.: Er definierte die kurze Freiheitsstrafe als einen Freiheitsentzug bis zu sechs Wochen, siehe dazu auch Grebing, in: Die Geldstrafe, S. 13 ff.

905 Vgl. dazu Weigend, JZ 1986, 261 ff.

906 v. Liszt, Vorträge und Aufsätze, Bd. 1 S. 382.

schädige die Rechtsordnung schwerer als die völlige Straflosigkeit des Verurteilten es zu tun imstande wäre[907]. Bei Ersttätern wollte *von Liszt* von der Vollstreckung von Freiheitsstrafen sogar ganz absehen, da für diese Tätergruppe eine Geldstrafe und bei deren Uneinbringlichkeit die "Strafarbeit in Freiheit" als abschreckender "Denkzettel" sowie die zur Bewährung ausgesetzte Freiheitsstrafe ausreiche[908].

Die Begründung, mit der sich *von Liszt* für die Beseitigung der kurzen Freiheitsstrafe einsetzte, kann heute nicht mehr als stichhaltig gelten, da seine sozialutilitaristische instrumentale Auffassung Gerechtigkeit und Zweckmäßigkeit verkehrt und daher nur an der Unzweckmäßigkeit demonstriert, was vorrangig eine Maßungerechtigkeit ist[909]. Jene Begründung lässt nicht nur die zweckrationale Alternative immer längeren Freiheitsentzugs zur "Unschädlichmachung" selbst kleinkrimineller Wiederholungstäter offen, sondern kann auch die kurze Freiheitsstrafe mit der Behauptung legitimieren, sie sei als sharp short shock individuell und generell abschreckungszweckmäßig[910]. Aber dies ist empirisch ungewiss und strafbegrifflich unhaltbar, da ein solch empirisches Verständnis von einer meistens ganz ungewissen Erfolgsprognose abhängig ist[911].

v. Liszts Kampf gegen die kurze Freiheitsstrafe hatte Erfolg, allerdings erst nach seinem Tode[912]. Der Gesetzgeber unternahm einen entscheidenden Verstoß, als er eine deutliche Präferenz für die Geldstrafe gegenüber der Freiheitsstrafe unter

---

907 v. Liszt, Vorträge und Aufsätze, Bd. 1 S. 290 ff. 353.
908 v. Liszt, Vorträge und Aufsätze, Bd. 1 S. 383.
909 Köhler, AT S. 636 f.; vgl. auch Weigend, JZ 1986, 261 ff.
910 Jescheck/Weigend, AT S. 693; Weigend, JZ 1986, 266 ff.; Roxin, JA 1980, 549.
911 Köhler, Zusammenhang, S. 60 f.; ders., JZ 1989, 698; Grünwald, in: FS Schaffstein, 223; Maiwald, GA 1983, 69 ff.
912 Vgl. zur kurzen Freiheitsstrafe in der Sanktions- und Vollzugspraxis nach der Strafrechtsreform s. Dolde/Rössner, ZStW 99 (1987), 427 f.

drei Monaten zum Ausdruck brachte[913]. 1953 wurde dann auch die Möglichkeit der Aussetzung von Freiheitsstrafe bis zu neun Monaten zur Bewährung ins StGB eingeführt. Bei den Vorarbeiten zur Strafrechtsreform in den 50er und 60er Jahren sah der amtliche Entwurf der Großen Strafrechtskommission (E 62) die Strafhaft mit einer Dauer von einer Woche bis zu sechs Monaten als eigenständige Sanktion vor, während sich die Verfasser des Alternativ-Entwurfs für die Radikallösung einer Streichung der Freiheitsstrafe unter sechs Monaten aussprachen[914]. Der Gesetzgeber entschied sich für eine Kompromisslösung. Freiheitsstrafe unter einem Monat wurde abgeschafft, Freiheitsentzug bis zu sechs Monaten blieb, obwohl als resozialisierungsfeindlich erkannt, als "kriminalpolitische Notbremse" unter stark einschränkenden Voraussetzungen erhalten[915].

b) Anwendungsbereich der kurzen Freiheitsstrafe

Das Gericht darf nach § 47 Abs. 1 StGB eine Freiheitsstrafe unter sechs Monaten nur dann verhängen, wenn dies wegen besonderer Umstände, die in der Tat oder in der Persönlichkeit des Täters liegen können, zur Einwirkung auf den Täter oder zur Verteidigung der Rechtsordnung unerlässlich ist. Die Entstehungsgeschichte des § 47 StGB legt nach h. M.[916] ein instrumental präventionistisches Verständnis der den strafschärfenden Übergang zur Freiheitsstrafe tragenden Gesetzesbegriffe nahe; so wird "zur Einwirkung auf den Täter" insbesondere im Sinne der spezialpräventiven Abschreckungsschockstrafe, "Verteidigung der Rechtsordnung" positiv generalpräventiv ausgelegt[917].

---

913 Näher hierzu Kürzinger, in: Freiheitsstrafe und ihre Surrogate, S. 1834 ff.
914 Dazu näher Eb. Schmidt, NJW 1967, 1933 ff.
915 Nunmehr vgl. § 47 StGB; Weigend, JZ 1986, 260 f. m. w. N.; vgl. auch zu den Erfahrungen und Einstellungen von Betroffenen der kurzen Freiheitsstrafe Villmow in: FS Kaiser, S. 1291 ff.
916 Siehe oben S. 38 f.
917 Vgl. hierzu siehe oben S. 38 f.

Das Erfordernis "zur Einwirkung auf den Täter" soll jedoch nicht instrumental-präventiv verstanden werden, sondern muss vielmehr aus den allgemeinen Strafzumessungsgründen erhöhter Täterschuld oder der proportionalen Strafempfindlichkeit ausgelegt werden[918]. Die Auslegung aus dem Schuldprinzip reduziert wesentlich den haltbaren Anwendungsbereich der Freiheitsstrafe nach § 47 StGB. Es bleiben einerseits Fälle an sich nicht unerheblicher Delikte (z. B. wichtige Verkehrsdelikte oder Vermögensdelikte), für die Geldstrafe nicht ausreichend ist, wie z. B. bei Tätern, die etwa durch Vermögensverhältnisse und berufliche Stellung gänzlich unempfindlich gegen Geldstrafe sind[919]. Andererseits kommen Fälle in Betracht, die zwar nach dem einzelnen Unrechtsgewicht noch leicht bis mittelschwer sind, jedoch durch eine gefestigte Täterhaltung oder permanente Rückfälligkeit schon schwer wiegen.

Die Praxis bezieht kurze Freiheitsstrafen darüber hinaus auch auf Bagatelltäter im Wiederholungsfall. Eine verschärfte Strafeinwirkung im Sinne des § 47 Abs. 1 StGB bei einer Bagatellsanktion lässt sich jedoch nicht begründen. Der instrumental präventionistische Ansatz, die Strafe als ein Motivierungs- und Sicherungszwangmittel zu verstehen, ist in der Grundlage nicht genügend[920]. Er setzt sich in Widerspruch zum Schuldprinzip, nämlich zum Schuldüberschreitungsverbot in der Strafzumessung (§ 46 Abs. 1 StGB). Die einwirkungsalternative Bestimmung von § 47 StGB muss systematisch konsequent auf das Schuldprinzip, die Schuldgrundlagenformel (§ 46 Abs. 1 S. 1 StGB) bezogen werden[921]. Ob und wie der Täter seiner Tat entsprechend zu bestrafen ist und wie auf ihn nach seiner besonderen "Täterpersönlichkeit"

---

918 Köhler, AT S. 640; ders., JZ 1989, 698.
919 Köhler, AT S. 640.
920 Köhler, AT S. 640 f.; ders., JZ 1989, 698.
921 Köhler, JZ 1989, 698.

"einzuwirken" ist (§ 47 Abs. 1 StGB), muss einheitlich nach dem Schuldprinzip entwickelt werden[922].

Weiterhin beruht heute ein großer Teil der tatsächlich verbüßten kurzen Freiheitsstrafe nicht mehr auf einer gerichtlichen Entscheidung, die diese Art der Sanktionierung intendiert, sondern auf unbeabsichtigten Nebenwirkungen bei der Vollstreckung anderer Sanktionen. So muss in etwa einem Drittel der Fälle die Aussetzung einer Freiheitsstrafe (oder eines Strafrestes) zur Bewährung widerrufen und die ausgesetzte Strafe vollzogen werden. Durch die gesetzlich für den Regelfall vorgesehene Anrechnung verbüßter Untersuchungshaft (§ 51 Abs. 1 StGB) werden Freiheitsstrafen von mittlerer Dauer nicht selten in zwei relativ kurze Abschnitte zerlegt.

c) Argumente für und gegen die kurze Freiheitsstrafe

Trotz aller Nachteile und der einschränkenden Vorgaben des Gesetzes wird die Ansicht vertreten, dass auf die kurze Freiheitsstrafe nicht verzichtet werden könne[923]. Die Befürworter der kurzen Freiheitsstrafe gehen zuerst davon aus, dass der Einsatz einer solchen Strafe eine abschreckende "short sharp shock" Wirkung für bestimmte Tätergruppen habe[924]. Die kurze Freiheitsstrafe sei als Denkzettel insbesondere für sozial integrierte Personen in den Bereichen der Straßenverkehrs-, Umwelt- und Wirtschaftskriminalität geeignet. Die

---

922 Köhler, AT S. 640.

923 Jescheck, in: Freiheitsstrafe und ihre Surrogate, S. 2157; Maurach/Gössel/Zipf, AT Bd. 2, S. 561; vgl. a. A. jedoch Roxin, JA 1980, 549 f.; Köhler, AT S. 636 f.; zur historischen Diskussion um die kurze Freiheitsstrafe siehe Dünkel, ZStW 95 (1983), 1039 ff.

924 Anders als im Erwachsenenstrafrecht gibt es im Jugendstrafrecht die Maßnahme sehr kurzer Freiheitsentziehung, nämlich den "Jugendarrest", dessen Dauer mindestens eine Woche und höchstens vier Wochen beträgt (§ 16 Abs. 4 JGG). Dieser soll nach seinem ursprünglichen Konzept mit einer Mischung aus Denkzettel, Schock und Selbstbestimmung in Isolation den Jugendlichen zur Besinnung bringen; dazu auch Eisenberg, Kriminologie, S. 533 f.

abschreckende Wirkung des Freiheitsverlustes soll den Betroffenen aufrütteln und ihn von der Begehung weiterer Straftaten abhalten[925].

Weiterhin erlebt die kurze Freiheitsstrafe eine Renaissance in der ernüchternden Ansicht, dass sie gerade den Vorteil der Kürze hat[926]. Der "je kürzer, desto besser" Gedanke stützt sich auf die Ansicht, dass lange Freiheitsstrafe keine Überlegenheit gegenüber kurzen Freiheitsstrafen für sich in Anspruch nehmen können, gerade aus spezialpräventiver Sicht[927]. Besonders im Hinblick auf mögliche entsozialisierende Wirkungen sei die kurze im Vergleich zu langen Freiheitsstrafe das kleinere Übel[928]. Die Verkürzung der Haftzeit führe nicht nur zur Begrenzung der schädigenden Wirkung der kurzen Freiheitsstrafe, sondern auch zu erheblichen Einsparungen bei den Haftplätzen[929].

Gegen die kurze Freiheitsstrafe werden insbesondere folgende Argumente vorgebracht[930]: Zum einen bewirke die kurze Freiheitsstrafe häufig das Gegenteil dessen, was mit ihr erstrebt werde. Der Täter wird oft durch die kurze Freiheitsstrafe nur in eine kriminalitätsfördernde Umwelt gebracht, in der er neue Bekanntschaften zur Begehung neuer Taten schließen kann. Freiheitsstrafen bis zu sechs Monaten sind erfahrungsgemäß nicht lang genug,

---

925 Kunz, SchwZStr 102 (1986), 201.

926 Vgl. dazu Kaiser, Kriminologie, S. 427; Dolde/Rössner, ZStW 99 (1987), 428 f.; die während eines Jahrhunderts auf nationaler und internationaler Ebene unternommenen Bemühungen, um die kurze Freiheitsstrafe zurückzudrängen, scheinen weitgehend erfolglos geblieben zu sein. In vielen Ländern werden unbedingte kurze Freiheitsstrafen unterhalb von sechs Monaten immer noch häufig angewendet; dazu eine umfassende Übersicht Jescheck, in: Freiheitsstrafe und ihre Surrogate, S. 2039 ff.

927 Weigend, JZ 1986, 266.

928 Dolde/Rössner, ZStW 99 (1987), 429.

929 Dolde/Rössner, ZStW 99 (1987), 429.

930 Vgl. zusammenfassend Schaffmeister, in: FS Jescheck, S. 995; Weigend, JZ 1986, 262 ff.; zur Grundsatzkritik der kurzen Freiheitsstrafe siehe auch Köhler, AT S. 636 f.; ders., JZ 1989, 697 ff.

um eine aussichtsreiche Behandlung zu erlauben[931]. Der Gefangene lernt in dieser kurzen Zeit nicht, künftig ein straffreies Leben zu führen. Er ist vielmehr anfällig dafür, kriminelle Techniken und Haltungen der Mitgefangenen zu übernehmen. Der Gelegenheitstäter, der nur durch besondere Umstände des Einzelfalls zu einer Straftat animiert wurde, wird nicht selten während des Vollzuges der Freiheitsstrafe erst endgültig den gesellschaftlichen Normen entfremdet.

Zum anderen schaden kurze Freiheitsstrafen in der Regel mehr als sie nutzen, da der Täter seine Arbeitsstelle verlassen muss und seiner Familie entzogen wird. Ebenso gefährdet ihn die Haft durch Berührung mit anderen Straffälligen sowie dadurch, dass sie ihn als Kriminellen abstempelt. Tiefgreifende Resozialisierungsbemühungen werden hingegen meistens an der Kürze der Zeit scheitern. Demgegenüber sind zu aktiven sozialen Leistungen bereite Täter eher durch solche Leistungen als durch eine demütigende Freiheitsstrafe zu bessern. Durch das Zurückdrängen der kurzfristigen Freiheitsstrafe wird der Vollzug wesentlich entlastet und damit in die Lage versetzt, seine Bemühungen in den anderen Fällen zu intensivieren.

Weiterhin hat die kurze Freiheitsstrafe wenig Nutzen, obwohl mit der Vollstreckung der kurzen Freiheitsstrafe beträchtliche Kosten verbunden sind. Etwa zwei Drittel der zu kurzzeitigen Freiheitsstrafen Verurteilten werden innerhalb kurzer Zeit nach ihrer Entlassung rückfällig[932]. Die Verhängung einer kurzen Freiheitsstrafe ist daher aus zweckrationaler Sicht weitgehend sinnlos.

---

931 Vgl. OLG Zweibrücken, StV 1993, 30: "Eine kurzfristige Freiheitsstrafe kann nur der Abschreckung, nicht aber der Behandlung dienen, weil eine Einwirkung auf den Angeklagten während eines so kurzen Strafvollzugs so gut wie ausgeschlossen ist".

932 Dazu Kaiser, Kriminologie, S. 426.

III. Der Freiheitsstrafenvollzug – "Strafvollzugsgesetz"

Der Rechtsstatus geht dem Täter durch die Strafe nicht insgesamt verloren, sondern er bleibt immer weiter eine Rechtsperson, wenn auch mit einem durch die Strafe geminderten Rechtsstatus[933]. Selbst während des Vollzugs der Strafe wird die Beziehung zwischen Täter und Rechtsgemeinschaft nicht aufgelöst. Dem Rechtsinstitut Strafe immanent ist ein fortbestehender, sie zudem mäßigender Zusammenhang zwischen strafender Rechtsgemeinschaft und dem Gestraften[934]. Damit wird auch deutlich, wie das Ende des Strafvollzugs aussehen muss: Die Tat ist gesühnt und der Täter mit der Rechtsgemeinschaft wieder versöhnt. Die Tat ist "abgearbeitet". Die Strafe wurde durch gerechten Schuldausgleich begründet und gerechtfertigt. Der Strafvollzug ist ihre Umsetzung in die Tat. Die gesamte Organisation des Strafvollzugs ist keine Frage bloßer Zweckmäßigkeit, organisatorischen und experimentellen Gutdünkens, sondern unterliegt dem Prinzip der auf Restitution des Rechtsverhältnisses in Freiheit gerichteten Strafmaßgerechtigkeit[935].

1. Entstehungsgeschichte des Strafvollzugsgesetzes

Die Geschichte des Strafvollzugs ist im Wesentlichen eine Geschichte der Freiheitsstrafe und eine Geschichte solcher Einrichtungen, in denen die Gesellschaft straffällige Personen zu verwahren oder zu internieren pflegte[936]. Seitdem das moderne Gefängnis als Strafinstitut anerkannt ist, stellt sich die Frage, wie man das Verhältnis zwischen den Gefangenen und der Gefängnisgewalt, zwischen den Gefangenen und der Gesellschaft konstruieren soll. Die Gefängnisgewalt strebte negativ nach der Beibehaltung der inneren

---

933 Vgl. BVerfGE 33, 1 ff. = NJW 1972, 811; Zaczyk, in: Freiheit, S. 85; Köhler, AT S. 44 ff.; vgl. ferner Kaiser, in: FS Schmitt, S. 360.

934 Zaczyk, in: Freiheit, S. 86.

935 Köhler, AT S. 637.

936 Zur Geschichte Britz, in: FS Müller-Dietz, S. 76 ff.; Kaiser/Schöch, Strafvollzug, S, 9 ff.

Disziplin und Sicherheit und positiv nach der Veränderung der Haltung des Gefangenen[937].

Der Vollzug der Freiheitsstrafe ist durch das Strafvollzugsgesetz vom 16. 3. 1976 geregelt[938], das am 1. 1. 1977 in Kraft getreten ist[939]. Damit ist erstmals in Deutschland der Strafvollzug auf eine solide einheitliche Rechtsgrundlage gestellt worden. Der Strafgefangene befindet sich mit diesem Gesetz in einem gesetzlich geregelten Grundrechtsstatus. Im Jahre 1972 gab das BVerfG den entscheidenden maßgeblichen Anstoß für das Strafvollzugsgesetz. In den Entscheidungsgründen wird ausgeführt, dass "auch die Grundrechte von Strafgefangenen nur durch Gesetz oder aufgrund eines Gesetzes eingeschränkt werden können"[940]. Dass auch der Strafgefangene Grundrechtsträger ist, in dessen Rechte nur aufgrund eines Gesetzes eingegriffen werden darf, mag aus der heutigen Sicht selbstverständlich klingen, aber die Tatsache, warum es nach dem Inkrafttreten des Grundgesetzes bis zum Inkrafttreten des StVollzG mehr als dreißig Jahre brauchte, erscheint doch befremdlich.

Die gesetzlichen Regelungen des Strafvollzugs sollen eine wirksame Rechtsgrundlage des Strafvollzugs bilden und die Rechte des Gefangenen gewährleisten[941]. Das Kernstück des StVollzG sind die Vorschriften über die

---

[937] Vgl. Kudlich, JA 2003, 704 ff.

[938] BGBl. I, 581; das StVollzG regelt jedoch nur den Strafvollzug eines erwachsenen Strafgefangenen und Verwahrten. Der Jugendstrafvollzug richtet sich nach der allgemeinen Rahmenvorschrift des § 91 JGG in Verbindung mit Verwaltungsvorschriften zum Jugendstrafvollzug, die bundeseinheitlich ergangen und von den einzelnen Landesjustizministerien mit Wirkung zum 1. 1. 1977 in Kraft gesetzt sind.

[939] Das StVollzG ist im Vergleich zu der sonstigen strafrechtlichen Norm des StGB und der StPO ein relativ junges Gesetz. Die Forderung gesetzlicher Regelung des Strafvollzugs ist jedoch so alt wie das Strafgesetzbuch; zur Vorgeschichte des Strafvollzugsgesetzes Baumann, in: Strafrecht im Umbruch, S. 83 ff.; Müller-Dietz, Strafvollzugsgesetzgebung, S. 2 ff.; Kaiser/Schöch, Strafvollzug, S. 41 ff.; Laubenthal, Strafvollzug, S. 39 ff.; Starck, JZ 1972, 360 f.; Günther, KritV 2000, 299 ff.

[940] BVerfGE 33, 1 ff. = JZ 1972, 357 mit Anm. von Starck, JZ 1972, 360 ff.; vgl. dazu auch Günther, KritV 2000, 298 ff.

[941] Näher hierzu Calliess/Müller-Dietz, Strafvollzugsgesetz, Einleitung Rn. 20 ff.

Rechtsstellung und Behandlung des Gefangenen. Bis dahin war die Rechtsstellung des Strafgefangenen unter dem regelungsoffenen Begriff des "besonderen Gewaltverhältnisses"[942] gefasst, in dem er zur Vollzugsbehörde stehen soll. Nicht einmal die Einhaltung der Verwaltungsvorschriften, die den Vollzug regelten, konnte der Gefangene durch Gerichte überprüfen lassen. Erst 1961 wurde durch §§ 23 ff. EGGVG ein Rechtsweg gegen im Vollzug ergangene Justizverwaltungsakte zu dem Strafsenat des Oberlandesgerichtes eröffnet.

Der Neuregelung des Strafvollzugsgesetzes liegt die Konzeption des vollzugsnahen Gerichts zugrunde, die einer alten kriminalpolitischen Forderung entspringt. Danach soll die Strafvollstreckungskammer aufgrund ihrer räumlichen Nähe zur Vollzugsanstalt und ihrer ständigen Beschäftigung mit Vollzugsfragen in die Lage versetzt werden, sich mit möglichst großer Sachkunde der Materie des Strafvollzugsrechts anzunehmen und zur Erfüllung der Vollzugsaufgaben (§ 2 StVollzG) und zur Weiterentwicklung des Vollzugs beizutragen[943].

2. Aufgaben des Strafvollzugs

Das Strafvollzugsgesetz hat das Vollzugsziel der Freiheitsstrafe formuliert[944]: "Im Vollzug der Freiheitsstrafe soll der Gefangene fähig werden, künftig in sozialer Verantwortung ein Leben ohne Straftaten zu führen" (§ 2 S. 1 StVollzG). Das primäre Ziel für die Gestaltung des Strafvollzugs ist danach die

942 Grundlegend BVerfGE 33, 1 ff.; 40, 276; vgl. nun § 4 Abs. 2 StVollzG.
943 Treptow, NJW 1977, 1037 ff.; Peters, GA 1977, 97 ff.
944 Zur geschichtlichen Diskussion der Strafvollzugszwecke siehe Eberle, Kant-Studien, 76 (1985), 94 ff.; Kaiser/Schöch, Strafvollzug, S. 230 ff.

Resozialisierung des Gefangenen[945], die Vorbereitung auf die Rückkehr in die Freiheit[946]. Das Gesetz normiert den Vollzug der Freiheitsstrafe grundsätzlich nicht im Sinne einer bloßen Negation äußerer Freiheit durch sichere Verwahrung, sondern es zielt auf Wiedergewinnung von Freiheitshaltung und äußerer Freiheit hin[947]. Das Vernünftigste, was eine Gesellschaft mit einem Straftäter anstellen kann, ist ihm Hilfen für eine Wiedereingliederung in die Rechtsgemeinschaft und ihre Normen zu geben. Zu längerer Freiheitsstrafe verurteilte Straftäter sind in der Gesellschaft "tief gesunken". Es ist äußerst schwierig und erfordert erhöhte Anstrengungen, sich aus dem Kriminalisierungsprozess zu befreien. Die Betroffenen hierüber aufzuklären und ihnen Mut zu diesem Kampf zu machen, ist auch Aufgabe der Straffälligenpädagogik.

Der Begriff der "Behandlung" darf deswegen nicht instrumental missverstanden werden. Auf Besserung gerichtete Konzepte wie Sozialtherapie, Arbeitsorganisation und Bildungsanstrengungen dürfen nicht mit Zwang durchgeführt werden, weil Zwang zur Behandlung die Autonomie der Person verletzen würde. Nicht die Einlassung auf inhaltlich heteronome Behandlungskonzepte, sondern nur die freiwillige Wahrnehmung der Handlungsmöglichkeiten, die veränderte Normhaltung des Gefangenen und sein Bewährungsverhalten dürfen für Strafmaßentscheidungen maßgebend sein.

Weiterhin enthält § 2 StVollzG außer Satz 1 noch Satz 2. Dieser lautet: "Der Vollzug der Freiheitsstrafe dient auch dem Schutz der Allgemeinheit vor

---

945 Das StVollzG selbst benutzt den Ausdruck "Resozialisierung" fast nie (Ausnahme z. B. § 9 Abs. 2), sondern eher den Begriff "Behandlung" (z. B. §§ 4 Abs. 1, 6 Abs. 2, Abs. 3, 7 Abs. 2, 8 Abs. 1 Nr. 1, 9 Abs. 1); näher dazu Laubenthal, Strafvollzug, S. 52; Kaiser/Schöch, Strafvollzug, S. 232 ff.; vgl. kritisch zum Sprachgebrauch des Wortes "Resozialisierung" Hassemer, Einführung, S. 286 ff.

946 Vgl. hierzu BVerfGE 35, 235; vgl. auch BVerfGE 45, 239.

947 Vgl. aber zur Kritik der "Freiheitserziehung durch Freiheitsentzug" Hassemer, Einführung, S. 289.

weiteren Straftaten"[948]. Das an sich legitime Ziel des Satz 2 steht allerdings zu Satz 1 in einer vorläufig unbestimmten Beziehung. Die Freiheitsstrafe dient sicher dazu, den Täter, während oder solange er inhaftiert ist, an der Begehung weiterer Straftaten zu hindern und die Allgemeinheit vor der Begehung erneuter Straftaten durch den Verurteilten zu schützen. Ob diese Selbstverständlichkeit ausdrücklich im Gesetz formuliert werden sollte, war streitig[949]. Der Gesetzgeber hatte jedoch durch Ergänzung des § 2 S. 2 StVollzG entsprechend versucht, Vollzugsziel und Vollzugsaufgabe zu kombinieren. Das StVollzG lässt sich als Gestaltung dieses Kompromisses zwischen Resozialisierung und Sicherheit mit einem Vorrang der Resozialisierung verstehen[950]. Dies zeigt indirekt, dass in Satz 2 des § 2 StVollzG ausdrücklich nicht das Vollzugsziel, sondern nur eine sekundäre Aufgabe des Strafvollzugs festgelegt wurde. Das Vollzugsziel und die Vollzugsaufgabe schließen sich jedoch nicht aus, da eine erfolgreiche Resozialisierung des Täters der beste Schutz der Allgemeinheit vor weiteren Straftaten ist.

Das StVollzG enthält eine Fülle von Vorschriften, welche den Strafvollzug auf das Ziel der Resozialisierung verpflichteten. Gestaltungsgrundsätze zur Verwirklichung des Resozialisierungsgebots sind in § 3 StVollzG enthalten. Danach sind die Lebensverhältnisse in den Justizvollzugsanstalten soweit als möglich denjenigen außerhalb der Anstalt gleichzustellen. Schädlichen Folgen des Vollzugs sind entgegenzuwirken, und schließlich soll der Gefangene in die Rechtsgemeinschaft reintegriert werden. Er soll befähigt werden, sich in einem Leben in Freiheit in der Gesellschaft zurechtzufinden. Dies erfordert eine intensive Betreuung der Gefangenen[951]. Aus diesem Zusammenhang folgt, dass

---

948 Vgl. hierzu auch BT-Drs. 7/3998, 6.
949 Vgl. zu der Kollision der Strafvollzugszwecke Schüler-Springorum, Strafvollzug im Übergang, S. 9; Baumann, MschrKrim 47 (1964), 64 ff.; vgl. hierzu auch Bemmann, StV 1988, 549 ff.
950 Vgl. z. B. §§ 10, 11, 13, 15 StVollzG.
951 Vgl. Calliess/Müller-Dietz, StVollzG, § 3 Rn. 7; Müller-Dietz, Grundfragen, S. 200 ff.

der Gefangene allgemein ein Grundrecht auf Resozialisierung und damit verbunden ein Recht auf Behandlung und die Verwirklichung der in § 3 StVollzG normierten Gestaltungsgrundsätze des Strafvollzugs sowie auf Mitwirkung hieran entsprechend § 4 Abs. 1 StVollzG hat. Als maßgebende Handlungskategorie bezeichnet das Gesetz die Behandlung des Gefangenen (§ 4 StVollzG).

Das Grundgesetz ist die positive Quelle, woraus man das Resozialisierungsgebot als Vollzugsziel ableiten kann. Dass Resozialisierungsaufgaben staatliche Aufgaben sind, ergibt sich zudem aus der verfassungsrechtlichen Verankerung des Vollzugsziels[952]: Das in § 2 StVollzG ausdrücklich normierte Resozialisierungsgebot folgt aus dem Grundsatz der Menschenwürde (Art. 2 Abs. 1 i. V. m. Art. 1 Abs. 1 GG) und dem Sozialstaatsprinzip (Art. 20 Abs. 1 und 28 Abs. 1 GG), die den Staat verpflichten, den Menschen weder zum Strafobjekt herabzuwürdigen noch ihn als hoffnungslosen Fall abzuschreiben, sondern ihn darin zu unterstützen, sich in einer "freien Gesellschaft ohne Rechtsbruch zu behaupten"[953]. Die Freiheitsstrafe als dauerhafter Freiheitsentzug ist allgemein für den Gefangenen eine permanente belastende Maßnahme. Nach der Rechtsprechung der BVerfG besteht ein grundrechtlicher Anspruch des einzelnen Gefangenen aus Art. 2 Abs. 1 i. V. m. Art. 1 Abs. 1 GG darauf, dass bei sämtlichen ihn belastenden Maßnahmen das Ziel der Resozialisierung verfolgt wird[954].

3. Gegenwärtige Strafvollzugspraxis

Das Strafvollzugsgesetz enthält sehr vernünftige Vorstellungen. Deren Umsetzung scheitert jedoch in der Tat häufig am Geldmangel. Ob es gelungen

952 Zum Behandlungsvollzug als hoheitliche Aufgabe siehe Gusy/Lührmann, StV 2001, 49 ff.
953 BVerfGE 45, 202 ff.
954 BVerfGE 45, 238 f.

ist, das Strafvollzugsziel in die Tat umzusetzen, wird oftmals bestritten. Dass das Resozialisierungskonzept keine messbaren Erfolge vorweisen kann[955], ist eine schwere reale Belastung. Wenn und soweit der Vollzug der Vorbereitung auf ein verantwortliches Leben in Freiheit ohne Straftaten dient, können nicht nur Resozialisationschancen genutzt, sondern auch etwaige negative Auswirkungen langjähriger Haft vermindert werden[956]. Der Gefangene wird in der Realität weder annähernd angemessen entlohnt, noch besteht der sonst übliche soziale Schutz[957]. Freiheitsstrafe im maßgerechten Vollzug darf weder formell, noch der Sache nach absolut eliminierend wirken. Die Aufgabe der weiteren Entwicklung des Strafvollzugs ist daher die im StVollzG angelegten, aber aus finanziellen und anderen Gründen noch nicht realisierten Reformvorstellungen in der Tat wirklich umzusetzen und die tatsächlichen Rahmenbedingungen (Personal, Hafträume) weiter zu verbessern.

Nach rechtsstaatlichen Grundsätzen ist der Vollzug der Freiheitsstrafe in einer staatlich kontrollierten Anstalt zu gestalten[958]. In diesem Zusammenhang wird aktuell nach dem Vorbild der USA darüber diskutiert, ob eine Privatisierung des

---

955 Die Statistik zeigt indirekt, obwohl das StVollzG die Resozialisierung als Vollzugsziel bezweckt, dass die Zahl des Rückfalltäters andauernd zunimmt.

956 Müller-Dietz, Jura 1983, 630.

957 Vgl. auch BVerfGE 98, 201 ff.; am 1. 1. 2001 wurde durch das Fünfte Gesetz zur Änderung des StVollzG vom 17. 12. 2000 (BGBl. I, 2043) das Arbeitsentgelt für Gefangene neu geregelt. Das Arbeitsentgelt wurde nun mit der Neufassung der §§ 43, 200 StVollzG nahezu verdoppelt; hierzu zusammenfassend Beaucamp, JA 2003, 939 f.

958 Das StGB kennt jedoch die Möglichkeit privater Beteiligung. Z. B. lässt sich das Institut der Zurückstellung der Strafvollstreckung nach § 35 BtMG durchaus als privatlich ausgestaltete Form der Strafhaft interpretieren. Danach darf die Vollstreckung einer Freiheitsstrafe von nicht mehr als zwei Jahren zurückgestellt werden, wenn der Strafhaft eine Drogenabhängigkeit zugrunde liegt und der Verurteilte sich in eine therapeutische Behandlung begibt.

Strafvollzugs möglich ist[959]. Der Strafvollzug gehört zum Kernbereich staatlicher Aufgabenwahrnehmung und ist als solcher im Hinblick auf Art. 33 Abs. 4, Abs. 5 GG nicht privatisierungsfähig. Eine Privatisierung des Strafvollzugs als Ganzes ist somit in Deutschland unzulässig[960]. Verfassungsrechtlich zulässig dürfte jedoch die Teilprivatisierung dort sein, wo es nicht um die Ausübung hoheitlicher Befugnisse i. S. von Art. 33 Abs. 4 GG geht[961].

IV. Zusammenfassung

Die Freiheitsstrafe ist die schwerste Strafe im geltenden Recht. Besonders die lebenslange Freiheitsstrafe ist als staatlicher Eingriff nur dann zu rechtfertigen, wenn die reale, konkrete Chance zu einer früheren Entlassung des Verurteilten bleibt und der Strafvollzug darauf ausgerichtet ist. Nach der Abschaffung der Todesstrafe stellt die lebenslange Freiheitsstrafe das umstrittenste Instrument der Kriminalpolitik dar. Dabei sind drei Probleme zu beachten: Die Abschaffung der lebenslangen Freiheitsstrafe, die Verwendung der lebenslangen Freiheitsstrafe als absolute Strafdrohung insbesondere bei Mord und schließlich die richterliche Aussetzung des Strafrestes nach Verbüßung von 15 Jahren Strafdauer.

Mit der völligen Abschaffung der lebenslangen Freiheitsstrafe[962] sieht es zurzeit schwierig aus, da es für das schwerste Unrecht noch keine andere Alternative

---

959 Nach amerikanischem Recht ist das private Betreiben von Haftanstalten nicht von Verfassungs wegen verboten und dann zulässig, wenn eine einfach- rechtliche Norm dies zulässt; zusammenfassend und rechtsvergleichend hierzu siehe NK-Dünkel, § 38 Rn. 24 f.; Laubenthal, Strafvollzug, S. 13 ff.; Arloth, GA 2001, 320; Bonk, JZ 2000, 435 ff.; Kruis, ZRP 2000, 1 ff.; Gusy/Lührmann, StV 2001, 46 ff.; zur Strafvollzugsmodelle in den USA siehe Bosch/Reichert, ZStW 113 (2001), 207 ff.

960 Zutreffend Arloth, JuS 2003, 1042; Bonk, JZ 2000, 435 ff.; Di Fabio, JZ 1999, 585 jeweils m. w. N.

961 Calliess/Müller-Dietz, Strafvollzugsgesetz, § 155 Rn. 10; Laubenthal, Strafvollzug, Rn. 46; Kaiser/Schöch, Strafvollzug, § 5 Rn. 76.

962 Zur Kritik der Freiheitsstrafe vgl. Hassemer, Einführung, S. 289; vgl. zur Vor- und Nachteile der Freiheitsstrafe Schmidhäuser, Strafrecht S. 762 f.

zur Freiheitsstrafe gibt und die plakative Wirkung der lebenslangen Freiheitsstrafe in der heutigen Situation kriminalpolitisch unverzichtbar sein dürfte[963]. Das BVerfG[964] hat deshalb auch die lebenslange Freiheitsstrafe nicht für verfassungswidrig erklärt.

Die lebenslange Freiheitsstrafe als absolute Androhung kann nur gerechtfertigt werden, wenn der Unrechtsgehalt der Tat so hoch ist, dass diese Sanktion stets schuldangemessen ist. Das BVerfG[965] hat zwar die lebenslange Freiheitsstrafe als absolute Androhung nicht für verfassungswidrig erklärt, aber ein angemessenes Verhältnis zwischen der pönalisierten Unrechtsmaterie und der angedrohten Unrechtsfolge verlangt. Dieses Anliegen hält es bei § 211 StGB durch eine verfassungskonforme restriktive Auslegung dieser Bestimmung für realisierbar. In der kriminalpolitischen Konsequenz der Entscheidung des BVerfG dürfte es jedoch liegen, den Straftatbestand des Mordes neu zu gestalten und auf der Sanktionsseite danach zu differenzieren, dass dem Verfassungsgebot Rechnung getragen werden kann: "Wo die Tat verschiedene Grade des Verschuldens und der Schwere aufweisen kann, muss dem Richter grundsätzlich die Möglichkeit gelassen werden, die Strafe dem anzupassen"[966].

Die Strafrestaussetzung der lebenslangen Freiheitsstrafe ist durch das 20. StrÄG vom 8. 12. 1981 ins StGB neu eingefügt worden. Gemäß § 57 a StGB kann nach einer Mindestverbüßungszeit von 15 Jahren der Strafrest durch gerichtliche Entscheidung zur Bewährung ausgesetzt werden. Dabei hängt die Aussetzung von einer günstigen Täterprognose sowie davon ab, ob die besondere Schwere der Schuld die weitere Vollstreckung gebietet. Besondere Schwere der Schuld ist ein sehr umstrittener Begriff, aber besonders schwer soll die Schuld sein,

---

963 Vgl. Jescheck/Weigend, AT S. 617; Jescheck, in: Freiheitsstrafe und ihre Surrogate, S. 2156.
964 BVerfGE 45, 187 ff.; vgl. auch a. A. Köhne, JR 2003, 5 ff.
965 BVerfGE 45, 187 ff.; NJW 1977, 1525.

wenn ein deutliches mehr an konkreter Schuld aus Gerechtigkeitsgründen die weitere Vollstreckung gebietet.

Freiheitsstrafe von weniger als sechs Monaten Dauer wird als kurzfristige Freiheitsstrafe bezeichnet und darf nach § 47 StGB nur verhängt werden, wenn besondere Umstände sie zur Einwirkung auf den Täter oder zur Verteidigung der Rechtsordnung unerlässlich machen. Die kurze Freiheitsstrafe bestimmt jedoch nach wie vor die Realität des Strafvollzugs in erheblichem Maße. Der Vollzug der Freiheitsstrafe ist im Strafvollzugsgesetz vom 16. 3. 1976 geregelt. Das Menschenbild des Grundgesetzes fordert, dass die Freiheitsstrafe weder formell noch der Sache nach absolut eliminierend wirken darf.

---

966 BVerfGE NJW 1977, 1532; Eser, Gutachten, S. 86 ff.

Zweiter Teil: Das koreanische Strafensystem

1. Abschnitt: Allgemeine Einführung in das koreanische Strafrecht

A. Historische Entwicklung des koreanischen Strafrechts

Ein Rechtssystem ist eng an das soziale, politische, wirtschaftliche und kulturelle Umfeld gebunden und von der Geschichte und geschichtlichen Entwicklung eines Landes abhängig. Die Wechselwirkung zwischen Recht und gesellschaftlicher Entwicklung kann gar nicht überschätzt werden. Da das geltende Recht von seiner historischen Entwicklung nicht getrennt betrachtet werden kann, ist die Kenntnis der traditionellen koreanischen Jurisprudenz notwendig. Im Folgenden werden daher zunächst die koreanische Rechtsgeschichte und die kulturellen Hintergründe des koreanischen Rechts kurz dargelegt, um das koreanische Rechtsdenken und das geltende koreanische Rechtssystem besser zu verstehen, und auch um zu informieren, warum Korea trotz seiner mehr als fünf Jahrtausenden alten Geschichte und des unterschiedlichen Rechtsdenkens das deutsche Rechtssystem nahezu komplett übernommen hat.

I. Geschichtliche Entwicklung der koreanischen Jurisprudenz und des Strafrechts

Die Geschichte des koreanischen Strafrechts kann, wenngleich dies nicht immer einheitlich gehandhabt wird, in vier Perioden eingeteilt werden[967]. Die erste Periode reicht von den Anfängen des Strafrechts (etwa 4. Jahrhundert v. Chr.) bis zur Gabo-Reform von 1894 (sog. Gabo-Gyongsang), die zweite Periode von der "Gabo-Gyongsang" von 1894 bis zur Annexion durch Japan (1910), die dritte Periode von 1910 bis 1945 unter der japanischen Herrschaft und die letzte Periode schließlich von der Befreiung von Japan (1945) bis zur Gegenwart. Die Rechtsgeschichte Koreas teilt sich in zwei scharf voneinander getrennte

Abschnitte, die Zeit der Rezeption des chinesischen Rechtssystems, die etwa bis zum Ende des 19. Jahrhunderts dauerte, und die des kontinental-europäischen Rechtssystems in den letzten 100 Jahren. Zwischen ihnen besteht jedoch keine inhaltliche Verbindung. Jedes System bewegt sich in seiner eigenen Gedankenwelt mit völlig gegensätzlichen Grundsätzen.

1. Entwicklung der koreanischen Jurisprudenz bis zum Ende des 19. Jahrhunderts

Das Strafrecht hat seine eigene Entstehungsgeschichte, die in dem Nebel der Volksgewohnheit des Altertums wurzelt. Die Geschichte des Verbrechens und der Strafe haben eine genauso lange Geschichte wie der Menschheit selbst. Besonders die Strafe war mit der Gründung von Staaten eine staatliche Institution geworden. Der ersten Epoche des koreanischen Strafrechts liegt, wie auch anderen frühen Kulturen, ein theokratischer Strafgedanken zugrunde.

Die Reaktion auf eine Straftat war reine Vergeltung. Im alten Korea (sog. Gochosun, etwa 190 v. Chr.) gab es die "Achtverbote", von denen nur drei Artikel bis heute bekannt sind: "Wer jemanden tötet, wird sofort mit dem Tode bestraft; wer einem Anderem einen körperlichen Schaden zufügt, soll Entschädigung mit Getreide leisten; wer eine fremde Sache stiehlt, wird verurteilt entweder als Sklave für die Geschädigten zu arbeiten oder wer die Tat freiwillig sühnen will, soll eine Geldstrafe bis zu 500 000 Kupfermünzen entrichten"[968]. Die nachfolgenden alten Staaten in Korea hatten ähnliche Rechtsgewohnheiten wie im alten Korea Gochosun[969].

---

[967] Vgl. dazu S.-D. Yang, Studie der Rechtswissenschaft Bd. 9, 10 (2000), 13.

[968] Vgl. T.-S. Byun, Koreanische Geschichte, S. 73; Chang, Rückfall und Strafzumessung, S. 112 jeweils m. w. N.

[969] Näher dazu J.-D. Bae/S.-H. Jung, Strafvollzugsrecht, S. 17 ff.; H.-M. Son, Strafrecht AT, S. 40 ff.

Korea hat sein eigentümliches Rechtsleben und seine eigenen Kodifikationen zunächst durch alle Dynastien hindurch beibehalten. Seit dem 3. Jahrhundert nahm jedoch die chinesische Rechtskultur und deren Rechtssystem in Korea Einfluss. Das traditionelle koreanische Strafrecht stand bis zum Ende des 19. Jahrhunderts wesentlich unter dem Einfluss der chinesischen konfuzianischen Rechtsgedanken[970]. Die chinesische konfuzianische Lebensphilosophie und Weltanschauung dominierten das Gedankengut der Koreaner und prägen noch heute in vielen Bereichen die koreanische Gesellschaft.

Der älteste Strafkodex war das "Koryo-Hyong-Bop" (das koreanische Strafrecht), das gegen Ende des 10. Jahrhunderts nach dem Vorbild des chinesischen Tang-Strafkodex verfasst wurde[971]. Ab Beginn der Chosun-Dynastie (1392-1910)[972] fand der "Tae-Ming-Lül" (der große chinesische Kodex der Ming-Zeit, 1368-1644)[973] unmittelbar in Korea Anwendung. Dieser wurde jedoch durch einheimische Gesetzgebung wie den Großen Kodex zum Regieren des Staates von 1484 ("Kyong-Guk-Dae-Jon"), den Nachtrag zum Großen Kodex von 1746 ("Sok-Dae-Jon") und die allgemeine Ergänzung des Großen

---

970 Näher dazu Tjong, ZStW 88 (1976), 785 ff.; Ryu, Strafgesetzbuch, Einleitung, S. 1; S.-J. Hyun, in: Rezeption des deutschen Rechts, S. 19.

971 In China gab es bereits im Jahre 624 ein Strafgesetzbuch, den sog. "Tang-Lül" (Tang-Kodex). Der "Tang-Kodex" wurde mehr als 900 Jahre vor der "Constitutio Criminalis Carolina" von 1532 kodifiziert und wegen der Gesetzgebungstechnik und Bedeutung oft mit der Constitutio Criminalis Carolina verglichen; vgl. dazu Dando, GA 1959, 357; Tjong, in: FS Welzel, S. 278 m. w. N.

972 Der einheimische Name für Korea ist "Chosun", das den Schriften nach das "Land der Morgenfrische" bedeutet. 935 n. Chr. wurde der Name mit der Thronbesteigung einer neuen Dynastie zu "Koryo" ("Land der hohen Schönheit"), wohl von Marco Polo nach Europa gebracht und hier latinisiert in das heutige "Korea". Um die Wende des 14. Jahrhunderts wurde wieder der Name "Chosun" (Chosun bedeutet hier dann das "Land der Morgenstille") von dem Gründer der Chosun-Dynastie (1392-1910) übernommen. Später nannte sich das neugebildete Kaiserreich Korea (1897-1910) "Daehan". Seit 1945 trägt Südkorea mit Rücksicht auf die ehemaligen Südstaaten die Bezeichnung "Daehan" und den Namen "Daehan-Minguk" (Republik Daehan) = Korea, während das kommunistische Nordkorea den Namen "Chosun" beibehält. Mit Korea ist in dieser Arbeit Südkorea gemeint.

Kodex von 1865 ("Dae-Jon-Höe-Tong") nach und nach verdrängt. Kyong-Guk-Dae-Jon spielte als Grundlage des Strafrechtssystems in der Chosun-Dynastie eine wichtige Rolle. Die Anfang des 8. Jahrhunderts stattgefundene Rezeption des chinesischen konfuzianischen Rechts hat im koreanischen Strafrecht eine wichtige Rolle gespielt, bis vor und in Folge der chinesischen Niederlage im Krieg gegen Japan die Beziehungen Koreas zum chinesischen Rechtssystem abbrachen[974] und bis Korea Ende des 19. Jahrhunderts und Anfang des 20. Jahrhunderts durch Japan ein neues Rechtssystem und eine neue westliche Rechtskultur rezipiert hat.

a) Rezeption des chinesischen Rechtssystems – "Ye" (Sittlichkeit)

Der Konfuzianismus hat in China eine sehr lange Geschichte. Er ist die traditionelle chinesische politische Idee, deren ideologischer Ursprung auf der

---

973 Hierzu Tjong, ZStW 88 (1976), 788 m. w. N.

974 Das Vordringen Japans führte zum Krieg mit Koreas alter Schutzmacht, dem China der Manschu-Dynastie (1894/1895). Im Jahr 1894 brach der Chinesisch-Japanische Krieg aus, der mit Japans Sieg endete. Infolge des Sieges Japans stand die politische und rechtliche Gestaltung Koreas unter dem starken Einfluss des japanischen Rechtssystems. Geographisch gesehen ist Korea eine lange, schmale und gebirgige Halbinsel, zwischen dem gelben Meer im Westen und dem japanischen Meer im Osten und im Norden durch die Flüsse Amnok und Duman begrenzt, die Südgrenze bildet das Südchinesische Meer. Diese geopolitische Lage zwischen China und Japan erklärt die Doppelstellung Koreas einerseits als Ziel der Machtpolitik der Nachbarländer, andererseits als kulturelle Brücke zwischen China und Japan. Die koreanische Zeitrechnung beginnt mit dem Jahre 2333 vor Christus. Damals wurde ein erstes legendäres Reich "Chosun" gegründet. In der Folgezeit wurde Korea als Grenzland wegen seiner geopolitischen Lage ständig durch Machtkämpfe im Inneren und Einfälle von China und Japan erschüttert. In ganz Ostasien gibt es kein Land, das so sehr wie Korea von Kriegen und Verwüstungen heimgesucht wurde. Eine wesentliche Einbuße erlitt die kulturelle Entwicklung Koreas durch zwei Tatsachen, den Japan (Einfall 1592-1598) und die Manschu (Einfälle ab 1627). Nach den bitteren Erfahrungen dieser letzten Dezennien schloss sich Korea von ca. 1630-1880 hermetisch von der Außenwelt ab. Jedem Koreaner - mit Ausnahme der Tributgesandtschaften – war das Verlassen des Landes und der Handel mit Ausländern, jedem Fremden das Betreten unter Todesstrafe untersagt. Korea blieb bis 1890 das "verbotene Land", das "hermetisch abgeschlossene Einsiedlerland". Infolge seiner 250 Jahre dauernden Abgeschlossenheit von der Außenwelt hat Korea zwar seine alten Gebräuche länger als andere Völker bewahrt, aber gerade durch seine Abgeschlossenheit hat sich Korea des Ansporns zu weiterer Entwicklung beraubt; dazu näher Eckardt, Korea, S. 5 ff.

umfassenden Philosophie des Konfuzius (551-479 v. Chr.) basiert. Der Konfuzianismus entstand aus dem Motiv, die unruhige Gesellschaft in der alten chinesischen Zeit durch die moralische Ausbildung zu korrigieren und zu verbessern[975]. Die von Konfuzius gewünschte idealistische politische Ordnung war die tugendhafte Rechtsordnung durch die gerechte Herrschaftspolitik wie die Chou-Dynastiezeit (1122-255 v. Chr.) und vor allem die Tang-Zeit (618-907 n. Chr.). Die gerechte Herrschaftspolitik nach der konfuzianischen Vorstellung ist eine ideale politische Form, die von der moralischen und charakterlichen Vollendung des Herrschers ausgeht und aus der harmonischen Einheit des Individuums und der Gesamtheit besteht.

Der Grundgedanke des Konfuzianismus liegt in der natürlichen Hinordnung der Menschen auf ihr Gewissen, wodurch eine natürliche Verbindung zwischen den Menschen geschaffen wird[976]. Nach der konfuzianischen Weltanschauung beruht die staatliche und gesellschaftliche Ordnung allein auf dem "Ye"[977]. Das "Ye" bedeutet "Sittlichkeit", "Höflichkeit", "Ethik", "Riten", "Naturrecht", und "moralische Regeln des richtigen Verhaltens und guten Betragens"[978]. Das Wesen des Ye besteht in der naturalis ratio, die nach konfuzianischer Auffassung als Vernunftidee definiert wird und die sich den veränderten Verhältnissen anpasst. Ye ist damit der Inbegriff sämtlicher Sozialnormen. Ein Schüler des Konfuzius *Sün-Tze* sagte: "Das Ye ist die höchste Form des Herrschens und Teilens, die Wurzel aller Macht und Ordnung"[979]. Es handelt sich somit um eine Form sozialer Kontrolle gegen die ungehemmte Betätigung

---

975 Näher zu dem Konfuzianismus und der Charakteristik der Rechtsnorm bei S.-K. Jang, in: FS für B.-H. Park, S. 99 ff.; zur Geschichte der Kodifikation des Strafrechts in China siehe bei Tjong, 84 (1972), 1088 ff.

976 Vgl. Su, Das chinesische Rechtsdenken, S. 55 ff.; Weber, Gesammelte Aufsätze, S. 430 ff.

977 Auf chinesisch "Li"; zur Einführung des chinesischen Rechts Heuser, JuS 1973, 537 ff.

978 Vgl. Tjong, ZStW 88 (1976), 789; ders., ZStW 84 (1972), 1090 f.; Su, Das chinesische Rechtsdenken, S. 72.

979 Vgl. B.-K. Kim, Dong-A Law Review 1 (1985), 160 ff. m. w. N.

menschlicher Wünsche. Ye kann daher durchaus als zwar ungeschriebenes aber lebendiges Recht, durch das der Staat, die Gesellschaft wie die Familie ihre Ordnung erfahren, bezeichnet werden. Die Verhältnisse zwischen den Individuen, des Einzelnen zur Familie, zum Staat und das gesamte menschliche Leben in der konfuzianischen Gesellschaft wurden vom sittlichen Gebot getragen und bestimmt[980].

Ye galt im Osten als allgemeingültiges Lebensprinzip oder fundamentale Naturordnung und spielt noch eine gewisse Rolle in der Gesellschaft. Die Funktion des Rechts war, das Ye anzuwenden und in die Ordnung zu bringen. Das Ideal des Rechts war daher nur dann gegeben, wenn das Recht mit dem Grundprinzip Ye's übereinstimmte und die Geltung des Ye's gewährleistete. Recht oder Gesetz allein hatte keinen selbständigen Zweck, und das Recht hatte stets mit Bezug auf das Ye einen nur reflexiven Wert. Anderseits aber hatte das Recht niemals seinen untergeordneten und minderbewerteten Rang im Bewusstsein des mit der Han-Dynastie (206 v. Chr.-220 n. Chr.) zur Staatsideologie avancierten Konfuzianismus verloren. Recht blieb ultima ratio und stets hinter dem Ye zurückgesetzt, immer mit einem Gefühl des Zweitrangigen verbunden. Das kodifizierte Gesetz "Fa" galt lediglich als eine hilfsweise Sanktion, als ein sekundäres Durchsetzungsmittel der allein wesenserfüllten und werthaften Sittlichkeit. Das Recht schützte nicht eine ihm eigene Ordnung, sondern war Dienerin der durch die Riten konkretisierten konfuzianischen Ethik, deren Werte es zu wahren hatte. Konfuzius selbst räumte dem "Fa" diese dem "Ye" untergeordnete Bedeutung ein[981].

Korea stand seit der Entstehung der Chosun-Dynastie (1392-1910) weitgehend unter dem Einfluss des Konfuzianismus. Es gab schon in der traditionellen

---

980 Näher dazu Tjong, ZStW 84 (1972), 1090 f. m. w. N.
981 Vgl. Su, ZStW 80 (1968), 515 f.

koreanischen Gesellschaft verschiedene Philosophien und geistige Kulturelemente, z. B. Buddhismus und Schamanismus. Der Buddhismus und der Schamanismus als die eigentliche Kultur nahmen jedoch nicht unmittelbar auf die Gestaltung der staatlichen und rechtlichen Normen, sondern vielmehr auf das religiöse und kulturelle Leben Einfluss[982]. Der Konfuzianismus gewann Ende der Koryo-Dynastie immer mehr Bedeutung für die staatliche Gemeinschaft und das Individuum, und seit der Gründung der Chosun-Dynastie nahm er schon deswegen die Hauptrolle in Korea ein, weil die Gründer der Chosun-Dynastie alle Anhänger des Konfuzianismus waren und der Konfuzianismus von ihnen zur Herrschaftsideologie der feudalistischen Regierung entwickelt wurde[983]. Das Tae-Ming-Lül (der große chinesische Mingkodex) von 1389 fand unmittelbar nach der Gründung der Chosun-Dynastie in Korea Anwendung, jedoch nicht in seiner ursprünglichen Form, sondern in einer koreanischen Verhältnissen entsprechend revidierten Form.

Der Kodex der Chosun-Dynastie hat zwei inhaltliche Eigentümlichkeiten; zum einem diente die Gesetzgebung dem Zweck der Erhaltung der autokratischen Dynastie, zum anderen wurde das Gesetz nicht von Rechtsexperten, sondern von Konfuzianisten gemacht[984]. Das Gesetz beinhaltete und spiegelte konfuzianische Ethik und Gedanken wider, um die streng hierarchisch und autokratisch angelegte Gesellschaftsstruktur der Chosun-Dynastie weiter zu erhalten. Der Inhalt des Gesetzes basierte daher auf der absoluten Autorität des Monarchen. Der konfuzianische Gedanke differenzierte je nach ihrer gesellschaftlichen Stellung zwischen Herrschern und Beherrschten. Die Beherrschten akzeptierten die Gewaltherrschaft ohne weiteres.

---

982 Vgl. hierzu Tjong, ZStW 88 (1976), 786 f.
983 Näher dazu Tjong, ZStW 88 (1976), 787 ff.; Suh, Rechtsfolgenteil, S. 8 ff.
984 J.-D. Bae, Recht und Gesellschaft 1989, 229 ff.

Die Grundidee der autoritären Chosun-Dynastie war die fernöstliche Vorstellung von einer Rechtsordnung, welche die soziale Ordnung unter jene das Naturrecht und die konfuzianische Moral stellt. Deswegen war nicht der Grad der Rechtswidrigkeit, sondern die moralische Vorwerfbarkeit viel wichtiger. Ein Verstoß gegen konfuzianische Sitten war höchst vorwerfbar, so dass solche Handlungen als schweres Verbrechen galten und dafür keine Milderung und Gnade erlaubt wurde.

Da das Ye keine Zwangsbefugnis hatte, wurden neue Gesetze erlassen und eine Strafe aufgelegt, um die Befolgung des Ye zu erzwingen. Die Handlungsnorm war stets nur das Ye, das Gesetz war bloß ein sekundäres Hilfsmittel, um das Ye zu verwirklichen. Anders ausgedrückt, wichtig war nicht das Gesetz sondern das Ye. Das Gesetz hing von dem Ye als allgemeine Norm ab, es gab deswegen keine Differenzierung unter den Rechten. Das Privatrecht oder eigenständige Justizinstitutionen konnten folglich nicht entwickelt werden. Es gab zwar schon formal getrennte Gesetzbücher und Verwaltungsorganisationen, aber nicht nur das Strafgesetzbuch, sondern auch alle anderen Gesetzbücher enthielten die Strafe als Rechtsfolge, um die Normgültigkeit zu erhalten[985]. Mit Recht war daher stets Strafe und Strafrecht gemeint. Die konfuzianische Ethik als staatliche Grundidee beherrschte nicht nur die Gesetzgebung, die Verwaltung und die Justiz, sondern auch das Familienwesen, ja sogar die Willensbildung und das Verhalten des Einzelnen. Soweit es sich um die koreanische Mentalität handelt, stehen die Koreaner heute noch unter kofuzianischem Einfluss.

Der soziale Grundbestand bzw. Mittelpunkt der konfuzianischen Gesellschaft war nicht das Individuum sondern die streng nach dem Vater orientierte

985 Zur Kritik des Rechtssystems der Chosun-Dynastie, J.-D. Bae, Recht und Gesellschaft 1989, 229 ff.

Familie[986]. Das Individuum wurde nicht als freies Vernunftsubjekt, sondern stets als Mitglied der Familie betrachtet. Die Familienstruktur war das Vorbild für jede menschliche Gemeinschaft. Der Staat war nur ihr weiteres Abbild. Das Staatsleben musste wie das Familienleben durch sittliche Gebote und Moralsätze beherrscht werden. Da Politik, Wirtschaft, Gesellschaft und ethische Idee alle zentral durch die patriarchalisch geprägte Familie gebildet und geleitet wurden, konnten Würde und Werte des "Ich" als einzelne autonome Person keine Anerkennung finden. Der persönliche individuelle Charakter wurde dabei unterdrückt, und das Ich-Bewusstsein oder das Individuum war nicht ausgeprägt, so dass die Idee der Rechtsgleichheit nur schwer durchgesetzt werden konnte[987]. Daher gewann der "Wir"-Begriff durch die Familie und Verwandtschaft viel mehr Bedeutung.

Die 500 Jahre lang in der Chosun-Dynastie herrschende Rechtsnorm war nicht das Gesetz, sondern das Ye. Diesen formalen Charakter des Rechts der Chosun-Dynastie findet man heute noch in der koreanischen Rechtskultur. Ein Problem der heutigen koreanischen Rechtskultur ist, dass das Recht als Norm seine praktische Funktion in der Tat nicht durchführen kann. Dieses Problem beruht auf dem traditionellen koreanischen Rechtsdenken der Chosun-Dynastie.

b) Traditionelle koreanische Jurisprudenz – "Yulhak" (Legalismus)

Als zweites Grundelement des traditionellen koreanischen Rechts lässt sich der Legalismus (sog. "Yulhak") nennen. Bereits während der drei Königreiche

---

[986] Korea und Japan hatten und haben sehr ähnliche Sozialstruktur; vgl. hierzu Miyazawa, ZStW 88 (1976), 824: "Der pater familias oder Hausvater hatte absolute Autorität den anderen Familienmitglieder gegenüber; die Ehefrau war zur bedingungslosen Treue dem Mann gegenüber verpflichtet, während er selbst andere Bedingungen haben konnte. Alle Kinder, mit Ausnahme des ersten Sohns, mussten sich dem Willen des Hausvaters unterordnen, der sich insbesondere auf die Wahl des Ehegatten des Kindes auswirkt"; vgl. auch Kühne, ZStW 85 (1973), 1099 ff.

[987] Vgl. Huh, Verfassung und Recht im Übersee 1977, 120 f.; Suh, Rechtsfolgenteil, S. 5 m. w. N.

(37 v. Chr.-917 n. Chr.), der Koryo-Dynastie (918-1391) und der Chosun Chosun-Dynastie (1392-1910) existierte die traditionelle koreanische Jurisprudenz, die ebenfalls unter chinesischem Einfluss stand. Die Legalisten, eine zeitlich neben dem Konfuzianismus sich entwickelnde philosophische Schule in China, deren Intentionen bereits in ihrem Namen deutlich werden, entstand daraus, dass die anhaltenden Kämpfe und Rivalitäten zwischen den Lehensstaaten viel Unruhe und Unsicherheit im Lande stifteten, so dass man allein mit der sittlichen und ritualen Tradition der Chou-Zeit (1122-255 v. Chr.) nicht mehr die politische und soziale Ordnung aufrechterhalten konnte[988].

Die Legalisten wandten sich gegen die Unterordnung des Rechts (i. S. des positiven Rechts) unter das "Ye" und bekannten sich zum Regieren durch das Gesetz[989]. Bei den Legalisten trat das Gesetz als objektiver Maßstab an die Stelle der Tugend und des sittlichen Vorbildes "Ye". Ihr wichtigster Vertreter, *Fei-Zi Han* (280-233 v. Chr.) betonte: "Sind die Untertanen ohne Gesetz, so herrscht Unordnung im Volk"[990]. Der Rechtsbegriff der Legalisten basierte jedoch nicht auf dem Interessenschutz des Betroffenen, sondern diente nur dem Schutz des Herrschers. Das Gesetz war nicht anders als subjektive Willkür des Herrschers. Bei den Legalisten fehlte dem Rechtsbegriff die Objektivität.

Die "Regierung durch das Gesetz" hat sich in China durchgesetzt, bis die Chin-Dynastie (221-207 v. Chr.) nach fünfzehnjährigen Bestehen zugrunde ging. Seit der Han-Dynastie (207 v. Chr.-220 n. Chr.) bis zum Ende der chinesischen Kaiserzeit war stets eine Kodifikation des Straf- und Verwaltungsrechts vorhanden[991]. Der Hauptgrund des raschen Untergangs der Chin-Dynastie war die Einführung zahlreicher harter und grausamer Strafen. So

---

[988] Über die Legistenschule in China siehe bei Tjong, ZStW 84 (1972), 1091 m. w. N.
[989] Vgl. dazu Tjong, ZStW 84 (1972), 1091 f. m. w. N.
[990] Über die Schriften des *Fei-Zi Han* siehe bei Tjong, ZStW 84 (1972), 1091 f. m. w. N.

übte der Konfuzianismus von der Han-Dynastie an einen zunehmenden Einfluss auf die Justizverwaltung und Gesetzgebung aus und bestimmte wiederum das rechtliche und sittliche Leben in China.

In Korea wurde die Jurisprudenz stets als ein Teil des Fach- oder Allgemeinwissens wie die Medizin, die Mathematik oder die Technik betrachtet. Sie galt dem konfuzianischen Wissen gegenüber als geringwertigeres Wissen. In der alten koreanischen Fachschule "Sungkyunkwan" der Chosun-Dynastie wurde der Legalismus "Yulhak" nicht als ein Fachgebiet behandelt, in welchem Beamte auch nur in geringem Umfange ausgebildet werden sollten. Das Recht wurde von der herrschenden Klasse schon immer als ein Instrument für politische Entscheidungen gebraucht[992].

Die Exekutive und die Judikative waren nicht voneinander getrennt. Dies führte dazu, dass sowohl Gouverneure als auch Chefbeamte von Bezirken zur Rechtsprechung ermächtigt waren, während ausgebildete Juristen lediglich im Prozessverfahren mitwirkten. Ein getrenntes Straf-, Zivil- und Handelsrecht gab es nicht. Folglich entwickelten sich Regeln des täglichen Lebens und des Handels gewohnheitsrechtlich. Während man das Recht als eine Mustersammlung betrachtete, das die Verbindung zu den Vorfahren herstellte, regelte in Wahrheit das alte Recht das neu Vorgeschlagene, das sich aber vom westlichen Recht und der neueren Rechtsentwicklung unterschied. Das hatte zur Folge, dass die Rechtsentwicklung in Korea bis in die Mitte des 19. Jahrhunderts stagnierte. Ein Hauptgrund, warum sich die traditionelle koreanische Jurisprudenz "Yulhak" als eine eigenständige Disziplin während der langen Zeit

---

[991] Der östliche Legalismus und die Gesetze waren jedoch nicht zum Schutz des Volkes da, sondern bloß eine Methode oder Institution für den Herrscher zum Regieren.

[992] Die Koreanische Gesellschaft wurde durch ihre ganze Geschichte sehr stark aristokratisch gestaltet. Diese streng hierarchisch angelegte Familien- und Sozialstruktur entsprachen dem kofuzianischen Staatsgedanken, der die dominante Stellung und Berufung der herrschenden Klasse betonte; ausführlich dazu Tjong, ZStW 88 (1076), 792 f.

der Chosun-Dynastie nicht systematisch entwickeln konnte, liegt darin, dass es in Korea zwar Gesetze gab, aber keine Rechtswissenschaft, die eine kreative Funktion für die Entwicklung der Rechtskultur hätte ausführen können.

2. Beginn der Modernisierung des koreanischen Rechtssystems und ihre Unterbrechung

Traditionell gab es auch im Osten Recht. Das moderne von der Verwaltung, Moral und Religion unabhängigen Recht lernte man jedoch erst durch den Kontakt mit dem Westen im 19. Jahrhundert kennen[993]. Die Begegnung Ostasiens mit westlichen Nationen im 19. Jahrhundert nahm mit den "ungleichen Verträgen" als Folge der Kanonenbootpolitik ihren Anfang. Als Ergebnis des Opiumkriegs schloss China mit den Engländern im Jahre 1842 den Nankingvertrag, 1854 erfolgte die Öffnung Japans durch die USA[994]. 1876 erzwang Japan die Öffnung Koreas durch den Kanghwainsel-Vertrag und danach erfolgte die Öffnung Koreas durch die Westmächte und Russland. Dadurch wurde erstmals die westliche Konsularstrafbarkeit und damit ein modernes Rechtssystem in Korea angewendet.

Das dem Kanghwainsel-Vertrag mit Japan von 1876[995] zugrunde liegende Völkerrecht war für Korea eine völlig neue Kategorie rechtlichen Denkens. Internationale Beziehungen waren bisher nach konfuzianistischer Sitte als distanzierte, familienähnliche Über- und Unterordnungsverhältnisse gesehen worden, im Besonderen in Bezug auf den Allvater China. Westliches Recht war gleichermaßen befremdlich wie westliche Technik, und beide Phänomene galten

---

[993] Über die Rezeption westlichen Rechts in Korea vgl. C.-K. Choi, in: Rezeption des deutschen Rechts, S. 31 ff.; vgl. hierzu auch Miyazawa, ZStW 88 (1976), 814 ff.; ders., in: Strafrechtsentwicklungen, S. 1.

[994] Vgl. dazu Miyazawa, in: Strafrechtsentwicklungen, S. 1 ff.

[995] Näher dazu T.-S. Byun, Koreanische Geschichte, S. 407 ff.

als Hauptsäulen der neuen fremden Kultur[996]. Tatsächlich fragte der koreanische Vertreter im Kanghwainsel-Abkommen von 1876, als er den ersten Vertrag in der koreanischen Geschichte abschloss, den japanischen Gesandten, was denn eigentlich ein Abkommen sei. Korea hatte natürlich keinerlei Vorstellung von dem Inhalt des Vertrages. Es war ein ungleicher Vertrag zum Nachteil Koreas und Japan hat damit den ersten Schritt getan, um politisch, wirtschaftlich und sozial Korea zu unterwerfen. Dass Korea nicht von sich aus autonom, sondern unter dem Druck Japans seine Tore geöffnet hat, war ein Grundfehler und beeinflusste die nachfolgende koreanische Geschichte tödlich.

In dem Rezeptionsverlauf westlichen Rechts sind Korea, Japan und China unterschiedlich. Die Rezeptionsweise hing nicht von den zufälligen damaligen Umständen ab, sondern von der Realität der geographischen, historischen und kulturellen Faktoren und den nationalen Eigenschaften, die die drei ostasiatischen Länder ursprünglich besaßen. Der Prozess der Rezeption begann zunächst in Japan, dann in Korea und China[997]. Während Korea und China mit Stolz auf die alte eigene traditionelle Kultur die Außentür noch abgeschlossen und eine Erneuerung von innen heraus versucht hatten, hatte Japan bereits schnell den westlichen Imperialismus begriffen, nach westlichen Wissenschaften gesucht und rasch das westliche Rechtssystem eingeführt[998]. Japan legte sehr großen Wert darauf, das westliche Rechtssystem, insbesondere das deutsche zu imitieren. In Korea arbeiteten im Vergleich zu Japan und China weniger ausländische Rechtsberater und ihre Arbeit war von der Bedeutung her viel geringer als jene ihrer Kollegen in Japan und China. Man konnte deswegen auch nicht erwarten, dass die ausländischen Rechtsberater die gleiche Rolle in Korea

---

996 Vgl. zu den Rezeptionsproblemen des westlichen Rechts in Korea im Allgemeinen C.-K. Choi, Rezeption des westlichen Rechts in Korea, S. 15 ff.; vgl. im Bereich des Verfassungsrechts H.-J. Kim, JöR Bd. 35 (1986), 576 ff.

997 Zur Rezeption des kontinental-europäischen Rechts in Ostasien siehe bei Tjong, ZStW 84 (1972), 1104 ff. m. w. N.

spielen konnten wie Boissonade[999] in Japan. Die koreanische Regierung konnte sich außerdem infolge gewisser Komplikationen nicht gänzlich an die Ratschläge der ausländischen Rechtsberater halten[1000]. Modernisierung bedeutete für Korea und Japan die Verschiebung des Mittelpunkts der Welt von China zum Westen.

Unter diesen Umständen entwickelte sich auch von 1876 an die Aufklärungsbewegung in Korea, die zwischen 1894 und 1910, dem Zeitpunkt der Annexion Koreas durch Japan, ihren Höhepunkt erreichte. Diese Aufklärung führte zu tiefgreifenden Reformen auf allen Gebieten[1001], sowohl im politischen und juristischen wie auch im gesellschaftlichen Bereich. Die Rechtsprechung wurde zu einer richterlichen, von der Verwaltung getrennte Aufgabe erklärt. 1895 wurde dann die Trennung von Zivil- und Strafsachen eingeführt und als Gesetz Nr. 1 ein Gerichtsverfassungsgesetz erlassen, nach dem in Korea zum ersten Mal ein Gericht nach westlichem Vorbild geschaffen wurde[1002]. Hiernach wurden Sippenhaft, Beamtenhaft und auch Folter abgeschafft und die Vollstreckung der Todesstrafe durch Zerstückelung oder Enthauptung war nicht mehr zulässig, statt dessen gab und gibt es nunmehr noch Tod durch Erhängen

---

998 Vgl. hierzu Miyazawa, in: Strafrechtsentwicklungen, S. 2 f.; Tjong, ZStW 84 (1972), 1104 ff.; Bahr, in: FS Kitagawa, S. 16 f. jeweils m. w. N.

999 Der Pariser Juraprofessor *Gustave Emile Boissonade de Fontarabie* (1825-1910) hat von 1873 bis 1895 während seinem 22jährigen Aufenthalt in Japan als Rechtsberater gearbeitet und das japanische Strafgesetzbuch von 1880 entworfen.

1000 Vgl. zur Rolle westlicher Rechtsberater in Korea siehe C.-K. Choi, Geschichte der koreanischen Rechtswissenschaft, S. 57 ff.

1001 Infolge der Gabo-Reform von 1894 fing Korea an, z. B. den Sonnenkalender statt den Mondkalender offiziell zu benutzen und in dieser Zeit wurde die Grundschule und Post zum ersten Mal gegründet. Während Korea und China bis heute noch den Sonnen- und Mondkalender im Alltag parallel benutzen, ist der Mondkalender in Japan völlig abgeschafft.

1002 Näher hierzu Tjong, in: FS Welzel, S. 281 f.; vgl. auch zum Kontakt mit der westlichen Rechtswissenschaft J.-G. Choi, Geschichte der koreanischen Rechtswissenschaft, S. 57 ff.

oder Erschießen[1003]. Körperliche Strafen, Verschickung unter Ableistung von Zwangsarbeit und auch Verbannung wurden durch Gefängnisstrafen ersetzt[1004].

Das Rechts- und Gerichtssystem nach europäischem Vorbild zu orientieren war eine der dringendsten Aufgaben Koreas, um weitere ungleiche Verträge zum Nachteil Koreas zu vermeiden und damit auch um die Konsulargerichtsbarkeit in Korea abzuschaffen[1005]. Die Modernisierung des Rechtssystems bedeutete nichts anders als Europäisierung oder Verwestlichung des Rechtssystems. Die Modernisierungsarbeit der koreanischen Rechtswissenschaft hat mit der Gründung der ersten Richterausbildungsschule im Jahre 1895 angefangen. Eine offizielle Institution für die Ausbildung der Berufsrichter war notwendig, da ohne ausgebildete Juristen die neue Rechtsreform nicht ausgeführt werden konnte.

Um die ständigen Angriffe Japans mittels des Gesetzes auf Korea abzuwehren, musste Korea selbst das westliche Recht und Gesetz kennen. Die historische Bedeutung der Richterausbildungsschule besteht jedoch nicht nur in der Ausbildung und Entwicklung des vom Westen rezipierten Rechts, sondern vielmehr in der tatsächlichen Realisierung des Gleichheitsprinzips ohne die bisherige Einschränkung der bestimmten Sozialklassen bei der Aufnahme. Mit der Übertragung der koreanischen Richterämter an Japaner wurde jedoch das Justizministerium zur Schließung der Richterausbildungsschule gezwungen. Das Institut wurde in Law School umbenannt und in die Zuständigkeit des Bildungsministeriums gestellt.

[1003] Vgl. Chikryong Je 30 Ho vom 27. 12. 1894.
[1004] Tjong, ZStW 88 (1976), 808.
[1005] Vgl. dazu S.-B. Han, in: 50 Jahre Koreanische Rechtswissenschaft, S. 20 ff.

Die erste moderne Kodifikation des koreanischen Strafrechts erfolgte erst im Jahr 1894 durch die Gabo-Reform[1006], die mit der Meiji-Restauration von 1868 in Japan vergleichbar ist[1007]. Aufgrund dieser Gabo-Reform von 1894 wurde in Korea 1905 ein einheitliches Strafgesetzbuch ("Hyong-Bop-Dae-Jon", der große Strafkodex) mit 680 Paragraphen erlassen und trat am 18. April 1905 in Kraft[1008]. Hyong-Bop-Dae-Jon war ein dem umfangreichen modernen Rechtsbegriff enthaltendes Gesetz und gilt als das erste moderne Strafgesetzbuch Koreas[1009]. Es orientierte sich im Wesentlichen noch an dem traditionellen chinesischen Recht und ist unter japanischem Einfluss abgefasst worden[1010]. Mit dem Hyong-Bop-Dae-Jon wurde das "Tae-Ming-Lül" (der große chinesische Mingkodex) von 1398 endgültig in Korea außer Kraft gesetzt. Die Zeit um die Gabo-Reform ist für Korea besonders wichtig und interessant, da man damals von sich aus versucht hat, sich das neue westliche Gedankengut und die westliche Technologie anzueignen. Im September 1904 verlor Korea seine diplomatischen und gerichtlichen Kompetenzen an Japan mit der Übernahme wichtiger Positionen in allen Ministerien der koreanischen

---

1006 Näher zum Inhalt der Gabo-Reform siehe bei T.-S. Byun, Koreanische Geschichte, S. 406 ff.

1007 Die Modernisierung des Rechts und Rechtssystems in Japan fing mit der Meiji-Restauration im Jahre 1868 an. Im Vergleich zu Japan hat Korea etwa 30 Jahre später mit der Gabo-Reform von 1894 für die Modernisierung des Landes angefangen, aber in den danachfolgenden 35 Jahre unter japanischer Herrschaft wurde die weitere Entwicklung Koreas wieder weitgehend gehemmt.

1008 Ein französischer Jurist und Schüler von Boissonade, *Laurent Cremazy* arbeitete als Rechtsberater des koreanischen Justizministeriums und als Lektor an der Richterausbildungsschule in Korea. Während seines Aufenthaltes in Korea übersetzte er das koreanische Strafrecht (Hyong-Bop-Dae-Jon) ins Französische und publizierte es unter dem Titel "Le Code Penal de la Coree" (Seoul, 1904).

1009 Die ein- bis 15jährige oder lebenslange Gefängnisstrafe und die ein- bis zehnmonatige Haftstrafe wurden im Hyong-Bop-Dae-Jon von 1905 neu eingeführt. Hyong-Bop-Dae-Jon von 1905 ließ jedoch weiterhin die Verbannung und die körperliche Strafe zu (§§ 95, 98). Die bisherige Verbannung der Gefängnisstrafe und die körperliche Strafe wurden im Jahre 1920 durch eine Änderung der Verordnung des japanischen Gouverneurs in Haft- oder Geldstrafen umgewandelt.

1010 "Hyong-Bop-Dae-Jon" enthielt jedoch nicht nur zivilrechtliche Vorschriften, sondern wandte auch weitgehend bei zivilrechtlichen Folgen strafrechtliche Sanktionen an; vgl. dazu Tjong, in: FS Welzel, S. 282; H.-K. Lee, in: FS Niederländer, S. 321 m. w. N.

Regierung durch japanische Berater. Freilich mussten alle Reformbestrebungen aufgrund der Annexion Koreas durch Japan im Jahre 1910 scheitern.

3. Rechtskultur in Korea unter der japanischen Herrschaft (1910-1945)

Mit dem erzwungenen Annexionsvertrag[1011] am 29. August 1910 ging Korea als Generalgovernment in japanischen Besitz über und Korea verlor damit vollständig seine Souveränität. Infolge der Annexion Koreas durch Japan (die sog. Chosun-Strafsachenverordnung) verlor der "Hyong-Bop-Dae-Jon" (der große Strafkodex) bei allen Verbrechen außer Tötung und Raub seine Wirkung. Statt dessen galt seit 1912 das japanische Strafgesetzbuch von 1907 durch die Verordnung Nr. 11 des japanischen Generalgouverneurs von 1911 unmittelbar in Korea[1012]. Die japanische Regierung hatte mit dem Ziel der Japanisierung Koreas das japanische Recht, das Dank der Meiji-Reform im Jahre 1868 bereits weitgehend unter kontinental-europäischem Einfluss stand, in Korea als geltendes Recht erklärt.

Von dieser Gleichstellung ging man in der Folge aber ab, und zwar nicht deswegen, weil die sozialen und wirtschaftlichen Verhältnisse in Korea von denen Japans doch zu verschieden waren, als dass man das japanische Recht in complexu hätte in Korea einführen können, sondern wohl auch aus dem politischen Bestreben heraus, Korea und Japan nicht gleich zu behandeln. Aus diesem Grund erließ der Kolonialherrscher am 29. August 1910 eine außerordentliche kaiserliche Verordnung betreffs der in Korea anzuwendenden Gesetze, in der bestimmt wurde, dass die koreanischen Gesetze nunmehr durch

---

[1011] Der Annexionsvertrag wurde am 22. August 1910 unterzeichnet und am 29. August 1910 in Kraft getreten. Es einverleibte Korea endgültig dem japanischen Kaiserreich und bedeutete das Ende der Chosun-Dynastie.

[1012] Das japanische StGB von 1907 wurde jedoch in Korea nicht in seiner originellen Form, sondern mit massiven Änderungen angewendet. Z. B. die Prügelstrafe war in Japan abgeschafft, aber als Sanktion ausschließlich für Koreaner beibehalten. Verordnung über die Prügelstrafe in Korea (Chosun-Taehyongryong) vom 18. 3. 1912.

die Anordnung des Generalgouverneurs erlassen würden und dass diejenigen japanischen Gesetze, die in Korea Anwendung finden sollten, durch kaiserliche Verordnung bestimmt würden.

Landesweite Unabhängigkeitsbewegungen 1919 und 1921, die sich gegen die japanische Kolonialherrschaft richteten, wurden blutig unterdrückt[1013]. 1929 wurde Korea praktisch als Provinz Chosun dem japanischen Imperium einverleibt und gehörte damit zum Geltungsbereich der japanischen Gesetze. Diese japanischen Gesetze hatten überwiegend das deutsche Rechtssystem zum Vorbild. Bis Korea 1945 nach Beendigung des Zweiten Weltkrieges seine Selbständigkeit zurückerhielt, behielten die Japaner überall in Korea das Übergewicht, und die Entwicklung Koreas stagnierte 35 Jahre lang.

Japans Unterdrückung mittels des Gesetzes wirkte sich nicht nur in dem politischen, wirtschaftlichen und gesetzgeberischen Bereich aus, sondern auch in der Justizpraxis. Unter der japanischen Kolonialherrschaft gab es nur wenige koreanische Juristen. Viele Rechte und Chancen einer weiterführenden Ausbildung wurden den Koreaner absichtlich entzogen. Die beste Form der Opposition bestand darin, das Gesetz zu kennen und eigene Rechte zu verteidigen. Ein Jurastudium in Deutschland war für Koreaner völlig ausgeschlossen. Von selbständiger Entwicklung der Rechtswissenschaft konnte daher nicht die Rede sein. Unter diesen Umständen studierten nur wenige Koreaner die Rechtswissenschaft. Sie nahmen über die Japaner indirekt Kontakt zum westlichen, aber japanischen europäischen Rechtsdenken auf. Japan war

---

[1013] In diesem Zusammenhang vgl. den auf deutsch geschriebenen Roman über eine Jugend in Korea von Mirok Li, "Der Yalu fließt" (1946). "Das im besten Deutsch geschriebene Buch des Jahres stammt von einem Ausländer: Mirok Li", urteilte damals die Kritik. Mirok Li ist 1899 im heutigen Nordkorea geboren und 1919 nach der Beteiligung an einer Studentendemonstration gegen die schon 1910 erfolgte Annektierung des Koreas durch Japan über den nördlichen Grenzfluss Yalu zuerst nach China entflohen und dann im März 1920 mit einem chinesischen Pass nach Deutschland gekommen. Er starb fast auf den Tag genau dreißig Jahre nach seiner Ankunft, im März 1950.

insofern der unmittelbare Vermittler für die Rezeption westlichen Rechts in Korea. Das von Japan vermittelte westliche Recht war jedoch nicht originelles demokratisiertes, sondern ein von Japan für sein kaiserliches System modifiziertes Recht.

Das durch Japan in Korea vermittelte westliche Rechtssystem diente als Mittel zur Kolonialisierung Koreas. Die Kolonialpolitik Japans stand zwar unter dem Deckmantel der Modernisierung des koreanischen Rechts und der Verbesserung des Gerichtsverfahrens, aber sie zielte nur darauf ab, die koreanische Bevölkerung auszubeuten und ihre Rechtskultur zu zerstören[1014]. Die Rezeption des westlichen Rechts ohne die moderne westliche Rechtsidee, die auf den fundamentalen Menschenrechte und der Menschenwürde beruht, war blind und unvollständig. Diese formale Rechtsrezeption ohne rechtliches Gedankengut hat die Rechtsrealität Koreas nur verschlechtert und verursacht, dass sich das Recht und die Realität weithin voneinander entfernen.

Die 35 Jahre unter der japanischen Herrschaft waren die dunkelste und elendste Zeit in der gesamten koreanischen Geschichte. Gute Elemente des traditionellen Rechts wurden beseitigt, die schlechten Seiten des traditionellen Rechts wurden noch schlimmer. Die Folgen der 35jährigen Fremdherrschaft auf das Rechtsbewusstsein und das Rechtsvertrauen der Koreaner waren verheerend[1015]. Das koreanische Volk, das von dem modernen westlichen Recht keine Ahnung hatte, war mit der Einführung modernen westlichen Rechts nicht das Subjekt der Rechte und Pflichten, sondern zunächst dessen Opfer und Sklave geworden. Die zahllosen Sonder- und strafrechtlichen Nebengesetze wurden im Namen der

---

[1014] Dass Japan das Recht als Unterdrückungsmittel benutzt hat, zeigen die zahllosen Gesetze zwischen 1895 und 1945 in Korea; näher hierzu J.-D. Bae, Recht und Gesellschaft 1989, 232 m. w. N.

[1015] Ausführlich dazu G.-C. Jo, Rezeption des deutschen Rechts, S. 62 f.; vgl. zur Problematik des restlichen Spur Japans in koreanischen Rechtswissenschaft und Gesetzgebung bei S.-B. Han, in: Problem der restlichen Spuren Japans, S. 29 ff.

sozialen Sicherheit erlassen. Alle politischen, sozialen und kulturellen Aktivitäten der Koreaner wurden danach von der Polizei brutal unterdrückt, da die japanische Polizei willkürlich alle geringfügigen Strafsachen ohne Gerichtsverfahren selbst aburteilen und ihre Entscheidungen sogleich vollstrecken durfte[1016]. Bei allem privaten und öffentlichen Rechtsverkehr wurden die Koreaner gnadenlos missbraucht und ausgenutzt[1017]. Alle misstrauten deswegen der Rechtsordnung. Jeder hatte aus eigener Erfahrung die Überzeugung gewonnen, dass das Gesetz kein Maßstab zur Verwirklichung der Gerechtigkeit und Freiheit, keine Schutzmaßnahme für die Schwachen, sondern nur reine Gewaltdienerin, Unterdrückungs- und Ausbeutungsapparat und legitimes Betrugsmittel war[1018]. Aus dieser negativen Einstellung zum Recht heraus einen freiheitlich demokratischen Rechtsstaat und Strafrecht aufzubauen, war die schwierigste Aufgabe für Korea in den folgenden Jahren.

4. Entwicklung nach dem Zweiten Weltkrieg[1019]

Am 15. August 1945 hat sich Korea von Japan befreit, dies führte jedoch nicht zu einer baldigen Etablierung einer neuen koreanischen Regierung, sondern im Süden regierte eine amerikanische und im Norden eine sowjetische Militärregierung. Nach der Einsetzung der amerikanischen Militärregierung in Südkorea brachen in allen Lebensbereichen richtige Flutwellen amerikanischer Kultur über Korea herein, und auch das Recht- und Schulsystem bildeten keine

---

1016 Verordnung über die sofortige Erledigung von Strafsachen (Bomjae-Chukkylle) vom 15. 12. 1910; näher hierzu Suh, Rechtsfolgenteil, S. 20 f. m. w. N.; vgl. auch zum System des Sicherheitsstrafrechts Japans in Korea Y.-S. Cha, in: Problem der restlichen Spuren Japans, S. 44 ff.; vgl. auch Götze, ZStW 102 (1990), 959.

1017 Siehe dazu mit den Beispiele G.-C. Jo, Rezeption des deutschen Rechts, S. 62 f.

1018 Hier sollten jedoch die einzelnen konkreten elenden Tatsachen, die die Koreaner unter der japanischen Kolonialzeit erlebt haben, nicht dargestellt werden; aber vgl. dazu G.-C. Jo, Rezeption des deutschen Rechts, S. 62 f.

Ausnahme. Nach dem Eindringen des von den Japanern verwässerten kontinental-europäischen Rechtssystems waren das anglo-amerikanische Recht und die Demokratieideen sicher der zweite wesentliche Impuls nach der Öffnung Koreas[1020].

Da Regieren und Recht in einem engen Sachzusammenhang stehen und das Regieren ohne ein Rechtssystem nicht möglich ist, begann die amerikanische Militärregierung nach ihrem Einmarsch in Südkorea naturgemäß nach anglo-amerikanischem Recht zu arbeiten[1021]. Mit der Usamgik (The United States Army Military Government in Korea) Ordinance No. 176[1022] hat sie "warrants of arrest" eingeführt und versuchte allgemein die Demokratisierung der Strafverfahren und der Justiz[1023]. Doch konnte das anglo-amerikanische Rechtsdenken in der koreanischen Gesetzgebung und dem Gerichtswesen keine großen Einflüsse ausüben und den festen Boden des durch Japan aufgebauten deutschen Rechtssystems in Korea nicht ändern. Ein Grund dafür liegt zuerst an dem Charakter des anglo-amerikanischen Rechtsdenkens, welcher sich nicht auf Gesetzesrecht, sondern auf case law oder Richterrecht gründet. Solches case law kann sich nur in der dafür geeigneten Rechtskultur entwickeln und erscheint

---

[1019] Die eigentliche Entwicklung des modernen koreanischen Strafrechts fing nach dem Zweiten Weltkrieg an, deswegen wird sie in der koreanischen Literatur oft differenziert zwischen vor und nach der Befreiung Koreas dargestellt; vgl. dazu näher H.-G. Lee, in: FS Park, S. 549 ff.; J.-W. Kim, in: Die 40 Jahre Entwicklung der koreanischen Rechtswissenschaft, S. 67 ff.

[1020] Obwohl die anglo-amerikanische Völkerrechtstheorie bereits am Ende des 19. Jahrhunderts durch Bücher von *Wheaton* und *Woolsey* bekannt wurde, so fanden sie erst nach der Befreiung ihren Niederschlag im koreanischen Recht.

[1021] Man soll jedoch nicht übersehen, dass das aus diesem praktischen Grund entstandene Recht bloß zum Regieren und nur für den Herrschenden ist und deswegen mit der Gerechtigkeit und Realisierung der Freiheit nichts zu tun hat. Das wussten die Koreaner schon durch die eigene Erfahrung mit den Japanern.

[1022] Official Gasette, Usamgik Ordinance No. 176, 20 March 1948.

deshalb unklar, weil es mit den Rechtstheorien und Auslegungsgrundsätzen in Korea nicht korrespondiert.

Für die Übernahme eines durch Rechtsprechungstradition geprägten Rechts bildeten weiterhin die grundlegenden Unterschiede des politischen, gesellschaftlichen und kulturellen Lebens zwischen den Vereinigten Staaten und Korea ein Hindernis, obwohl Koreas kulturelle Beziehungen zu den Vereinigten Staaten immer stärker wurden. Da eine in ihren Grundzügen gleichartige Religion, Kultur, Erziehung und Lebensanschauung Voraussetzung für die Übernahme amerikanischen Gewohnheitsrechts und case-laws gewesen wäre, kam eine Übertragung des anglo-amerikanischen Rechtsdenkens für Korea bereits aus diesen Gründen nicht in Betracht[1024]. Außerdem kann Recht durch das geschriebene Gesetz besser rezipiert werden[1025]. Das anglo-amerikanische Recht als ein Fallrecht ist ein schwer überschaubares Recht und deswegen für Fremde schwer verständlich. Eine gesetzliche Fixierung des zu übernehmenden Rechts ist als Substrat die Grundvoraussetzung für eine Rezeption. Man rezipiert Gesetzbücher, nicht aber Rechte aus unzähligen Einzelentscheidungen des case law[1026].

1023 Für die amerikanische Militärregierung arbeiteten mehrere Rechtsberater, aber unter ihnen war *Ernst Fraenkel* der einzige, der sowohl in Deutschland wie in den USA eine rechtswissenschaftliche Ausbildung genossen hatte und folglich imstande war, eine Brücke zwischen dem kontinentalen und dem anglo-amerikanischen Rechtssystem zu schlagen; zu Fraenkels Berichten über seine Rolle in Korea siehe bei Radbruch, Vorschule, S. 51.

1024 Es ist eine bekannte Tatsache, dass die Väter der japanischen Meiji-Verfassung die Vorteile einer geschriebenen Verfassung hoch einschätzten. Sie nahmen sich daher die preußische Verfassung von 1850 zum Vorbild, vor allem, weil die preußische und die japanische Verfassungsrealität ähnliche Züge aufwiesen.

1025 Vgl. Koschaker, Das römische Recht, S. 161 ff.

1026 Das anglo-amerikanische Recht sei schwer rezipierbar, weil es schwer zu ermöglichen ist, die Tausende von Bänden mit einer noch viel größeren Zahl von Urteilen, in denen dieses Recht als case-law niedergelegt ist, als Grundlage des neuen Rechts einzuführen; vgl. dazu Koschaker, Das römisches Recht, S. 162; vgl. auch E. Hirsch, Das Recht im sozialen Ordnungsgefüge, S. 93 ff. m. w. N.

Ein weiterer Grund für die mangelnde Rezeption des anglo-amerikanischen Rechts ist in der aufgelösten Beziehung zwischen Korea und Amerika infolge der Intervention Japans zu sehen. Nach geheimen Verhandlungen zwischen *Gazura* und *Roosevelt* löste sich Amerika von Korea. Obwohl der amerikanische Rechtsberater *Greathouse* an der Richterausbildungsschule anglo-amerikanisches Recht lehrte, fehlte dem anglo-amerikanischen Recht die Überzeugungskraft, um auf die koreanische Jurisprudenz und Gerichtspraxis Einfluss nehmen zu können. Die Vertrautheit mit deutschem Recht erklärt sich auch daraus, dass die meisten Fachleute ihre juristische Ausbildung während der japanischen Kolonialzeit erhalten hatten[1027].

Die Übergangszeit zwischen der Kapitulation Japans im August 1945 und der Gründung der Republik Korea im Jahre 1948 war dadurch gekennzeichnet, dass der amerikanische Kontrollrat die imperialistische-militaristische Herrschaftsordnung japanischer Prägung durch ein am amerikanischen Recht orientierten Rechtssystem zu ersetzen suchte. Unmittelbar nach der Gründung der Republik Korea galt jedoch weiterhin das frühere Strafgesetzbuch, zunächst durch die Verordnung der amerikanischen Militärregierung Nr. 21 vom 2. 11. 1945 und später durch Artikel 100 der koreanischen Verfassung von 1948, allerdings nur insoweit, als es der koreanischen Verfassung nicht widersprach. Ohne kritische Rekonstruktion des alten Rechtssystems vor der japanischen Herrschaft und ohne darüber nachzudenken, was das in der Kolonialzeit durch Japan rezipierte Recht für Korea tatsächlich bedeutete, konnte man keinen neuen Anfang und Fortschritt erwarten. Der koreanischen Rechtswissenschaft fehlte jedoch diese kritische Ansicht. Die koreanische Gesellschaft war nach der Befreiung politisch und sozial viel zu unruhig. Korea brauchte Zeit, in allen Bereichen die Autonomie und wissenschaftliche Souveränität wieder zu

---

[1027] Die koreanische Verfassung von 1948 hat sich die Weimarer Reichsverfassung zum Vorbild genommen; s. dazu H.-J. Kim, JöR Bd. 35 (1986), 588 ff.

gewinnen. Die Forderung nach Autonomie der Wissenschaft ist nicht nur eine dringende reale Notwendigkeit, sondern auch philosophisch begründet. Nur wenn man autonom ist, hat man die Chance, von innen heraus neue Ideen und Entwicklungen hervorzubringen.

Im Jahr 1948 bildete die Regierung eine Kodifikationskommission für das Strafgesetzbuch, die die Grundlinien des Strafgesetzbuchs (sog. Hyong-Bop-Yo-Gang) und den Entwurf eines Strafgesetzbuches (Hyong-Bop-Cho-An) von 1953 verfasste[1028]. Die geplanten weiterführenden Rechtsreformen der neu gegründeten ersten Republik in der koreanischen Geschichte verzögerten sich nicht zuletzt wegen des im Jahre 1950 ausgebrochenen Koreakrieges, der die Entwicklungen des Landes wieder langfristig hemmte. Die Rechtsreformen waren trotz des Krieges nie wirklich unterbrochen und wurden nach dem Krieg wieder aufgenommen[1029]. Das neue erste autonome moderne koreanische Strafgesetzbuch ist am 3. Oktober 1953 in Kraft getreten und löste das vorher vierzig Jahre hindurch in Geltung gewesene japanische Strafgesetzbuch ab.

Die große Aufgabe der koreanischen Rechtswissenschaft war die Bewahrung des durch die Kolonialzeit verloren gegangenen traditionellen Rechts und die gleichzeitige Erschaffung der neuen Rechtskultur. Der allererste Schritt für eine neue Entwicklung der Rechtswissenschaft Koreas ging dahin, das durch den japanischen Filter gegangene deutsche Recht richtig zu kennen. Unmittelbare Kontakte mit deutschem Recht waren erst nach der Befreiung vom japanischen Imperialismus möglich. Die Befreiung von der Fremdherrschaft war ein wichtiger Anlass und Grundlage für Korea, um ein selbständiges Rechtssystem und eine Rechtswissenschaft neu aufbauen zu können und zu müssen.

1028 Vgl. Park, ZStW 97 (1985), 456; die koreanische Regierung hat angefangen, nach der Verfassungserlassung (1948) zuerst das Strafrecht zu machen.

1029 Näher dazu H.-G. Lee, in: FS B.-H. Park, S. 549 ff.

Korea geriet jedoch in neue unerwartete Schwierigkeiten, da es damals einfach zu wenige Juristen gab, um eine neue koreanische Rechtswissenschaft aufbauen und entwickeln zu können. Die ins Japanische übersetzten deutschen Bücher zu lesen, war für die dringende Erneuerung und Reform viel leichter und schneller als deutsche Bücher zu lesen. Die Gründe dafür waren die geographische Lage und sprachliche Bedingung[1030]. Notgedrungen musste Korea in der Übergangszeit der 50er und 60er Jahren das deutsche Recht indirekt rezipieren, nämlich über Japan als Vermittler.

Die langjährigen verschiedenen autoritären Regierungen verhinderten aber wieder die weitere Entwicklung der wahren Demokratisierung und eines liberalen freiheitlichen Strafrechts in Korea. Korea versuchte gleichwohl, die jahrzehntelang gehemmte Entwicklung des Rechts nachzuholen. Bei der Kodifizierung des koreanischen StGB kann man eine Abwendung vom japanischen Recht und ein Hinwendung zum deutschen Recht bemerken. Seit den 60er und 70er Jahren nahm die Zahl der Koreaner zu, die in Deutschland promoviert haben, und seitdem konnte ohne Japans Vermittlung das deutsche Recht und die deutsche Rechtskultur in Korea vorgestellt werden.

Das Rechtssystem in Korea weist insgesamt einen kontinental-europäischen Charakter auf. Die Rechtswissenschaft ist (primär) an Deutschland orientiert, und zwar trotz zunehmender Einflüsse des amerikanischen Rechts in Korea. Nach dem Zweiten Weltkrieg tritt in Japan eine Änderung der Prioritäten vom deutschen zum anglo-amerikanischen Recht auf. Trotz ähnlicher Gegebenheiten bei der Aufnahme beider Rechtssysteme war in Korea der kontinentale Hintergrund der Rechtswissenschaft zu stark und der Mangel an Fachleuten für

---

[1030] Das Koreanische ist wie das Japanische eine agglutinierende Sprache. Dem Sprachbau und der grammatischen Struktur nach steht das Japanische dem Koreanischen sehr nahe.

amerikanisches Recht zu groß, als dass ein ähnlicher Wandel auftreten könnte[1031].

Die Rezeption des westlichen, insbesondere deutschen Rechts in Korea hat zu einer grundlegenden Wandlung des traditionellen Rechts geführt. Das geltende koreanische Strafrecht hat somit mit der rechtsgeschichtlichen Vergangenheit Koreas in Wahrheit wenig zu tun. Alle wichtigen strafrechtlichen Gesetzesnormen in Korea sind kontinental-europäisch, insbesondere deutschrechtlich orientiert[1032]. Deutsches Recht und deutsche Rechtstheorie haben nach dem Zweiten Weltkrieg den wesentlichen Beitrag zur wissenschaftlichen Systematisierung der koreanischen Jurisprudenz und des Strafrechts geleistet.

II. Bedeutung der Rezeption westlichen Rechts in Korea

1. Rezeption als Prozess sozialen Wandels

Rezeption bedeutet die Übernahme des in einer fremden Rechtsordnung entwickelten Rechts in die eigene Rechtsordnung[1033]. Sie kann die verschiedensten Gründe haben und bewusst oder mehr oder weniger unbewusst, freiwillig oder mittels Zwang erfolgen. Als Gründe für die Rezeption des westlichen Rechtssystems in Korea am Ende des 19. Jahrhunderts können insbesondere genannt werden: der Entwicklungsmangel des traditionellen Rechts, das fehlende Normbewusstsein, der fehlende Individualismus der Koreaner, die streng hierarchisch angelegte geschlossene Sozialstruktur, die

---

[1031] Während das materielle Strafrecht das kontinental-europäische System beibehalten hat, ist jedoch das Verfahrensrecht Koreas stärker dem anglo-amerikanischen Recht angenähert worden.

[1032] Aber zum Teil zeigen sich auch Spuren amerikanischen Einflusses, z. B. die Aussetzung des Urteilsspruchs (§ 59 Abs. 1 kStGB); vgl. aber dazu H.-K. Lee, in: FS Niederländer, S. 322 ff.; Y.-H. Kim, in: FS Arthur Kaufmann, S. 700 ff.

[1033] Zum Begriff der Rezeption vgl. E. Hirsch, Rezeption, S. 12 f.; Schildt, Jura 2003, 450 m. w. N.

einseitige autokratische Entscheidungsgewohnheit des Herrschers, die mangelnden Juristen und die fehlende Rechtswissenschaft[1034].

Die Schwächen der traditionellen koreanischen Rechtskultur bestanden in fehlenden Rechtsinstitutionen und Anwendungstechnik des Rechts. Diese Faktoren sind in der Tat nicht weniger wichtig als die politischen Grundlagen oder die Rechtsidee. Die Koreaner haben sehr viele kluge kulturelle Lebensweisheiten, aber nur wenig Rechtskultur hinterlassen. Wie die historische Grenze der östlichen Kultur bei dem Modernisierungsprozess zeigt, war die Rezeption des westlichen Rechts im fernen Osten eine unvermeidbare notwendige Folge, weil östliche Rechtskultur keine Fähigkeit besaß, von sich aus das moderne Rechtssystem zu entwickeln. Ein Grund dafür war auch die Dominanz der kultivierten Literaten im Osten[1035]. Die Tätigkeit des Herrschers oder Richters im Osten setzte die persönliche vorbildliche Moralität voraus; aufgrund dieser Vorstellung war die Ethik bis vor kurzem in Korea Prüfungsfach auch für das juristische Examen.

Die Rezeption des westlichen Rechtssystems am Ende des 19. Jahrhunderts in Korea erfolgte nicht nur zur Verbesserung des alten Systems in bestimmten Bereichen, sondern wie die Gabo-Reform von 1894 zeigt, sie bedeutete den Abschied von der traditionellen Weltanschauung und dem alten System und war zugleich ein notwendiger historischer Umbruch[1036]. Für die Rezeption war nicht nur ein institutioneller Umtausch oder die Einführung eines neuen Gesetzes, sondern auch die totale Umwandlung des alten Rechtsbewusstseins und

---

[1034] Näher dazu C.-K. Choi, in: 50 Jahre Koreanische Rechtswissenschaft, S. 531 m. w. N.

[1035] Der offizielle chinesische Namen für den Konfuzianismus war "Lehre der Literaten" (Ju Kiao); näher dazu bei Weber, Gesammelte Aufsätze, S. 432 ff.

[1036] Nicht nur im rechtlichen, sondern auch in vielen anderen sozialen Bereichen gab es große Änderungen. Z. B. wurde im Jahre 1895 der Sonnenkalender in Korea eingeführt. Die Grundschule und Post wurden ebenfalls neu gegründet; näher hierzu T.-S. Byun, Koreanische Geschichte, S. 435 ff.

wissenschaftlichen Denkens notwendig[1037]. Das führte zur totalen Umkehrung im Bereich des Rechts.

Die Rezeption fremden Rechts setzt einen Wechsel des Denkens und eine Angleichung an fremdes Rechtsdenken voraus und bedeutet eine Übertragung fremden rechtlichen Gedanken- und Kulturguts[1038]. In diesem Sinne hat Korea nicht nur westliche Rechtsnormen und eine positive Rechtsordnung rezipiert, sondern vielmehr umfassend die westliche Rechtskultur[1039].

Man kann aber nicht erwarten, dass ein Gesetz unabhängig von seiner Zwangsbefugnis mit seinem Inkrafttreten sofort zum lebendigen Recht wird. Das Recht kann von heute auf morgen geändert werden, nicht aber die Menschen, für die es gilt und die es in Zukunft anzuwenden haben. Das Recht ist eng mit anderen kulturellen Erscheinungen verbunden, daher müssen sich während der Verwurzelung des westlichen Rechts in der koreanischen Gesellschaft andere kulturelle Erscheinungsformen als jene des Rechts auf diesen Erneuerungsprozess ausgewirkt haben[1040]. Am Anfang stieß die Rezeption westlichen bzw. deutschen Rechts wegen dem Unterschied der maßgebenden Grundsätze, die auf der kulturellen und religiösen

1037 Man muss beachten, dass die Voraussetzungen der Rezeption des westlichen Rechts in Korea ganz anders waren als in Deutschland am Vorabend der Rezeption des römischen Rechts. Deutschland empfand das römische Recht zunächst durch die historische Ideologie nicht als fremdes Recht, sondern eben als Reichsrecht; im Laufe von Jahrhunderten hatte es sich auf dem Weg über Verwaltungsübung und Gerichtspraxis gegen die Auflehnung des einheimischen Rechts Geltung verschafft; vgl. dazu Koschaker, Das Römische Recht, S. 223 ff.

1038 E. Hirsch, Das Recht im sozialen Ordnungsgefüge, S. 97.

1039 Man unterscheidet zwischen dem positiven Recht und Rechtskultur. Zu den letzteren gehören die Institutionen, Wissenschaft, Ausbildung, kurz alle soziologisch messbaren Faktoren, die sich auf das Recht auswirken; vgl. hierzu Jayme, RabelsZ 67 (2003), 216 m. w. N.

1040 Vgl. hierzu Radbruch, Rechtsphilosophie, S. 95. Der Rechtsbegriff ist nach *Radbruch* ein Kulturbegriff. Die Rechtserscheinung ist auch Kulturerscheinung und kann wie jede andere Kulturerscheinung wie z. B. Wissenschaft, Kunst oder Moral nur in ihren Beziehungen auf Werte begriffen werden.

Verschiedenheit beruhen und vor allem wegen der Zwangsrezeption durch Japan auf viele Schwierigkeiten in Korea. Das war auch die Folge der auf Anordnung der japanischen Besatzungsmacht erfolgenden, also unfreiwilligen Zwangsrezeption und der ungerechten Anwendung der ursprünglichen Rechtsidee des rezipierten deutschen Rechts.

Die richtige selbständige Rezeption westlichen Rechts in Korea begann erst nach dem Zweiten Weltkrieg. Durch das westliche Recht konnte die Garantie der Freiheit, die Rationalisierung und Verwissenschaftlichung des Rechts in Korea gesetzlich ermöglicht werden. Die Rezeption westlichen Rechts in Korea ist der Ausdruck grundlegenden sozialen Wandels und einer neuen Gesinnung. Der Wechsel von dem traditionellen Rechtsdenken zum rationalen und objektiven Rechtsstaat ist als Notwendigkeit für die Modernisierung Koreas zu begreifen. Der Zweck der Rezeption ist nicht allein die Veränderung des geltenden Rechts, sondern darüber hinaus die Effektivität der Normen im Verhalten der Rechtsunterworfenen und damit ein sozialer Wandel der Rechtsgemeinschaft als ganzer[1041]. Die Rezeption ist insofern keine einmalige und damit abgeschlossene Tat, sondern ein ständiger intersubjektiver sozialer Austauschprozess und eine lange Dauerentwicklung mit dem Ziel einer Integration des aufgeklärten Gedankenguts[1042]. Sie ist insofern einerseits ein historisches Faktum, andererseits ein prozeduraler Begriff und daher fest in einen stetigen Wandlungsprozess eingebunden.

Die Rezeption im Sinne der gesetzlichen Verankerung deutschen Rechts nach dem Zweiten Weltkrieg in Korea ist deswegen möglich gewesen, weil Korea als handelndes Subjekt der Rezeption seine nationale Kontinuität als Kern der Rechtswissenschaft beibehalten hat. Das ursprünglich deutsche Rechtsdenken

---

1041 Rehbinder, in: Rezeption des deutschen Rechts, S. 11.

1042 Näher dazu E. Hirsch, Rezeption, S. 13; ders., Das Recht im sozialen Ordnungsgefüge, S. 92 ff.

und Gedankengut wird inzwischen nicht mehr als "fremdes" empfunden. Das bedeutet, Korea hat nicht nur das deutsche Recht übernommen, sondern viel mehr angenommen. Nach dem Inkrafttreten des koreanischen StGB von 1953 sind fünfzig Jahre vergangen, und das koreanische StGB hat bis heute seinen kontinental-europäischen Charakter beibehalten. Die Beziehungen zwischen der koreanischen und der deutschen Strafrechtswissenschaft sind seit dem Zweiten Weltkrieg immer enger geworden.

2. Rezeption und Entwicklung der koreanischen Rechtskultur

Das Recht ist ein Teil der jeweiligen Kultur[1043] und eng mit den kulturellen Eigenheiten einer Gesellschaft verbunden. Jedes Volk hat seine eigentümliche Geschichte, Charakter und Handlungsweisen. Die Koreaner sind hier auch keine Ausnahme und haben ebenfalls ihre Eigenschaften und besonderen Verhaltensweisen, womit wiederum das Rechtsbewusstsein verwandt ist.

Ein deutlicher Unterschied besteht zwischen der koreanischen und der westlichen Rechtskultur. Die alte koreanische Rechtskultur und die Mentalität der Koreaner können dem europäischen Rechtsdenken gegenüber allgemein durch fünf Charakterzüge gekennzeichnet werden: Koreanisches Rechtsdenken betonte Partikularismus statt Rechtsgleichheit, persönliche Loyalitätsbindung statt formale Rationalität der Sozialbeziehungen, Kooperation statt individuellen Wettbewerb, Gruppenverantwortlichkeit statt individuelle Selbstverantwortung und Harmoniestreben statt Konfliktaustragung[1044].

Die Gründe hierfür liegen darin, dass die koreanische Gesellschaft streng hierarchisch nach Familien angelegt ist und diese hierarchische Familienstruktur

---

[1043] Vgl. hierzu Radbruch, Rechtsphilosophie, S. 4; Funke, ARSP 89 (2003), 1 ff.
[1044] D.-K. Choi, Korean Journal of Comparative Law 8 (1980), 177 ff.; S.-D. Yang, in: FS B.-H. Park, S. 615 ff.; zum japanischen Rechtsdenken vgl. Kobayashi, ARSP Beiheft Nr. 30 (1987), 14 ff.

in der Gesellschaftsstruktur gleich betont wird. Dies zeigt, dass die konfuzianische Idee trotz der wirtschaftlichen Entwicklung, Industrialisierung, Modernisierung der Gesellschaft und trotz der Rezeption westlichen Rechts noch im Alltagsleben der Koreaner tief ausgeprägt ist und dass die ethische und rechtliche Bewusstseinsstruktur der koreanischen Bevölkerung noch weitgehend an die Tradition gebunden ist. Eine aus dem Westen importierte Rechtsnorm wird deswegen nicht immer wie im Westen interpretiert oder angewandt. Das geltende vom Westen übernommene koreanische Recht ist heute noch zum Teil nicht wirklich in der Bevölkerung gelebtes lebendiges Recht, da die meisten Koreaner noch in den alten Sitten und Denkweisen leben und denken. Ein Grund dafür ist auch, dass der Weg und die Art für die Anwendung und die Realisierung der positiven Rechtsidee und –norm in Korea noch streng mit der alten Tradition verbunden sind[1045].

Demokratie ist ein politisches System, das ein individuelles Menschenbild und eine rationale Lebensweise voraussetzt. Die koreanische Gesellschaft basiert auf dem Individuum im familiären oder sozialen engen emotionalen Zusammenhang. Die Neigung zu Gruppenhandlungen und die darauf fundierte Denkweise der Koreaner haben auf das für eine offene Gesellschaft geeignete, rationale und logische Rechtsdenken hemmend gewirkt. Vor allem in der inneren Gruppe oder Gemeinschaft kann das moderne Rechtsbewusstsein als ein kaltes oder fremdes, etwas Anstößiges und das warme menschliche Gefühl abstoßendes angenommen werden. Es wird den Koreanern oft vorgeworfen, dass sie nach emotionalen Gefühlen oder persönlicher Verbundenheit statt Prinzipien oder Logik vorgehen.

[1045] Z. B. allein das System und die Realität der Juristenausbildung ist in Korea völlig anders als in Deutschland. Das System der koreanischen Juristenausbildung ist vergleichbar mit dem japanischen; ausführliche Berichte über die japanische Ausbildung siehe bei

Der Individualismus, der in Europa seit der Aufklärungszeit stark geworden ist, hatte zur Folge, dass man in Europa alles zu rationalisieren versucht. In der östlichen Tradition wurde die Wirklichkeit als eine Einheit von Subjekt und Objekt betrachtet. Menschen und Umwelt sind von einander nicht trennbar. Der Mensch ist ein Teil der Natur und lebt in der Natur. So ist die Essenz des Menschen nicht so sehr in seiner eigenen Substanz, sondern vielmehr in seinen Beziehungen zum anderen Menschen zu sehen. Das alles muss sich insbesondere im Strafrecht auswirken, in dem sowohl das Unrecht wie auch die Rechtsfolge besonders tief in das Leben des Betroffenen und dessen Selbstverständnis eingreifen.

Die gegenwärtige koreanische Gesellschaft ist sehr komplex, indem alte und typisch traditionelle koreanische Elemente mit aus dem Westen eingeführten Rechtsinstituten und westlicher Ideologie zusammenleben und sich gegenseitig beeinflussen. Koreaner leben noch heutzutage in doppelter Rechtskultur und in einem unvollendeten Rezeptionsprozess. Durch die Erfahrung der langjährigen Diktatur haben jedoch die Koreaner zu der Demokratie- und Rechtsstaatsidee, der Freiheit und den Menschenrechten ein inneres Verhältnis gewonnen. Die Menschenrechte und die Freiheit sind nicht nur eine westliche Wertidee, sondern vielmehr eine universale. Die bisherigen Wirtschafts-, Familien- und Sozialstrukturen in Korea sind im Wandel begriffen. Die dialektische Integration des westlichen und östlichen Rechtsdenkens und das von der Vernunftidee begründete rationale Recht zu entwickeln, ist die gegenwärtige Aufgabe der koreanischen Rechtswissenschaft und des koreanischen Strafrechts.

Miyazawa JuS 1982, 392 ff.; Kigawa, JuS 1988, 579 f.; Yamauchi, Jura 1989, 459 ff.; Lauer, JuS 1996, 181 f.; Onagi, JuS 2002, 721 ff.

B. Entstehungs- und Reformgeschichte des koreanischen StGB und des Straftatfolgensystems

Die Entstehungsgeschichte des geltenden koreanischen Strafgesetzbuchs und die darauf folgende Strafrechtsreformbewegung sollen eingangs insoweit dargestellt werden - wenn auch nur in groben Umrissen -, als es für das geltende Sanktionensystem erforderlich ist.

I. Zum koreanischen Strafgesetzbuch

1. Quellen und Struktur des koreanischen StGB von 1953

a) Quellen des koreanischen StGB von 1953

Das geltende erste koreanische Strafgesetzbuch, das am 18. September 1953 verkündet wurde und am 3. Oktober 1953 in Kraft getreten ist[1046], basiert im Wesentlichen auf dem japanischen Strafgesetzentwurf von 1940[1047], der seinerseits durch die deutschen Entwürfe von 1925, 1927 und 1930 sowie durch das schweizerische Strafgesetzbuch von 1918 und 1937 beeinflusst war[1048]. Der japanische Strafgesetzentwurf von 1940 hat zum Teil zwar einen fortschrittlichen liberalen Inhalt, aber die Strafrechtsreform erfolgte vor allem zum Zweck der Erhaltung und Verstärkung des Systems unter der japanischen kaiserlichen Verfassung vor der Kriegsniederlage, und der Entwurf entstand auf dem Höhepunkt des japanischen Faschismus. Dieser Entwurf von 1940 konnte wegen der Verstärkung des Angriffskrieges von Japan nicht realisiert werden, ist jedoch bei späteren Entwürfen immer wieder herangezogen worden.

1046 Vgl. Das koreanische Strafgesetzbuch, Sammlung außerdeutscher Strafgesetzbücher in deutscher Übersetzung Nr. 89.

1047 Der japanische Strafgesetzentwurf von 1940 heißt eigentlich "der vorläufige Entwurf des japanischen Strafgesetzbuchs und der Strafvollzugsordnung", aber im Folgenden wird "der japanische Strafgesetzentwurf von 1940" genannt.

1048 Vgl. Tjong, ZStW 84 (1972), 1105 f.; Tjong/Eubel, in: Das japanische Rechtssystem, S. 234; Kühne/Miyazawa, MschrKrim 71 (1988), 266.

Korea hätte damals bei der Vorbereitung für das neue Strafgesetzbuch die Hintergründe und Bedeutung des japanischen Strafgesetzentwurfs von 1940 nicht übersehen dürfen, hat aber diesen japanischen Strafgesetzentwurf von 1940 leider in Eile ohne große inhaltliche Änderungen übernommen[1049].

Im Folgenden soll daher das japanische Strafgesetzbuch und die Geschichte der Strafgesetzgebung Japans kurz dargelegt werden, bevor konkret auf den japanischen Strafgesetzentwurf von 1940 eingegangen wird. Bis zur Mitte des 19. Jahrhunderts stand Japan unter einer aus dem chinesischen Recht stammenden feudalen Rechtsordnung[1050]. Japan begann mit der Meiji-Restauration von 1868 die Rezeption des modernen westlichen Rechts, die insbesondere mit der Aufhebung der ausländischen Konsularstrafbarkeit verbunden war. Zu dieser Zeit hatte Japan keine moderne Rechtsordnung und Gesetzbücher, auf die sich die Rechtsordnung hätte stützen können. Die Meiji-Restauration von 1868 bedeutete für Japan den Bruch mit dem traditionellen Feudalsystem und leitete eine völlige neue Umgestaltung der staatlichen und sozialen Ordnung nach westlichem Vorbild ein.

aa) Gesetzgebungsgeschichte des japanischen StGB von 1880[1051] und das geltende japanische StGB von 1907[1052]

Dem japanischen StGB von 1880 lag der Entwurf des Pariser Juraprofessors Boissonade, der von 1873 bis 1895 als Rechtsberater für die Gesetzgebung in Japan gearbeitet hat, zugrunde. Dieser Entwurf von Boissonade war nach dem

---

1049 Dieses Phänomen beschränkte sich bei der Gesetzesvorbereitung nach der Befreiung Koreas leider nicht nur auf das Strafrecht.

1050 Allgemein zur japanischen Rechtsgeschichte, Nishikawa, ZNR 25 (2003), Nr. 1/2, 19 ff.

1051 Zur Geschichte des japanischen Strafrechts siehe bei Miyazawa, ZStW 88 (1976), 821 ff.; Ida, Die heutige japanischen Diskussion, S. 21 ff.; Tjong, ZStW 84 (1972), 1099 ff. jeweils m. w. N.; allgemein zur japanischen Rechtsgeschichte siehe bei Röhl, in: Das japanische Rechtssystem, S. 2 ff.

1052 Vgl. Strafgesetzbuch für das Kaiserlich japanische Reich von 23. April 1907, Sammlung Außerdeutscher Strafgesetzbücher in deutscher Übersetzung Nr. XXIII.

Vorbild des französischen Code Penal Napoleons von 1810 ausgearbeitet[1053]. Das japanische StGB von 1880 bestand aus 430 Paragrafen und gilt als das erste moderne Strafgesetzbuch in Japan. Das Gesetzlichkeitsprinzip (nulla poena sine lege) im formalen Sinn wurde in diesem StGB zum ersten Mal ausdrücklich niedergelegt (§§ 2, 3)[1054]. Das japanische StGB von 1880 entschärfte und modernisierte vor allem das bisherige Strafensystem. Die Freiheitsstrafe stand im Mittelpunkt[1055], und die Leibesstrafen wurden abgeschafft. Das japanische StGB von 1880 war 1882 in Kraft getreten und galt 25 Jahre lang, bis das geltende japanische StGB von 1907 in Kraft trat.

Schon bald nach seinem Inkrafttreten wurde jedoch das japanische StGB von 1880 deshalb für ungeeignet gehalten[1056], weil es zu liberal war, so dass es auf die zunehmende Kriminalität nicht entsprechend reagieren konnte, und zu stark vom französischen Recht beeinflusst war, so dass es die japanischen Sitten und Gebräuche zu wenig berücksichtigte. Direkt nach dem Inkrafttreten des japanischen StGB von 1880 fing deswegen die japanische Regierung an, ein neues StGB vorzubereiten. Für die Reformarbeit spielte die japanische Reichsverfassung eine große Rolle, die im Jahre 1889 nach dem Vorbild der preußischen Verfassung von 1850 gestaltet wurde. Weiterhin hatten die Japaner festgestellt, dass das deutsche StGB von 1871 viel modernes Recht als der Code

---

1053 Die napoleonischen Kodifikationen umfassten alle wichtigen Gesetze, z. B. das bürgerliche Recht, Handelsrecht, Strafrecht sowie die Zivil- und Strafprozessordnung. Sie waren systematisch aufgebaut und im Gegensatz zu anglo-amerikanischem Recht für Anfänger im Studium des europäischen Rechts leicht verständlich. Die deutschen Kodifikationen, die später auf das japanische Recht großen Einfluss ausübten, existierten zu dieser Zeit noch nicht. Die Meiji-Regierung beschloss deswegen die Gesetzbücher Napoleons für das neue japanische Recht als Vorbilder heranzuziehen.

1054 § 2 des japanischen StGB von 1880 lautete: "Keine Handlung darf mit einer Strafe belegt werden, wenn sie nicht gesetzlich bestimmt ist"; zum japanischen StGB von 1880 vgl. auch Tjong/Eubel, in: Das japanische Rechtssystem, S. 208 ff.

1055 Zur Geschichte der modernen japanischen Freiheitsstrafe Tjong, in: Freiheitsstrafe und ihre Surrogate, S. 1374 ff.

1056 Das japanische StGB von 1880 wurde als "missgeborener Enkel des Code Penal" bezeichnet; vgl. dazu Fukuda, in: GS Armin Kaufmann, S. 71 f.; Tjong/Eubel, in: Das japanische Rechtssystem, S. 209 f.

Penal von 1810 war. Seitdem war der deutsche Einfluss auf das japanische Recht immer stärker geworden.

Das geltende japanische StGB wurde nach mehrmaligen Reformversuchen[1057] im Jahre 1907 verkündet und ist am 1. 10. 1908 in Kraft getreten[1058]. Das japanische StGB von 1907 stand unter starkem Einfluss des deutschen StGB von 1871 und zugleich der neuen modernen spezialpräventiven Strafrechtsschule[1059]. Das japanische StGB von 1907 hat jedoch die Sozialverteidigung gegenüber dem Schutz der individuellen Freiheit bevorzugt. Die Charakteristika des geltenden japanischen StGB von 1907 sind die für die staatliche Macht vorteilhaften abstrakt vereinfachten Bestimmungen der Tatbestände[1060] und die Erweiterung des freien Ermessens des Richters durch die Verstärkung des Strafensystems[1061], um die Freiheit des Bürgers zu unterdrücken.

Das Strafensystem des japanischen StGB von 1907 wurde durch die drastische Reduzierung der Strafarten vereinfacht. Während das japanische StGB von 1880 vierzehn Hauptstrafen und fünf Nebenstrafen, eine Klassifizierung, die in der Praxis kaum durchführbar war, vorsah, kannte das neue japanische StGB von 1907 nur sechs Hauptstrafen und eine Nebenstrafe[1062]. Das geltende japanische StGB von 1907 steht im Mittelpunkt der Strafrechtsnormen Japans[1063]. Trotz der sozialen Veränderungen der letzten 100 Jahre und verschiedener Teiländerungen

---

[1057] Die Reformentwürfe wurden 1890, 1901, 1902 und 1907 ausgearbeitet, jedoch ging erst der letzte Entwurf im japanischen Reichstag durch; vgl. dazu Tjong/Eubel, in: Das japanische Rechtssystem, S. 210.

[1058] Einen Überblick der Geschichte des japanischen Strafrechts siehe bei Tjong, ZStW 84 (1972), 1099 ff., 1104 ff.; Tjong/Eubel, in: Das japanische Rechtssystem, S. 205 ff.

[1059] Dazu Tjong, ZStW 84 (1972), 1106.

[1060] Vgl. dazu Tjong/Eubel, in: Das japanische Rechtssystem, S. 210 f.; Dando, in: FS Heinitz, S. 37; Ida, Die heutige japanische Diskussion, S. 24 ff.

[1061] Das geltende japanische StGB von 1907 lässt bei jeder Straftat die Strafmilderung auf Grund des freien Ermessens zu (§ 66).

[1062] Todesstrafe, Zuchthaus-, Gefängnis-, Geldstrafe, Haft und Geldbuße sind Hauptstrafen; Einziehung ist Nebenstrafe (§ 9).

[1063] Dazu vgl. Tjong, ZStW 84 (1972), 1106 m. w. N.

wurde das japanische StGB von 1907 im Wesentlichen bis heute weiterhin beibehalten[1064]. Ein Grund dafür ist, dass viele Vorschriften außerhalb des StGB in unzähligen Sonderstrafgesetzen und strafrechtlichen Nebengesetzen niedergelegt worden sind[1065]. Die neuen Bestimmungen, die aufgrund des gesellschaftlichen Wandels neu eingeführt wurden, sind nicht in das StGB, sondern als eigenständige Sondergesetze erlassen worden. Die Sonder- und strafrechtlichen Nebengesetze werden im Gegensatz zu dem StGB häufiger erlassen und geändert[1066].

bb) Gesetzgebungsgeschichte des japanischen Strafgesetzentwurfs von 1940

Nach dem Ersten Weltkrieg unter dem Einfluss der veränderten wirtschaftlichen und politischen Verhältnisse und der geistigen Strömung der Zeit unternahm die japanische Regierung mehrere Versuche zu einer umfassenden Reform des Strafgesetzbuchs[1067]. Im Jahre 1921 trug die japanische Regierung der "vorläufigen Gesetzesprüfungskommission" auf zu prüfen, ob das geltende japanische StGB von 1907 reformbedürftig sei und wenn ja, ein neues Strafgesetzbuch zu entwerfen. Dabei sollten die folgenden drei Aspekte beachtet werden, zuerst ob das geltende japanische StGB bei gewissen Vorschriften mit Rücksicht auf die japanische eigentümliche Moral und die guten Sitten reformbedürftig sei; weiterhin ob die Notwendigkeit bestehe, das geltende japanische StGB zu ändern, um die körperliche Unversehrtheit und die Ehre

---

[1064] Näher dazu Ida, Die heutige japanische Diskussion, S. 21 m. w. N.
[1065] Vgl. Ono, ZStW 60 (1940), 255 f.; Miyazawa, ZStW 88 (1976), 832 f.
[1066] Die Charakteristik der Strafgesetze unter der japanischen Herrschaft in Korea war auch der Exzess der Sonder- und strafrechtlichen Nebengesetze. Die Sonderstrafgesetze wurden in Korea auch häufiger erlassen und geändert, während in das StGB verhältnismäßig selten vom Gesetzgeber eingegriffen wurde. Es gibt in Korea außer dem Strafgesetzbuch fast 300 verschiedene strafrechtliche Nebengesetze und die Anzahl der durch die Sonder- und Nebenstrafgesetze erfassten Verbrechen ist höher als die Anzahl der durch das StGB erfassten. Diese bisherige merkwürdige Tendenz stand auch unter japanischem Einfluss.
[1067] Vgl. Tjong/Eubel, in: Das japanischen Rechtssystem, S. 234.

vollkommen zu schützen, und schließlich, ob die Strafarten und die Vollstreckungsweise für die wirksame Bekämpfung des Verbrechens geändert werden sollen[1068].

Die "vorläufige Gesetzesprüfungskommission" setzte zur genaueren Prüfung und Durcharbeitung der drei Fragen einen Unterausschuss ein, der die drei vorgelegten Aspekte eingehend geprüft hat. Die "vorläufige Gesetzesprüfungskommission" hat am 30. November 1926 ihre aus 40 Artikeln bestehenden "Vorschläge zur Strafrechtsreform" der japanischen Regierung vorgelegt[1069].

Artikel 1 dieser "Vorschläge zur Strafrechtsreform" lautete: "Die Schwere der Strafe gegen allem Verbrechen bezweckt im Dienste der Erhaltung der japanischen guten Sitten, besonders über das Verbrechen gegen die Untertanen und guten Sitten auf die betreffende Bestimmung zu achten". In diesem Zusammenhang insbesondere zu nennen sind z. B. Artikel 28, 29, die verlangten, dass das Verbrechen wider den Kaiser als eigenständiges Delikt aus dem Verbrechen gegen die kaiserliche Familie auszusondern ist, und dass die Entehrung der Würde der kaiserlichen Familie als besonderer Tatbestand im allgemeinem Strafgesetzbuch unter Strafe gestellt werden muss[1070]. Nach Artikel 33 soll im Strafmaß ganz allgemein berücksichtigt werden, ob der Täter

---

[1068] Näher dazu Saito, in: Das ausländische Strafrecht, 214 f.

[1069] Näher hierzu Kusano, ZStW 48 (1928), 71 ff.; Saito, in: Das ausländische Strafrecht, S. 215 ff.

[1070] Bereits nach dem japanischen StGB von 1907 (§ 73) war jede gefahrbringende Handlung gegen den Kaiser mit Todesstrafe bedroht. Der Vorschlag der Kommission brachte zwar keine inhaltliche Änderung, sollte aber durch die Hervorhebung des Tatbestandes in einem besonderen Paragrafen rein äußerlich die Bedeutung dieser Tat zu betonen. Der Vorschlag bewegte sich damit in die Richtung der japanischen Verfassung vom 11. Februar 1889. Art. 3 der japanischen Verfassung von 1889 lautete: "Der Kaiser ist heilig und unverletzlich". Die Straftaten gegen die kaiserliche Familie (§§ 73-76) im japanischen StGB von 1907 wurden jedoch durch die Reform von 1947 aufgehoben.

zum Verletzten in irgendeinem Verwandtschaftsgrade oder Abhängigkeitsverhältnis gestanden hat.

Die japanische Regierung hat am 2. Juni 1927 im Justizministerium eine "Kommission zur Strafrechtsreform" nach den "Vorschlägen zur Strafrechtsreform" gebildet. Sie ernannte einige ihrer Mitglieder zur "vorbereitenden Kommission", der die Ausarbeitung des Entwurfs aufgetragen wurde. Dieser Vorentwurf wurde bereits in drei Monaten fertig und ging von den "Vorschlägen zur Strafrechtsreform" aus. Er bestand aus 359 Paragrafen[1071].

Der Vorentwurf von 1927 wurde jedoch nicht amtlich veröffentlicht. Am 15. September 1931 brachte die Kommission den Allgemeinen Teil zum Abschluss und veröffentlichte ihn unter Vorbehalt einiger Artikel als unvollendetes Manuskript. Das war der Allgemeine Teil des japanischen Strafgesetzentwurfs von 1940. Der Allgemeine Teil stand unter dem starken Einfluss der neuen Schule und war der Versuch der aktiven Einführung einer neuen Kriminalpolitik.

Der Besondere Teil wurde am 19. März 1940 nach langem Vorbereiten unter Vorbehalt einiger Artikel als unvollendetes Manuskript veröffentlicht. So entstand der japanische Strafgesetzentwurf von 1940, dessen Vorbereitung 18 Jahre und 6 Monate gedauert hatte. In diesem Entwurf wurden in- und ausländische Gesetzgebung, Rechtsprechung und Theorie zum Vergleich herangezogen. Dabei sind von den ausländischen Gesetzgebungen insbesondere die schweizerischen Entwürfe von 1908 und 1918, die deutschen Entwürfe von 1909, 1913, 1919, 1934 und 1936, der italienischen Vorentwurf von 1921 und das italienische StGB von 1930, und der österreichische Gegenentwurf von 1922

[1071] Während das alte japanische StGB von 1880 430 Paragrafen umfasste, ist deren Zahl im geltenden japanischen StGB von 1907 auf 264 gesunken.

herangezogen worden. Die "vorbereitende Kommission zur Strafrechtsreform" wurde während der weiteren Beratungen auf Anordnungen der Regierung aufgelöst. Der ausgearbeitete Entwurf konnte deswegen nicht verabschiedet werden. Der japanische Strafgesetzentwurf von 1940 kann zwar ohne die damaligen politischen und sozialen Hintergründe nicht richtig verstanden werden, wurde aber trotz seiner historischen Entstehungshintergründe bei späteren Strafrechtsreformen immer wieder herangezogen.

cc) Grundprinzipien und Charakter des japanischen Strafgesetzentwurfs von 1940

Die Grundprinzipien des japanischen Strafgesetzentwurfs von 1940 beruhen auf den Vorschlägen der "vorläufigen Gesetzesprüfungskommission" (1926), welche die von der japanischen Regierung vorgelegten drei Aspekte eingehend bearbeitet hat. Die Weisung der Regierung, die Strafrechtsreform an der japanischen Moral und den guten Sitten zu orientieren, bedeutete, durch die Verschärfung der Strafen die auf der japanischen Moral und den guten Sitten basierende Sozialordnung gegen die damalige politische soziale liberale bürgerliche Bewegung beizubehalten und zu verteidigen.

Die japanische Moral und die guten Sitten wurden in dem Strafgesetzentwurf von 1940 aufgenommen und konkretisiert. Z. B. sollte nach § 57 Nr. 3 des japanischen Strafgesetzentwurfs von 1940 bei der Strafzumessung berücksichtigt werden, ob das Motiv der Straftat mit Rücksicht auf die japanische Moral und die guten Sitten öffentlich vorzuwerfen ist. Der Gesichtspunkt der japanischen Moral und der guten Sitten hat einen geschichtlichen, sozialen und politischen Hintergrund. Die japanische Regierung dachte damals, dass das geltende japanische StGB von 1907 zu liberal sei und wollte deswegen durch die gesamte Strafrechtsreform das absolutistische kaiserliche Land Japan vor der westlichen Demokratieidee, die zur japanischen

Tradition nicht passt, schützen. Dieser Gedanke musste jedoch nach der Kriegsniederlage mit der Reform der japanischen Verfassung grundlegend geändert werden.

Ein weiterer Gesichtspunkt war der Schutz des menschlichen Körpers und der Ehre. Das japanische StGB von 1907 stand mehr unter dem Schutz des Vermögens als der körperlichen Unversehrtheit und der Ehre. Da das japanische StGB von 1907 entsprechend dem Kapitalismus erlassen wurde, war dies eine logische Folge. Ein Beispiel dafür ist, dass, wer einem Anderen eine vermögenswerte Sache unter Anwendung von Gewalt oder unter Drohung raubt, wegen Raubes mit zeitigem Zuchthaus nicht unter fünf Jahren bestraft wird (§ 236 Abs. 1 des japanischen StGB von 1907). Wer aber unter Anwendung von Gewalt und Drohung mit einer Frau, die das dreizehnte Lebensjahr vollendet hat, den Beischlaf ausübt, wird wegen Notzucht mit zeitigem Zuchthaus nicht unter zwei Jahren bestraft (§ 177 des japanischen StGB von 1907)[1072]. Im japanischen Strafgesetzentwurf von 1940 wurden daher nach dem Vorschlag der Kommission die Lücken in den Vorschriften über Sittlichkeitsverbrechen ausgefüllt und deren Strafmaße erhöht[1073].

Die Beleidigungsdelikte wurden nach dem Vorschlag der Kommission im Strafgesetzentwurf von 1940 konkretisiert, und die für Beleidigung angedrohten Strafen wurden mit Rücksicht auf die Höhe der Strafen, die auf Verbrechen wider das Leben, den Körper und das Vermögen stehen, heraufgesetzt. Wer etwa die Ehre einer Person dadurch verletzt, dass er eine ehrenrührige Tatsache öffentlich behauptet, wird nach § 230 des geltenden japanischen StGB von 1907 ohne Rücksicht, ob die Tatsache wahr oder nicht wahr ist, mit Zuchthaus oder

---

[1072] Diese beide Paragrafen des japanischen StGB von 1907 sind bis heute unverändert geblieben. Im Vergleich zum japanischen StGB von 1907 werden Raub und Vergewaltigung nach dem geltenden koreanischen StGB mit zeitigem Zuchthaus nicht unter 3 Jahren bestraft (§§ 333, 297 kStGB).

Gefängnis bis zu einem Jahr oder mit Geldstrafe bis zu fünfhundert Yen[1074] bestraft, während § 406 des japanischen Strafgesetzentwurfs von 1940 für das gleiche Delikt Zuchthaus oder Gefängnis bis zu fünf Jahren oder Geldstrafe bis zu dreitausend Yen androhte.

Der letzte Gesichtspunkt war die kriminalpolitische Neuorientierung zu der wirksamen Bekämpfung des Verbrechens. Im geltenden japanischen StGB von 1907 wurde zwar die moderne Kriminalpolitik stark berücksichtigt, aber das geltende japanische StGB von 1907 entsprach den in- und ausländischen Umständen und Entwicklungen nicht in ausreichendem Maß und die Reform war daher kriminalpolitisch notwendig. Um auf das Verbrechen effektiv regieren zu können, führte der japanische Strafgesetzentwurf von 1940 verschiedene neue Strafarten ein, außer den Strafen wurden auch Maßregeln in dem Entwurf neu eingeführt.

Der Schwerpunkt des japanischen Strafgesetzentwurfs von 1940 war der Allgemeine Teil[1075]. Der Allgemeine Teil bestand aus den 17 Kapiteln, 153 Paragrafen und 4 Vorbehaltsparagrafen. Das ist im Vergleich zu dem Allgemeinen Teil des geltenden japanischen StGB von 1907, der aus den 13 Kapiteln und 72 Paragraphen besteht, doppelt soviel. Die Gründe dafür waren, dass viele neue Institutionen und Bestimmungen in den japanischen Strafgesetzentwurf von 1940 eingeführt wurden, z. B. die unbestimmte Strafe, die Aussetzung des Urteilsspruchs, das Erlöschen der Strafe, die Maßregeln und die Schutzaufsicht. Bei den Strafarten wurden außer den bisherigen 7 Strafen (Todesstrafe, Zuchthaus, Einschließung, Geldstrafe, Strafhaft, mindere Geldstrafe und Einziehung) der Entzug von Rechtsfähigkeiten, die Einstellung von Rechtsfähigkeiten, die Aufenthaltsbeschränkung und der öffentliche Tadel

---

1073 Vgl. §§ 388, 390, 392 des japanischen Strafgesetzentwurfs von 1940.
1074 1 Euro beträgt derzeit ungefähr 137 japanische Yen.
1075 Näher hierzu Y.-G. Oh/J.-S. Choi, Korean Criminological Review 37 (1999), S. 124 ff.

neu eingeführt[1076]. Bezüglich der Freiheitsstrafen wurde der Kreis derjenigen Strafen, bei denen bedingter Straferlass eintreten konnte, erweitert. Eine Besonderheit des Allgemeinen Teils des japanischen Strafgesetzentwurfs von 1940 ist weiterhin, dass beim Aufbau des Allgemeinen Teils anders als im geltenden japanischen StGB von 1907 die Strafe vor der Tat bzw. den Voraussetzungen der Strafbarkeit geregelt wurde.

Der Besondere Teil des japanischen Strafgesetzentwurfs von 1940 bestand aus 46 Kapiteln und 309 Paragrafen. Er war damit auch wesentlich umfangreicher als der Besondere Teil des geltenden japanischen StGB von 1907, der aus 40 Kapiteln und 192 Paragrafen besteht. Die Strafen wurden aus generalpräventiven Zwecken allgemein viel schwerer und härter angedroht. Die Straftaten gegen den Staat wurden unter harte Strafe gestellt. Der Besondere Teil stand unter dem starken Einfluss der japanischen guten Sitten. Der japanische Strafgesetzentwurf von 1940 wurde als wertvoller Nachlass der Reformarbeit der Vorkriegszeit hochgeschätzt und diente als ein wichtiger Grundstein bei späteren Strafrechtsreformen[1077].

b) Grundstruktur des koreanischen StGB von 1953

Das koreanische StGB von 1953 beruht im Wesentlichen auf dem japanischen Strafgesetzentwurf von 1940, stand zugleich zum Teil unter amerikanischem Einfluss, wie z. B. die Rechtsfigur der Aussetzung des Urteilsspruchs (Verwarnung mit Strafvorbehalt, § 59 kStGB) zeigt[1078]. Der japanische Strafgesetzentwurf von 1940 entstand zur Kriegszeit. Dementsprechend wurden

---

[1076] Das japanische Strafgesetzbuch von 1907 erkannte die Aberkennung der bürgerlichen Ehrenrechte nicht an, während es im alten japanischen Strafgesetzbuch von 1880 einige Vorschrift darüber gab; dazu Kusano, ZStW 48 (1928), 72 f.

[1077] Zur Geschichte der japanischen Strafrechtsreform nach dem Zweiten Weltkrieg siehe bei Tjong/Eubel, in: Das japanische Rechtssystem, S. 234 ff.

auch in das koreanische StGB die prägenden Elemente der Aufrechterhaltung der polizeilichen Ordnung und der Bewältigung des Kriegszustandes übernommen. Das koreanische StGB schützt daher beispielsweise die staatlichen Rechtsgüter in stärkerem Maße als die Individualrechtsgüter[1079]. Darüber hinaus wurde es nicht völlig von dem sittlichen Charakter befreit und versteht sich als Instrument der Aufrechterhaltung der Moral, indem es Moralwidrigkeiten, wie etwa Ehebruch und einfaches Glücksspiel, unter Strafe stellte[1080]. Dass das koreanische StGB während des Koreakrieges (1950-1953) entstanden ist, macht zwar seine autoritäre und moralische Prägung verständlich, diese lässt sich aber heute nicht mehr rechtfertigen.

Das koreanische StGB von 1953 hat jedoch im Vergleich zum geltenden japanischen StGB von 1907 einige fortschrittliche Strafrechtsnormen und Straftatfolgen neu eingeführt und erweitert. Das koreanische StGB von 1953 ging vom Zweck- und Erziehungsgedanken aus, der unter dem Einfluss der deutschen modernen Schule stand. Die Verfasser des koreanischen Strafgesetzbuchs bemühten sich, mit solchen Maßnahmen den Verfassungsideen der neu entstandenen, freiheitlich-demokratischen Republik zu entsprechen[1081]. So fordert z. B. § 51 (Maßstäbe der Strafzumessung) kStGB bei der

---

[1078] Die amerikanische Rechtskultur hat sich in der Zeit mit starkem politischen Einfluss, insbesondere auf dem Gebiet des Verfassungsrechts, des Strafprozessrechts und der Kriminologie, in den Vordergrund gedrängt; vgl. Tjong, ZStW 88 (1976), 809 ff.

[1079] In Korea wird die Meinung vertreten, dass diese Tendenz zum besonderen Schutz der Staatsautorität durch den japanischen Strafgesetzentwurf von 1940 beeinflusst wurde. Dieser hatte das Ziel, den japanischen Moralvorstellungen einer Zeit, in der der Faschismus in Japan seinen Höhepunkte erreichte, Rechnung zu tragen, daher war der Gedanke der Staatsautorität einer seiner hervorstehenden Merkmale; vgl. Park, ZStW 97 (1985), 458 m. w. N.

[1080] §§ 241 (Ehebruch), 246 (Einfaches Glücksspiel) kStGB sind bis heute unverändert geblieben. Ehebruch (§ 241 kStGB) ist trotz heftiger Kritik durch die Strafrechtsreform von 1995 bis heute beibehalten, während der Ehebruch im japanischen StGB längst entkriminalisiert wurde. Selbst das koreanische Verfassungsgericht hat den Ehebruch nicht als verfassungswidrig erklärt (Urteil vom 10. 9. 1990 Hunma 82: Anklage über die Verfassungswidrigkeit von § 241 kStGB); vgl. dazu Choi, in: FS Nishihara, S. 380 ff. m. w. N.

[1081] Vgl. Park, ZStW 97 (1985), 456 m. w. N.

Strafzumessung verschiedene besondere individuelle Umstände[1082] zu berücksichtigen.

Im Wesentlichen stand das koreanische StGB von 1953 dennoch unter der strengen Vergeltungsidee. Viele Vorschriften sehen die Todesstrafe oder eine lebenslange Freiheitsstrafe vor, bei Rückfall und für Gewohnheitstäter erfolgt eine Verschärfung der Strafe[1083]. Das Schuldprinzip hat eine freiheitsbewahrende, strafbegrenzende Funktion, blieb aber im koreanischen StGB eng mit dem Vergeltungsgedanken verbunden. Das Wort "Schuld" kommt kein einziges Mal im koreanischen StGB zum Ausdruck. Für eine Anpassung der Strafe an die Schuld des Täters gibt es im kStGB keine grundsätzliche Strafzumessungsvorschrift. Die Schuld des Täters als Grundlage für die Strafzumessung ist gesetzlich nicht anerkannt, in der Lehre ist man sich jedoch einig darüber, dass die Schuld die Grundvoraussetzung für die Strafe ist[1084].

Das koreanische StGB von 1953 besteht aus 372 Paragrafen[1085] und ist entsprechend der Klassifikation der kontinental-europäischen Rechtssysteme in einen Allgemeinen Teil (§§ 1-86) und einen Besonderen Teil (§§ 87-372) untergliedert[1086]. Der Allgemeine Teil besteht aus vier Abschnitten und enthält die allgemeinen Grundsätzen über die Voraussetzungen der Strafbarkeit und die Rechtsfolgen der Tat, die für den Besonderen Teil gelten. Im ersten Abschnitt

---

1082 Z. B. 1. das Alter, den Charakter, das Verhalten, die Intelligenz und das Milieu des Täters; 2. die Umstände, die den Verletzten betreffen; 3. die Beweggründe, die Mittel und die Folgen der Straftat; 4. die besonderen Umstände nach der Tatbegehung.

1083 Diese Strafen können jedoch in der Praxis nach der verhältnismäßig flexiblen Regelung der Strafrahmen und durch die gerichtliche Strafmilderung nach Ermessen im einzelnen Fall gemildert werden.

1084 Der koreanische Strafgesetzentwurf von 1992 sah deswegen in § 44 Abs. 1 das Schuldprinzip vor: "Die Schuld des Täters bildet die Grundlage der Strafzumessung".

1085 Im Vergleich zum koreanischen StGB hat das deutsche StGB 358 (allerdings mit a/b/c-Paragrafen) Paragrafen, und das japanische StGB nur 272 Paragrafen.

1086 Zur Unterscheidung Allgemeiner Teil und Besonderer Teil des Strafrechts siehe Naucke, Strafrecht, S. 174 ff.; Krey, Strafrecht AT Bd. 1, Rn. 35 ff.

sind das Gesetzlichkeitsprinzip[1087] und der Anwendungsbereich des Strafgesetzes enthalten und es wird das Territorialitätsprinzip auf Delikte ausgedehnt, die von Ausländern im Ausland gegen Koreaner begangen werden. Im zweiten Abschnitt über die Tat sind die grundlegenden Voraussetzungen allgemeiner Art für die Strafbarkeit erhalten. Im dritten Abschnitt ist die Strafe als Rechtsfolge geregelt. Die allgemeinen Vorschriften über die Verjährung enthält der vierte Abschnitt.

Der Besondere Teil fasst die Regelungen über die einzelnen Straftaten zusammen. Er enthält 42 Abschnitte und 286 Paragrafen. Er ist in Straftaten gegen die Allgemeinheit und Straftaten gegen den Einzelnen unterteilt, wobei der Schwerpunkt weniger in der Freiheitsgarantie der einzelnen Bürger als in der Aufrechterhaltung der staatlichen Autorität und sozialen Sicherung liegt. Die Zahl der Paragrafen ist trotz der sozialen und wirtschaftlichen Veränderungen der letzten 50 Jahre bis heute nur um 16 gestiegen. Dies lässt sich zumindest zum Teil damit erklären, dass viele Vorschriften - einschließlich solcher, die wie etwa die Bestimmung über gefährliche Körperverletzung mittels gewohnheitsmäßigen Einbruchsdiebstahls oder gemeinschaftlicher Begehung in der Nacht, eigentlich zum StGB gehören sollten - außerhalb des StGB in unzähligen Sonder- und Nebenstrafgesetzen niedergelegt worden sind[1088]. Die Sonder– und Nebenstrafgesetze wurden im Gegensatz zum StGB häufiger erlassen und geändert.

[1087] Das koreanische StGB selbst kennt keine ausdrückliche Bestimmung des Grundsatzes "nullum crimen, nulla poena sine lege", jedoch bekennt es sich dazu nach § 1 kStGB. § 1 Abs. 1 des koreanischen StGB lautet: "Die Strafbarkeit einer Tat und die Strafe bestimmen sich nach dem Gesetz, das zur Zeit der Tat gilt".

[1088] In Korea gibt es außer dem StGB noch etwa 300 verschiedene strafrechtliche Sonder- und Nebengesetze. Die übermäßigen Sonderstrafgesetze und deren Anwendung sind fast ein Skandal. Etwa über die Hälfte der Straftäter werden durch die Sonderstrafgesetze beurteilt. Die Strafandrohung der Sonderstrafgesetze ist viel höher als im Strafgesetzbuch.

2. Grundzüge des geltenden koreanischen Strafgesetzbuchs

Obwohl das geltende koreanische StGB sich in Systematik und Ausführung sehr stark an das europäische, insbesondere das deutsche Strafrecht anlehnt, unterscheidet es sich vom deutschen StGB erheblich dadurch, dass sein Gesetzestext sehr abstrakt gefasst ist[1089] und seine Gesetzessprache extrem schwer verständlich ist[1090]. Letztere beruht auf der sprachlichen Gesetzgebungstechnik des japanischen Strafgesetzbuchs[1091], da die Japaner den westlichen Rechtsbegriff ins schwierige Chinesisch übersetzten und die Koreaner ohne kritisches Nachdenken das japanische StGB zum Vorbild nahmen. Warum die Japaner den westlichen Rechtsbegriff ins schwierige Chinesisch übersetzen mussten, soll im Folgenden erklärt werden[1092]:

Die japanischen Aufklärungsdenker in der Meiji-Zeit glaubten fest daran, dass die Einführung der westlichen Wissenschaft die notwendige Voraussetzung dafür war, die Herausforderung der westlichen Kultur bestehen zu können[1093]. Die japanischen Intellektuellen hielten jedoch damals die westliche Wissenschaft im Vergleich zur traditionellen als minderwertig und wollten sie deswegen nicht lernen. Um diese japanischen Intellektuellen von der westlichen Wissenschaft zu überzeugen, mussten die japanischen Aufklärungsdenker androhen, dass die westliche Wissenschaft ungeheuer schwer zu lernen ist.

1089 Die gesetzlichen Strafrahmen der einzelnen Delikte sind sehr weit. Z. B. unterscheidet das koreanische StGB nicht zwischen Mord und Totschlag, und der Strafrahmen für die vorsätzliche Tötung geht von 5jähriger Zuchthausstrafe bis zur Todesstrafe.

1090 Der Gebrauch verständlicher Gesetzessprache wurde bereits im Jahre 1948 bei der Vorbereitung der koreanischen Strafgesetzgebung verlangt. Der Anfänger des Jurastudiums in Korea muss zuerst die chinesischen Rechtsbegriffe lernen, wie man Fremdsprachenvokabulare lernt. Die Gesetzessprache besteht jedoch nicht aus modernem Koreanisch und leicht verständlichen koreanischen Ausdrücken, wie der Gesetzgeber es ursprünglich wollte.

1091 Im Jahre 1875 hat die Kommission für die japanischen Strafrechtsreform in der konstituierenden Sitzung beschlossen, dass die Gesetzessprache die chinesischen Fachausdrücke verwenden soll; vgl. dazu Miyazawa, 88 (1976), 823, 827 ff.

1092 Vgl. J.-D. Bae, Strafrecht AT, S. 40 ff. m. w. N.

1093 Vgl. dazu Nishikawa, ZNR 25 (2003), Nr. 1/2, 20.

Deswegen haben sie bei der Übersetzung besonders schwierige klassische Wörter und Ausdrucksweisen ausgewählt, z. B. die Schriftsprache statt der Umgangssprache und den klassisch chinesischen Begriff statt des Japanischen[1094]. Durch die Benutzung des tiefsinnigen Chinesisch mussten sie nachweisen, dass die westliche Wissenschaft im Vergleich zu der traditionellen nicht minderwertig ist. Dass sie bei der Übersetzung der westlichen Wissenschaft den schwierigen chinesischen Begriff und Ausdruck benutzt haben, sollte also die westliche Wissenschaft gegenüber Skeptikern aufwerten.

Die Sprache des koreanischen StGB ist viel komplexer als die des japanischen StGB, da im koreanischen StGB nicht nur komplizierte chinesische Ausdrucksweisen sondern dazu oft noch japanische Sprachgebräuche und unnatürliche Übersetzungsausdrücke gebraucht wurden, als ob sie Koreanisch wären.

Das einfache saubere Koreanisch als Gesetzessprache zu benutzen und der Gebrauch verständlicher Gesetzessprache waren schon seit 1948 der Wunsch der Gesetzgebungskommission für das neue koreanische StGB. Diese Gebräuche der Gesetzessprache wurden durch die Strafrechtsreform von 1995 zwar um Einiges verbessert, sind aber immer noch ein großes Problem, das beseitigt werden muss. Gesetze sind das Gesicht eines Landes und ein Element, das den Volksgeist bestimmt. Die Rechtswissenschaft ist eine geistige Wissenschaft, die mit der Sprache zu tun hat. Die Gesetzessprache sollte daher aus der schönen Mutter- und Standardsprache bestehen und verständlich sein. Souveräne Rechtswissenschaft fängt mit souveräner Sprache an.

1094 Das Japanische besteht, wie das Koreanische, aus der Doppelsprache: das ursprüngliche Japanische und das Chinesische. Durch seine kulturellen Beziehungen, die sich über ein ganzes Jahrtausend erstreckten, übernahmen das Japanische und das Koreanische aus dem Chinesischen ein umfangreiches Wortmaterial, so dass im heutigen Japanischen und Koreanischen die Zahl der aus dem Chinesischen übernommenen Wörter bis auf 70-80 %

Die Kürze und Abstraktheit des koreanischen Gesetzestextes und die metaphysische Bedeutung der koreanischen Rechtssprache lassen sich einerseits auf eine aus dem chinesischen Recht und der Sprache überlieferte gesetzgeberische Tradition zurückführen, Rechtsvorschriften in knappen, symbolischen Worten zu formulieren[1095]. Anderseits sind infolge des Einflusses des japanischen StGB, das unter dem Einfluss der spezialpräventiven Lehre stand, die weitgefassten Formulierungen der Straftatbestände und die entsprechende Erweiterung der Strafrahmen zustande gekommen, um eine effektivere Kriminalitätsverhinderung durch eine der Täterpersönlichkeit angepasste Sanktionierung zu ermöglichen[1096]. Die Anwendung des koreanischen Strafrechts ist sehr weitgehend in das Ermessen des Richters gestellt[1097]. Bei der Wahl der Sanktionsarten gewährt das koreanische StGB dem Gericht grundsätzlich einen umfangreichen Ermessensspielraum. Diese Regelung soll der traditionellen chinesischen Gesetzestechnik entsprechen, nämlich dem Richter erlauben, dem konkreten Fall entsprechend eine sachgemäße Lösung zu finden.

Die Frage, wie die Kürze und Abstraktheit der Straftatbestände und die weiten Strafrahmen der Straftatfolgen mit dem Bestimmtheitsgebot des Gesetzlichkeitsprinzips[1098] (Art. 12, 13 koreanische Verfassung) in Einklang gebracht werden können[1099], ist sehr schwierig[1100].

---

geschätzt wird. Japanisch ohne Chinesisch oder Koreanisch ohne Chinesisch ist eigentlich undenkbar.

1095 Vgl. Dando, in: FS Heinitz, S. 37; Miyazawa, ZStW 88 (1976), 828.

1096 Vgl. Ida, Die heutige japanische Diskussion, S. 24, 30 m. w. N.

1097 Man sagt deswegen in diesem Sinne, dass das koreanische StGB sehr stark einen symbolischen Charakter beibehält.

1098 Vgl. dazu BVerfGE 20, 331; 25, 286, 27, 29; Krey, Strafrecht AT Bd. 1, Rn. 109 ff.; zur geschichtlichen Entwicklung des Bestimmtheitsgebots auch ders., Keine Strafe ohne Gesetz, S. 80 ff.

1099 Vgl. aber hierzu Ida, Die heutige japanische Diskussion, S. 34.

1100 Näher dazu siehe unten S. 320 ff.

Ein weiterer Charakterzug des koreanischen StGB zeigt sich in der Existenz einer Generalklausel, deren Anwendung wiederum weitgehend in das Ermessen des Richters gestellt ist. In § 20 des kStGB wurde eine ausdrückliche Regelung der gesellschaftlichen Sitten als eine Art Generalklausel vorgesehen, die im deutschen Recht keine entsprechende Regelung findet. Diese Vorschrift lautet: "Eine Handlung, die aufgrund eines Gesetzes oder einer Verordnung oder in Ausübung einer beruflichen Tätigkeit vorgenommen wird, oder sonst den gesellschaftlichen Sitten nicht widerspricht, wird nicht bestraft"[1101]. In der Lehre ist man sich einig, dass § 20 des kStGB nur subsidiär angewendet werden soll, aber der Begriff der gesellschaftlichen Sitten wurde bereits in der Praxis auf einzelne Fälle angewandt[1102].

§ 20 kStGB wird unter den kodifizierten Rechtfertigungsgründen außer der Notwehr (§ 21 kStGB) von der koreanischen Rechtsprechung am häufigsten herangezogen. Die meisten Fälle könnten bereits de lege lata aus speziellen Rechtfertigungsgründen ohne Rückgriff auf die Generalklausel gelöst werden, aber die koreanische Rechtsprechung wendet die Generalklausel an und zieht die gesellschaftlichen Sitten des § 20 kStGB in einer pauschalen Weise zur Rechtfertigung heran. Bei der Strafrechtsreform strebte man an, den Begriff der gesellschaftlichen Sitten in § 20 kStGB anders zu formulieren; die Formulierung ist jedoch im koreanischen StGB von 1995 unverändert geblieben. Schließlich kennt das geltende koreanische StGB im Vergleich zum deutschen StGB keine Zweiteilung der Straftaten in Verbrechen und Vergehen, so dass es keine generellen Vorschriften über den gesetzlichen Anwendungsbereich der Freiheitsstrafe und Geldstrafe im Allgemeinen Teil gibt[1103].

1101 § 20 des koreanischen StGB ist wörtlich fast gleich wie § 35 des japanischen StGB; vgl. dazu auch Miyazawa, ZStW 88 (1976), 829 f.

1102 Vgl. Choi, in: FS Nishihara, S. 373 f.

II. Reformgeschichte des koreanischen StGB

Das geltende koreanische Strafgesetzbuch hat im Vergleich zum deutschen StGB keine lange Geschichte. Das Strafrecht unterliegt einem ständigen Wandel und spiegelt die geistigen, kulturellen, wirtschaftlichen sowie politischen Entwicklungen und Zustände eines Landes wider. Seit dem Inkrafttreten des koreanischen StGB von 1953 sind mehr als 50 Jahre vergangen[1104]. Trotz des tiefgreifenden gesellschaftlichen Wandels aufgrund der wirtschaftlichen Entwicklung und der Bewusstseinsänderung der letzten 50 Jahren hat das koreanische Strafgesetzbuch im Sanktionensystem keine grundlegende Änderung und Reform erlebt. Nach langjähriger militärischer Diktatur[1105] hat Korea mit der ersten großen Strafrechtsreform von 1995[1106] versucht, das koreanische StGB von 1953 zeitgemäß neu umzugestalten und zugleich ein humanes, liberales, modernes, rationales und souveränes Strafrecht zu verwirklichen. Ob das koreanische StGB von 1995 diesen Wünschen entspricht, ist eine andere Frage.

1103 Vgl. § 12 des deutschen StGB; vgl. zur Einteilung der Straftaten Krey, Strafrecht, AT Bd. 1, Rn. 157 ff.; Roxin, AT I, S. 216 ff.

1104 Das koreanische StGB von 1953 wurde bis heute ohne große Änderungen 5 mal abgeändert. Im Vergleich zu dem koreanischen StGB ist das koreanische Strafprozessordnung von 1954 bis jetzt 11 Mal abgeändert worden.

1105 Nach langjähriger militärischer Diktatur hat Korea seit 1993 eine demokratische Staatsform. Danach beschleunigte sich die bereits 1985 begonnene Reformarbeit.

1106 Abgesehen von der Vorschrift über die Beleidigung des Staates, die durch das Gesetz Nr. 2745 im Jahr 1975 eingeführt und im Jahr 1988 durch das Gesetz Nr. 4040 wieder abgeschafft wurde, blieb das koreanische StGB von 1953 in seinem Gesetzestext bis zum 2. 12. 1995 unverändert.

1. Das koreanische Strafgesetzbuch von 1995

Nach 7jährigen Vorbereitungen[1107] wurde am 2. 12 1995 das koreanische StGB neu kodifiziert und trat am 1. 7. 1996 in Kraft[1108]. Das koreanische StGB von 1995 hat jedoch trotz langjährigen Vorbereitungen und Bemühungen keine grundlegende Änderung gebracht. Im Folgenden wird die koreanische Strafrechtsreform skizziert, um einen Entwicklungsüberblick des geltenden koreanischen StGB und Strafrechts zu ermöglichen.

a) Leitende Prinzipien der koreanischen Strafrechtsreform

Die Reform des koreanischen Strafgesetzbuchs von 1995 stand wiederum unter dem Einfluss des deutschen Strafrechts[1109]. Das deutsche Bundesjustizministerium übersandte dem Justizministerium Koreas umfangreiche Materialien zur deutschen Strafrechtsreform. Viele deutsche Strafrechtler hielten in Korea Vorträge über Fragen der Strafrechtsreform und lieferten dabei wissenschaftliche Anregungen zur Reformarbeit in Korea[1110]. Der von der Reformkommission vorgeschlagene Gesetzesentwurf hat in vielerlei

---

1107 Das koreanische Justizministerium hat am 21. 6. 1985 eine Sonderkommission für die Strafrechtsreform einberufen, die nach dogmatischen und rechtsvergleichenden Vorarbeiten die Grundprinzipien der Strafrechtsreform entwickeln und einen Vorentwurf zu einem neuen Strafgesetzbuch machen sollte. Diese aus Strafrechtlern, Vertretern des Justizministeriums, der Justiz, der Rechtsanwaltschaft und der Staatsanwaltschaft bestehende Kommission hat am 27. 6. 1988 durch eine Unterkommission nach 76 Sitzungen ausführliche Grundprinzipien für die Strafrechtsreform beschlossen. Am 30. 3. 1992 wurde der durch die Unterkommission formulierte Vorentwurf von der Gesamtsitzung der Sonderkommission angenommen. Nach einer teilweisen Ergänzung wurde er schließlich als Regierungsentwurf eines neuen Strafgesetzes im Juni 1992 ins Parlament eingebracht. Aufgrund parlamentarischer Umstände trat erst am 2. 12. 1995 das neue koreanische Strafgesetzbuch in Kraft; vgl. H.-K. Lee, in: FS Niederländer, S. 327 f.; Kim, ZStW 106 (1994), 406; Suh, Rechtsfolgenteil, S. 35 ff. m. w. N.

1108 Zum Teil (die neuen Vorschriften über Führungsaufsicht, §§ 59-2, 61 II, 62 II, 64 II, 73-2 II, 75 kStGB) wurde am 1. 7. 1997 in Kraft getreten.

1109 Außerdem wurden das schweizerische, das österreichische, das italienische und das japanische StGB berücksichtigt.

1110 Im Einzelnen siehe Kim, ZStW 106 (1994), 407.

Hinsicht das deutsche StGB als Vorbild gehabt[1111]. Fast alle Vorschriften des koreanischen StGB von 1953 wurden durch die Reformarbeit berührt und geändert, sodass man von einer gänzlich neuen Kodifikation redete.

Die Entwicklung der koreanischen Strafgesetzgebung seit 1953 lässt einige Grundlinien erkennen. Die Reformarbeit für das Strafgesetzbuch von 1995 wurde durch die Grundsätze der Humanisierung, Liberalisierung, Rationalisierung und Modernisierung des Strafrechts geleitet. Dabei wurden die folgende Grundsätze als Leitgedanken gesetzt[1112]: Beachtung der Verfassungsprinzipien, Überprüfung der Verbrechensvorschriften im Hinblick auf die Strafrechtstheorie, Entkriminalisierung nach den heutigen Wertvorstellungen, Neukriminalisierung im Hinblick auf die soziale Veränderung, Reform des Strafensystems nach moderner Kriminalpolitik, Harmonisierung des Verhältnisses von Strafgesetzbuch und strafrechtlichen Sonder- und Nebengesetzen, Neugliederung des Strafrechtssystems und sprachliche Überarbeitung des Strafgesetzestextes. Das Strafrecht als ultima ratio im sozialen Kontrollsystem muss sich auf subsidiären Rechtsgüterschutz beschränken und die Freiheit und Würde des Einzelnen garantieren. Die Entkriminalisierung und Neuorientierung des Verbrechens- und Strafensystems waren daher besonders dringende Aufgaben der koreanischen Strafrechtsreform, um die Hypertrophie der Kriminalisierung und das irrationale Strafensystem abzuschaffen.

Bei der Neukodifizierung des koreanischen StGB wurden jedoch die genannten Grundsätze nicht vollständig berücksichtigt. Insgesamt sind wesentlich weniger Vorschriften geändert worden, als dies die Reformkommission vorgeschlagen hatte. Die langjährige Vorbereitung für die neue Strafrechtsreform war jedoch

[1111] Vgl. Kim, ZStW 106 (1994), 409 ff.; zu den Grundzüge der Regelungen des Strafensystems des Entwurfs Suh, Rechtsfolgenteil, S. 38 ff.

[1112] Näher dazu Kim, ZStW 106 (1994), 407 ff. m. w. N.

trotz der wenigen Änderungen des koreanischen StGB von 1953 ein guter Anfang und Versuch, ein souveränes, rationales koreanisches StGB und Strafrecht zu schaffen und zu entwickeln.

b) Das koreanische Strafgesetzbuch von 1995

Das koreanische StGB von 1995 beinhaltet keine Gesamtreform des koreanischen StGB von 1953, sondern eine Teilreform[1113]. Es unterscheidet sich nicht wesentlich vom koreanischen StGB von 1953. Durch die Strafrechtsreform wurde im Allgemeinen Teil nicht viel verändert. Die Neuerungen im Allgemeinen Teil des koreanischen StGB von 1995 betreffen überwiegend den Rechtsfolgenteil.

Die erste Änderung betrifft die Geldstrafen, die jetzt nach der heutigen Währung (Won)[1114] berechnet werden. Weiterhin wurden in § 48 Abs. 3 kStGB (Einziehung des Gegenstandes oder des Wertersatzes) zusätzlich die elektromagnetisch aufgezeichneten Daten oder auf sonstige technische Weise aufgezeichneten Daten einbezogen[1115]. Die Führungsaufsicht wurde als Maßregel neu ins StGB eingeführt[1116]; und die Anordnung der gemeinnützigen Arbeit und Teilnahme am Unterricht für die erwachsenen Straftäter wurde zum ersten Mal im StGB normiert (§§ 59-2, 61 Abs. 2, 62-2, 64 Abs. 2, 73-2, 75, 76 kStGB)[1117]. Der Zweck der Einführung der Führungsaufsicht, der

---

1113 Zu den Inhalte des neuen kStGB von 1995 siehe bei S.-K. Park, Korean Criminological Review 25 (1996), 143 ff. m. w. N.

1114 Die Geldstrafe musste früher nach "Hwan" berechnet werden. Die normalen Bürger in Korea wissen gar nicht, was für eine Währung "Hwan" ist. Solche unrealistische Währungsberechnung zeigt indirekt, wie weit das koreanische StGB vom Alltagsleben entfernt war.

1115 Vgl. Choi, in: FS Nishihara, S. 368 m. w. N.

1116 Die koreanische Form der Führungsaufsicht stellt eine Mischung zwischen der deutschen Führungsaufsicht und der anglo-amerikanischen Probation dar.

1117 Im Vergleich zum koreanischen StGB kannte das koreanische Jugendgesetz von 1988 bereits die Möglichkeit der Verordnung von gemeinnütziger Arbeit und Teilnahme am Unterricht (§ 32 Abs. 3).

gemeinnützigen Arbeit und der Teilnahme am Unterricht ist, dass der Täter durch verschiedene spezialpräventive Programme besser in die Gesellschaft integriert werden kann. Schließlich wurde der Anwendungsbereich der Geldstrafe erweitert[1118] und die Geldstrafenhöhe wurde aufgrund der wirtschaftlichen Entwicklung heraufgesetzt (§§ 45, 47 kStGB).

Im Besonderen Teil wurde die Todesstrafe in einigen Vorschriften aufgehoben[1119], während bei § 301-2 (Vergewaltigung mit Todesfolge) kStGB die Todesstrafe neu eingeführt wurde. Die Geldstrafe wurde erhöht und auf Delikte ausgedehnt, die früher nur mit Zuchthaus bestraft wurden. Weiterhin wurde die Strafzumessung der erfolgsqualifizierten Delikte je nach Erfolg unterschiedlich geregelt, während die Delikte mit Todes- und Körperverletzungsfolge früher in einer Vorschrift geregelt waren. Neue Formen des Verbrechens, die - wie Computerkriminalität (z. B. §§ 140 Abs. 2 und Abs. 3, 227-2, 232-2 kStGB), Geiselnahme (§§ 324-2, 324-3, 324-4, 324-5, 324-6 kStGB), unbefugter Gebrauch eines Fahrzeuges (§ 331-2 kStGB) oder von Automaten (§ 348–2)[1120] - das koreanische StGB von 1953 nicht kannte, wurden neu kriminalisiert. Die Strafen wurden bei einigen Delikten geändert[1121].

2. Neuregelungen im Straftatfolgensystem

Die gegenwärtige Struktur des strafrechtlichen Sanktionensystems in Korea unterscheidet sich nicht erheblich von dem koreanischen StGB von 1953. Das koreanische Sanktionensystem hat durch die Strafrechtsreform von 1995 keine

---

[1118] Z. B. §§ 123 (Störung der Ausübung anderer), 136 (Behinderung der Amtspflichtausübung), 137 (Behinderung der Amtspflichterfüllung durch List) kStGB.

[1119] Z. B. §§ 177 Abs. 2 (Überschwemmung eines Wohngebäudes usw.), 188 (Tötung oder Körperverletzung durch Verkehrsgefährdung) und 194 (Tötung oder Körperverletzung durch Gefährdung der Trinkwasserversorgung) des koreanischen StGB von 1953.

[1120] Dazu im Einzelnen Choi, in: FS Nishihara, S. 370 ff.

grundlegende Änderung erfahren. Im Folgenden werden die einzelnen strafrechtlichen Rechtsfolgen kurz dargelegt, um einen Überblick über die Entwicklungslinien des koreanischen Sanktionensystems zu bekommen.

a) Im koreanischen StGB

Das koreanische StGB kennt insgesamt neun verschiedene Strafarten ohne Unterscheidung zwischen Haupt- und Nebenstrafen. Sie sind seit dem Inkrafttreten des koreanischen StGB von 1953 bis heute unverändert geblieben[1122]. Nach § 41 kStGB werden die Strafen wie folgt eingeteilt: 1. Todesstrafe, 2. Zuchthaus, 3. Einschließung, 4. Entzug von Rechtsfähigkeiten, 5. Einstellung von Rechtsfähigkeiten, 6. Geldstrafe, 7. Strafhaft, 8. Mindere Geldstrafe, 9. Einziehung. Die Einziehung wird jedoch nach § 49 kStGB zusätzlich zu einer anderen Strafe auferlegt. Auch wenn eine Verurteilung des Täters nicht erfolgt, kann aber die Einziehung allein angeordnet werden, falls ihre Voraussetzungen erfüllt sind. Die Einziehung wird zwar im § 41 kStGB als Hauptstrafe vorgesehen, sie wird jedoch in der Praxis als Nebenstrafe benutzt. Entzug und Einstellung von Rechtsfähigkeiten zählen zu den Ehrenstrafen; Geldstrafe, mindere Geldstrafe und Einziehung sind die Vermögensstrafen; Zuchthaus, Einschließung und Strafhaft gehören zu den Freiheitsstrafen.

Der Grad der Schwere der Strafe richtet sich nach der Reihenfolge der Aufzählung in § 41 kStGB, jedoch gilt lebenslange Einschließung im Verhältnis zum zeitigen Zuchthaus als schwerere Strafe. Wenn die Dauer einer zeitigen

---

[1121] Z. B. § 250 Abs. 2 kStGB von 1953 lautet: "Wer seinen oder seines Ehegatten Verwandten in gerader aufsteigender Linie tötet, wird mit dem Tode oder mit lebenslangem Zuchthaus bestraft". Hier wurde die Strafe auf Zuchthaus nicht unter 7 Jahren festgesetzt.

Einschließung diejenige einer zeitigen Zuchthausstrafe übersteigt, gilt die Einschließung als die schwerere Strafe (§ 50 Abs. 1 kStGB). Bei gleicher Strafart gilt diejenige als Schwerere, die das größere Höchstmaß oder den größeren Höchstbetrag hat, und bei gleichem Höchstmaß oder Höchstbetrag gilt diejenige Strafe als schwerer, die das höhere Mindestmaß oder den höheren Mindestbetrag hat (§ 50 Abs. 2 kStGB).

aa) Todesstrafe

Seit dem Inkrafttreten des koreanischen StGB von 1953 kennt das koreanische StGB die Todesstrafe (dazu unten eingehend). Sie ist die härteste Strafe im geltenden koreanischen Strafensystem und ist nicht nur im StGB, sondern auch in Nebenstrafgesetzen enthalten. Nach § 55 Abs. 1 Nr. 1 kStGB kann die Todesstrafe bei Vorliegen mildernder Umstände auf eine lebenslange Freiheitsstrafe oder Freiheitsstrafe nicht unter 10 Jahren herabgesetzt werden. Die Abschaffung der Todesstrafe ist eine dringende rechtsstaatliche und kriminalpolitische Aufgabe Koreas. Die Gründe für die Notwendigkeit dieser Abschaffung wurden o. S. 157 ff. dargelegt.

bb) Freiheitsstrafe

Das koreanische StGB kennt bisher keine einheitliche Freiheitsstrafe, sondern drei verschiedene Arten von Freiheitsstrafe: Zuchthaus, Einschließung und Strafhaft (dazu unten eingehend). Zuchthausstrafe ist im koreanischen StGB nicht nur bei schweren Delikten, sondern bei fast allen übrigen Delikten vorgesehen und gilt als schwerste Freiheitsstrafe. Der Unterschied zwischen

---

[1122] Der koreanische Strafgesetzentwurf von 1992 hat jedoch vorgesehen, die Todesstrafe abzuschaffen, die Freiheitsstrafe zu vereinheitlichen, den Entzug und die Einstellung von Rechtsfähigkeiten ihrer Eigenschaft als selbständige Strafe zu entkleiden und stattdessen als Nebenfolge der Strafe einzustufen. Dann blieben von den Strafen im StGB nur Freiheitsstrafe und Geldstrafe übrig und § 41 kStGB wäre dann nicht mehr nötig; vgl. Suh, Rechtsfolgenteil, S. 50 m. w. N.

Zuchthaus und Einschließung im koreanischen StGB besteht darin, dass dem Gefangenen im Strafvollzug Zwangsarbeit auferlegt wird (Zuchthaus) oder nicht (Einschließung).

Lebenslange Zuchthaus- und Einschließungsstrafe im koreanischen Recht bedeuten tatsächlich lebenslang. Der zu lebenslanger Zuchthaus- oder Einschließungsstrafe Verurteilte kann jedoch nach 10jähriger Verbüßung bedingt entlassen werden (§ 72 Abs. 1 kStGB), und bei Vorliegen gravierender Gründe[1123] kann die Vollstreckung der lebenslangen Zuchthaus- und Einschließungsstrafe eingestellt werden (§§ 470, 471 kStPO). Eine weitere Entlassungsmöglichkeit für die zu lebenslanger Zuchthaus- oder Einschließungsstrafe Verurteilten ist die Begnadigung (§§ 3 ff. des koreanischen Begnadigungsgesetzes).

Das Mindestmaß der Strafhaft ist ein Tag, ihr Höchstmaß dreißig Tage (§ 46 kStGB). Der wesentliche Unterschied der Strafhaft zur Zuchthausstrafe liegt darin, dass für die zu einer Strafhaft Verurteilten kein Zwang zur Arbeit besteht (§ 68 kStGB). Die Strafhaft ist für die Bekämpfung der leichteren Kriminalität vorgesehen und im koreanischen StGB als Ausnahme wahlweise neben anderen Strafarten nur für geringfügige Straftaten angedroht[1124]. Sie ist überwiegend im "Gesetz zur Bestrafung von Bagatelldelikten" und in einigen Nebenstrafgesetzen enthalten.

[1123] Z. B. bei geistiger Störung, erheblicher Beeinträchtigung der Gesundheit oder Lebensgefahr durch die weitere Vollstreckung.

[1124] Z. B. unzüchtige Handlung in der Öffentlichkeit, Gewaltanwendung, fahrlässige Körperverletzung, Nötigung, unbefugter Gebrauch eines Fahrzeuges und Missbrauch von Automaten.

cc) Strafaussetzung zur Bewährung

Das Rechtsinstitut der Strafaussetzung zur Bewährung ist in §§ 62 bis 65 des geltenden koreanischen StGB geregelt[1125]. Danach können die Zuchthaus- und Einschließungsstrafe bis zu drei Jahren unter bestimmten Voraussetzungen zur Bewährung ausgesetzt werden[1126]. Voraussetzung dafür ist, dass nach der Vollstreckung oder dem Erlass früherer Strafen fünf Jahre vergangen sind (§ 62 Abs. 1 kStGB). Eine Teilaussetzung ist nur dann möglich, wenn mehrere Strafen zusammen verhängt werden (§ 62 Abs. 2 kStGB). Nach dem kStGB von 1995 ist die Bestellung eines Bewährungshelfers für die bedingt Verurteilten bzw. Entlassenen nach dem Erwachsenenstrafrecht möglich (§ 62-2 Abs. 1). Das Gericht kann nach § 62-2 kStGB bei der Verhängung einer ausgesetzten Freiheitsstrafe dem bedingt Verurteilten gemeinnützige Arbeit bzw. Unterrichtsteilnahme als Weisungen oder Auflagen erteilen, und ihn die Dauer oder einen Teil der Bewährungszeit der Aufsicht und Leitung eines Bewährungshelfers unterstellen.

Die Bewährungszeit beträgt mindestens ein und höchstens fünf Jahre (§ 62 Abs. 1 kStGB). Wird der Verurteilte in der Bewährungszeit wegen einer neuen Straftat zu einer schwereren Strafe als Einschließungsstrafe verurteilt, ist der Widerruf der Strafaussetzung obligatorisch (§ 63 kStGB). Nach § 64 Abs. 2 kStGB kann das Gericht auch die Strafaussetzung widerrufen, wenn der Proband gegen die betreffenden Weisungen und Auflagen gröblich verstößt oder sich der Aufsicht und Leitung des Bewährungshelfers beharrlich entzieht. Die

[1125] Vgl. über die Strafaussetzung zur Bewährung im koreanischen Strafgesetzentwurf von 1992 Suh, Rechtsfolgenteil, S. 71 ff.

[1126] Die Strafaussetzung zur Bewährung des koreanischen StGB beruht auf dem japanischen StGB von 1947. Das japanische StGB von 1907 kannte die Strafaussetzung zur Bewährung bei Freiheitsstrafen bis zu zwei Jahren. Durch die Änderung des japanischen StGB von 1947 wurde der Anwendungsbereich bis auf drei Jahre erweitert. Das koreanische StGB von 1953 übernahm dieses Institut. Die Strafaussetzung zur Bewährung stammt aus dem Konzept der belgische-französische "Sursis"; vgl. dazu auch Tjong, in: Freiheitsstrafe und ihre Surrogate, S. 1428 ff.

Strafaussetzung kann jedoch nicht teilweise widerrufen werden. Wird die Strafaussetzung bis zum Ablauf der Bewährungszeit nicht widerrufen, so verliert der Strafausspruch seine Wirkung (§ 65 kStGB).

Die Strafhaft unter einem Monat und die Geldstrafe waren und sind nicht aussetzungsfähig[1127]. Das kriminalpolitische Ziel der Strafaussetzung zur Bewährung ist es, die Schwierigkeit der Wiedereingliederung des Straftäters durch die Vollstreckung der Freiheitsstrafe zu vermeiden und seine Resozialisierung in der Freiheit zu ermöglichen. Die Voraussetzung der Strafaussetzung zur Bewährung ist eine positive Prognose mit der Erwartung, dass der Verurteilte ohne die Einwirkung des Strafvollzugs künftig ein straffreies Leben führen wird. Nicht nur der Zweck des Instituts der Strafaussetzung zur Bewährung, sondern auch die gesetzliche Regelung in § 62 kStGB[1128] zeigen die Schwierigkeit der Prognose. Nach § 62 kStGB kann die Vollstreckung der Freiheitsstrafe von mehr als einem Monat bis zu drei Jahren zur Bewährung ausgesetzt werden, wenn eine Gesamtwürdigung der im § 51 kStGB genannten Umstände, die jedoch bereits bei der Strafzumessung berücksichtigt werden müssen, für eine Aussetzung der Strafe spricht.

Die Strafaussetzung zur Bewährung ist im koreanischen Strafensystem eine der wichtigsten Alternativen zur kurzen bzw. mittelfristigen Freiheitsstrafe und ein kriminalpolitisch bedeutsames Sanktionsmittel der Gegenwart. Die

---

[1127] Der koreanische Strafgesetzentwurf von 1992 sah jedoch die Erweiterung des Anwendungsbereichs der Strafaussetzung zur Bewährung bis hinab zur Geldstrafe vor (§ 62 Abs. 1); zur Aussetzung der Bewährung der Geldstrafe siehe bei B.-H. Suh, Korean Journal of Criminology 10 (1998), 92 ff.; vgl. auch zur Teilaussetzung der Geldstrafe bei B.-H. Suh, Korean Journal of Criminology 9 (1997), 251 ff.

[1128] § 62 Abs. 1 kStGB lautet: "Ist eine Zuchthaus- oder Einschließungsstrafe von höchstens drei Jahren aufzuerlegen, so kann, wenn mildernde Umstände vorliegen, unter Berücksichtigung von § 51 die Vollstreckung für die Dauer von nicht unter einem Jahr bis zu fünf Jahren ausgesetzt werden; dies ist jedoch nicht anzuwenden, wenn noch nicht fünf Jahre seit Vollzug oder Nachlass eines Urteils zur Einschließung oder einer schweren Strafe verstrichen sind".

Aussetzungsquote der zeitigen Zuchthausstrafe in der ersten Instanz beträgt in den letzten 10 Jahren durchschnittlich etwa 67 %[1129]. Die Strafaussetzung zur Bewährung ist, wie die Statistik zeigt, in der Praxis eine der am häufigsten verhängten Strafen. Das bedeutet, dass die Strafaussetzung zur Bewährung eine Kriminalsanktion eigener Art ist und dass sie kriminalpolitisch eines der wichtigsten Mittel ist.

Die Strafaussetzung zur Bewährung kann, trotz ihrer theoretischen Vorteile, als Mittel der Gnade oder Geschenk des Richters an den Verurteilten missverstanden werden, da die Prognosegründe der Strafaussetzung in der Kombination der Strafzumessungsgründe des § 51 kStGB mit der allgemeinen Klausel der Berücksichtigung mildernder Umstände liegen (§ 62 kStGB)[1130]. Die rechtsstaatliche Kontrolle der Strafzumessungsgründe ist sehr schwer, und die mildernden Umstände können zu einer willkürlichen Beurteilung durch den Richter führen, da es weder theoretisch noch praktisch einen objektiven Maßstab für die mildernden Umstände gibt. Das führt dazu, dass die hohe Unformalisierung des Strafzumessungsrechts und der Strafzumessungspraxis zur Unformalisierung der Strafaussetzung führt[1131].

dd) Ehrenstrafe

Das geltende kStGB kennt zwei Arten von Ehrenstrafen, nämlich Entzug und Einstellung von Rechtsfähigkeiten. Ehrenstrafen als äußerlich demonstrative Kennzeichnung des Verbrechers sind eine alte strafrechtsgeschichtliche Strafform und es gab sie in Europa vom Mittelalter bis ins 19 Jahrhundert. Eine Form der Ehrenstrafen ist die öffentliche Beschimpfung und Demütigung des

---

[1129] Vgl. Das Jahrbuch der Justizstatistik 1999, S. 585.

[1130] Die "mildernden Umstände" sind eher an den vergangenen Straftatumstände orientiert, bei der Strafaussetzung zur Bewährung soll jedoch erwartet werden, dass der Verurteilte künftig ohne die Einwirkung des Strafvollzugs keine Straftaten mehr begehen wird.

Verurteilten. Ehrenstrafe im engeren Sinne schließt jedoch diese älteren Formen moralischer Abqualifizierung aus. Eine weite Art der Ehrenstrafen sind der Ehren– und Rechtsverlust, sog. Ehr- und Rechtslosigkeit. Der Rechtsstaat hat die Ehrenstrafe zurückgedrängt. Die Strafe enthält an sich schon eine berechtigte Statusnegation der Person. In der Chosun-Dynastiezeit (1392-1910) Koreas gab es bereits Ehrenstrafen in der Form von Amtsverlust oder Amtsverbot.

Die bürgerliche Ehrenstrafe wurde in Deutschland durch das 1. StrRG von 1969 abgeschafft und durch die "Nebenfolge" des Verlustes des Wahlrechts, der Wählbarkeit und der Amtsfähigkeit ersetzt. In § 45 des geltenden deutschen StGB sind nun als Statusfolgen einer strafgerichtlichen Verurteilung nur noch der Verlust der Amtsfähigkeit, der Wählbarkeit und des Stimmrechts vorgesehen. Sie sind im deutschen StGB keine Nebenstrafen, sondern Nebenfolgen[1132].

Der koreanische Strafgesetzentwurf von 1992 hatte den Entzug und die Einstellung von Rechtsfähigkeiten nicht als eigenständige Strafe, sondern als Nebenfolge vorgesehen[1133]. Das koreanische StGB von 1995 hat sie jedoch als Strafe weiter beibehalten. Der Entzug der Rechtsfähigkeiten ist als Strafe und als Nebenfolge vorgesehen, die zeitige Einstellung der Rechtsfähigkeiten ist als selbständige Strafe, Nebenfolge und als Nebenstrafe ausgestaltet (§§ 41, 43 kStGB). Wer zum Tode, zu lebenslangem Zuchthaus oder zu lebenslanger Einschließung verurteilt wird, verliert die folgenden Rechtsfähigkeiten (§ 43 Abs. 1 kStGB):

1131 Vgl. zur Formalisierung der Strafzumessungsentscheidung Hassemer, ZStW 90 (1978), 64 ff.

1132 Vgl. dazu §§ 45 ff. des deutschen StGB; vgl. zur Rechtsnatur der Beeinträchtigungen in § 45 des deutschen StGB siehe Nelles, JZ 1991, 18 ff.

1133 Vgl. zur Abschaffung der Rechtsbeeinträchtigungen im kStGB Suh, Rechtsfolgenteil, S. 147 ff.; ders., Korean Journal of Criminal Law 10 (1998), 247 ff.

1. das Recht, ein öffentliches Amt zu bekleiden (Amtsfähigkeit), 2. das öffentlich-rechtliche Wahlrecht (Stimmrecht) und die öffentlich-rechtliche Wählbarkeit, 3. das Recht, öffentlich-rechtliche Funktionen auszuüben, für die das öffentliche Recht die Voraussetzungen der Fähigkeit festlegt, 4. das Recht, Direktor, Rechnungsprüfer oder Geschäftsführer einer juristischen Person oder Aufseher oder Treuhändler des Geschäftsbetriebs einer juristischen Person zu werden.

Die Wiedereinsetzung in die Rechtsfähigkeiten kann auf Antrag des Täters oder eines Staatsanwalts erfolgen, nachdem der Täter zu einer Einstellung von Rechtsfähigkeiten verurteilt wurde, dem Verletzten den Schaden wiedergutgemacht hat und die Hälfte der Dauer der Urteilsaussetzung abgelaufen ist, ohne dass der Täter zu einer weiteren Einstellung von Rechtsfähigkeiten oder einer schweren Strafe verurteilt worden wäre (§ 82 kStGB). Die zeitige Einstellung der Rechtsfähigkeiten kann entweder als Folge der Verurteilung zu einer Freiheitsstrafe automatisch eintreten (§ 43 Abs. 2 kStGB), oder als selbständige Strafe oder Nebenstrafe neben der Freiheitsstrafe angeordnet werden (§§ 41, 44 kStGB). Wer zu zeitiger Zuchthaus- oder Einschließungsstrafe verurteilt wird, unterliegt automatisch der zeitigen Einstellung der Amtsfähigkeit, der Wählbarkeit und die Stimmrechts, bis der Vollzug der Strafe beendet ist oder die Strafe erlassen wird (§ 43 Abs. 2 kStGB). Die zeitige Einstellung der Rechtsfähigkeiten kann jedoch durch Richterspruch als selbständige Strafe oder als Nebenstrafe neben Freiheitsstrafe verhängt werden (§ 44 Abs. 2 kStGB). Die Dauer der zeitigen Einstellung der Rechtsfähigkeiten beträgt ein Jahr bis zu 15 Jahren (§ 44 Abs. 1 kStGB).

Die praktische Anwendung der Einstellung der Rechtsfähigkeiten ist jedoch sehr gering[1134], da die Ehrenstrafen meistens als Folge der Verurteilung zu anderen Strafen eintreten und die Straftaten, die die Ehrenstrafe als ihre Rechtsfolge vorsehen, auf wenige Tatbestände beschränkt sind. Maßkriterium für die Zeit des Entzugs der Rechtsfähigkeiten ist die Dauer des Vollzuges. Eine Ehrenstrafe wie der Entzug der Rechtsfähigkeiten als andauernder Statusverlust kann jedoch nicht gerechtfertigt werden, da dies der Bewährungsgedanke nach verbüßter Strafe ausschließt. Die Einstellung der Rechtsfähigkeiten von 15 Jahren im koreanischen StGB ist im Vergleich zu dem deutschen StGB, das in § 45 Abs. 1 eine Höchstdauer der Aberkennung von fünf Jahren vorsieht, viel zu hart, und die Einstellung von Rechtsfähigkeiten, die schon ab zeitiger Freiheitsstrafe von einem Monat möglich ist, ist wiederum viel zu weit. Im Vergleich zu dem koreanischen StGB kennt das deutsche StGB die mögliche Wahlrechtsaberkennung ab einer Freiheitsstrafe von 6 Monaten (§ 92 a).

ee) Geldstrafensystem

Das geltende koreanische StGB kennt drei Arten von vermögensbezogenen Strafen, nämlich die Geldstrafe, die mindere Geldstrafe[1135] und die Einziehung. Vermögensstrafe ist die potentiell alle Vermögensgegenstände erfassende Strafe bis hin zur Vermögenskonfiskation. Demgegenüber ist die Geldstrafe nach ihrem Zugriffsumfang enger definiert. Die Geldstrafe ist historisch eine der ältesten Strafen. Der Hauptvorzug der Geldstrafe ist ihre ambulante Sanktion. Sie ist nicht mit Entzug der persönlichen Freiheit verbunden. Da der Verurteilte

[1134] Im Jahre 1998 hatten nur 12 (0,0 %) aller Verurteilten von 201 581 in Korea die Ehrenstrafe; vgl. Das Jahrbuch der Justizstatistik 1999, S. 585.

[1135] Die mindere Geldstrafe wurde oft als Geldbuße übersetzt. Hier wird jedoch die mindere Geldstrafe verwendet, um sie vom Bußgeld im Ordnungswidrigkeitsrecht bzw. Verwaltungsrecht unterscheiden zu können.

in Freiheit bleibt, werden seine sozialen Beziehungen nicht durch die negativen Auswirkungen des Strafvollzugs beeinträchtigt[1136].

(a) Geldstrafe und mindere Geldstrafe

Die Geldstrafe ist gegenwärtig die am häufigsten verhängte Strafe des koreanischen Strafensystems[1137]. Durch das kStGB von 1995 wurde der Anwendungsbereich der Geldstrafe wesentlich erweitert. Das kStGB von 1953 enthielt insgesamt 97 Strafbestimmungen, die die Geldstrafe androhten. Das kStGB von 1995 sieht die Geldstrafe etwa in 121 Tatbeständen des Besonderen Teils vor. Bei 17 Delikten leichter und mittelschwerer Art wurde die Geldstrafe als Alternative zur Freiheitsstrafe im koreanischen StGB von 1995 neu eingeführt.

Die Geldstrafe ist grundsätzlich alternativ und nur ausnahmsweise[1138] in fakultativer Weise kumulativ zur Freiheitsstrafe vorgesehen. Das koreanische StGB enthält nach dem japanischen Vorbild[1139] keine generelle Vorschrift über den gesetzlichen Anwendungsbereich der Geldstrafe, immerhin aber eine allgemeine Umwandlungsbestimmung dafür, dass bei Tatbeständen, für die an sich keine Geldstrafe vorgesehen ist, zur Geldstrafe zu verurteilen ist[1140]. Das koreanische StGB kennt keine generelle Vorschrift über die gleichzeitige

---

1136 Näher zu den Vor- und Nachteilen der Geldstrafe Jescheck/Weigend, AT S. 769; Mitsch, JA 1993, 304.

1137 Bei den ordentlichen Strafverfahren in Korea steht noch die Freiheitsstrafe (im Jahre 1998 etwa 73,5 % der Verurteilungen von 201 581 und davon die Strafaussetzung zur Bewährung etwa 46,3 %, aber die Geldstrafe nur etwa 15,5 %) im Vordergrund. Die Geldstrafe und mindere Geldstrafe spielen jedoch bei den abgekürzten Verfahren, die zur schnellen Erledigung der geringfügigen Delikte dienen, eine dominierende Rolle (über 90 %); vgl. Das Jahrbuch der Justizstatistik 1999, S. 585.

1138 Z. B. für Gewinnstreben gekennzeichneten Delikten.

1139 Vgl. zur Geldstrafe im japanischen Strafrecht Nishihara, in: Die Geldstrafe, S. 521 ff.

1140 Vgl. § 47 Abs. 2 des deutschen StGB: "Droht das Gesetz keine Geldstrafe an und kommt eine Freiheitsstrafe von sechs Monaten oder darüber nicht in Betracht, so verhängt das Gericht eine Geldstrafe, wenn nicht die Verhängung einer Geldstrafe nach Abs. 1 unerlässlich ist".

Verhängung von Geldstrafe und Freiheitsstrafe entsprechend § 41 des deutschen StGB[1141].

Die Geldstrafe und die mindere Geldstrafe unterscheiden sich nur durch die Höhe des Betrags[1142]. Die mindere Geldstrafe ist nur in wenigen Vorschriften über geringfügige Straftaten enthalten[1143] und beträgt nach dem neuen kStGB von 1995 mindestens 2000 Won, höchstens 49000 Won (§ 47 kStGB)[1144]. Dagegen ist der Mindestbetrag der Geldstrafe 50000 Won (§ 45 kStGB). Das koreanische StGB kennt keine generelle Bestimmung zum Höchstbetrag der Geldstrafe im Allgemeinen Teil[1145]. Die Geldstrafe ist nur im Rahmen des bei dem jeweiligen Tatbestand bestimmten Geldbetrags zu verhängen.

Bei der Verurteilung zu Geldstrafe kennt das koreanische StGB kein Tagessatzsystem, sondern nur eine Endsummengeldstrafe (§ 45 kStGB). Die Endsummengeldstrafe macht keinen Unterschied zwischen Schuld und finanzieller Leistungsfähigkeit des Täters sichtbar[1146]. Bei der Endsummengeldstrafe können die wirtschaftlichen Verhältnisse des Täters nicht ausreichend berücksichtigt werden. Die Gründe für die Nichteinführung des Tagessatzsystems sind erstens, dass die Einkommensverhältnisse des Verurteilten zur Festsetzung des Tagessatzes in der Tat schwer ermittelt werden

---

1141 Vgl. § 41 des deutschen StGB eröffnet allgemein die Möglichkeit, Geldstrafe neben der Freiheitsstrafe kumulativ zu verhängen, wenn sich der Täter durch die Tat bereichert oder zu bereichern versucht hat.

1142 Die mindere Geldstrafe hat neben der Haft die Funktion der strafrechtlichen Sanktion bei Bagatelldelikten, jedoch wird oft diskutiert, diese mindere Geldstrafe aufzuheben und eine einheitliche Sanktion "Geldstrafe" zu schaffen.

1143 Z. B. unzüchtige Handlung in der Öffentlichkeit oder Fundunterschlagung (§§ 245, 360 kStGB).

1144 1 Euro beträgt derzeit etwa 1297 Won. 49999 Won entsprechen also ungefähr 38,53 Euro.

1145 Vgl. § 40 ff. des deutschen StGB.

1146 Näher hierzu Grebing, in: Die Geldstrafe, S. 43 m. w. N.

können, und zweitens, dass die wirtschaftliche Lage des Verurteilten bereits in der Geldstrafenbemessung berücksichtigt wird[1147].

Die Geldstrafe und die mindere Geldstrafe müssen innerhalb von 30 Tagen nach dem rechtskräftigen Urteil aus eigener Tasche gezahlt werden. Gerade in einer streng nach Familien orientierten konfuzianischen Gesellschaft wie Korea besteht jedoch die große Gefahr, dass nicht der Verurteilte, sondern die Familienangehörigen bezahlen. Die Uneinbringlichkeitsquote bei Geld- und minderer Geldstrafe ist tatsächlich sehr gering[1148]. Bei der Nichteinbringung der Geld- oder minderen Geldstrafe tritt die sog. Ersatzfreiheitsstrafe ein[1149]. Die die Ersatzfreiheitsstrafe Verbüßenden sollen in einem gesonderten Arbeitshaus untergebracht werden (§ 70 kStGB) und arbeiten bei der Geldstrafe für die Dauer von einem Tag bis zu drei Jahren, oder im Falle einer minderen Geldstrafe von einem Tag bis zu 30 Tagen (§ 69 Abs. 2 kStGB)[1150]. Das Gericht kann bereits bei der Verhängung der Geldstrafe die Unterbringung des Verurteilten im Arbeitshaus anordnen, bis das Strafgeld aufgebracht wird (§ 69 Abs. 1 S. 1 kStGB)[1151].

1147 Der koreanische Strafgesetzentwurf von 1992 hat aus diesen Gründen die Endsummengeldstrafe beibehalten. In der Literatur wird jedoch fast einheitlich die Einführung des Tagessatzsystems befürwortet; vgl. dazu B.-H. Suh, Korean Journal of Criminology 10 (1998), 73 ff.; K.-J. Shin, Korean Criminological Review 27 (1996), 101 ff.

1148 Vgl. zur Statistik Han, Bedeutung und Einschätzung der kurzen Freiheitsstrafe, S. 267 ff.; ders., Korean Criminological Review 40 (1999), 231 ff.

1149 Diese Ersatzfreiheitsstrafe (§§ 69, 70 kStGB) gilt jedoch für die unter 18jährigen Jugendlichen nicht. Bei der Verhängung der Geldstrafe für die Jugendlichen kann nach § 62 des koreanischen Jugendgesetzes die Unterbringung im Arbeitshaus nicht gleichzeitig angeordnet werden.

1150 Die Ersatzfreiheitsstrafe wird jedoch in der Regel in normalen Justizvollzugsanstalten vollzogen, deswegen wird sie in der Tat oft der Zuchthausstrafe gleichgestellt.

1151 § 69 Abs. 1 S. 2 kStGB widerspricht dem Satz 1 des § 69 Abs. 1 kStGB, der dem zu einer Geld- und minderen Geldstrafe Verurteilten grundsätzlich eine Zahlungsfrist von 30 Tagen gewährt.

Bei der Verurteilung zur Geldstrafe und minderen Geldstrafe muss das Gericht gleichzeitig für den Fall der Uneinbringlichkeit des Geldbetrags die Dauer der Ersatzfreiheitsstrafe festlegen (§ 70 kStGB). Wenn nur ein Teil einer Geldstrafe oder einer minderen Geldstrafe bezahlt wird, so wird die dem bezahlten Geldbetrag entsprechende Tageszahl von der Dauer der Unterbringung nach dem Verhältnis der vollen Geldstrafe oder minderen Geldstrafe zu der vollen Dauer der Unterbringung abgezogen (§ 71 kStGB). Das kStGB kennt keinen gesetzlichen Umrechnungsmaßstab wie § 43 im deutschen StGB. Die Umrechnung der Geld- und minderen Geldstrafe in die Ersatzfreiheitsstrafe gehört allein zum richterlichen Ermessen (§ 70 kStGB). Der Übergang zur Ersatzfreiheitsstrafe kann nach dem Schuldprinzip nur durch einen hinreichenden Zumessungsgesichtspunkt, insbesondere denjenigen der Strafempfindlichkeit, begründet sein[1152]. Der Richter muss im einzelnen Fall entscheiden, welcher Geldbetrag einem Tag Ersatzfreiheitsstrafe entsprechen soll, ohne dabei an einen festen Umrechnungsmaßstab gebunden zu sein.

(b) Einziehung

Die Einziehung eines durch die Straftat erlangten Vermögensgegenstandes[1153] ist im koreanischen StGB nicht als Maßregel, sondern als Strafe normiert (§§ 41, 48 kStGB)[1154]. Die Einziehung von Produkten oder Instrumenten der Straftat knüpft an eine schuldhaft begangene Tat an, hat jedoch den Charakter einer Sicherungsmaßnahme.

Die Einziehung ist im koreanischen StGB grundsätzlich nur fakultativ vorgesehen und erfolgt nach freiem Ermessen des Richters (§ 48 Abs. 1 kStGB).

1152 Vgl. Köhler, AT S. 629.

1153 Das koreanische StGB kennt keine getrennte Regelung von Verfall und Einziehung. Die Einziehung spielt die Rolle beider Sanktionen.

1154 Vgl. über den Streit des Rechtscharakters der Einziehung J.-D. Bae, Kriminologie, S. 330.

Bei Bestechungsdelikten von Beamten oder in Sonderstrafgesetzen ist sie jedoch obligatorisch vorgesehen. Die Gegenstände der Einziehung sind nicht nur materielle Gegenstände, sondern auch Rechte und die aus der Tat stammenden Gewinne[1155]. Wenn die Einziehungsgegenstände nicht eingezogen werden können, so wird der entsprechende Wert eingezogen (§ 48 Abs. 2 kStGB). Wenn nur ein Teil einer Urkunde, einer Zeichnung, elektromagnetisch aufgezeichneter Daten oder auf sonstige technische Weise aufgezeichneter Daten oder eines Wertpapiers der Einziehung unterliegt, so wird dieser Teil unbrauchbar gemacht (§ 48 Abs. 3 kStGB). Die Einziehung wird als Zusatz zu einer anderen Strafe auferlegt (§ 49 kStGB). Auch wenn eine Verurteilung des Täters nicht erfolgt, kann die Einziehung angeordnet werden, falls ihre Voraussetzungen erfüllt sind (§ 49 kStGB).

ff) Aussetzung des Urteilsspruchs

Das kStGB von 1953 hat unter dem Einfluss des amerikanischen Rechtssystem die "Aussetzung des Urteilsspruchs" eingeführt[1156]. Die Aussetzung des Urteilsspruchs ist der "Verwarnung mit Strafvorbehalt" nach deutschem Recht vergleichbar. Wenn Zuchthaus- oder Einschließungsstrafe von höchstens einem Jahr, Einstellung von Rechtsfähigkeiten oder eine Geldstrafe aufzuerlegen ist, so kann unter Berücksichtigung von § 51 der Urteilsspruch ausgesetzt werden, wenn der Täter tätige Reue zeigt; das gilt jedoch nicht im Falle eines schon vorher verurteilten Täters, gegen den die Einstellung von Rechtsfähigkeiten oder

[1155] Vgl. § 48 kStGB und Daepan (Urteil des koreanischen obersten Gerichtshofs) 1976. 9. 28. 76 Do 2607.

[1156] Vgl. a. A. J.-D. Bae, Kriminologie, S. 377.

eine schwere Strafe verhängt worden ist (§ 59 Abs. 1 kStGB)[1157]. Der Anwendungsbereich der "Aussetzung des Urteilsspruchs" ist viel größer als derjenige der "Verwarnung mit Strafvorbehalt" im deutschen StGB, da nach § 59 kStGB nicht nur bei einer Geldstrafe, sondern auch bei einer Zuchthaus- und Einschließungsstrafe bis zu einem Jahr der Urteilsspruch ausgesetzt werden kann. Das Urteil kann ganz oder teilweise ausgesetzt werden, wenn mehrere Strafen kumulativ zusammen auferlegt werden (§ 59 Abs. 2 kStGB).

Eine wichtige Voraussetzung für die Aussetzung des Urteilsspruchs ist die tätige Reue des Täters. Das bedeutet, dass zu erwarten ist, der Täter werde auch ohne Verurteilung zu einer Strafe künftig keine Straftaten mehr begehen. Der Anwendungsmaßstab der tätigen Reue hängt lediglich von der moralischen Sensibilität des Richters ab. Die Entscheidung, ob der Urteilsspruch ausgesetzt werden soll, gehört zum Ermessen des Gerichts. Die Aussetzung des Urteilsspruchs kann deswegen nicht nur zum Zweck der Resozialisierung des Täters, sondern auch als "Geschenk" des Richters willkürlich angewendet werden.

Das kStGB von 1953 kannte Auflagen und Weisungen gegen den mit einem Urteilsspruch Verwarnten nicht. Die Möglichkeit der Bestellung eines Bewährungshelfers für den Verwarnten wurde ins kStGB von 1995 neu eingeführt (§ 59-2 kStGB). Danach kann das Gericht bei der Aussetzung des Urteilsspruchs dem Verwarnten eine Führungsaufsicht zuweisen, wenn dies

---

[1157] Die praktische Bedeutung der Aussetzung des Urteilsspruchs ist jedoch sehr gering. Von 1991 bis 1998 wurde in der ersten Instanz in etwa 0,9 % aller strafrechtlichen Aburteilungen die Verurteilung mit Aussetzung des Urteilsspruchs registriert. Ein Grund dafür ist, dass der koreanischen StPO das Opportunitätsprinzip zugrunde liegt und die Fälle der Aussetzung des Urteilsspruchs bereits durch Absehen von der Klageerhebung seitens des Staatsanwaltes erledigt werden; vgl. Das Jahrbuch der Justizstatistik 1999, S. 585.

notwendig ist, um den Rückfall zu verhindern[1158]. Die Bewährungszeit beträgt ein Jahr (§ 59-2 Abs. 2 kStGB). Nach Ablauf von zwei Jahren seit Aussetzung des Urteils gilt das Verfahren als eingestellt (§ 60 kStGB). Das Gericht muss daher die Aussetzungsdauer anders als bei der Strafaussetzung zu Bewährung nicht bestimmen. Nach dem Ablauf der Bewährungszeit gilt die Aussetzung des Urteilsspruchs infolgedessen nicht als Freispruch, sondern die Feststellung des Schuldspruchs bleibt unberührt. Wird während der Dauer der Aussetzung entweder ein anderes Urteil, das auf Einstellung von Rechtsfähigkeiten oder eine schwere Strafe erkennt, rechtskräftig oder eine vorherige Verurteilung zu einer Einstellung von Rechtsfähigkeiten oder zu schwerer Strafe entdeckt, so wird das ausgesetzte Urteil vollstreckt (§ 61 Abs. 1 kStGB). Das heißt, der Widerruf der Aussetzung des Urteilsspruchs ist dann obligatorisch, wenn der Verwarnte in der Bewährungszeit eine neue Straftat begeht und zu einer schwereren Strafe als Geldstrafe verurteilt wird. Wer jedoch unter Bewährungsaufsicht steht, dessen Urteilsaussetzung kann dann widerrufen werden, wenn er während der Bewährungszeit massiv gegen Weisungen des Bewährungshelfers verstößt (§ 61 Abs. 2 kStGB).

gg) Gemeinnützige Arbeit

Das koreanische StGB kennt seit 1995 die gemeinnützige Arbeit im Form von Arbeitsauflagen oder –weisungen bei Aussetzung einer Freiheitsstrafe zur Bewährung (§ 62-2 kStGB). Das Gericht kann danach hinsichtlich des zur Bewährungsstrafe Verurteilten gemeinnützige Arbeit oder Teilnahme am Unterricht anordnen. Die gemeinnützige Arbeit kann jedoch im geltenden koreanischen Strafrecht nicht als Hauptstrafe verhängt werden[1159]. Sie ist

---

[1158] Die Führungsaufsicht ist jedoch in der Tat wegen des finanziellen und personellen Mangels in Korea schwer realisierbar.

[1159] Im koreanischen Jugendgesetz können die gemeinnützige Arbeit und die Teilnahme am Unterricht mit der Führungsaufsicht gleichzeitig angeordnet werden (§ 32 Abs. 3 des koreanischen Jugendgesetzes).

eigentlich im koreanischen Recht keine Strafe, sondern lediglich ein Hilfsmittel für den zur Bewährungsstrafe Verurteilten (§ 62–2 kStGB)[1160]. In Wahrheit ist sie jedoch eine Strafe[1161], da die Strafaussetzung zur Bewährung widerrufen werden kann, wenn der Proband die gemeinnützige Arbeit weigert. D. h. das Gericht kann die Strafaussetzung widerrufen, wenn der Proband gegen die betreffenden Weisungen oder Auflagen gröblich verstößt bzw. sich der Aufsicht und Leitung des Bewährungshelfers beharrlich entzieht (§ 64 kStGB). Die Arbeit als selbstbestimmte autonome Tätigkeit des Menschen bedeutet im freien gesellschaftlichen Zusammenhang für die Person ihre rechtliche Haltung. Daher sollte die gemeinnützige Arbeit als Arbeitsauflage oder –weisung bei Aussetzung einer Freiheitsstrafe zur Bewährung nicht zur Erzwingung der gesetzeskonformen Verhaltensweisen im Sanktionensystem missbraucht werden[1162].

hh) Maßregeln

Die koreanische Rechtsordnung kennt die Zweispurigkeit von Strafen und Maßregeln. Die rechtliche Grundlage der Maßregeln wurde in der koreanischen Verfassung (Art. 12 Abs. 1) von 1972 begründet und danach dürfen die Strafen und die Maßregeln nur durch das Gesetz aufgelegt werden. Im Jahre 1980 wurde anschließend das "Gesetz zum Gesellschaftsschutz" erlassen[1163] und damit

---

1160 Der Rechtscharakter der gemeinnützigen Arbeit und der Teilnahme am Unterricht im koreanischen Recht ist jedoch unklar. Im weitesten Sinne gehören die gemeinnützige Arbeit und die Teilnahme am Unterricht zu der Führungsaufsicht, aber nach § 62-2 kStGB kann entweder die Führungsaufsicht oder die gemeinnützige Arbeit oder die Teilnahme am Unterricht angeordnet werden; vgl. aber dazu J.-H. Jo, Korean Criminological Review 27 (1996), 5 ff.; Y.-G. Oh, Korean Criminological Review 7 (1991), 255 ff.; Y.-R. Lee, Korean Journal of Criminology 9 (1997), 45 ff.

1161 Der Begriff der Gemeinnützigkeit ist ebenfalls im koreanischen Recht offen.

1162 Nach Art. 12 Abs. 1 der koreanischen Verfassung dürfen die Strafe, die Maßregeln und die Zwangsarbeit nur durch das Gesetz auferlegt werden.

1163 Das "Gesetz zum Gesellschaftsschutz" wurde im Jahre 1980 jedoch nicht durch das verfassungsrechtlich anerkannte Gesetzgebungsorgan erlassen, daher fehlte dem Gesetz die Legitimität. Im Jahre 1989 wurde jedoch das "Gesetz zum Gesellschaftsschutz" durch das Parlament reformiert und die Legitimität des Gesetzes wurde hergestellt.

wurden die Maßregeln als strafrechtliche Sanktion neben der Strafe eingeführt[1164]. Das koreanische Recht kennt jedoch kein umfassendes einheitliches Gesetz für die Maßregeln[1165]. Die Maßregeln sind primär nicht im StGB, sondern in einzelnen Nebenstrafgesetzen[1166] geregelt. Das geltende koreanische Recht kennt die Unterbringung in der Sicherungsverwahrung und die Unterbringung in einer psychiatrischen Anstalt als freiheitsentziehende Maßregeln, und die Führungsaufsicht als freiheitseinschränkende Maßregel[1167].

(a) Freiheitsentziehende Maßregeln

Die Sicherungsverwahrung und die Unterbringung in einer klinischen Anstalt als freiheitsentziehende Maßregeln sind nicht im kStGB, sondern im "Gesetz zum Gesellschaftsschutz" geregelt. Die Maßregeln mit Freiheitsentzug im geltenden koreanischen Recht sind somit nur im Bereich des Nebenstrafrechts vorhanden. Der Zweck des "Gesetzes zum Gesellschaftsschutz" ist die Resozialisierung des rückfälligen Täters durch die Sicherungsmaßnahme und

---

1164 Der koreanische Strafgesetzentwurf von 1992 hat die Maßregeln (die Unterbringung in der Sicherungsverwahrung, die Unterbringung in einer klinischen Anstalt und die Führungsaufsicht) aus dem "Gesetz zum Gesellschaftsschutz" ins StGB unter den neu begründeten vierten Abschnitt eingegliedert. Das kStGB von 1995 übernahm jedoch nur die Führungsaufsicht (§§ 59-2, 61-2 kStGB).

1165 Ein Grund für das uneinheitliche Gesetz der Maßregeln im koreanischen Recht kann jedoch darin liegen, dass die Maßregeln zuerst nicht nur für den Schutzzweck der Allgemeinheit vor dem gefährlichen Täter und die Resozialisierung des rückfälligen Täters, sondern auch für politische Zwecke eingesetzt wurden. Ein Beispiel dafür sind die Maßregeln im "Gesetz zur sozialen Sicherheit", das für politische Zwecke wegen der Zweiteilung Koreas missbraucht wurde. Das "Gesetz zur sozialen Sicherheit" wurde im Jahre 1989 reformiert und heißt jetzt das "Gesetz zur Sicherheitsaufsicht"; vgl. hierzu J.-D. Bae, Korean Journal of Criminology 3 (1988), 120 ff.; zur Reformgeschichte des koreanischen Maßreglrechts, S.-H. Lee, Korean Journal of Criminology 9 (1997), 5 ff.

1166 Z. B. im "Gesetz zum Gesellschaftsschutz" von 1980, das im Jahr 1989 reformiert wurde, im "Gesetz zur sozialen Sicherheit" von 1975, das im Jahr 1989 durch das "Gesetz über Aufsicht zur Sicherung" ersetzt wurde und im "Jugendgesetz" von 1988. Es ist notwendig, eine einheitliche Regelung für die Maßregeln im kStGB zu schaffen, um die Zweispurigkeit des strafrechtlichen Sanktionensystems klar zu machen und die Maßregeln rechtsstaatlich besser kontrollieren zu können.

der Schutz der Gesellschaft vor dem gefährlichen Täter (§ 1 des Gesetzes zum Gesellschaftsschutz). Die Rückfallgefährlichkeit bedeutet die höchste Wahrscheinlichkeit, dass der Täter in Zukunft wieder schwere Verbrechen begehen könnte[1168]. Das Strafvollzugsgesetz gilt auch für den freiheitsentziehenden Maßregelvollzug.

Die Sicherungsverwahrung ist die schwerste Maßregel im geltenden koreanischen Recht. Das Gericht muss die Sicherungsverwahrung anordnen, wenn der Täter entweder

- aufgrund früherer Straftaten bereits zweimal jeweils zu zeitiger Freiheitsstrafe verurteilt worden ist und mindestens drei Jahre Freiheitsstrafe verbüßt hat oder
- die Gewohnheitsmäßigkeit der Begehung von Straftaten durch den Täter festzustellen ist oder
- der Täter bereits einmal zur Sicherungsverwahrung verurteilt worden ist und sie verbüßt hat. Zusätzliche Voraussetzung ist, dass die Gefahr weiterer Straftaten besteht (§ 5 Nr. 1 des Gesetzes zum Gesellschaftsschutz).

Die Unterbringung in der Sicherungsverwahrung darf 7 Jahre nicht übersteigen (§ 7 Abs. 3 des Gesetzes zum Gesellschaftsschutz). Die Vollstreckung der Unterbringung in der Sicherungsverwahrung kann nach § 25 des Gesetzes zum Gesellschaftsschutz zu jeder Zeit, wenn die Sozialprognose günstig erscheint, auf Antrag des Staatsanwalts und durch den Beschluss der "Kommission des Gesellschaftsschutzes"[1169] ausgesetzt werden. Wenn die Sicherungsverwahrung

---

[1167] Das Wort "Maßregel" ist jedoch im koreanischen Recht nicht einheitlich gebraucht. Im "Gesetz zum Gesellschaftsschutz" wurden die Maßregeln Schutzmaßnahmen genannt, die jedoch mit der Schutzmaßnahme im Jugendgesetz verwechselt werden können. Die "Führungsaufsicht" heißt wörtlich übersetzt im koreanischen StGB "Schutzaufsicht".

[1168] Zur Problem der Prognosenentscheidung siehe oben S. 199 f.

[1169] Diese Kommission besteht aus etwa 9 Mitgliedern (Richter, Staatsanwalt und Rechtsanwalt, Anstaltsbeamte. Psychiater) und deren Vorsitzender ist der stellvertretende Justizminister (§ 32 Abs. 2 des Gesetzes zum Gesellschaftsschutz).

und die Strafe gleichzeitig verhängt werden, soll die Strafe vor der Maßregel vollzogen werden; die Einstellung von Rechtsfähigkeiten muss jedoch mit der Sicherungsverwahrung zugleich vollstreckt werden (§ 23 des Gesetzes zum Gesellschaftsschutz)[1170].

Die Voraussetzungen für die Unterbringung in einer klinischen Anstalt enthält § 8 des Gesetzes zum Gesellschaftsschutz: Wenn Schuldunfähige und vermindert Schuldfähige sowie Alkoholiker und Drogenabhängige durch eine rechtswidrige Tat eine Freiheitsstrafe von mindestens einem Monat verwirklicht haben und die Gefahr der Begehung weiterer Straftaten besteht, dann wird die Unterbringung in einer klinischen Anstalt angeordnet. Innerhalb der Anstalt erfolgen jedoch die medizinische Betreuung und Unterbringung getrennt. Wenn die Unterbringung in einer klinischen Anstalt und die Strafe gleichzeitig verhängt werden, wird die Maßregel vor der Strafe vollzogen und die Zeit des Vollzugs der Maßregel auf die Strafe angerechnet (§ 23 Abs. 2 des Gesetzes zum Gesellschaftsschutz). Das bedeutet, mit der Unterbringung in der klinischen Anstalt wird versucht, sowohl die Besserung und Resozialisierung des Täters als auch die Sicherung der Gesellschaft vor ihm zu erreichen. Dabei steht der Besserungszweck im Vordergrund. Das unterscheidet die Unterbringung in einer klinischen Anstalt von der Unterbringung in der Sicherungsverwahrung in § 5 des Gesetzes zum Gesellschaftsschutz.

Für die Entscheidung über die Aussetzung der Beendigung der Maßregeln ist die sog. "Kommission des Gesellschaftsschutzes", die dem Justizministerium unterstellt ist und sich mit Angelegenheiten im Zusammenhang mit der Vollstreckung der Maßregeln befasst ist, zuständig (§§ 32 ff. des Gesetzes zum Gesellschaftsschutz). Die Kommission muss weiterhin über die Überweisung der Untergebrachten an eine andere Stelle zwecks Heilung und über den

---

1170 Vgl. hierzu auch § 67 Abs. 1 des deutschen StGB.

Widerruf und die Beendigung der ärztlichen Maßregeln entscheiden (§§ 25, 32 Abs. 3 des Gesetzes zum Gesellschaftsschutz)[1171]. Die Dauer der Unterbringung in einer klinischen Anstalt ist zeitlich unbegrenzt, das heißt, sie kann solange dauern, bis der Verurteilte geheilt ist, also theoretisch lebenslang (§ 9 Abs. 2 des Gesetzes zum Gesellschaftsschutz). Diese unbestimmte Unterbringung in einer klinischen Anstalt ist rechtsstaatlich sehr bedenklich und mit dem Grundsatz der Verhältnismäßigkeit kaum vereinbar.

Der Grundsatz der Verhältnismäßigkeit ist im koreanischen Recht nicht ausdrücklich normiert. Um die Maßregeln rechtfertigen zu können, muss die Notwendigkeit der Maßregeln für den Schutzzweck bestehen und es muss gleichzeitig ein Formalisierungsprinzip geben, das diese Notwendigkeit rechtsstaatlich kontrollieren kann. Mit den Maßregeln sind regelmäßig schwerwiegende Eingriffe in die persönliche Freiheit verbunden. Man kann zwar sagen, dass der Grundsatz der Verhältnismäßigkeit als allgemein anerkanntes Rechtsstaatsprinzip unabhängig von der Kodifikation für das Maßregelrecht besteht, die koreanische Rechtsprechung hat jedoch den Grundsatz der Verhältnismäßigkeit für die Maßregel nicht anerkannt[1172]. Der erste Schritt für die rechtsstaatliche Garantie der Maßregeln im koreanischen Recht wäre die ausdrückliche Normierung des Grundsatzes der Verhältnismäßigkeit.

(b) Freiheitseinschränkende Maßregel

Die Führungsaufsicht ist im weiteren Sinne eine freiheitseinschränkende Maßregel (§§ 59-2, 62-2 kStGB, §§ 3, 10 des Gesetzes zum

---

[1171] Die Befugnis zur Anordnung einer Maßregel und zur Entscheidung über eine nachträgliche Änderung, Aussetzung oder Beendigung der Maßregel soll prinzipiell nicht der Verwaltungsbehörde, sondern dem Gericht zustehen; vgl. dazu J.-D. Bae, Recht und Gesellschaft 1989, 44; Suh, Rechtsfolgenteil, S. 195.

[1172] Vgl. auch J.–D. Bae, Strafrecht AT, S. 713 f.

Gesellschaftsschutz)[1173]. Die Führungsaufsicht wurde zuerst im "Gesetz zum Gesellschaftsschutz" von 1980 eingeführt, und danach im "Gesetz zum Aufsichtsschutz" von 1988 näher geregelt. Das kStGB von 1995 normiert zum ersten Mal die Führungsaufsicht für die Aussetzung des Urteilsspruchs (§ 59-2), die Strafaussetzung zur Bewährung (§ 62-2) und die bedingte Entlassung (§ 73-2).

Die Führungsaufsicht im koreanischen Recht kann mit der Bewährungshilfe im deutschen Recht verglichen werden. Der Rechtscharakter der Führungsaufsicht im koreanischen Recht ist jedoch nicht ganz klar[1174]. Da das koreanische StGB keine allgemeinen Regelungen über die Maßregeln enthält, wurde die Führungsaufsicht im Abschnitt über die Strafen geregelt. Der Inhalt der Führungsaufsicht ist ebenfalls im koreanischen StGB nicht geregelt, nach dem "Gesetz zum Gesellschaftsschutz" können dem Probanden jedoch Weisungen erteilt werden (§ 11).

Der Proband muss zur Verhinderung weiterer Straftaten erteilte Weisungen erfüllen und sich den Anordnungen und der Aufsicht des Führungsaufsehers unterstellen. Zweck der Führungsaufsicht ist es, dem Täter Hilfe zu leisten, damit er ohne Freiheitsentzug ein straftatfreies Leben führen und in die Gesellschaft besser eingegliedert werden kann, und zugleich die Gesellschaft vor weiteren Straftaten zu schützen[1175]. Die Dauer der Führungsaufsicht beträgt bei der Aussetzung des Urteilsspruchs ein Jahr (§ 59-2 kStGB) und entspricht bei der Aussetzung zur Bewährung der Bewährungszeit. Das Gericht kann jedoch innerhalb der Bewährungszeit eine kürzere Zeit für die Führungsaufsicht anordnen (§ 62-2 Abs. 2 kStGB). Wenn die Führungsaufsicht bei der bedingten

---

[1173] Vgl. hierzu auch §§ 68 ff. des deutschen StGB.

[1174] Vgl. dazu Y.-G. Oh, Korean Criminological Review 10 (1990), 5 ff.; J.-H. Kim/D.-W. Lee, Korean Criminological Review 24 (1995), 53 ff.; I.-S. Choi/S.-M. Jin, Korean Journal of Criminology 9 (1997), 5 ff.

Entlassung angeordnet wird, gilt sie während der Bewährungszeit (§ 73-2 Abs. 2 kStGB).

b) Koreanisches Jugendgesetz

Das erste koreanische Gesetz zum Jugendschutz war die "Chosun-Jugendverordnung" von 1942 unter der japanischen Herrschaft[1176]. Danach wurde im Jahre 1958 das geltende koreanische Jugendstrafgesetz erlassen[1177] und bis jetzt 4-mal abgeändert. Vor allem im Jahre 1988 hat das koreanische Jugendgesetz eine grundlegende Reform erlebt. Während die "Chosun-Jugendverordnung" von 1942 lediglich die Regelungen über die Besserung, Resozialisierung und die Kriminalitätsverhinderung des straffälligen jungen Täters erhielt, besteht die Besonderheit und der wesentliche Unterschied des geltenden koreanischen Jugendgesetzes von 1988 nicht nur in der Besserung und Resozialisierung, sondern vielmehr in der Fürsorge und Erziehung unter Berücksichtigung der Zukunft des Jugendlichen.

Die Fürsorgemaßnahmen im koreanischen Jugendstrafrecht dienen zur Erziehung des Jugendlichen, und bei den Fürsorgemaßnahmen für Jugendliche stehen die Gesichtspunkte der Erziehung, Schutz und Hilfe im Vordergrund. Für jugendliche Täter gelten nach dem koreanischen Jugendgesetz primär Fürsorgemaßnahmen. Falls die allgemeine Strafe angewendet werden soll, wird diese gemindert. Zweck des koreanischen Jugendgesetzes ist die gesunde Erziehung durch Fürsorgemaßnahmen zur Umgestaltung der Umgebung und zur

---

1175 Vgl. dazu BGH 7, 184; JZ 1956, 101.

1176 Vgl. hierzu Blau, in: GS Tjong, S. 19. Das koreanische Jugendgesetz steht ebenfalls unter dem japanischen Einfluss und ist mit dem japanischen Jugendgesetz weitgehend identisch; vgl. zum japanischen Jugendgesetz Kühne/Miyazawa, Das japanische Jugendgesetz vom 15. Juli 1948, S. 2 ff.

1177 In Korea gibt es neben dem Jugendgesetz auch andere zahlreiche Nebengesetze, die zum Jugendschutz dienen.

charakterlichen Besserung von asozialen Jugendlichen und durch besondere Maßnahmen für die Straftaten von Jugendlichen (§ 1 kJG).

Das koreanische Jugendgesetz besteht aus vier Abschnitten. Der erste Abschnitt enthält die allgemeinen Bestimmungen des Jugendgesetzes (Zweck des Jugendgesetzes und Definition der Jugendlichen und des Erziehers). Der zweite Abschnitt ist dem Fürsorgeverfahren gegen Jugendliche gewidmet und behandelt die Grundlagen des Verfahrens und die Fürsorgemaßnahmen für die straffälligen oder gefährdeten Jugendlichen, die zwischen 12 und 14 Jahre alt sind. Der dritte Abschnitt beschäftigt sich mit dem Strafverfahren gegen Jugendliche. Schließlich enthält der vierte Abschnitt die allgemeinen Vorschriften über das Verbot der Veröffentlichung von Unterlagen und Daten usw., aus denen sich die Identität eines in ein Fürsorge- oder Strafverfahren verwickelten Jugendlichen ergeben könnte. Im Folgenden werden in Bezug auf die Rechtsfolgen die Fürsorgemaßnahmen und die Sonderregelungen für Straftatfolgen bei Jugendlichen im koreanischen Jugendgesetz kurz dargestellt.

aa) Fürsorgemaßnahmen für Jugendliche

Nach dem koreanischen Jugendgesetz kann der Jugendrichter für delinquente, kriminell gefährdete oder verwahrloste Jugendliche verschiedene erzieherische bzw. präventive Fürsorgemaßnahmen anordnen (§ 3 Abs. 3 kJG). Die Anordnung der Fürsorgemaßnahmen setzt voraus, dass der körperliche und geistige Zustand des Jugendlichen eingehend untersucht worden ist, wobei sein bisheriges Verhalten, sein Lebenslauf, seine Veranlagung sowie seine Umwelt und Erziehung zu berücksichtigen sind (§§ 9, 12 kJG). Das Familiengericht ist zuständig für das Fürsorgeverfahren des Jugendlichen, aber wenn kein

Familiengericht vor Ort existiert, ist das Landgericht dafür zuständig (§ 3 Abs. 3 kJG)[1178].

Die der Gerichtsbarkeit des Familiengerichts für Fürsorgenmaßnahmen unterworfenen Jugendlichen sind erstens alle Jugendlichen, die eine Straftat begangen haben (§ 4 Abs. 1 Nr. 1 kJG), zweitens alle Jugendlichen zwischen 12 und 14 Jahren, die im Verdacht stehen, Strafgesetze verletzt zu haben (§ 4 Abs. 1 Nr. 2 kJG), und drittens jeder Jugendliche über 12 Jahren, der unter Berücksichtigung seines Charakters oder seiner Umgebung künftig dazu neigen könnte, eine Straftat zu begehen, wenn er sich gewohnheitsmäßig nicht einer rechtmäßigen Kontrolle seines Erziehers[1179] unterwirft, wenn er ohne angemessenen Grund seinem Zuhause fernbleibt, und wenn er Umgang mit Personen pflegt, die einen kriminellen Hang oder unmoralischen Charakter aufweisen, oder wenn er einen Hang zur Begehung von Taten zeigt, die für seine oder den Charakter anderer Personen schädlich sind (§ 4 Abs. 1 Nr. 3 kJG)[1180].

Die Fürsorgemaßnahme ist die notwendige Maßnahme für den Schutz und die Erziehung des Jugendlichen. Sie ist keine strafrechtliche Sanktion, sondern vielmehr eine Erziehungsmaßregel für Jugendliche. Das koreanische Jugendgesetz kennt 7 Fürsorgemaßnahmen. Der Jugendrichter ordnet nach einer mündlichen Verhandlung eine der folgenden Fürsorgemaßnahmen an, wenn diese notwendig erscheint: 1. der Jugendliche wird dem Erzieher oder der

---

[1178] Da das koreanische Jugendgesetz unter dem starken amerikanischen Einfluss stand, ist das für die Anwendung des koreanischen Jugendgesetzes zuständige Familiengericht amerikanischen Ursprungs; dazu Blau, in: GS Tjong, S. 19 f.

[1179] Erzieher im Sinne des koreanischen Jugendgesetzes ist jede Person, die rechtlich für den Schutz und die Erziehung des Jugendlichen verantwortlich ist, oder in deren Obhut sich der Jugendliche tatsächlich befindet (§ 2 kJG).

[1180] Mit der sehr weiten Formulierung der gesetzlichen Merkmale des § 4 Abs. 1 Nr. 3 kJG soll eine umfassende vorbeugende Tätigkeit des Familiengerichts ermöglichen. § 4 Abs. 1 Nr. 3 kJG ist jedoch keine Strafe, sondern eine Fürsorgemaßnahme für Jugendliche und macht keinen Unterschied zwischen Strafe und Fürsorgemaßnahme; kritisch dazu I.-T. Hoh, Korean Journal of Criminology 5 (1990), 60 m. w. N.

Person, die anstelle der Eltern den Jugendlichen schützen kann, zum Schutz und zur Erziehung zugewiesen[1181]; 2. der Jugendliche wird der kurzfristigen Aufsicht des Amtes für Bewährungshilfe unterstellt[1182]; 3. der Jugendliche wird der Aufsicht des Amtes für Bewährungshilfe unterstellt[1183]; 4. der Jugendliche wird in ein Kinderheim nach dem "Kinderwohlfahrtsgesetz" oder in eine Jugendschutzanstalt für den Schutz und die Erziehung eingewiesen; 5. der Jugendliche wird in ein Krankenhaus oder Erholungsheim eingewiesen[1184]; 6. der Jugendliche wird kurzfristig in die Jugendanstalt eingewiesen[1185]; 7. der Jugendliche wird in die Jugendanstalt eingewiesen (§ 32 Abs. 1 kJG)[1186].

Neben der Bewährungsaufsicht für die Jugendlichen, die über 16 Jahre alt sind, kann gleichzeitig gemeinnützige Arbeit oder Teilnahme am Unterricht angeordnet werden (§ 32 Abs. 3 kJG)[1187]. Die Fürsorgemaßnahmen gegen Jugendliche benachteiligen nicht die Zukunft der Jugendlichen (§ 32 Abs. 5 kJG). Der Jugendrichter kann bei den Fürsorgemaßnahmen gegen Jugendliche, die eine Straftat begangen haben, oder zwischen 12 und 14 Jahre alt sind und im Verdacht stehen, Strafgesetze verletzt zu haben, auf dem Beschlussweg folgende Gegenstände einziehen: Gegenstände, die zur Begehung einer Straftat benutzt wurden oder die bei der Begehung einer strafbaren Tat benutzt werden sollten;

1181 Diese Fürsorgemaßnahme ist in der Tat am häufigsten angewendet und bildete in den letzten 10 Jahren etwa über 80 % aller Fürsorgemaßnahmen. Die Einweisungszeit ist 6 Monate. Der Jugendrichter kann sie jedoch nach dem Beschluss bis zu 6 Monaten verlängern, er kann aber jederzeit nach dem Beschluss, wenn es notwendig ist, die Einweisung beenden (§ 33 Abs. 1 kJG).

1182 Die kurzfristige Aufsicht dauert 6 Monate (§ 33 Abs. 2 kJG).

1183 Die Dauer der Aufsicht beträgt 2 Jahre, der Jugendrichter kann sie jedoch nach der Beantragung des Aufsichtspersonals noch ein Jahr verlängern (§ 33 Abs. 3 kJG).

1184 In den letzten 10 Jahren wurde jedoch kein einziger Jugendlicher in ein Krankenhaus oder Erholungsheim eingewiesen.

1185 Die kurzfristige Einweisung des Jugendlichen in eine Jugendanstalt darf 6 Monate nicht überschreiten (§ 33 Abs. 5 kJG).

1186 Die Einweisung des Jugendlichen in einer Jugendanstalt ist zeitlich unbefristet.

1187 Die gemeinnützige Arbeit oder die Teilnahme am Unterricht dürfen bei der kurzfristigen Bewährungsaufsicht 50 Stunden, bei der normalen Bewährungsaufsicht 200 Stunden nicht überschreiten. Bei der Führung der Bewährungsaufsicht darf das übrige Alltags- und Privatleben der Betroffenen nicht gestört werden (§ 33 Abs. 4 kJG).

Gegenstände, die durch die Straftat geschaffen oder mittels einer solchen Tat erlangt wurden; Gegenstände, die als Belohnung für eine strafbare Tat erhalten wurden (§ 34 Abs. 1 kJG). Gegenstände können nicht eingezogen werden, wenn sie einem Anderen als dem betroffenen Jugendlichen gehören. Das gilt jedoch nicht, wenn jener Andere nach der Tat solche Gegenstände im Wissen um deren Herkunft an sich gebracht hat (§ 34 Abs. 2 kJG).

bb) Sonderregelungen für Straftatfolgen bei Jugendlichen

Das koreanische Strafrecht und Jugendgesetz kennen keine besonders geregelten Sanktionen für strafmündige Jugendliche. Für Taten von Jugendlichen gelten daher das koreanische Strafgesetzbuch und die allgemeinen Vorschriften des Strafverfahrens, soweit im Jugendgesetz nichts anders bestimmt ist (§ 48 des koreanischen Jugendgesetzes)[1188]. Das Strafverfahren gegen Jugendliche richtet sich grundsätzlich nach den gleichen Prozessvorschriften wie bei den Erwachsenen. Führt ein Strafverfahren gegen Jugendliche zur Verurteilung, so muss jedoch die Strafe gemindert werden. Das koreanische Jugendgesetz sieht einige Sonderregelungen für das Strafverfahren gegen strafmündige Jugendliche vor. Ein Jugendlicher im Sinne des § 2 kJG ist jede Person unter zwanzig Jahren. Im kStGB wird die Strafmündigkeit auf 14 Jahre festgesetzt (§ 9). D. h. ein strafmündiger Jugendlicher im koreanischen Recht ist, wer das 14. Lebensjahr vollendet aber das 20. Lebensjahr noch nicht erreicht hat und eine Straftat begangen hat[1189].

1188 Die Behandlung des jugendlichen Straftäters und das Jugendgesetz in Korea wurden wissenschaftlich nicht so weit entwickelt und sind im Wesentlichen unkommentiert.

1189 Anders als das deutsche Recht kennt das koreanische Recht keinen einheitlichen Sprachgebrauch für die Kinder (nach deutschem Recht unter 14 Jahre alt), die Jugendlichen (14-18 Jahre alt) und die Heranwachsenden (18-21 Jahre alt).

(a) Milderung bei Todesstrafe und lebenslanger Freiheitsstrafe

Wenn jemand bei der Begehung der Tat unter 18 Jahre alt war und mit der Todesstrafe oder lebenslanger Freiheitsstrafe bestraft werden müsste, wird er zu 15 Jahren Zuchthausstrafe verurteilt (§ 59 kJG). Gegen strafmündige jugendliche Straftäter sind schuldangemessene Strafen begründet. Sie müssen auf die im Erziehungsverhältnis gründende Entwickeltheit bzw. Mangelhaftigkeit jugendlicher Legalitätshaltung besonders eingehen. Aber dass das koreanische Jugendgesetz noch die Todesstrafe und die lebenslange Freiheitsstrafe kennt, zeigt indirekt, dass nicht nur das geltende koreanische Sanktionensystem für Erwachsene, sondern auch das geltende koreanische Jugendsanktionenrecht autoritativ und obrigkeitsstaatlich ist. Die Todesstrafe muss besonders für die Jugendlichen abgeschafft werden. Die Freiheitsstrafe darf nur bei einer schwerdelinquenten Haltung des Jugendlichen angewendet werden, die mit den daraus resultierenden erheblichen Taten auch in einem Verschuldenszusammenhang steht.

(b) Relativ unbestimmte Freiheitsstrafe

Das koreanische Jugendgesetz sieht für die jugendlichen Straftäter, also Täter unter 20 Jahren, eine relativ unbestimmte Freiheitsstrafe vor, die das Erwachsenenstrafrecht nicht kennt. Das Gericht muss im Urteil das Mindest- und Höchstmaß der zu vollstreckenden Freiheitsstrafe angeben, wenn ein Jugendlicher eine Straftat begangen hat, für die eine Zuchthaus- oder Einschließungsstrafe von mehr als zwei Jahren im Höchstmaß angedroht ist. Diese unbestimmte Freiheitsstrafe darf jedoch weder fünf Jahre im Mindestmaß noch zehn Jahre im Höchstmaß überschreiten (§ 60 Abs. 1 kJG)[1190].

[1190] In den letzten fünf Jahren wurden jährlich etwa 2.500 Jugendliche zu der unbestimmten Freiheitsstrafe verurteilt; vgl. Das Jahrbuch der Justizstatistik 1999, S. 586.

Die Strafe kann jedoch dann gemildert werden, wenn es unter Berücksichtigung des Charakters des Jugendlichen angemessen ist (§ 60 Abs. 2 kJG). Bei der Strafaussetzung zur Bewährung und der Aussetzung des Urteilsspruchs gilt die erwähnte Regelung des § 60 Abs. 1 kJG über das Mindest- und Höchstmaß nicht (§ 60 Abs. 3 kJG). Die relativ unbestimmte Freiheitsstrafe für die Jugendlichen soll dazu dienen, dass das Strafmaß nach dem Besserungsgrad des Verurteilten flexibel ist und dadurch der Resozialisierungszweck im Strafvollzug besser realisiert wird, so dass die Strafe individuell angewendet werden kann[1191].

(c) Verbot der Ersatzfreiheitsstrafe

Da das geltende koreanische Recht kein Tagessatzsystem kennt, werden prinzipiell auch Jugendliche zur Geldstrafe verurteilt. Während der erwachsene Straftäter bei der Nichteinbringung der Geld- und minderen Geldstrafe in einem Arbeitshaus (sog. Ersatzfreiheitsstrafe) untergebracht wird, darf jedoch ein Jugendlicher unter 18 Jahren nicht zu Ersatzfreiheitsstrafe mit Arbeit nach § 70 kStGB verurteilt werden (§ 62 S. 1 kJG). D. h., für den Fall der Nichteinbringung einer Geld- oder minderen Geldstrafe darf der Jugendliche nicht zu Ersatzfreiheitsstrafe im Arbeitshaus verurteilt werden. Wenn ein Jugendlicher aber vor der Urteilsverkündung in Haft gewesen ist oder die Maßnahme nach § 18 Abs. 1 Nr. 3 kJG durchgeführt wurde, wird die Zahl der Tage der Haft und die Tage der Verwarnung in einem Arbeitshaus angerechnet und § 57 kStGB angewendet (§ 62 S. 2 kJG).

Das Verbot der Ersatzfreiheitsstrafe bei Jugendlichen beruht auf dem Erziehungsgedanken. Geld- und mindere Geldstrafe für die leichten Straftaten setzten voraus, dass sie unter Berücksichtigung der sozialen und wirtschaftlichen Lage des Verurteilten gezahlt werden können. Die Jugendlichen unter 18 Jahren

---

1191 Vgl. v. Liszt, Aufsätze und Vorträge, Bd. 2 S. 333; I.-T. Hoh, Korean Journal of Criminology 5 (1990), 59 f. m. w. N.

in Korea gehen aber noch zur Schule und haben meistens kein Einkommen. Die Geld- und mindere Geldstrafe sind daher für die Jugendlichen ungerecht und sollten abgeschafft werden.

(d) Sonderregelungen für Jugendliche im Strafvollzug

Das koreanische StVollzG gilt auch für Jugendliche, soweit das Jugendgesetz keine Sonderregelungen trifft. Das geltende koreanische Jugendgesetz sieht jedoch einige Sonderregelungen im Strafvollzug für Jugendliche vor. Wenn ein Jugendlicher zu einer Zuchthaus- oder Einschließungsstrafe verurteilt worden ist, ist das Urteil in besonderen hierfür geschaffenen Anstalten oder in eigens hierfür hergerichteten Abteilungen normaler Vollzugsanstalten zu vollziehen (§ 3 S. 1 kJG)[1192]. Wenn der Jugendliche jedoch während der Vollstreckung des Vollzugs 23 Jahre alt wird, kann der Vollzug in der normalen Vollzugsanstalt weiter durchgeführt werden (§ 63 S. 2 kJG). Wenn während der Vollzugsdauer einer Fürsorgemaßnahme ein Urteil auf Freiheitsstrafe (Zuchthaus-, Einschließungsstrafe oder Haft) rechtskräftig geworden ist, muss das Urteil zuerst vollzogen werden (§ 64 kJG).

Die Voraussetzungen der bedingten Entlassung für Jugendliche sind im Vergleich zur bedingten Entlassung für Erwachsene viel milder. Ein zu Zuchthaus- oder Einschließungsstrafe verurteilter Jugendlicher kann nach Ablauf von fünf Jahren bei lebenslanger Zuchthaus- und Einschließungsstrafe, drei Jahren bei einer 15jährigen Zuchthaus- oder Einschließungsstrafe und eines Drittels der Mindestzeit bei einer relativ unbestimmten Zuchthaus- oder Einschließungsstrafe bedingt entlassen werden. Wenn ein Jugendlicher zu einer Zuchthaus- oder Einschließungsstrafe verurteilt und vorläufig entlassen worden

[1192] Die Strafvollzugspraxis in Korea führt jedoch zu einem viel strenger und detaillierter getrennten Strafvollzug, als das koreanische Jugendgesetz und das koreanische Strafvollzugsgesetz es verlangen.

ist, so wird die Strafe als voll verbüßt angesehen, wenn die vorläufige Entlassung nicht widerrufen wurde (§ 66 S. 1 kJG).

Nach Verbüßung der Strafe bzw. deren Erlass im Wege des ausgesetzten Strafvollzugs bzw. der Aussetzung des Strafrestes wird der verurteilte Jugendliche in Bezug auf die Anwendung des Gesetzes über die Rechtsfähigkeit als nicht verurteilt anzusehen (§ 67 kJG). Ein Grund für diese Regelung ist, die Nebenfolgen bei den sensiblen Jugendlichen aufgrund des Entzugs und der Einstellung der Rechtsfähigkeiten zu vermeiden.

III. Zusammenfassung

Der Schwerpunkt der Besonderheiten des koreanischen Strafrechts liegt primär nicht bei den Voraussetzungen der Strafbarkeit, sondern vielmehr bei den Straftatfolgen. Das Recht der koreanischen Sanktionen hat trotz des Reformversuchs nach dem Inkrafttreten des koreanischen StGB bis heute keine tiefgreifenden Änderungen und Ergänzungen erfahren. Die koreanische Strafrechtsreform stand zwar im Rahmen einer großen internationalen Bewegung zur Liberalisierung, Humanisierung, Entkriminalisierung, Resozialisierung und Modernisierung der Strafrechtspflege, aber die Realität des koreanischen Sanktionenrechts ist von diesen Ideen noch weit entfernt. Das koreanische Recht kennt noch die Todesstrafe und die lebenslange Freiheitsstrafe, die auch tatsächlich lebenslang dauern kann. Die gegenwärtige Struktur des koreanischen Sanktionensystems ist im Großen und Ganzen etwa mit dem deutschen RStGB von 1871 vergleichbar.

Das koreanische StGB kennt im Unterschied zum deutschen StGB weder das Fahrverbot als Nebenstrafe noch die Entziehung der Fahrerlaubnis als Maßregel. Die Entziehung der Fahrerlaubnis ist im koreanischen Straßenverkehrsrecht als eine Verwaltungsmaßnahme geregelt und kommt bei einer in Verbindung mit der Benutzung eines Fahrzeuges stehenden Straftat oder bei fehlender Eignung des Betroffenen zur Teilnahme am Straßenverkehr in Betracht (§ 78 des koreanischen Straßenverkehrsgesetzes)[1193]. Weiterhin kennt das koreanische Recht das Berufsverbot weder als Strafe noch als Maßregel. Es kann jedoch nach § 43 Abs. 1 Nr. 1, 3, 4 kStGB als eine Strafe eintreten, wonach dem Verurteilten für eine bestimmte Zeit das Recht entzogen werden kann, Direktor, Rechnungsprüfer oder Geschäftsführer einer juristischen Person oder Treuhändler des Geschäftsbetriebs einer juristischen Person zu werden.

Ein wichtiger Kritikpunkt des geltenden koreanischen Sanktionensystems ist das Maßregelrecht. Das geltende koreanische Recht kennt die Zweispurigkeit der Strafen und Maßregeln als strafrechtliche Sanktionen. Die Maßregeln sind regelmäßig mit schwerwiegenden Eingriffen in die individuelle Freiheit verbunden. Sie sind im geltenden koreanischen Recht hauptsächlich in den Nebenstrafgesetzen, die jedoch rechtsstaatlich sehr bedenklich sind, geregelt. Das koreanische Recht kennt kein umfassendes Gesetz für die Maßregeln. Ein einheitliches Maßregelrecht oder eine einheitliche systematische Regelung der Zweispurigkeit mit der ausdrücklichen Normierung des Verhältnismäßigkeitsprinzips im koreanischen StGB wäre dringend notwendig, um die Maßregeln als strafrechtliche Sanktionen wahrnehmen und rechtsstaatlich besser kontrollieren zu können.

Die Strafen des geltenden koreanischen Erwachsenenstrafrechts stehen in folgender Reihe[1194]:

- Verfahrenseinstellung (§ 247 Abs. 1 kStPO)
- Aussetzung des Urteilsspruchs (§ 59 kStGB)

1193 Vgl. zur Einführung des Fahrverbots und der Entziehung der Fahrerlaubnis in das kStGB bei Suh, Korean Criminological Review 30 (1997), 207 ff.

- Einziehung (§§ 41, 48 kStGB)
- Mindere Geldstrafe (§ 41 kStGB)
- Strafhaft (§§ 41, 46 kStGB)
- Geldstrafe (§ 41 kStGB)
- Einstellung von Rechtsfähigkeiten (§ 41 kStGB)
- Entzug von Rechtsfähigkeiten (§ 41 kStGB)
- Zeitige Zuchthausstrafe oder zeitige Einschließungsstrafe, verhängt bis zu 3 Jahren, aber ausgesetzt zur Bewährung (§ 62 kStGB)
- Zeitige Einschließungsstrafe (§§ 41, 50 kStGB)
- Zeitige Zuchthausstrafe (§§ 41, 50 kStGB)
- Lebenslange Einschließungsstrafe (§§ 41, 50 kStGB)
- Lebenslange Zuchthausstrafe (§§ 41, 50 kStGB)
- Todesstrafe (§ 41 StGB)

Ein Sonderstrafrecht für junge Täter wurde im koreanischen Jugendgesetz geschaffen und besondere Rechtsfolgen wurden festgelegt. Der Erziehungsgedanke steht prinzipiell im koreanischen Jugendgesetz im Vordergrund, aber ob die Realität der Rechtsfolgen für Jugendliche dem Erziehungsgedanken entspricht, ist eine andere Frage. Das koreanische Jugendgesetz enthält 7 spezifische Fürsorgemaßnahmen, die jedoch keinen strafrechtlichen Sanktionscharakter haben, sondern unter dem Gesichtspunkt des Erziehungsgedanken konzipiert sind und lediglich erzieherische Fürsorgemaßnahmen sein sollten. Für die Strafverfahren gegen Jugendliche sieht das koreanische Jugendgesetz einige Sonderregelungen vor, die Strafmilderung für Jugendliche vorsehen.

[1194] Der Grad der Schwere der Strafe ist in § 50 kStGB festgelegt. Die Freiheitsstrafe ist nach § 50 kStGB nicht unbedingt ultima ratio. Da das koreanische Recht kein Tagessatzsystem kennt, kann die Geldstrafe für die Armen noch schwerer als die Freiheitsstrafe betreffen.

C. Die gegenwärtigen Prinzipien und Strukturen des koreanischen Straftatfolgensystems

Infolge der Rezeption stehen die rechtsphilosophischen und kriminalpolitischen Grundprinzipien des koreanischen Strafrechts und Sanktionenrechts stark unter deutschem Einfluss. Es ist daher nicht verwunderlich, dass die in koreanischen Strafrechtslehrbüchern dargestellten Theorien meist auf deutschem Gedankengut beruhen, und dass in koreanischen Strafrechtsbüchern oft auf die deutsche Literatur hingewiesen wird. Im Folgenden werden die dogmatischen Grundsätze des geltenden koreanischen Straftatfolgensystems kurz dargelegt, um den Entwicklungsstand der Grundlagen des koreanischen Sanktionensystems und des Strafrechts besser verständlich zu machen.

I. Grundsätze des geltenden koreanischen Sanktionenrechts

1. Zum heutigen Stand der Straftheorien

Da die koreanische Verfassung und das koreanische Strafgesetzbuch - wie das deutsche StGB - keine Umschreibung des Strafzwecks enthalten, sind Sinn und Zweck der Strafe auch in der koreanischen Strafrechtswissenschaft sehr umstritten. Alle Straftheorien werden in koreanischen Strafrechtslehrbüchern etwa gleichermaßen dargestellt und diskutiert, wie sie in der deutschen Strafrechtswissenschaft diskutiert wurden und werden. Das deutsche StGB enthält zwar keine Festlegung auf eine einzige Straftheorie, bringt aber wenigstens in den einzelnen Vorschriften in verschiedenen Zusammenhängen Gedanken der unterschiedlichen Theorien zum Ausdruck. Im Unterschied dazu bringt das koreanische StGB mit keinem einzigen Wort zum Ausdruck, welchen Sinn und Zweck die Strafe haben soll oder muss.

Keine Straftheorie wird im koreanischen StGB gesetzlich anerkannt, abgesehen davon, dass im koreanischen Strafvollzugsgesetz der spezialpräventive Gesichtspunkt der Resozialisierung als Vollzugsziel genannt wurde. Der im

Jahre 1995 neu eingeführte § 59-2 kStGB (Führungsaufsicht) bestimmt allerdings, dass bei der Aussetzung des Urteilsspruchs eine Führungsaufsicht auferlegt werden kann, wenn die Leitung und Hilfe für die Rückfallverhinderung notwendig ist. Die Führungsaufsicht bezweckt damit Spezialprävention. Diese Feststellung besagt aber für Sinn und Zweck der eigentlichen Kriminalstrafe wenig oder nichts:

Die Begriff "Prävention" und "Zweckmäßigkeit" werden auch in Korea benutzt und für modern gehalten[1195]. Ohne gründliches Nachdenken wird die Vergeltungstheorie in der koreanischen Strafrechtswissenschaft oft kategorisch abgelehnt und als inhuman und überholt bezeichnet. Selbst die Todesstrafe wurde nicht aus dem strengen Schuldgedanken, sondern aus generalpräventiven Gründen von der koreanischen Rechtsprechung für verfassungskonform erklärt. Die gegenwärtige Hauptaufgabe des koreanischen Strafrechts besteht somit in der Durchsetzung des subjektrechtlichen Prinzips gegen die den Menschen zunehmend zum Objekt bloßer Funktionszusammenhänge herabsetzenden Tendenzen. Das rechtsstaatliche Strafrecht muss in all seiner notwendigen Strenge zugleich die Würde aller am Handlungszusammenhang Beteiligten, als auch die Würde des Verbrechers, wahren.

Strafrecht und Strafe sind nach allgemeiner Rechtsvernunft notwendig. "Richterliche Strafe kann niemals bloß als Mittel, ein anderes Gute zu befördern, für den Verbrecher selbst oder für die bürgerliche Gesellschaft, sondern muss jederzeit nur darum wider ihn verhängt werden, weil er verbrochen hat; denn der Mensch kann nie bloß als Mittel zu den Absichten eines anderen gehandhabt und unter die Gegenstände des Sachenrechts gemengt

---

1195 Vgl. dazu T.-Y. Ha, Dong-A Law Review 21 (1996), 178 ff.

werden, wowider ihn seine angeborene Persönlichkeit schützt, ob er gleich die bürgerliche einzubüßen gar wohl verurteilt werden kann"[1196].

Der Grund der staatlichen Strafe kann nur allein in der begangenen Tat liegen, die damit die staatliche Reaktion begrenzt. Die Strafe ist nur durch das Schuldprinzip zu rechtfertigen. D. h. Strafe setzt Schuld voraus und muss in ihrem Maß dem Schuldgehalt der Tat entsprechen. Die rechtliche Mündigkeit des Menschen und die Selbstverantwortung kommen im Schuldprinzip zum Ausdruck. Die strenge Vergeltungsstrafe wird in der Tat oft als zwecklose inhumane Strafe missverstanden. Die Idee, nicht mehr aber auch nicht weniger als die immer zu der jeweiligen Schuld passende angemessene Strafe zu verhängen, ist das oberste Gebot für die rechtsstaatliche Strafe.

Das geltende koreanische Strafrecht beruht wesentlich auf dem Grundsatz der verbrechensausgleichenden Restitution des Rechtsverhältnisses. Die Tatbestände des Besonderen Teils knüpfen die Strafbarkeit nach Grund und Maß an die Tat und ihre Schwere an. Die Straftatfolgen im koreanischen StGB sind hingegen im Vergleich zum deutschen StGB allgemein viel härter. Die Realisierung des gerechten Schuldausgleichs, der auf der freiheitlichen Rechtsidee und der gegenseitigen Anerkennung aufgebaut ist, ist die dringend notwendige Aufgabe des koreanischen Sanktionensystems.

Das deutsche Strafgesetzbuch ist sprachlich bzw. tatbestandsmäßig wesentlich präziser als das koreanische StGB. Das koreanische StGB geht mit der Sprache

---

[1196] Kant, Metaphysik, Rechtslehre, Das öffentliche Recht, E. Vom Straf- und Begnadigungsrecht. Hier kann leider kein vergleichbarer koreanischer Aufklärungsdenker wie Kant und seine grundlegende fundamentale Rechtsidee genannt werden. Die fundamentale Rechtsidee und der ursprüngliche vorpositive Gedanke über das Recht sollen jedoch - unabhängig von der Rezeptionsgeschichte - in Korea nicht anders als in Deutschland sein. Das hat nicht nur mit der Globalisierung des Gedankenguts, sondern vielmehr mit der prinzipiellen Überzeugungskraft des fundamentalen Denkens und der gemeinsamen Bindung an das Prinzip der Universalisierbarkeit zu tun.

sehr sparsam um[1197]. Inwieweit der Gesetzestext dem Bestimmtheitsgebot des Gesetzlichkeitsprinzips entsprechen soll, ist eine sehr schwierige Frage. Es gibt auch keinen objektiven Maßstab dafür. Man kann jedoch durch einen Rechtsvergleich mit einem anderen Rechtssystem den eigenen Zustand besser erkennen. Aus dieser Erkenntnis heraus kann man sich weiter entwickeln. Im Folgenden wird daher das Gesetzlichkeitsprinzip des koreanischen Strafrechts kurz dargelegt.

2. Gesetzlichkeitsprinzip

Das Strafgesetzbuch muss eine hinreichend bestimmte Festlegung der Strafbarkeitsvoraussetzungen und der Strafrechtsfolgen enthalten. Das Erfordernis hinreichender Gesetzesbestimmtheit erstreckt sich nicht nur auf alle Straftatvoraussetzungen, sondern auch auf die allgemeinen Bestimmungen des qualitativen und quantitativen Maßes der Strafe. Die positiv-rechtlichen Quellen des gesetzlichen Bestimmtheitsgrundsatzes sind Art. 12 Abs. 1, 13 Abs. 1 der koreanischen Verfassung und § 1 Abs. 1 kStGB.

Das Strafgesetz als abstrakt-allgemeine Formulierung des allgemeinen Rechtswillens fordert strikte allgemeine Anwendung. Das koreanische StGB ist trotz des Bestimmtheitsgebots sprachlich äußerst knapp formuliert. Eine bis heute oft gestellte Frage ist, wie die inhaltsarme Kürze der Strafvorschriften des koreanischen StGB dem Gesetzlichkeitsgrundsatz des Art. 12 Abs. 1, 13 Abs. 1 der koreanischen Verfassung und § 1 kStGB entsprechen kann. Die knappen Strafvorschriften einerseits und der weite Strafrahmen andererseits können rechtsstaatlich sehr problematisch sein. Sie können im Einzelfall zu einem

---

[1197] Das hat zum Teil mit der Mentalität der Koreaner zu tun, die aus westlicher Sicht ziemlich abstrakt und symbolisch scheinen kann. Selbst die Ausdrucksweise des Deutschen in der Alltagssprache ist im Vergleich zum Koreanischen viel konkreter, sachlicher und detaillierter.

beliebigen Ergebnis führen, das von der Auslegung und Anwendung durch den einzelnen Richter abhängig ist.

Das koreanische StGB gewährt bei der Wahl der Sanktionsarten dem Gericht grundsätzlich einen umfangreichen Ermessensspielraum. Wer z. B. einen Menschen tötet, wird nach § 250 Abs. 1 kStGB mit Todesstrafe, lebenslangem Zuchthaus oder Zuchthaus nicht unter fünf Jahren bestraft. Das Gericht hat demnach im Falle eines Totschlags einen Ermessensspielraum, der von fünf Jahren Zuchthaus bis zur Todesstrafe reicht. Aufgrund der konfuzianischen Tradition wurde von den Herrschern oder Richtern in Korea ihre vorbildliche persönliche moralische Vollkommenheit verlangt. Dies beruht auf folgendem Gedanken: Wer das Land regieren will, muss zuerst sich selbst regieren können, und wer über andere urteilen will, muss selbst moralisch und rechtlich sauber sein. Dieser Gedanke an sich ist nicht falsch, da die Moral in der Tat nicht weniger wichtig als das Recht ist.

Der heutigen säkularisierten Gesellschaft und dem Rechtsstaat geht es jedoch bei dem staatlichen Strafrecht nicht um das moralische Verhalten, sondern um das rechtliche. Man kann von dem Richter eine solche moralische Vollkommenheit nicht erwarten. Er muss nur nach dem Gesetz verurteilen und vom Gesetz abhängig sein. Das Gesetzlichkeitsprinzip garantiert die individuelle Freiheit und Sicherheit des einzelnen Bürgers gegen die staatliche Willkür und verbietet die willkürliche Anwendung der Gesetzesnorm[1198]. Es gewährleistet auch Rechtssicherheit und schützt Vertrauen, so dass der Bürger sein personales Rechthandeln an Eigenverantwortung am Gesetz orientieren kann.

Selbst wenn der Gesetzgeber den Gesetzestext glasklar und detailliert bestimmen will, gibt es trotzdem Grenzen. Die Auslegung ist nach *Savigny*

[1198] Geschichtlich zum Gesetzlichkeitsprinzip siehe bei Krey, Keine Strafe, S. 1 ff.

notwendig "bei jedem Gesetz, wenn es in das Leben eingreifen soll"[1199]. Sie beschränkt sich nicht auf den Fall, dass das Gesetz dunkel und undeutlich ist. Mehrfache Bedeutungen der Rechtssprache und eine sich daraus ergebende Unbestimmtheit des Strafrechts sind die unvermeidbare Folge eines Strafrechts, das sich auf die Lebensrealität bezieht. Die vielseitige Bedeutung des Strafrechts ist deswegen nicht nur als Fleck auf dem Bestimmtheitsgrundsatz zu verstehen, sie kann auch als Vorteil für die Anwendung im Einzelfall verstanden werden. Durch die relative Unbestimmtheit des Strafrechts wird der Grundsatz des Bestimmtheitsgebots nicht verletzt. Der Bestimmtheitsgrundsatz ist zum Teil als eine Forderung nach Kombination von Bestimmtheit und Flexibilität zu verstehen.

3. Zweispurigkeit

Das koreanische Recht kennt die Zweispurigkeit der Strafe und der Maßregeln als strafrechtliche Sanktionen. Das koreanische StGB sieht zwar keine einheitliche umfassende Regelung über die Maßregeln vor, aber ihre rechtliche Grundlage ist in der koreanischen Verfassung (Art. 12 Abs. 1) begründet. Das geltende kStGB und die strafrechtlichen Nebengesetze enthalten neben der Strafe die Maßregeln als strafrechtliche Reaktion. Strafe setzt Schuld voraus und blickt nur auf die bereits begangene Tat, Maßregeln sind dagegen auf die künftige fortdauernde Gefährlichkeit des Täters gerichtet.

Das kStGB kennt keine Regelung wie § 2 Abs. 6 des deutschen StGB. Das Gesetzlichkeitsprinzip und das Rückwirkungsverbot gelten somit nicht nur bei der Strafe, sondern auch bei den Maßregeln. Neben Strafen und Maßregeln wird auch in Korea seit Anfang der 90er Jahre unter deutschem Einfluss über die

[1199] v. Savigny, Juristische Methodenlehre, S. 209.

Wiedergutmachung des Schadens als eine neue Spur diskutiert[1200]. Das kStGB enthält jedoch noch keine ausdrücklichen Vorschriften, die auf die freiwillige Verantwortungsübernahme des Täters für seine Tat und die konstruktive Konfliktverarbeitung zwischen Täter und Opfer abzielen. Doch ist die Einführung der Wiedergutmachung als strafrechtliche Sanktion in das koreanische StGB zu empfehlen.

[1200] Vgl. S.-D. Kim, Korean Journal of Vitimology 5 (1997), 121 ff.; G.-W. Chang, Korean Journal of Vitimology 1 (1992), 107 ff.; J.-S. Lee, Korean Criminological Review 8 (1991), 37 ff.

II. Rechtsfolgen nach dem allgemeinen koreanischen Strafrecht im Überblick

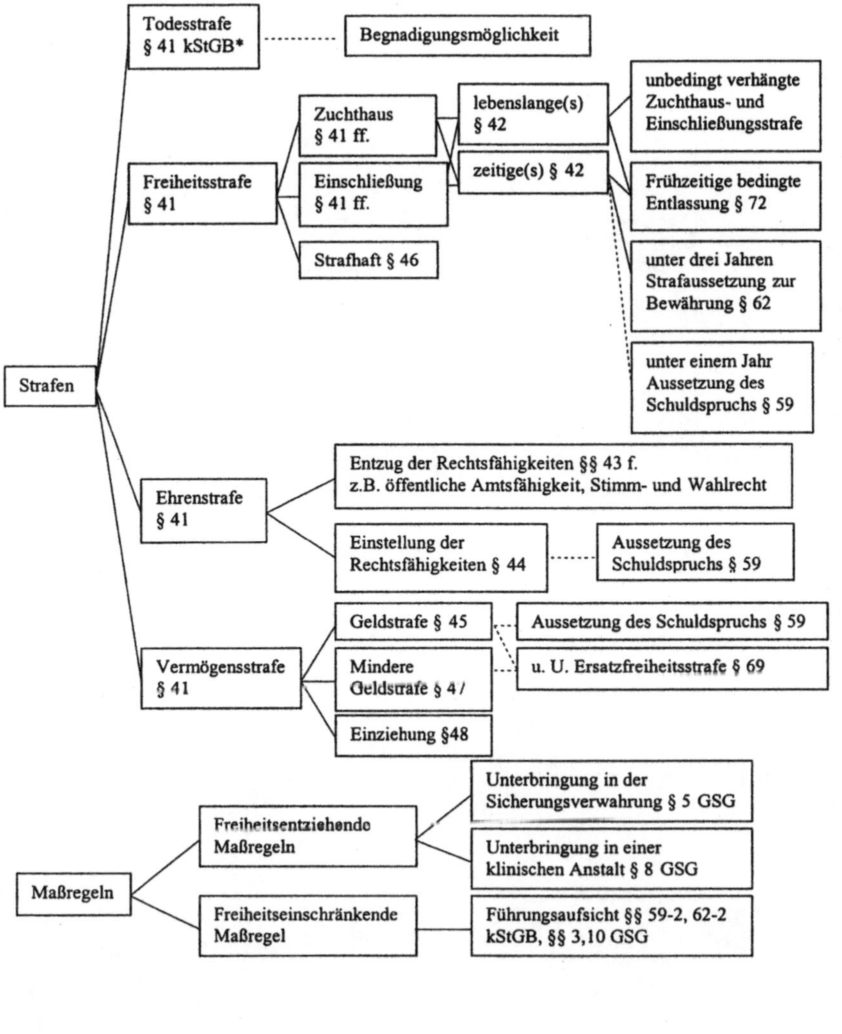

* §§ ohne Gesetzesangabe sind hier solche des kStGB

III. Rechtsfolgen nach dem koreanischen Jugendstrafrecht im Überblick

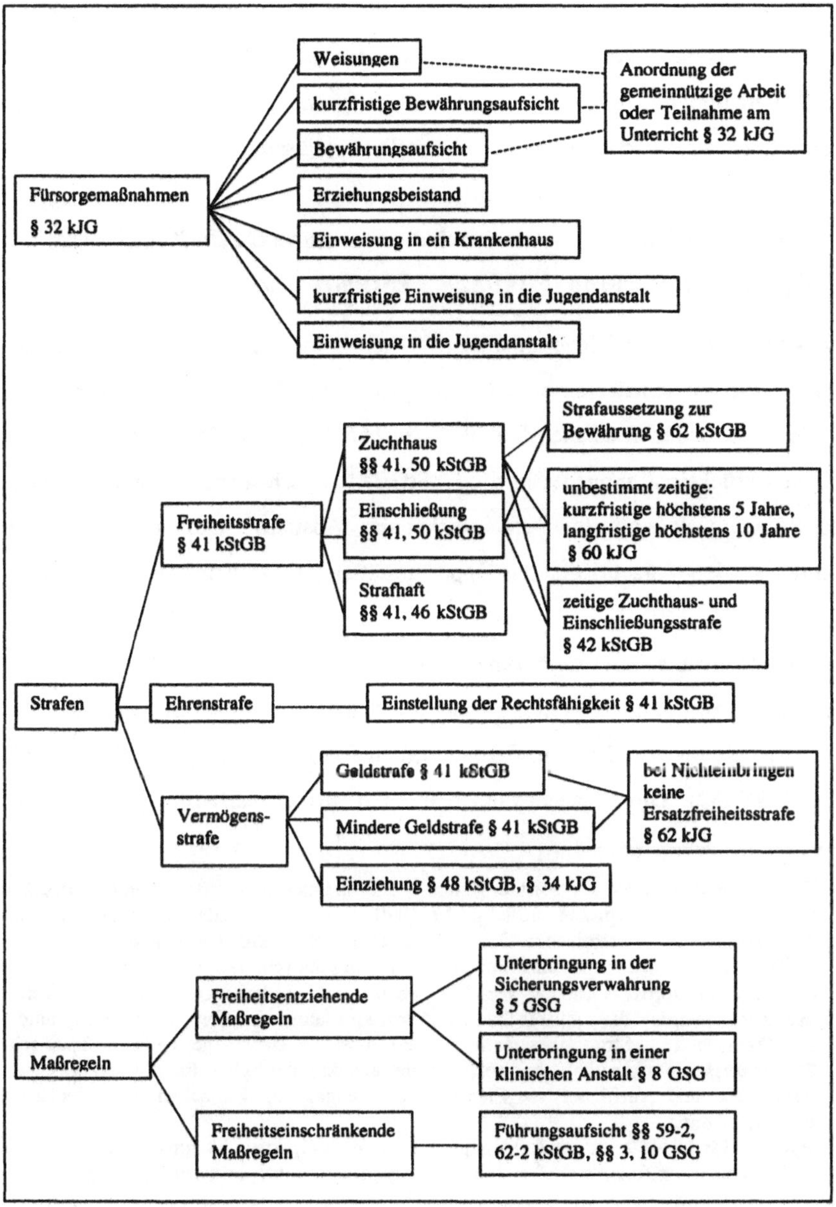

IV. Informelle Sanktionsmöglichkeiten im allgemeinen koreanischen Strafrecht

Das koreanische Recht kennt nicht nur strikte Sanktionen, sondern auch Einstellungsmöglichkeiten des Verfahrens aufgrund des Opportunitätsprinzips für die Staatsanwaltschaft und der informellen Erledigung durch die Polizei.

1. Einstellung des Verfahrens durch die Staatsanwaltschaft nach dem Opportunitätsprinzip (§ 247 Abs. 1 kStPO)

Die koreanische Strafprozessordnung[1201] kennt im Vergleich zum deutschen Recht keine Vorschrift, die eine Anklagepflicht der Staatsanwaltschaft vorsieht (§ 152 Abs. 2 der deutschen StPO)[1202]. § 247 Abs. 1 kStPO lautet wie folgt: "Unter Berücksichtigung der in § 51 kStGB[1203] beschriebenen Umstände kann der Staatsanwalt von der Anklageerhebung Abstand nehmen". Aus dieser allumfassenden Vorschrift ist das Opportunitätsprinzip in Korea zu entnehmen.

Die Staatsanwaltschaft kann ohne Zustimmung des für die Eröffnung des Verfahrens zuständigen Gerichts und ohne die Einschränkung auf leichtere Straftaten die ihr von der Polizei zugesandten Fälle selbständig erledigen (§ 247 Abs. 1 kStPO). Die Staatsanwaltschaft kann aus Opportunitätsgründen ohne

---

[1201] Die koreanische Strafprozessordnung steht ebenfalls unter dem japanischen Einfluss. Die erste japanische Strafprozessordnung, die 1880 in Kraft trat, entwarf *Boissonade* nach dem Vorbild des französischen Code d'instruction criminelle. Danach wurde im Jahre 1890 in Japan eine neue Strafprozessordnung geschaffen, die jedoch stark von der deutschen Strafprozessordnung von 1877 beeinflusst worden war. Nach dem Zweiten Weltkrieg wurde die japanische Strafprozessordnung wieder stark vom anglo-amerikanischen Strafprozessrecht beeinflusst. Die geltende japanische Strafprozessordnung enthält aber noch viel der aus dem deutschen Recht übernommenen Rechtsidee und verbindet so Elemente des anglo-amerikanischen und deutschen Rechtsdenkens.

[1202] Vgl. BGHSt 15, 159; zu der Anklagepflicht und dem Opportunitätsprinzip im deutschen und koreanischen Recht siehe bei Shin, Anklagepflicht und Opportunitätsprinzip.

gerichtliche Mitwirkung eigenständig das Verfahren einstellen bzw. von Anfang an von der Verfolgung absehen, indem sie die öffentliche Anklage nicht erhebt. Selbst wenn die Anklage erhoben worden ist, kann die Staatsanwaltschaft während des Hauptverfahrens – freilich nur bis zur Urteilsverkündung – die Anklage zurücknehmen. Für die Rücknahme der Anklage ist die Zustimmung des Gerichts ebenfalls nicht erforderlich. Die Staatsanwaltschaft übernimmt also eine richterähnliche soziale Gestaltungsfunktion und von den Einstellungsmöglichkeiten aufgrund des Opportunitätsprinzips wird in der Tat - ähnlich wie in Japan - ziemlich großzügig Gebrauch gemacht[1204].

Die Einstellung des Verfahrens durch die Staatsanwaltschaft ist nach dem Opportunitätsprinzip des § 247 Abs. 1 kStPO nicht nur bei Bagatellsachen, sondern prinzipiell bei allen Straftaten möglich. Dabei geht es insbesondere um Fälle, in denen aufgrund des hinreichenden Tatverdachts zwar die Voraussetzung für eine Anklageerhebung gegeben ist, die Staatsanwaltschaft aber unter Berücksichtigung der in § 51 kStGB vorgesehenen Umstände das Strafverfahren für entbehrlich hält. Bei der Entscheidung, ob der Staatsanwalt eine Anklage erhebt oder das Verfahren einstellt, sind nach § 247 Abs. 1 kStPO die Strafzumessungskriterien des § 51 kStGB zu berücksichtigen. Die koreanische Strafprozessordnung räumt der Staatsanwaltschaft umfangreiche Ermessensbefugnisse für die Anklageerhebung und für die Einstellung des Verfahrens ein. Die "Reue" des Beschuldigten ist in der Praxis die wichtigste Voraussetzung für die Entscheidung zugunsten der staatsanwaltlichen Verfahrenseinstellung, zumal § 54 Abs. 1 S. 1 Staatsanwaltschaft-Verordnung des Justizministers eine "Reueerklärung" des Beschuldigten vorsieht.

[1203] § 51 kStGB lautet: "Bei der Strafzumessung werden folgende Umstände in Betracht gezogen: 1. das Alter, der Charakter und das Verhalten, die Intelligenz und das Milieu des Täters; 2. die Umstände, die den Verletzten betreffen; 3. die Beweggründe, die Mittel und der Erfolg der Straftat; 4. die Umstände nach der Tatbegehung".

Wenn der Staatsanwalt aus Opportunitätsgründen von der Anklageerhebung absehen will, ist er nach der Staatsanwaltschaft-Verordnung verpflichtet, den Beschuldigten streng zu ermahnen und dabei vor ihm eine Erklärung des Inhalts zu verlangen, dass er sein Fehlverhalten eingestehe und sich von nun an gut führe, um die spezialpräventive Funktion der Einstellung des Verfahrens zu ermöglichen. § 54 Abs. 1 S. 2 Staatsanwaltschaft-Verordnung räumt der Staatsanwaltschaft allerdings die Möglichkeit ein, auf die sog. "Reueerklärung des Beschuldigten" zu verzichten, wenn es sich dabei lediglich um ein Bagatelldelikt handelt, weil hier nicht die spezialpräventive Funktion, sondern die schnelle Erledigung des Verfahrens oder die Prozessökonomie im Vordergrund steht.

2. Informelle Erledigung durch die Polizei

Die Polizei ist in Korea von der Staatsanwaltschaft organisatorisch unabhängig, die Polizeibeamten sind jedoch nach dem Gesetz verpflichtet, im Ermittlungsverfahren den dienstlichen Anordnungen des örtlich zuständigen Staatsanwalts Folge zu leisten (§§ 196, 210 kStPO). Für die Erhebung der Anklage ist nach § 246 kStPO allein die Staatsanwaltschaft zuständig. Die Staatsanwaltschaft hat in Korea das Monopol für die Verfolgung und Anklageerhebung (§ 246 kStPO). Ausnahmen von diesem Monopol existieren jedoch im Bereich der Jugend- und Bagatellsachen. Bei Delikten, die zum untersten Bereich der Kriminalität gehören und damit im stark verkürzten und vereinfachten "Strafverfügungsverfahren" zu erledigen sind, steht die Anklagebefugnis dem jeweiligen Polizeipräsidenten zu, der bei dem für diese Fälle zuständigen Richter den Erlass einer "Strafverfügung" beantragen kann (§ 3 Abs. 1 des "Rechts über das sofortige Strafverfügungsverfahren").

[1204] Vgl. auch zur Opportunität und quasi-richterlichen Tätigkeit des japanischen Staatsanwalts bei Kühne, ZStW 85 (1973), 1079 ff.; Kühne/Miyazawa, Kriminalität,

In diesem sofortigen Strafverfügungsverfahren spielt die Polizei eine wichtige Rolle. Sie führt die Ermittlungen in geringfügigen Strafsachen vom Beginn bis zum Abschluss selbständig durch und kann auch ohne Einschaltung der Staatsanwaltschaft eigenständig beim Gericht einen Antrag auf Erlass der Strafverfolgung stellen. In der Praxis werden mehr als 90 % aller Ermittlungsverfahren von der Polizei selbständig durchgeführt, auch wenn die Staatsanwaltschaft nach dem Gesetz die Herrin des Ermittlungsverfahrens ist[1205]. Dies liegt vor allem daran, dass die Polizei sowohl Ermittlungs- als auch Anklagebefugnisse besitzt. Die weitgehende faktische Ermittlungszuständigkeit der Polizei lässt sich auch aus ihrer zahlenmäßigen und kriminalistischen Überlegenheit gegenüber der Staatsanwaltschaft erklären.

Ob das Opportunitätsprinzip für die Erledigung geringfügiger Strafsachen auf polizeilicher Ebene gilt, ist jedoch fraglich, da insoweit eine ausdrückliche Vorschrift fehlt. Die koreanische Strafprozessordnung gibt der Staatsanwaltschaft die Möglichkeit der Einstellung des Verfahrens nach dem Opportunitätsprinzip und infolgedessen werden der Polizei als Anklagebehörde gewisse Ermessensbefugnisse – insbesondere im Bereich der Bagatellsachen – eingeräumt. Zur Bewältigung der geringfügigen Bagatellsachen bzw. Ordnungswidrigkeiten kann die Polizei außerdem durch ein verwaltungsrechtliches Verfahren ein "Bußgeld" verhängen. Die Polizei hat damit im Vorverfahren praktisch verschiedene umfangreiche Möglichkeiten zur informellen Erledigung der Bagatellsachen.

S. 103 ff.; Götze, ZStW 102 (1990), 968 f.

1205 Es ist daher in Korea sehr umstritten, dass die Polizei unabhängig von der Staatsanwaltschaft eigenständig das Ermittlungsverfahren durchführen darf, und ob gesetzlich diese Ermittlungsbefugnis anerkannt werden soll; zur Streit siehe J.-D. Bae/S.-D. Li, Strafprozessrecht, S. 168 f.; D.-W. Shin, Strafprozessrecht, S. 36 f. m. w. N.

2. Abschnitt: Das koreanische Strafensystem

Im Folgenden wird nicht das gesamte koreanische Strafensystem, sondern werden lediglich die Todesstrafe und die Freiheitsstrafe, die im geltenden koreanischen Strafensystem die schwersten Strafen sind, behandelt.

A. Todesstrafe

Die koreanische Rechtsordnung kennt noch die Todesstrafe[1206]. Die Todesstrafe ist im geltenden koreanischen Sanktionensystem die härteste und schwerste Strafe. Sie ist gegen Schwerstverbrechen vorgesehen und spielt in der koreanischen Strafrechtspflege zur Bekämpfung schwerer Verbrechen noch eine Rolle. Die Todesstrafe im koreanischen StGB und Sonderstrafrecht wird deswegen nicht nur als abschreckende rechtliche Folge vorgesehen, sondern tatsächlich noch im Urteil ausgesprochen und kann prinzipiell vollstreckt werden.

I. Die Todesstrafe im geltenden koreanischen Recht

1. Todesstrafe im koreanischen StGB

Das koreanische StGB von 1953 enthielt die Todesstrafe für eine große Zahl von Verbrechen. Die im koreanischen StGB für einige die innere sowie äußere Sicherheit gefährdende Delikte vorgesehene Todesstrafe ist vor dem Hintergrund der Teilung des Landes und der daraus entstandenen politischen Krisenlage in Korea zu verstehen, vor allem weil das geltende kStGB während des Koreakriegs verabschiedet worden ist. Durch die Strafrechtsreform von 1995 wurde die Todesstrafe jedoch lediglich in 3 Tatbeständen auf lebenslange Freiheitsstrafe oder zeitige Freiheitsstrafe herabgesetzt. Die Todesstrafe wird in Korea vom Gesetz entweder allein oder alternativ neben der lebenslangen

---

1206 Der koreanische Strafgesetzentwurf von 1992 behielt die Todesstrafe bei, ordnete jedoch in § 44 Abs. 3 ihre besonders einschränkende Anwendung an.

Zuchthausstrafe oder lebenslangen Einschließungsstrafe angedroht. Das geltende koreanische StGB kennt die Androhung der Todesstrafe insgesamt etwa für 16 Straftatbestände. Zwingend vorgeschrieben ist jedoch die Todesstrafe nur für die Kollaboration mit dem Feinde (§ 93 kStGB)[1207].

Die Todesstrafe wird als Höchststrafe in § 87 Abs. 1, Nr. 1, Nr. 2 (Hochverrat), § 88 (Tötung zum Zweck des Hochverrates), § 92 (Herbeiführung eines ausländischen Angriffs), § 94 (Begünstigung des Feindes durch Soldatenaushebung), § 95 (Begünstigung des Feindes durch Lieferung von Rüstungsmaterial), § 96 (Begünstigung des Feindes durch Zerstörung von Gütern), § 98 (Spionage), § 119 (Verwendung von Sprengstoffen), § 164 (Brandstiftung an Wohngebäuden usw.), § 250 Abs. 1, Abs. 2 (Totschlag), § 301-2 (Tötung bei Vergewaltigung), § 338 (Raub mit Todesfolge), § 340 Abs. 3 (Seeräuberei mit Todesfolge und Vergewaltigung) kStGB angedroht. In diesen Fällen ist die Todesstrafe in das Ermessen des Richters gestellt.

Diese Tatbestände zeigen indirekt, wie das kStGB die Verteidigung der Gesellschaft betont und unabhängig von seiner Entstehungsgeschichte noch sehr repressiv ist[1208]. Nicht nur im kStGB gibt es Tatbestände, welche die Todesstrafe als Rechtsfolge vorsehen. Die Androhung der Todesstrafe im koreanischen Sonderstrafrecht ist noch härter. In Korea gibt es fast 200 Sonder- und Nebenstrafgesetze, die jedoch hier nicht ausführlich untersucht werden können. Im Folgenden soll daher nur die Problematik der Todesstrafe im Nationalen Sicherheitsgesetz kurz dargelegt werden.

[1207] § 93 kStGB lautet: "Wer durch Eintritt in die Armee eines feindlichen Landes gegen die Republik Korea kämpft, wird mit dem Tode bestraft".

[1208] Vgl. Kim, ZStW 106 (1994), 413 f.

2. Problematik der Todesstrafe im Sonderstrafrecht

Das "Nationale Sicherheitsgesetz"[1209] kennt die Androhung der Todesstrafe etwa für 45 Tatbestände. Zusätzlich zum kStGB droht das "Nationale Sicherheitsgesetz" diese schwere Strafen für die Bildung einer Vereinigung oder einer Gruppe zum Zweck der Anmaßung einer Regierungskompetenz oder zur Störung der staatlichen Ordnung an (§ 3 des Nationalen Sicherheitsgesetzes). Der Rädelsführer einer solchen staatsfeindlichen Organisation muss mit dem Tode oder lebenslanger Freiheitsstrafe bestraft werden. Führer oder Personen, die Führungsaufgaben übernommen haben, sind mit dem Tode oder einer Freiheitsstrafe nicht unter fünf Jahren zu bestrafen (§ 3 Abs. 1 Nr. 3 des Nationalen Sicherheitsgesetzes). Wer im Auftrag einer staatsfeindlichen Organisation Staatsgeheimnisse ausforscht, sammelt oder aufdeckt, Sprengstoff gebraucht, tötet oder Brände legt, kann ebenfalls mit dem Tode bestraft werden (§ 4 Abs. 1 Nr. 4 des Nationalen Sicherheitsgesetzes). Das Nationale Sicherheitsgesetz sieht auch vor, dass die Todesstrafe unter bestimmten Umständen gegen Menschen verhängt werden kann, die zum zweiten Mal nach diesem Gesetz oder anderen Gesetzen, die sich auf Verbrechen gegen den Staat beziehen, verurteilt wurden (§ 13 des Nationalen Sicherheitsgesetzes).

Das Nationale Sicherheitsgesetz war von seiner Entstehung an rechtsstaatlich sehr problematisch und wurde aufgrund der Teilung Koreas politisch missbraucht. Das Nationale Sicherheitsgesetz ist in Korea nicht nur wegen der gesetzgeberischen Legitimation, sondern auch wegen des Gesetzesinhaltes ein

---

[1209] Gesetz Nr. 4704 von 1994 in der geänderten Fassung. Das Nationale Sicherheitsgesetz wurde gleich nach der Staatsgründung Koreas (1948) eingeführt und lehnte sich an das Gesetz zur Aufrechterhaltung der Ruhe und Ordnung aus der japanischen Kolonialzeit in Korea an. Das Gesetz wurde zwar nach seiner Neuauflage unter der Militärdiktatur Koreas mehrere Male abgeändert, aber der Grundcharakter – demokratische und anderweitig kritische Bewegungen zu unterdrücken – bleibt bis heute bestehen. Seit Jahren wird dessen Abschaffung gefordert; vgl. zur Problematik des Nationalen Sicherheitsgesetzes bei J.-D. Bae, Recht und Gesellschaft 4 (1991), 134 ff.; I.-S. Han, Human Rights and Justice 280 (1999), 59 ff.

Symbol für das schlimmste und übelste Gesetz. Die extrem abstrakten Tatbestände, die harte Strafandrohung und Grundrechtsverletzung im Nationalen Sicherheitsgesetz sind fast ein rechtsstaatlicher Skandal. Dass dieses Gesetz trotzdem immer noch als aktuell gilt, ist verfassungsrechtlich sehr bedenklich. In der Lehre ist man sich daher weitgehend einig, dass das Nationale Sicherheitsgesetz aus rechtsstaatlichen Gründen abgeschafft werden muss.

Das koreanische StGB und die koreanischen Sonderstrafgesetze kennen insgesamt etwa 167 Tatbestände, in denen die Todesstrafe angedroht wird, 14 davon sehen die Todesstrafe als absolute Strafe vor[1210]. Da die Richter in Korea bei ihren Entscheidungen einen sehr weiteren Ermessensspielraum haben, kann die Todesstrafe auch nach § 53 kStGB gemildert werden, wenn es für die Tat mildernde Umstände gibt. Ob es mildernde Umstände gibt, hängt allein vom Ermessen des zuständigen Richters ab. Die Todesstrafe kann daher auch trotz der absoluten Androhung im Gesetz theoretisch nach Ermessen des Richters auf die Freiheitsstrafe herabgesetzt werden. Der gesetzliche Rahmen für die Herabsetzung der Todesstrafe ist nach § 55 Abs. 1 kStGB auf Zuchthaus oder Einschließung entweder lebenslang oder nicht unter 10 Jahren festgelegt. Durch das Ermessen des Richters kann zwar die Verurteilung zur Todesstrafe verhindert werden; das ändert aber nichts an der Notwendigkeit einer institutionellen rechtsstaatlichen Garantie dafür, dass die Todesstrafe gesetzlich nicht angedroht wird.

3. Tendenz der Rechtsprechung

Die koreanische Rechtsprechung ist trotz des rechtsstaatlichen Rechtfertigungsproblems nach wie vor prinzipiell nicht gegen die Todesstrafe.

[1210] Vgl. zur Problematik der Todesstrafe im koreanischen Sonderstrafrecht siehe bei J.-D. Bae, Strafrecht AT, S. 661; I.-S. Kim, Strafrecht AT, S. 668; S.-G. Park, Strafrecht AT, S. 487 jeweils m. w. N.

Im Folgenden werden die Auffassungen des koreanischen Verfassungsgerichtshofs und des Obersten Gerichtshofs kurz zusammengefasst.

a) Standpunkt des koreanischen Verfassungsgerichtshofs

Im Jahre 1996 hat das koreanische Verfassungsgericht die Frage der Verfassungsmäßigkeit der Todesstrafe folgendermaßen beurteilt und begründet: "Die Todesstrafe wird als Unrechtsfolge gegen das schwerste Verbrechen nur in eingeschränkten bestimmten Fällen auferlegt und für das schwerste Unrecht selektiv eingesetzt. Sie ist daher als notwendiges Übel im geltenden Strafensystem zu rechtfertigen. Die Todesstrafe verstößt somit nicht gegen den verfassungsrechtlich anerkannten Verhältnismäßigkeitsgrundsatz und die Verfassungsrechtsordnung, da sie eine Art der bereits in der koreanischen Verfassung vorgesehenen Strafe ist"[1211].

In einer weiteren Entscheidung hat das koreanische Verfassungsgericht zwar die Todesstrafe konsequenterweise für verfassungskonform erklärt, verlangte jedoch ausdrücklich für die Verurteilung zur Todesstrafe eine besondere ernsthafte Überlegung und Anwendung: "Unter Berücksichtigung der koreanischen Kultur und gesellschaftlichen Realität ist die völlige Abschaffung der Todesstrafe nicht richtig, deswegen wurde entschieden, dass die Todesstrafe nicht gegen die Verfassungsordnung verstößt. Die Todesstrafe an sich ist jedoch nicht anders als die sogenannte ‚Gesetzliche Tötung', daher müssen die einzelnen Tatbestände, in denen die Strafgesetze umfassend die Todesstrafe als Rechtsfolge vorsehen, im konkreten Einzelfall genau untersucht werden, ob die Beziehung zwischen dem Unrecht und der Todesstrafe als Strafandrohung verhältnismäßig ist. Weiterhin muss bei der Verurteilung zur Todesstrafe besonders ernsthaft

---

1211 Vgl. die Entscheidung des koreanischen Verfassungsgeichtshofs 28. 11. 1996, 95 Hunba 1.

überlegt werden, auch wenn das Gesetz die Todesstrafe als angemessene Rechtsfolge vorsieht"[1212].

"Das Tötungsdelikt nach § 250 Abs. 1 kStGB ist ein Musterbeispiel des Verbrechens, das menschliches Leben vernichtet. In solchem Verbrechen liegt nach der Handlungsart oder der schweren Folge der Tat das brutalste, grausamste und menschenverachtende Verbrechen. Insoweit die Todesstrafe als eine Art der geltenden Strafe nicht verfassungswidrig ist, verstößt die Todesstrafe als eine unvermeidbare Auswahl auch nicht gegen den Verhältnismäßigkeitsgrundsatz des Verfassungsrechts, um das andere oder mehrere Leben, die auch genauso wichtig sind wie das Leben des Täters, zu schützen"[1213].

b) Auffassung des koreanischen Obersten Gerichtshofs

Der koreanische Oberste Gerichtshof erkennt ebenfalls die absolute Würde des menschlichen Lebens an, geht aber davon aus, dass die Abschaffung der Todesstrafe in Korea unter Berücksichtigung der koreanischen Realität, des moralischen Gefühls und der einschlägigen Gesetze noch zu früh ist, und dass das menschliche Leben für die Aufrechterhaltung der öffentlichen Ordnung eingeschränkt werden kann. Diese Auffassung formuliert der Gerichtshof wie folgt:

" ... das Leben ist nie wiederherstellbar, wenn man es einmal verliert. Das Leben ist auf dieser Welt ein absolutes Wesen, das mit anderen Dingen nicht austauschbar ist. Das Leben eines Menschen ist schwerer als die ganze Erde und auch so ernsthaft wertvoll. Das ist die fundamentale Wurzel des menschlichen Wesens. Die Todesstrafe, die solches würdige Menschenleben entzieht, ist

---

[1212] Vgl. hierzu I.-T. Hoh, The Justice Bd. 31 (1998), 8 ff.; J.-D. Bae, Kriminologie, S. 314 jeweils m. w. N.

zweifellos die härteste Strafe im geltenden Strafensystem. ... Die Todesstrafe muss daher stets die Kriminalpolitik und die Menschenwürde berücksichtigen und sie kann in diesem Zusammenhang kritisiert werden. Die Todesstrafe hat jedoch mit der nationalen Entwicklung und der Änderung des moralischen Gefühls zu tun und davon hängt ihre gesetzliche Existenz ab. ... Nach Art. 12 der koreanischen Verfassung dürfen Strafe und Zwangsarbeit ohne durch Gesetz oder auf Grund eines Gesetze nicht aufgelegt werden. D. h. Art. 12 der koreanischen Verfassung sieht den Gesetzesvorbehalt der Strafe vor, hat jedoch die Art der Strafen nicht eingeschränkt. Alle Freiheiten und Rechte jedes Bürgers können nach Art. 37 Abs. 2 der koreanischen Verfassung durch Gesetz eingeschränkt werden, wenn es für die Aufrechterhaltung der öffentlichen Ordnung und das Gemeinwohl notwendig ist[1214]. Die Beibehaltung der Todesstrafe im koreanischen StGB und Sonderstrafgesetz verstößt daher nicht gegen die koreanische Verfassung, weil und wenn sie als ein Teil der nationalen Kriminalpolitik für die Aufrechterhaltung der öffentlichen Ordnung unter Berücksichtigung der gegenwärtigen koreanischen Situation und des moralischen Gefühls des Bürgers notwendig ist"[1215].

4. Todesstrafe und Begnadigungsmöglichkeit in Korea

Ein zum Tode Verurteilter kann in Korea im Wege der Begnadigung der Hinrichtung entgehen. Der Präsident übt in Korea das Begnadigungsrecht aus (Art. 79 der koreanischen Verfassung)[1216]. Die Möglichkeit der Begnadigung und ihr Umfang liegen dem Wesen der Begnadigung nach allein im Ermessen

---

[1213] Hierzu auch I.-T. Hoh, The Justice Bd. 31 (1998), 9 m. w. N.

[1214] Art. 37 Abs. 2 der koreanischen Verfassung lautet: "Die Grundrechte der Bürger können zum Schutz der Staatssicherheit, zur Aufrechterhaltung der öffentlichen Ordnung und zum Schutz des Gemeinwohls durch Gesetz eingeschränkt werden, sie dürfen jedoch in ihrem Wesensgehalt nicht angetastet werden".

[1215] Vgl. die Entscheidung des koreanischen Obersten Gerichtshofs von 9. 19. 1967 67 Do 988; dazu auch I.-T. Hoh, The Justice Bd. 31 (1998), 10 m. w. N.

des Präsidenten ab. Die Begnadigung kann ein wichtiges Mittel für den Schutz der Grundrechte sein, die durch die rechtsprechende Gewalt verletzt werden können. Der Präsident kann durch sein Begnadigungsrecht die Rolle des letzten Schützers gegen die Grundrechtsverletzung spielen. Die Begnadigung bezweckt die Verwirklichung des Rechtsprinzips in seiner ursprünglichen Einheit über die begrenzten Teilfunktionen staatlicher Gerechtigkeit hinaus[1217]. Das Begnadigungsrecht des Präsidenten ist nicht gesetzlich bestimmt und justizförmig nicht überprüfbar. Es untersteht nur der unmittelbaren Verantwortung gegenüber dem Rechtsprinzip.

Für Begnadigungen besteht in Korea das Begnadigungsrecht, das das Verfahren im Einzelnen regelt. Die allgemeine Amnestie wird einheitlich für alle Straftaten oder Straftäter einer bestimmten Kategorie gewährt. Sie erfolgt auf Zustimmung des Parlaments (Art. 79 Abs. 2 der koreanischen Verfassung). Die allgemeine Amnestie beseitigt die strafrechtliche Wirkung des Urteils oder der Anklage (§ 5 Abs. 1 des koreanischen Begnadigungsgesetzes)[1218]. Bei der individuellen Amnestie wird für den bestimmten Straftäter die Vollstreckung aufgehoben oder das Urteil außer Kraft gesetzt (§ 5 Abs. 2 des koreanischen Begnadigungsgesetzes). Das Verfahren der individuellen Begnadigung wird auf Antrag des Generalstaatsanwalts und nach eingehender Überprüfung des Justizministers vorgeschlagen. Die Entscheidung über eine eventuelle Begnadigung des bestimmten Straftäters liegt allein bei dem Präsidenten. Der

[1216] Art. 79 Abs. 1 der koreanischen Verfassung lautet: "Der Präsident übt auf Grund eines Gesetzes das Gnadenrecht bei der Begnadigung, der Milderung der Strafe und der Wiedereinsetzung der entzogenen bzw. eingestellten Rechte aus".
[1217] Vgl. zum Rechtsbegriff der Gnade Köhler, in: Rechtsdogmatik, S. 57 ff. m. w. N.
[1218] Vgl. hierzu Köhler, in: Rechtsdogmatik, S. 60.

zum Tode Verurteilte kann im Falle der Begnadigung nicht hingerichtet werden. Die Begnadigung hat daher insoweit materielle Gesetzesfunktion[1219].

5. Vollstreckung der Todesstrafe

Der zur Todesstrafe Verurteilte wird bis zu deren Vollstreckung in einer Strafanstalt oder Untersuchungshaftanstalt[1220] untergebracht (§ 13 des koreanischen Strafvollzugsgesetzes). Die Vollstreckung der Todesstrafe findet durch Erhängen im Gefängnis und in einer Gefangenenanstalt statt (§ 66 kStGB, § 57 Abs. 1 des koreanischen Strafvollzugsgesetzes)[1221]. Nach dem koreanischen Wehrstrafrecht wird jedoch die Todesstrafe durch Erschießung vollstreckt (§ 3). Diese gegenwärtige Vollstreckungsart der Todesstrafe geht auf die Gabo-Reform von 1894 zurück, in der die anderen Vollstreckungsarten der Todesstrafe abgeschafft wurden und nur das Erhängen bei der allgemeinen Todesstrafe und die Erschießung bei der militärischen Todesstrafe zugelassen wurden. Diese Vollstreckungsart ist in den letzten über 100 Jahren im koreanischen Strafgesetzbuch und Wehrstrafgesetz unverändert geblieben.

Die Todesstrafe wird an nationalen Feiertagen, Sonntagen und sonstigen Feiertagen nicht vollstreckt (§ 57 Abs. 2 des koreanischen Strafvollzugsgesetzes). Sie muss auf Anordnung des Justizministers vollstreckt

---

[1219] Das Recht kann überhaupt nur das vom allgemeinen Willen legitimierte allgemeingültig-gleichmäßige Gesetzesrecht sein. Das hat verschiedene Stoßrichtungen, gegen Richterrecht, gegen monarchische Willkürentscheidung und damit auch gegen das monarchische Begnadigungsrecht. *Kant* nennt es "unter allen Rechten des Souveräns das schlüpfrigste" (Metaphysik, Rechtslehre, § 49 Allgemeine Anmerkung E). Das Begnadigungsrecht ist nach *Hegel*: "aus der Souveränität des Monarchen fließt das Begnadigungsrecht der Verbrecher, denn ihr nur kommt die Verwirklichung der Macht des Geistes zu, das Geschehene ungeschehen zu machen, und im Vergeben und Vergessen das Verbrechen zu vernichten", Grundlinien, § 282; vgl. hierzu auch Köhler, in: Rechtsdogmatik, S. 68 f.

[1220] Für den Vollzug der Untersuchungshaft muss in Korea auch wie in Deutschland ein richterlicher Haftbefehl vorliegen.

[1221] Die Vollstreckung der Todesstrafe findet in Korea in kleinem Kreis statt und darüber wird selten berichtet.

werden (§ 463 kStPO). Die Anordnung für die Vollstreckung der Todesstrafe muss innerhalb von sechs Monaten nach dem Tag, an dem das Urteil rechtskräftig wird, erlassen werden (§ 465 Abs. 1 kStPO). Wenn jedoch ein Antrag auf Wiedereinsetzung in den vorigen Stand bezüglich eines Rechtsmittels oder auf Wiederaufnahme oder ein Gesuch oder Antrag auf Amnestierung vorliegt, wird die Zeitdauer bis zur Beendigung dieser Verfahren in die Frist nicht mit einberechnet (§ 465 Abs. 2 kStPO).

Nach Anordnung der Vollstreckung der Todesstrafe durch den Justizminister ist die Vollstreckung innerhalb von fünf Tagen durchzuführen (§ 466 kStPO). Die Todesstrafe ist in Anwesenheit eines Staatsanwalts, eines Hilfsbeamten der Staatsanwaltschaft und entweder des Leiters der Strafanstalt oder dessen Vertreter zu vollstrecken (§ 467 Abs. 1 kStPO). Ohne Erlaubnis des Staatsanwalts oder Leiters der Strafanstalt darf niemand den Ort der Exekution betreten (§ 467 Abs. 2 kStPO). Ein bei der Vollstreckung der Todesstrafe anwesender Hilfsbeamter der Staatsanwaltschaft muss über die Vollstreckung eine Niederschrift anfertigen, die von ihm und dem Staatsanwalt sowie dem Leiter der Strafanstalt oder dessen Vertreter zu unterzeichnen und zu siegeln ist (§ 468 kStPO).

Wenn z. B. der zum Tode Verurteilte sich im Zustand der Geisteskrankheit befindet oder wenn eine zum Tode verurteilte Frau schwanger ist, ist die Vollstreckung auf Anordnung des Justizministers aufzuschieben (§ 469 Abs. 1 kStPO). Wenn die Vollstreckung der Todesstrafe nach § 469 Abs. 1 kStPO aufgeschoben worden ist, darf die Strafe erst dann vollstreckt werden, wenn der Justizminister dies nach Heilung der Geisteskrankheit oder nach der Entbindung anordnet (§ 469 Abs. 2 kStPO). Die Anzahl der zum Tode Verurteilten beträgt in Korea in den letzten 10 Jahren durchschnittlich etwa 10 Personen. Seit 1998 wurde jedoch die Todesstrafe nicht mehr vollstreckt.

Vollstreckungsstatistik der Todesstrafe in Korea (1945-2003)

Jahre	Zahl
1945 – 1949	199
1950 – 1959	896
1960 – 1969	196
1970 – 1979	187
1980 – 1989	89
1990 – 1997	89
1998 – 2003	0

II. Notwendigkeit für die Abschaffung der Todesstrafe in Korea

Die Grundlage des Rechts besteht in einem gegenseitigen Anerkennungsverhältnis zwischen dem selbstbewussten Einzelnen und den Anderen[1222]. So wie das Recht intersubjektiv und interpersonal angelegt ist, so muss auch die Strafe sein. Das bedeutet, die Strafe muss auf einen lebenden Anderen gerichtet sein, dessen vernünftige Fortexistenz gerade ihr Grund und ihr Ziel ist. Die Todesstrafe ist deswegen keine Rechtsstrafe und es kann sie im Rechtsstaat nicht geben, weil sie die Basis allen Rechts und das Rechtsverhältnis mit dem Täter völlig vernichtet.

Keinem Wissenschaftler ist bislang gelungen, die Todesstrafe rechtlich und theoretisch zu rechtfertigen. Sie kann im Rechtsstaat niemals gerechtfertigt werden und muss ohne Bedingungen sofort abgeschafft werden[1223]. Die Beibehaltung der Todesstrafe in Korea hängt vom konservativen Rechts- und

[1222] Ausführlich dazu siehe oben S. 161 ff.

[1223] Zustimmend vgl. z. B. I.–S. Kim, Strafrecht AT, S. 670 f.; J.-D. Bae, Kriminologie, S. 314 f.; Y.-S. Jung/Y.-K. Shin, Kriminologie, S. 310; I.-T. Hoh, The Justice, Bd. 31 (1998), 7 ff.; ders., Korean Journal of Criminology 12 (2000), 223 ff.; Y.-O. Kim, Korean Journal of Criminal Law 8 (1995), 63 ff.

Sozialbewusstsein des koreanischen Volks ab[1224]. Die koreanische Regierung und die Politiker glauben, dass es in Korea immer noch nicht an der Zeit ist, die Todesstrafe abzuschaffen. Es ist nicht vernünftig, wenn Korea die Todesstrafe nur deswegen beibehält, weil auch die USA immer noch daran festhalten. Man betont immer wieder das abergläubische Bekenntnis zur präventiven Wirkung der Todesstrafe.

Das eigentliche Problem der Abschaffung der Todesstrafe in Korea liegt jedoch nicht in der Rechtfertigungsfrage der Todesstrafe, sondern in der sozialen Realität. Diese Realität will nicht die Abschaffung der Todesstrafe. In dieser Realität spielt die koreanische Politik eine Hauptrolle. Das geltende Recht hängt von der Politik ab. Solange die Politik die Abschaffung der Todesstrafe nicht will[1225], ist der Weg zu einem todesstrafefreien rechtsstaatlichen Sanktionensystem in Korea noch weit. Die beste Methode für die sofortige Abschaffung der Todesstrafe ist die politische Entscheidung. Die dringende Aufgabe für die Abschaffung der Todesstrafe wäre daher gegen die allgemeine Volksüberzeugung den richtigen Weg einzuschlagen und sie aufzuklären. Die Todesstrafe darf im Rechtsstaat gesetzlich nicht angedroht, verhängt und vollstreckt werden.

Es gilt zwar keine Alternative zu der endgültigen Abschaffung der Todesstrafe, aber solange die Todesstrafe im koreanischen Strafensystem weiter bestehen bleibt, müssen zuerst ihre Anwendungsbereiche für die allmähliche Reform der Todesstrafe drastisch eingeschränkt werden. Die Straftatbestände, die die Todesstrafe als Rechtsfolge vorsehen und in denen die Rechtsfolge

---

[1224] Bei einer Umfrage im Jahre 1999 hat die Hälfte aller Befragten die Beibehaltung der Todesstrafe in Korea befürwortet; siehe dazu I.-T. Hoh, Korean Journal of Criminology 12 (2000), 225 f. m. w. N.

[1225] Die Todesstrafe wurde häufig als politisches Unterdrückungsmittel eingesetzt. Z. B. das umstrittene "Nationale Sicherheitsgesetz" sieht die Todesstrafe in vielen Strafbestimmungen gegen politisch Andersdenkende vor.

unverhältnismäßig schwer ist, müssen massiv reduziert werden. Weitere Einschränkungsmöglichkeiten der Todesstrafe sind z. B. die besonders strengen Voraussetzungen für die Verurteilung zur Todesstrafe und der Vorbehalte gegen die Vollstreckung der Todesstrafe wie die Begnadigung[1226]. Solche Einschränkungsmöglichkeiten können mehr angewendet werden, um die Verurteilung und die Vollstreckung der Todesstrafe zu verhindern.

[1226] Vgl. hierzu Suh, Rechtsfolgenteil, S. 96 f.

B. Die Freiheitsstrafe

Die Freiheitsstrafe ist in Korea nach der Todesstrafe die zweitschwerste Strafe. Die Freiheitsstrafe spielt im geltenden koreanischen Strafensystem eine zentrale Rolle. Sie ist eine die persönliche Freiheit entziehende Strafe. Der Inhalt der realen Freiheitsstrafe hängt von der Entwicklungssituation und der materiellen Lage des Strafvollzugs des jeweiligen Landes ab, der Grundgedanke der Freiheitsstrafe ist jedoch vom Prinzip her überall gleich. Eine auf dem Freiheitsprinzip aufbauende Rechtsstrafe als Tatvergeltung muss den Täter grundsätzlich als Rechtsperson anerkennen. Die Freiheitsstrafe ohne Bewährung darf daher keine Reduktion auf bloße Negativität, Übelszufügung und eliminierende Sicherung und in ihrer Intention und im Maß nicht freiheitswidrig sein. Die Freiheitsstrafe muss bei aller notwendigen Härte chanceneröffnend ausgestaltet werden, damit der Täter seine Freiheit wiedererlangen kann. Durch die Gabo-Reform von 1894 wurde in Korea die Freiheitsstrafe im heutigen Sinn eingeführt[1227].

I. Bedeutung und Reform der Freiheitsstrafe im geltenden koreanischen Strafensystem

1. Bedeutung der Freiheitsstrafe im koreanischen Strafensystem

Die Gründe dafür, warum die Freiheitsstrafe eine staatliche Institution geworden ist, können verschieden sein, aber wie folgt zusammengefasst werden: Die Freiheitsstrafe könne zuerst durch die Entziehung der Freiheit des Verurteilten zur Vergeltung der begangenen schweren Tat dienen. Weiterhin könne sie durch den grundsätzlichen Arbeitszwang im Strafvollzug zur Besserung und Resozialisierung des Verurteilten führen. Die Freiheitsstrafe könne schließlich durch die Einsperrung des Täters die Gesellschaft vor weiteren künftigen

---

[1227] Zur geschichtlichen Entwicklung der Freiheitsstrafe in Korea siehe bei S.-D. Kim, Reform der Freiheitsstrafe, S. 25 ff.

Straftaten schützen. Aus diesen Gründen nimmt die Freiheitsstrafe die wichtigste Stellung im Strafensystem ein und ihr Anwendungsbereich ist auf schwere Taten beschränkt. Die Ausgestaltung der Freiheitsstrafe ist aufgrund der negativen Nebenwirkungen der Freiheitsstrafe ein Hauptproblem der Kriminalpolitik. Die Freiheitsstrafe ohne Bewährung darf daher als Rechtsfolge einer schweren Tat nur dann eingesetzt werden, wenn sie als ultima ratio der schweren Tat entspricht. Schuld ist die Grundvoraussetzung für die Strafe, die Schuld ist somit zugleich der Grund und auch die Grenze für die Freiheitsstrafe. Die Freiheitsstrafe darf nicht als negatives bzw. positives präventives Mittel benutzt werden. Der Grad der Strafe als die Rechtsfolge der Straftat im Besonderen Teil des StGB hat oft mit der kulturellen Entwicklung jeweiligen Landes zu tun. Die Entscheidung für den Grad der Strafe muss jedoch rational begründet und mit dem Schuldprinzip vereinbart werden können. Die verfassungsrechtlich anerkannte Menschenwürde (Art. 10 der koreanischen Verfassung) gilt auch für den zur Freiheitsstrafe Verurteilten und die Menschenwürde des Verurteilten darf durch die Freiheitsstrafe nicht verletzt werden.

2. Reform der Freiheitsstrafe und Alternativen zur Freiheitsstrafe

Das geltende koreanische Freiheitsstrafensystem basiert auf dem Grundmodell der westlichen Gefängnisstruktur, die durch die japanische Herrschaft Anfang des 20. Jahrhunderts in Korea eingeführt worden ist[1228]. Die Freiheitsstrafe ist wegen der schweren negativen Nebenwirkungen und Folgen eine sehr problematische Strafform[1229]. Die Freiheitsstrafe darf daher nur als ultima ratio eingesetzt werden. Alle Straftatbestände des Besonderen Teils im kStGB sehen

[1228] Durch die Gabo-Reform von 1894 wurde die Freiheitsstrafe im heutigen Sinn eingeführt, das Gefängnis für die Vollstreckung der Freiheitsstrafe ist jedoch zuerst für die japanische Kolonialpolitik zwangsweise in Korea eingeführt worden.

[1229] Die Vollstreckungsrealität der Freiheitsstrafe in Korea zeigt, dass über 60 % aller zur Freiheitsstrafe Verurteilten trotz des spezialpräventiven Vollzugsziels Rückfalltäter sind.

jedoch die Freiheitsstrafe als Rechtsfolge wahlweise neben der Geldstrafe vor. Die Freiheitsstrafe (ohne Bewährung) steht bei den ordentlichen Strafverfahren in Korea noch im Vordergrund. Alternativen zur Freiheitsstrafe zu suchen und die Freiheitsstrafe so weit wie möglich zu reduzieren sind daher nicht nur internationale Tendenzen, sondern auch in der koreanischen Kriminalpolitik ein wichtiges Thema.

Ein erster Schritt für das Zurückdrängen der Freiheitsstrafe ist, die unvernünftige extrem kurze Freiheitsstrafe, also die Strafhaft, abzuschaffen und die Vollstreckung der kurzen Freiheitsstrafe streng einzuschränken. Weiterhin muss der Anwendungsbereich der Strafaussetzung zur Bewährung erweitert werden. Durch die Reform des Gesamtsummensystems der Geldstrafe kann die Geldstrafe als ambulante Sanktion im koreanischen Strafensystem die Freiheitsstrafe zurückdrängen. Die häufig diskutierte Führungsaufsicht und gemeinnützige Arbeit als Alternativen zur Freiheitsstrafe müssen jedoch im rechtsstaatlichen Zusammenhang noch gründlich überdacht werden[1230].

II. Freiheitsstrafe im geltenden koreanischen StGB

Das koreanische Recht kennt seit der Entstehung des koreanischen Strafgesetzbuchs von 1953 kein einheitliches Freiheitsstrafensystem, sondern drei Arten von Freiheitsstrafe. Das koreanische StGB kennt das Wort Freiheitsstrafe nicht, ihrem Wesen nach zählen jedoch Zuchthaus, Einschließung und Strafhaft zur Freiheitsstrafe.

1. Form der Freiheitsstrafe

Das geltende koreanische StGB kennt drei Arten der Freiheitsstrafe: Zuchthaus, Einschließung und Strafhaft (§ 41 kStGB). Diese Dreiteilung der Freiheitsstrafe

---

[1230] Vgl. vom Grundsatz her hierzu siehe oben S. 110 f. und S. 139 ff.

ist vergleichbar etwa mit dem deutschen StGB von 1871[1231]. Das koreanische Recht kennt außerdem als Sonderformen der Freiheitsstrafe die Ersatzfreiheitsstrafe (§§ 70, 71 kStGB) und die unbestimmte Freiheitsstrafe im koreanischen Jugendrecht (§ 60 kJG)[1232].

a) Zuchthaus

Die Zuchthausstrafe ist die typische und schwerste Freiheitsstrafe. Sie ist lebenslänglich oder zeitig (§ 42 Abs. 1 kStGB). Die zeitige Zuchthausstrafe beträgt mindestens einen Monat und höchstens 15 Jahre (§ 42 Abs. 1 kStGB). Bei einer Verschärfung kann die zeitige Zuchthausstrafe jedoch über das Höchstmaß hinaus auf bis zu 25 Jahren verhängt werden (§ 42 Abs. 2 kStGB). Bei einer Milderung kann sie um die Hälfte der Strafdauer herabgesetzt werden (§ 55 Abs. 1 Nr. 3 kStGB). Wenn mehrere Milderungsgründe vorhanden sind, kann jedoch der Vorgang der Milderung mehrfach angewendet werden (§ 55 Abs. 2 kStGB). Das heißt, die zeitige Freiheitsstrafe kann nach der Milderung auf weniger als einen Monat herabgesetzt werden. Das koreanische StGB kennt nicht die Einteilung in Verbrechen und Vergehen[1233] und es gibt keine generelle Bestimmung über den Anwendungsbereich der Zuchthausstrafe. Aus dem Besonderen Teil des kStGB kann man jedoch herausfinden, dass für fast alle Straftaten die Zuchthausstrafe angedroht ist. Der zu Zuchthausstrafe Verurteilte wird in einer Strafanstalt untergebracht (§ 67 kStGB). Die Zuchthausstrafe steht unter Arbeitszwang (§ 67 kStGB).

b) Einschließung

Die Einschließung ist ebenfalls wie die Zuchthausstrafe lebenslänglich oder zeitig. Die zeitige Einschließung beträgt mindestens einen Monat und höchstens

---

[1231] Vgl. dazu siehe oben S.89 f.
[1232] Näher dazu siehe oben S. 117 f
[1233] Vgl. z. B. § 12 des deutschen StGB.

15 Jahre (§ 42 Abs. 1 kStGB). Für die Verschärfung oder Milderung der Einschließungsstrafe gilt das gleiche wie bei der Zuchthausstrafe. Für den zur Einschließung Verurteilten besteht jedoch kein Arbeitszwang (§ 68 kStGB). Darin liegt der einzige Unterschied zur Zuchthausstrafe. Dem zur Einschließung Verurteilten kann jedoch auf seinen Antrag eine Arbeit auferlegt werden (§ 38 kStVollzG).

Die Einschließungsstrafe ist grundsätzlich für Staatsschutz- oder Fahrlässigkeitsdelikte vorgesehen. Der Grund dafür sei, dass durch die Vollstreckung der Einschließungsstrafe ohne Arbeitszwang die persönliche Ehre von solchen Täter mehr berücksichtigt werden könne als durch die Vollstreckung der Zuchthausstrafe. Die Einschließungsstrafe wird daher auch "custodia honesta" genannt. In der Realität des Strafvollzugs arbeiten jedoch etwa über 70 % der zur Einschließungsstrafe Verurteilten auf Antrag nach § 38 kStVollzG[1234]. Die Unterscheidung von Einschließungs- und Zuchthausstrafe bei der Verhängung der zeitigen Freiheitsstrafe hat daher in der Vollzugspraxis keine große Bedeutung, auch da das Klassifikationssystem des Strafvollzugs bereits in Korea eingeführt worden ist[1235]. Die lebenslange Einschließung ist nach der lebenslangen Zuchthausstrafe die zweitschwerste Freiheitsstrafe. Sie wird im kStGB nur bei Hochverrat (§ 87 Abs. 1, Abs. 2 kStGB) und Tötung zum Zweck des Hochverrates (§ 88 kStGB) angedroht. Der zur Einschließung Verurteilte wird in einer Strafanstalt untergebracht (§ 68 kStGB).

1234 Vgl. J.-D. Bae, Kriminologie, S. 320.

1235 Durch die Verordnung Nr. 111 des Justizministeriums wurde im Jahre 1969 das Klassifikationssystem des Strafvollzugs in Korea eingeführt. Es wurde bis heute mehrfach modifiziert und geändert. Eine weitere rechtliche Grundlage für das Klassifikationssystem des Strafvollzugs ist § 44 kStVollzG, der lautet: "Die Strafgefangenen müssen individuell untersucht werden und danach klassifiziert und dementsprechend behandelt werden".

c) Strafhaft

Die Strafhaft ist die kürzeste Form im geltenden koreanischen Freiheitsstrafensystem und eine Hauptstrafe eigener Art im koreanischen Strafensystem[1236]. Nach § 43 kStGB ist die Geldstrafe eine schwerere Strafe als die Strafhaft. Das Mindestmaß der Strafhaft ist ein Tag, ihr Höchstmaß beträgt dreißig Tage (§ 46 kStGB). Bei der Milderung kann die Dauer der Strafhaft um die Hälfte ihrer Höchstdauer herabgesetzt werden (§ 55 kStGB). Der wesentliche Unterschied der Strafhaft zur Zuchthaus– und Einschließungsstrafe besteht zuerst in der Dauer. Weiterhin steht der zur Strafhaft Verurteilte - ebenso wie die zu einer Einschließungsstrafe Verurteilten - nicht unter Arbeitszwang (§ 68 kStGB). Arbeit kann jedoch den zur Strafhaft Verurteilten auf Antrag gestattet werden (§ 38 kStVollzG). Die Strafhaft von weniger als 30 Tagen kann nicht zur Bewährung ausgesetzt werden (§ 62 kStGB). Die Verurteilung zu der Strafhaft von weniger als 30 Tagen darf nicht vorbehalten werden.

Die Strafhaft ist – wie die mindere Geldstrafe bzw. die Geldstrafe – vor allem zur Bekämpfung der Kleinkriminalität gedacht. Das geltende kStGB sieht eine Androhung der Strafhaft nur für wenige Straftaten wahlweise neben anderen Strafarten vor[1237]. Die Strafhaft ist für viele Straftaten im "Gesetz über die Bestrafung geringfügiger Straftaten"[1238] oder in einzelnen Nebenstrafgesetzen wahlweise neben anderen Strafarten vorgesehen. Der zur Strafhaft Verurteilte wird in einer Strafanstalt untergebracht (§ 68 kStGB). Der zur Strafhaft Verurteilte unterliegt im Vergleich zu dem zur Zuchthaus- und Einschließungsstrafe Verurteilten keinem Berufsverbot.

[1236] Zur Strafhaft im koreanischen Strafensystem siehe bei Han, Bedeutung und Einschätzung, S. 216 ff.

[1237] Z. B. §§ 245 (unzüchtige Handlung in der Öffentlichkeit), 260 Abs. 1 (Gewaltanwendung), 266 (fahrlässige Körperverletzung), 283 Abs. 1 (Nötigung), 331-2 (unbefugter Gebrauch eines Fahrzeuges) und 348-2 (Missbrauch von Automaten) kStGB.

d) Einführung der einheitlichen Freiheitsstrafe

Das einheitliche Freiheitsstrafensystem bedeutet, dass die gegenwärtige Dreiteilung der Freiheitsstrafe vereinheitlicht wird. Diese Dreiteilung der Freiheitsstrafe im kStGB wurde stark kritisiert und in der Lehre ist man fast einheitlich der Ansicht, dass die geltende Dreiteilung der Freiheitsstrafe mehr Nachteile als Vorteile hat und dem Vollzugsziel der Freiheitsstrafe nicht entspricht[1239].

aa) Abschaffung der Strafhaft

Das erste Problem bei einer Vereinheitlichung der Freiheitsstrafe ist, ob die Strafhaft als eigenständige Sanktion gegenüber der Geldstrafe weiterhin zur Bekämpfung der Kleinkriminalität im kStGB beibehalten werden soll. Das kStGB sieht eine Androhung der Strafhaft nur für wenige Straftaten vor. Die Strafhaft ist für viele Straftaten im "Gesetz über die Bestrafung geringfügiger Straftaten" oder in einzelnen Nebenstrafgesetzen wahlweise neben anderen Strafarten vorgesehen.

Die Strafhaft als Rechtsfolge im kStGB vorsehenden Straftatbestände gehören genau genommen nicht zum strafrechtlichen Gegenstand, sondern zum Übertretungsgesetz[1240]. Nach diesem koreanischen Übertretungsgesetz sind derzeit insgesamt 51 Arten geringfügiger Straftaten und schwerer Ordnungswidrigkeiten mit Geldstrafe unter 100 000 Won[1241] oder Strafhaft oder minderer Geldstrafe bedroht. Das Übertretungsgesetz ist somit im weitesten Sinne ein strafrechtliches Nebengesetz. Viele Tatbestände des

---

1238 Zuletzt Gesetz Nr. 5153.

1239 Der Entwurf des koreanischen Strafgesetzes von 1992 hat die Dreiteilung der Freiheitsstrafen trotz der starken Kritik beibehalten; dazu vgl. S.-D. Kim, Reform der Freiheitsstrafe, S. 72 ff.; I.-T. Hoh, Korean Criminological Review 5 (1990), 65 jeweils m. w. N.

1240 "Gesetz über die Bestrafung geringfügiger Straftaten".

1241 100 000 Won beträgt derzeit etwa 77,06 Euro.

Übertretungsgesetzes betreffen jedoch kein sozialschädliches, sondern nur schlicht unmoralisches Verhalten. Sie sollten daher entkriminalisiert werden und durch das Bußgeld als Reaktion gegen Ordnungswidrigkeit ersetzt werden[1242]. Die Strafhaft als eine Art der Freiheitsstrafe ist für solche geringfügigen Taten im Übertretungsgesetz unverhältnismäßig. Die Strafhaft im kStGB kann auch durch die mindere Geldstrafe oder das Absehen von Strafe ersetzt werden[1243].

Weiterhin besteht der wesentliche Unterschied der Strafhaft zur Zuchthaus- und Einschließungsstrafe lediglich in der Dauer. Die Strafhaft von weniger als 30 Tagen ist viel zu kurz, um den Zweck der Freiheitsstrafe zu erfüllen. Sie schadet mehr als zu nutzen. Die Nachteile der extrem kurzen Freiheitsstrafe unter einem Monat wurden bereits international rechtstheoretisch und kriminalpolitisch nachwiesen.

Die Mindestdauer der Freiheitsstrafe im deutschen RStGB von 1871 war ein Tag. Sie wurde durch das 2. StrRG von 1969 auf einen Monat heraufgesetzt (vgl. § 38 des deutschen StGB). Nach § 47 Abs. 1 des deutschen StGB verhängt das Gericht eine Freiheitsstrafe unter sechs Monaten nur, wenn besondere Umstände, die in der Tat oder der Persönlichkeit des Täters liegen, die Verhängung einer Freiheitsstrafe zur Einwirkung auf den Täter oder zur Verteidigung der Rechtsordnung unerlässlich machen. Das koreanische StGB kennt keine ausdrückliche Beschränkung für die kurzzeitige Freiheitsstrafe wie die Ausnahmeklausel im deutschen StGB (§ 47 Abs. 1). Ein Grund dafür ist, dass die mit Strafhaft bedrohten Tatbestände in der Regel Zuchthausstrafe oder Geldstrafe als Alternativen vorsehen. Ein sachgerechter gesetzgeberischer Vorschlag wäre daher auch für das koreanische StGB eine ausdrückliche Festsetzung der Mindestdauer der Freiheitsstrafe unter Abschaffung der

---

1242 Vgl. dazu I.-T. Hoh, Korean Criminological Review 5 (1990), 66.

1243 Näher dazu Y.-S. Jung/Y.-K. Shin, Kriminologie, S. 331 ff.; vgl. auch S.-H. Kim, Dong-A Law Review 18 (1995), 11 ff. jeweils m. w. N.

Strafhaft. Im Übrigen sollte der Gesetzgeber ausdrücklich klarstellen, dass die Freiheitsstrafe ohne Bewährung nur als ultima ratio im Sanktionensystem in Frage kommt.

bb) Abschaffung der Unterscheidung zwischen Zuchthaus und Einschließung

Der einzige Unterschied zwischen Zuchthaus- und Einschließungsstrafe besteht darin, ob Zwangsarbeit auferlegt werden muss oder nicht. Für die Aufrechterhaltung der Teilung der Freiheitsstrafe wurde geltend gemacht, dass manche Straftäter, wie z. B. Überzeugungstäter, politische Täter und Fahrlässigkeitstäter, aus achtenswerten Motiven handeln und dass es dem Gerechtigkeitsempfinden des Volkes entspreche, diese Tätergruppen einer milderen Behandlung oder einer unterschiedlichen Behandlung zuzuführen[1244]. Die Unterscheidung in der moralischen Bewertung der Tat müsse schon in der Strafart zum Ausdruck kommen, nicht nur in der Höhe (Dauer) der Freiheitsstrafe. Nur durch solche Differenzierung könne man dem Grundsatz der Tatschuld gerecht werden[1245].

Das Vollzugsziel der Freiheitsstrafe gilt jedoch trotz der Unterscheidung in Zuchthaus- und Einschließungsstrafe für die beiden Freiheitsstrafen. Jeder Gefangene soll im Strafvollzug nach seinen Eigenschaften klassifiziert werden. Der Strafvollzug muss unter Einbezug des bei schwerer Hangdelinquenz notwendigen Sicherungsmomentes Handlungs- und Freiheitschancen eröffnen. Das bedeutet eine einheitliche Vollzugsform, die sich auch in gleichmäßig gerechter Eröffnung von Freiheitsmöglichkeiten nach typischen Unterschieden der Täterpersönlichkeit differenziert. Diese Zuteilung muss frei von jedem äußeren Zwang sein. Das gilt auch für Ausbildung und Arbeit als

---

[1244] Vgl. Y.-S. Jung/J.-K. Shin, Kriminologie, S. 582.
[1245] Vgl. Y.-S. Jung/J.-K. Shin, Kriminologie, S. 582.

Resozialisierungsmittel im Freiheitsstrafenvollzug. Die Differenzierung der Arbeitspflicht nach der Art der begangenen Straftat widerspricht daher dem Vollzugsziel der Resozialisierung. Das Etikett des "Zuchthäusler" erschwert nur die Resozialisierung des Täters.

Weiterhin hat die Unterscheidung zwischen Zuchthaus und Einschließung praktisch keine große Bedeutung, da beide Freiheitsstrafen in vielen Tatbeständen alternativ vorgesehen werden. Die Einschließung als gesonderte Art der Freiheitsstrafe ist auch in der Tat sinnlos, weil sie in der Praxis der Gerichte im Vergleich zu der Zuchthausstrafe keine entscheidende Rolle spielt. Durch die Abschaffung der Unterscheidung der Zuchthaus- und Einschließungsstrafe kann die Freiheitsstrafe vereinheitlicht und einem einheitlichen Vollzug zugeführt werden[1246].

2. Lebenslange Freiheitsstrafe

Das koreanische StGB kennt zwei Arten der lebenslangen Freiheitsstrafe: das lebenslange Zuchthaus und die lebenslange Einschließung, wobei das lebenslange Zuchthaus die schwerere Strafe ist (§ 41 kStGB). Die lebenslange Zuchthausstrafe folgt somit nach ihrer Schwere unmittelbar auf die Todesstrafe. Die lebenslange Freiheitsstrafe unterscheidet sich von einer unbestimmten Strafe dadurch, dass die Dauer des Freiheitsentzuges der lebenslangen Freiheitsstrafe de facto bestimmt, nämlich lebenslang ist. Das koreanische Erwachsenenstrafrecht kennt weder absolut unbestimmte noch relativ unbestimmte Freiheitsstrafen. Die Freiheitsstrafe ist entweder lebenslang oder zeitig.

a) Rechtfertigungsproblem der lebenslangen Freiheitsstrafe

Die lebenslange Freiheitsstrafe ist im koreanischen Recht, wie der Wortlaut zeigt, tatsächlich eine Strafe, die den Verurteilten ihre Freiheit lebenslang, also bis zum Tode entzieht. Die Würde des Rechtssubjekts muss aber auch in der Person des zur lebenslangen Freiheitsstrafe Verurteilten anerkannt werden. Die lebenslange Freiheitsstrafe darf den Verurteilten nicht unwiderruflich eliminieren. Die menschliche Würde wird durch eine lebenslange Freiheitsstrafe in ihrem Kern getroffen, wenn der Verurteilte ungeachtet der weiteren Entwicklung seiner Persönlichkeit jede Hoffnung aufgeben muss, seine Freiheit wiederzuerlangen[1247].

Ein menschenwürdiger Vollzug der lebenslangen Freiheitsstrafe ist daher nur dann sichergestellt, wenn der Verurteilte eine konkrete und grundsätzlich auch realisierbare Chance hat, zu einem späteren Zeitpunkt seine Freiheit wiedergewinnen zu können[1248]. Die lebenslange Freiheitsstrafe darf daher nicht absolut eliminierend wirken, vielmehr muss die Rückkehr in die Gemeinschaft gesetzlich möglich sein. Eine Bestrafung, bei der der Verurteilte den Rest seines Lebens in Haft verbringt, ohne eine reale Hoffnung haben zu können, kann nicht gerechtfertigt werden. Das bedeutet, dass der Wiedergewinn der Freiheit des lebenslänglich Verurteilten nicht nur durch eine auf Gnade beruhende Entscheidung erfolgen darf, sondern vielmehr eine gesetzliche Garantie hierfür notwendig ist.

1246 Für die Abschaffung der Unterscheidung zwischen Zuchthaus und Einschließung siehe bei J.-D. Bae, Strafrecht, S. 668; I.-T. Hoh, Korean Criminological Review 5 (1990), 68 ff. m. w. N.

1247 BVerfGE 45, 187, 228 f., 245.

1248 BVerfGE 45, 187, 245; 64, 261, 281; 72, 105, 116 f.

b) Gesetzliche Androhung und Möglichkeit der Milderung der lebenslangen Freiheitsstrafe

Die lebenslange Freiheitsstrafe ist im kStGB hauptsächlich für Staatsschutzdelikte, vorsätzliche Tötungsdelikte und erfolgsqualifizierte Delikte mit Todesfolge vorgesehen. Der Anwendungsbereich der lebenslangen Freiheitsstrafe ist im kStGB auf schwerste Delikte beschränkt, da es sich bei der lebenslangen Freiheitsstrafe um die schwerste Strafdrohung nach der Todesstrafe handelt. Die lebenslange Freiheitsstrafe kann jedoch nach Ermessen des Richters gemildert werden. Die lebenslange Zuchthaus- und Einschließungsstrafe können nach § 55 Abs. 1, Nr. 2 kStGB bei der gesetzlichen Milderung auf zeitige Zuchthaus- oder Einschließungsstrafe nicht unter sieben Jahre herabgesetzt werden. Die Vollstreckung der lebenslangen Freiheitsstrafe kann auch nach §§ 470, 471 kStPO bei Vorliegen gravierender Gründe, wie z. B. bei geistiger Störung, bei einem Alter von über 70 Jahren, bei erheblicher Beeinträchtigung der Gesundheit oder bei Lebensgefahr durch die weitere Strafvollstreckung, eingestellt werden.

Das kStGB kennt insgesamt in 41 Tatbeständen die lebenslange Freiheitsstrafe als Rechtsfolge, die auch neben einer anderen Strafe alternativ vorgesehen ist. Die lebenslange Einschließungsstrafe wird im Gegensatz zur lebenslangen Zuchthausstrafe nur in 3 Tatbeständen (§§ 87 Nr. 1, 2, 88) im kStGB angedroht. Die Strafandrohung der lebenslangen Zuchthausstrafe ist in folgenden Straftatbeständen des kStGB vorgesehen:

Hochverrat (§ 87 Nr. 1, Nr. 2 kStGB), Tötung zum Zweck des Hochverrates (§ 88 kStGB), Herbeiführung eines ausländischen Angriffs (§ 92 kStGB), Begünstigung des Feindes durch Soldatenausübung (§ 94 kStGB), Begünstigung des Feindes durch Lieferung von Rüstungsmaterial (§ 95 kStGB), Begünstigung des Feindes durch Zerstörung von Gütern (§ 96 kStGB), Spionage (§ 98 kStGB),

Allgemeine Begünstigung des Feindes (§ 99 kStGB), Verwendung von Sprengstoffen (§ 119 Abs. 1, Abs. 2 kStGB), Qualifizierte Behinderung einer Amtspflicht (§ 144 kStGB), Brandstiftung an Wohngebäuden usw. (§ 164 Abs. 1, Abs. 2 kStGB), Brandstiftung an öffentlichen Gebäuden (§ 165 kStGB), Zerstörung durch Explosion (§ 172 Abs. 2 kStGB), Freisetzen von Gas, Elektrizität usw. (§172-2 Abs. 2 kStGB), Beschädigung von Gaswerken usw. mit Todesfolge (§ 173 Abs. 2 kStGB), Überschwemmung eines Wohngebäudes usw. mit Körperverletzung- oder Todesfolge (§ 177 Abs. 2, S. 1, S. 2 kStGB), Überschwemmung von öffentlichen Gebäuden usw. (§ 178 kStGB), Umstürzen eines Eisenbahnzuges (§ 187 kStGB), Tötung oder Körperverletzung durch Verkehrsbehinderung (§ 188 kStGB), Trinkwasservergiftung mit Körperverletzungs- oder Todesfolge (§ 194 S. 1, S. 2 kStGB), Geldfälschung (§ 207 kStGB), Totschlag (§ 250 Abs. 1, Abs. 2 kStGB), Körperverletzung mit Todesfolge (§ 259 kStGB), Freiheitsberaubung gegen Verwandte in aufsteigender Linie mit Todesfolge (§ 281 Abs. 2 kStGB), Vergewaltigung mit Körperverletzungsfolge (§ 301 kStGB), Vergewaltigung mit Todesfolge (§ 301-2 kStGB), Tötung der Geisel, Geiselnahme mit Todesfolge (§ 324-4 S. 1, S. 2 kStGB), Schwerer Raub (§ 334 kStGB), Raub mit Körperverletzung (§ 337 kStGB), Raub mit Todesfolge (§ 338 kStGB), Vergewaltigung bei einem Raub (§ 339 kStGB), Seeräuberei mit Körperverletzungs- oder Todesfolge oder mit Vergewaltigung (§ 340 Abs. 1, Abs. 2, Abs. 3 kStGB).

c) Aussetzung des Strafrestes bei lebenslanger Freiheitsstrafe

Der zur lebenslangen Freiheitsstrafe Verurteilte kann nach 10jähriger Verbüßung durch eine Verwaltungsmaßnahme vorzeitig bedingt entlassen werden, wenn er sich wohl verhalten hat und aufrichtige Reue[1249] zeigt (§ 72

[1249] Zur Problematik des Begriffs "aufrichtige Reue" siehe bei J.-D. Bae, Kriminologie, S. 500 f.

kStGB)[1250]. Für die Entscheidung über die vorzeitig bedingte Entlassung ist der "Entlassungsausschuss" unter dem Justizministerium zuständig (§ 49 kStVollzG). Dieser Entlassungsausschuss besteht aus fünf bis neun Personen, z. B Richter, Staatsanwälte, Rechtsanwälte usw. (§ 50 kStVollzG). Die vorzeitig bedingte Entlassung sollte jedoch nicht durch eine verwaltungsmäßige Maßnahme, sondern durch eine gerichtliche Überprüfung geschehen.

Bei der Entscheidung über die vorzeitig bedingte Entlassung müssen die folgenden Gesichtspunkte, wie z. B. das Alter des Täters, die Straftat, das Tatmotiv, die Verbüßungszeit der Strafe, die Führung innerhalb der Strafvollzugsanstalt oder die Rückfallgefahr, berücksichtigt werden (§ 51 kStVollzG)[1251]. Die Verbüßungszeit vor der vorzeitig bedingten Entlassung beträgt bei der lebenslangen Freiheitsstrafe bis zu zehn Jahre (§ 73-2 Abs. 1 kStGB). Der vorzeitig Entlassene wird während seiner bedingten Entlassungszeit unter Führungsaufsicht gestellt (§ 73-2 Abs. 2 kStGB). Wenn ein auf Einschließungsstrafe oder auf eine schwerere Strafe lautendes Urteil während der Dauer der vorzeitig bedingten Entlassung rechtskräftig wird, so verliert die bedingte Entlassung ihre Gültigkeit; dies trifft nicht zu, wenn die Verurteilung wegen eines fahrlässigen Deliktes erfolgt (§ 74 kStGB). Wenn der vorzeitig bedingt Entlassene den Anordnungen hinsichtlich der Überwachung zuwider handelt, die bei der bedingten Entlassung ergangen sind, so kann die bedingte Entlassung widerrufen werden (§ 75 kStGB). Wenn die vorzeitig bedingte Entlassung nicht unwirksam geworden oder die Zeit der vorzeitig bedingten Entlassung ohne Widerruf abgelaufen ist, wird die Vollstreckung der Strafe als beendet angesehen (§ 76 Abs. 1 kStGB).

[1250] Zur praktischen Anwendung der bedingten Entlassung in Korea vgl. B.-R. Lee, Korean Journal of Criminology 10 (1998), 163 ff.; Y.-M. Chang, Korean Criminological Review 9 (1992), 43 ff.; vgl. auch zur bedingten Entlassung Lebenslänglicher in Japan, Marx/Miyazawa, MschrKrim 59 (1976), 182 ff.

Der zur lebenslangen Freiheitsstrafe Verurteilte kann auch durch Begnadigung vorzeitig entlassen werden, oder die lebenslange Freiheitsstrafe kann durch Begnadigung gemildert werden. Für die Entscheidung über eine Begnadigung ist der Präsident zuständig (§ 79 der koreanischen Verfassung)[1252].

3. Zeitige Freiheitsstrafe

Das koreanische StGB kennt drei Arten von zeitiger Freiheitsstrafe: zeitige Zuchthausstrafe, zeitige Einschließungsstrafe und Strafhaft. Für diese zeitigen Freiheitsstrafen ist im kStGB jeweils das Höchst- und Mindestmaß bestimmt. Das Höchstmaß der zeitigen Zuchthaus- und Einschließungsstrafe beträgt 15 Jahre, das Mindestmaß einen Monat (§ 42 Abs. 1 kStGB). Bei der Verschärfung kann sie auf bis zu 25 Jahre heraufgesetzt werden (§ 42 Abs. 2 kStGB), bei der Milderung kann sie um die Hälfte der Strafdauer herabgesetzt werden (§ 55 Abs. 1, Nr. 3 kStGB).

a) Gesetzliche Anwendung der zeitigen Freiheitsstrafe

Bei den meisten Delikten wird im kStGB die zeitige Zuchthausstrafe angedroht (bei etwa 207 Straftaten). Bei etwa 107 Delikten wird allein die Zuchthausstrafe vorgesehen. Bei den restlichen Delikten wird die Zuchthausstrafe alternativ neben einer anderen Strafe angedroht. Die zeitige Einschließungsstrafe ist in etwa 8 Fällen alternativ vorgesehen. Die alleinige Androhung der zeitigen Einschließungsstrafe kommt im kStGB nur einmal vor[1253]. Die Strafandrohungen sind an die Entwicklung der jeweiligen Gesellschaft eng gebunden und auch nach dem Zustand der Gesellschaft veränderlich[1254]. Die Strafandrohungen im positiven Recht haben oft mit dem empirischen Strafbedürfnis zu tun. Es ist daher nicht notwendig, zu versuchen, daraus eine

---

[1251] Vgl. dazu B.-R. Lee, Korean Journal of Criminology 10 (1998), 169 ff.
[1252] Vgl. dazu oben S. 270.
[1253] § 111 Abs. 1 (Privatkrieg gegen ein fremdes Land) kStGB.

hintergründige tiefsinnige Systematik abzuleiten. Aus dem Besonderen Teil des kStGB kann man jedoch herausfinden, dass die vorsätzlichen Delikte in der Regel mit Zuchthausstrafe, politische Vorsatztaten dagegen vielfach mit der Einschließungsstrafe bedroht werden. Zuchthaus- und Einschließungsstrafe sind in der Regel nach Jahren und Monaten bemessen, aber sie können ausnahmsweise auch nach Tagen bemessen werden. Eine Zuchthausstrafe kann z. B. aus fakultativen oder zwingenden gesetzlichen Gründen gemildert werden, dann kann sie bis auf 15 Tage herabgesetzt werden (§ 55 Abs. 1 Nr. 3 kStGB).

Die Freiheitsstrafe nimmt bei der Hauptverhandlung in Korea eine vorrangige Stellung ein. Im Jahre 1998 betrug bei den Verurteilungen in erster Instanz die Quote der Verurteilung zur zeitigen Freiheitsstrafe 73,5%, bezüglich der Geldstrafe lag sie dagegen bei nur 15,5 %; 63,0 % der im Jahre 1998 verhängten Freiheitsstrafen wurden jedoch zur Bewährung ausgesetzt[1255]. Dies zeigt, dass die Zahl der tatsächlich verbüßten Freiheitsstrafen in Korea doch relativ gering ist.

b) Strafaussetzung und Aussetzung des Strafrestes bei zeitiger Freiheitsstrafe

Bei der Verurteilung zu einer Zuchthaus- oder Einschließungsstrafe von nicht mehr als drei Jahren kann das Gericht unter Berücksichtigung von § 51 kStGB die Strafe zur Bewährung aussetzen, wenn mildernde Umstände vorliegen (§ 62 Abs. 1 S. 1 kStGB). Bei der Strafzumessung kommen nach § 51 kStGB folgende Umstände in Betracht: 1. das Alter, der Charakter und das Verhalten, die Intelligenz und das Milieu des Täters, 2. die Umstände, die den Verletzten betreffen, 3. die Beweggründe, die Mittel und der Erfolg der Straftat, 4. die Umstände nach der Tatbegehung. Die Strafaussetzung zur Bewährung kann

---

[1254] Vgl. Hegel, Grundlinien, § 218.
[1255] Das Jahrbuch der Justizstatistik 1999, S. 585 f.

jedoch nur dann angewendet werden, wenn nach der Vollstreckung oder dem Erlass früherer Strafen fünf Jahre vergangen sind (§ 62 Abs. 1 S. 2 kStGB). Wenn mehrere Strafen gleichzeitig auferlegt werden, kann die Vollstreckung teilweise ausgesetzt werden (§ 62 Abs. 2 kStGB).

Die Vollstreckung des Restes einer zeitigen Zuchthaus- oder Einschließungsstrafe kann auch in Korea zur Bewährung ausgesetzt werden. Der zur zeitigen Freiheitsstrafe Verurteilte kann nach Ermessen der Verwaltungsbehörde durch eine verwaltungsmäßige Maßnahme frühzeitig bedingt entlassen werden, wenn er sich wohl verhalten hat und aufrichtige Reue zeigt, nachdem er ein Drittel einer zeitigen Zuchthaus- oder Einschließungsstrafe verbüßt hat (§ 72 Abs. 1 kStGB).

c) Ersatzfreiheitsstrafe

Die Ersatzfreiheitsstrafe ist eine Sonderform der Freiheitsstrafe in Korea und bei der Uneinbringlichkeit der Geldstrafe vorgesehen (§ 69 kStGB). Die Ersatzfreiheitsstrafe dauert bei der Nichteinbringung der Geldstrafe von einem Tag bis zu drei Jahren und bei der Nichteinbringung der minderen Geldstrafe von einem Tag bis zu 30 Tagen (§ 69 Abs. 2 kStGB). Die eine Ersatzfreiheitsstrafe Verbüßenden sollen in einem sog. gesonderten "Arbeitshaus" untergebracht werden (§ 70 kStGB). Die Ersatzfreiheitsstrafe wird jedoch in der Tat in den normalen Strafvollzugsanstalten vollzogen und daher oft der Zuchthausstrafe gleichgestellt.

Die Ersatzfreiheitsstrafe ist die Folge des Nachteils des Geldstrafensystems, sie sollte deswegen mit dem deutschen Tagessatzsystem kombiniert werden. Das geltende kStGB und kStVollzG enthalten keine Vorschriften, ob die Ersatzfreiheitsstrafe wie die normale zeitige Zuchthaus- und Einschließungsstrafe zur Bewährung ausgesetzt werden kann und ob eine

Aussetzung des Strafrestes möglich ist. In der Praxis werden jedoch die Aussetzung zur Bewährung oder die frühzeitige Entlassung auf die eine Ersatzfreiheitsstrafe Verbüßenden nicht angewendet. Da die Ersatzfreiheitsstrafe bis zu 3 Jahre dauern kann, sollte auch bei ihr eine Aussetzung des Strafrestes möglich sein[1256].

4. Kurze Freiheitsstrafe

Die kurze Freiheitsstrafe stellt wegen des Umfanges ihrer praktischen Anwendung eine problematische Form der Freiheitsstrafe im geltenden koreanischen Freiheitsstrafensystem dar[1257]. Infolge der Beibehaltung der Strafhaft unter einem Monat ist die kurze Freiheitsstrafe in Korea nicht nur ein Problem der Straftheorie und des Strafvollzugsziels, sondern auch ein zusätzliches reales praktisches Problem, da die Handlungsfreiheit einer Rechtsperson nicht wahr genommen und für die finanziell schwachen Leute minder bewertet wird. "Das angeborene Recht ist nur ein einziges: Freiheit"[1258]. Die staatliche Strafe soll die Freiheit ihrer Bürger nicht zu irgendwelchen general- oder spezialpräventiven Zwecken nutzen.

a) Dauer und Anwendungsbereich der kurzen Freiheitsstrafe

Das Element der "Kurze" der kurzen Freiheitsstrafe ist ein relativer Begriff und es ist auch sehr schwer, dafür einen objektiven Abgrenzungsmaßstab zu finden. Das kStGB erwähnt kein einziges Mal die kurze Freiheitsstrafe, daher gibt es auch keinen konkreten gesetzlichen Anhaltspunkt für die Dauer der kurzen Freiheitsstrafe wie in § 47 des deutschen StGB. In der koreanischen Literatur wird weitgehend nach dem deutschen und internationalen Maßstab die

---

[1256] Vgl. Y.-S. Han, Korean Criminological Review 40 (1999), 256 f.
[1257] Zu einer umfangreichen Rechtsvergleichung der kurzen Freiheitsstrafe in Deutschland und Korea siehe bei Han, Bedeutung und Einschätzung, S. 45 ff.
[1258] Kant, Metaphysik, Einleitung in die Rechtslehre, Einteilung der Rechtslehre B.

Freiheitsstrafe unter sechs Monaten als kurze Freiheitsstrafe bezeichnet[1259]. Damit ist nur die im Urteil angeordnete Freiheitsstrafe, d. h. nicht die zur Bewährung ausgesetzte Freiheitsstrafe und auch nicht die Ersatzfreiheitsstrafe gemeint.

Das Jahrbuch der koreanischen Justizstatistik unterscheidet jedoch nicht die Dreiteilung der Freiheitsstrafe, sondern nennt pauschal nur die Freiheitsstrafe. Die kurze Freiheitsstrafe unter sechs Monaten wurde auch statistisch nicht gesondert erfasst, sondern nur die Freiheitsstrafe unter einem Jahr oder über einem Jahr oder die Freiheitsstrafe über zwei Jahren usw. aufgeführt.

Die Strafhaft unter einem Monat war die typische Form der kurzen Freiheitsstrafe und hat in der Praxis eine relativ große Bedeutung. Trotz des Rückgangs der kurzen Freiheitsstrafe in den letzten 10 Jahren macht die Strafhaft etwa über die Hälfte aller vollstreckbaren Freiheitsstrafen aus und die Verhängung der kurzen Freiheitsstrafe unter einem Jahr beträgt etwa 11 % aller vollstreckbaren Freiheitsstrafen[1260].

Die Strafhaft ist für die Kleinkriminalität und meistens im Nebenstrafrecht, besonders im "Gesetz über die Bestrafung geringfügiger Straftaten" vorgesehen. Eine Androhung der Strafhaft kennt das kStGB nur für 6 Straftatbestände[1261]. Die Freiheitsstrafe unter einem Jahr wird im kStGB nur bei 11 Tatbeständen neben der Geldstrafe alternativ angedroht[1262].

[1259] Vgl. J.-D. Bae, Strafrecht AT, S. 667; I.-S. Kim, Strafrecht AT, S. 674.
[1260] Vgl. das Jahrbuch der Justizstatistik 1999, S. 499 ff.
[1261] Vgl. dazu Fn. 1237.
[1262] §§ 111 (Unterlassung der Pflichterfüllung), 145 Abs. 1, 2 (Flucht und Nichtbefolgung einer Ladung), 221 (Vernichtung eines Poststempels), 236 (Rechtswidriger Gebrauch einer Privaturkunde), 243 (Verbreitung pornographischer Schriften), 244 (Herstellung der pornographischen Sachen), 245 (Pornographische Handlung in der Öffentlichkeit), 248 Abs. 2 (Vermittlung des Verkaufs von Lotterielosen), 311 (Beleidigung), 364 (Fahrlässigkeit im Beruf) kStGB.

b) Alternativen zur kurzen Freiheitsstrafe

Infolge der Nachteile der kurzen Freiheitsstrafe werden Alternativen gesucht. Als Alternativen zur kurzen Freiheitsstrafe kommen hauptsächlich die Geldstrafe, die Aussetzung des Urteilsausspruchs und die Aussetzung zur Bewährung in Betracht[1263]. Die Strafandrohung in dem kStGB und den koreanischen Nebenstrafgesetzen ist allgemein viel zu schwer, sie muss zuerst rational neu geregelt und herabgesetzt werden[1264]. Die Freiheitsstrafe wird oft im kStGB als einzige Rechtsfolge vorgesehen, so dass die Freiheitsstrafe oft ohne Bewährung auferlegt wird. Die Freiheitsstrafe unter einem Jahr sollte neben Geldstrafe wahlweise angedroht werden.

Die Freiheitsstrafe unter drei Jahren kann nach § 61 kStGB unter Berücksichtigung der Strafzumessungsgründe in § 51 kStGB zur Bewährung ausgesetzt werden, wenn mildernde Umstände vorliegen. Der Urteilsspruch der Freiheitsstrafe unter einem Jahr kann nach § 59 kStGB unter Berücksichtigung der Strafzumessungsgründe in § 51 kStGB ausgesetzt werden, wenn der Täter aufrichtige Reue zeigt. Die Aussetzung zur Bewährung und die Aussetzung des Urteilsspruchs sind gute Alternativen, die Verhängung der kurzen Freiheitsstrafe zu vermeiden. Wochenend-, Feiertag- oder Hausarrest wurden weiterhin als Alternativen zur kurzen Freiheitsstrafe in der Literatur vorgeschlagen; solche Sanktionen sind jedoch im positiven Recht nicht verankert[1265].

Die Staatsanwaltschaft kann in Korea für die Verminderung der kurzen Freiheitsstrafe eine praktische Rolle spielen, da die koreanische Staatsanwaltschaft aufgrund des Opportunitätsprinzips ohne gerichtliche

---

[1263] In der Literatur wurden weiterhin als Alternativen zur kurzen Freiheitsstrafe z. B, die Wiedergutmachung, die gemeinnützige Arbeit diskutiert. Vgl. dazu S.-H. Lee, Korean Journal of Victimology 7 (1999), 181 ff.

[1264] Vgl. Y.-S. Han, Korean Journal of Criminology 12 (2000), 192 m. w. N.

[1265] Vgl. Y.-S. Jung/Y.-K. Shin, Kriminologie, S. 332.

Mitwirkung und ohne die Einschränkung auf schwerere Straftaten das Verfahren einstellen oder von Anfang an von der Verfolgung absehen kann, indem sie die öffentliche Anklage nicht erhebt (§ 247 Abs. 1 kStPO).

III. Der Freiheitsstrafenvollzug – "Strafvollzugsgesetz"

1. Strafvollzugsrecht in Korea

Die Freiheitsstrafe besteht in der Entziehung der äußeren Freiheit des Verurteilten. Der Freiheitsstrafenvollzug hat in Korea eine lange Geschichte[1266]. Der moderne heutige koreanische Freiheitsstrafenvollzug beruht jedoch auf der Gabo-Reform von 1894. Unter Zurückdrängung der Todes- und Leibesstrafen trat an deren Stelle weitgehend die Freiheitsstrafe als Hauptstrafe. Der Freiheitsstrafenvollzug wurde vor der Gabo-Reform bloß als ein Teil der Verwaltung verstanden. Erst durch die Gabo-Reform wurde die von der Verwaltung getrennte einheitliche justizielle Gefängnisorganisation in Korea geschaffen. Die Bestrebung der eigenständigen Gefängnisreform war jedoch aufgrund der Annexion Koreas durch Japan im Jahre 1910 gescheitert. Die Institution des koreanischen Strafvollzugs stand seitdem unter japanischem Einfluss.

Die technische Seite des japanischen Strafvollzugs, wie z. B. die Errichtung von Gefängnissen, wurde vom europäischen Strafvollzugssystem stark beeinflusst, für die praktische Durchführung des Strafvollzugs wurde aber auf die japanische Mentalität zurückgegriffen[1267]. Die japanische Strafvollzugsordnung enthielt für die damalige Zeit sehr moderne Grundsätze, wie z. B. Stufenstrafenvollzug, der

---

[1266] Zur Geschichte des koreanischen Strafenvollzugs J.-D. Bae/S.-H. Jung, Strafvollzugsrecht, S. 17 ff. m. w. N.

[1267] Zur Entwicklung des Strafvollzugs in Japan siehe bei Bindzus/Ishii, Strafvollzug in Japan, S. 1 ff.; Tjong, in: Freiheitsstrafe und ihre Surrogate, S. 1417 ff.; vgl. auch zu dem deutschen Einfluss im japanischen Strafvollzug, Miyazawa, in: Strafrechtsentwicklungen, S. 3 ff.

bei der Arbeit fünf Stufen vorsah und Klassifizierung der Gefangenen[1268], obwohl diese Maßnahmen wegen der finanziellen Mängel nicht wirklich realisiert werden konnten. Der tatsächliche Strafvollzug unter der japanischen Herrschaft war in Korea jedoch ein Mittel der besseren Kontrolle und der Unterdrückung. Viele Koreaner, die damals für die Unabhängigkeit Koreas gekämpft haben, wurden dafür im Gefängnis von den Japanern misshandelt. Die Behandlung des Gefangenen basierte auf strenger Autorität und harten Strafen. Vergeltung und Abschreckung, Isolierung und Entzug der Freiheit waren der primäre Zweck des Freiheitsstrafenvollzugs. Die wirkliche Entwicklung des modernen koreanischen Strafvollzugsrechts hat daher erst nach dem Zweiten Weltkrieg angefangen. Ohne dass Korea selbst den traditionellen Strafvollzug modernisieren konnte, wurde das westliche Strafvollzugssystem als ein Mittel der Kolonialpolitik Japans in negativ veränderter Form in Korea eingeführt. Ein Beispiel dafür ist der aus der japanischen Herrschaftszeit stammende repressive diskriminierende Sprachgebrauch im koreanischen Strafvollzugsgesetz, der jedoch später durch die Änderung des Strafvollzugsgesetzes im Jahre 1961 abgeschafft bzw. verändert wurde.

Die gegenwärtig geltende gesetzliche Grundlage für den Freiheitsstrafenvollzug ist in Korea das Strafvollzugsgesetz, das am 2. März 1950 in Kraft trat[1269] und bis heute siebenmal abgeändert worden ist. Das Strafvollzugsgesetz enthält die allgemeinen Richtlinien und Vorschriften über die Organisation des Strafvollzugs insgesamt. Das kStVollzG von 1950 stand jedoch noch unter dem Einfluss des japanischen StVollzG von 1908, das die zum damaligen Zeitpunkt neuere preußische "Dienstordnung für die dem Ministerium des Inneren

---

1268 Näher dazu Bindzus/Ishii, Strafvollzug in Japan, S. 13 ff.
1269 Gesetz Nr. 105.

unterstellten Strafanstalten und größeren Gefängnisse" von 1902[1270] zum Vorbild nahm. Das kStVollzG von 1950 orientierte sich nach dem Sicherungszweck, im Strafvollzug stand das Interesse an Sicherheit und Disziplin im Vordergrund und die Menschenrechte des Gefangenen wurden dabei nicht ernsthaft beachtet. Die eigentliche Humanisierung und rechtsstaatliche Modernisierung des Strafvollzugs hat in Korea erst vor kurzer Zeit angefangen.

Im Jahre 1999 ist das kStVollzG umfassend geändert worden und infolge dessen trat in gleichem Jahr die Durchführungsverordnung zum Strafvollzugsgesetz in Kraft. Das kStVollzG von 1999 hat rechtsstaatlich einen großen Fortschritt gemacht und bezweckte, die Ordnung der Vollzugsverwaltung und die Menschenrechte des Gefangenen zu harmonisieren und in Bezug auf die Rückkehr des Gefangenen in die Freiheit die rechtlichen Grundlagen zu schaffen.

Der wichtige Änderungsinhalt des kStVollzG von 1999 kann wie folgt zusammengefasst werden[1271]: Eine ausdrückliche Regelung wird dadurch geschaffen, dass die fundamentalen Menschenrechte des Gefangenen maximal respektiert werden müssen (§ 1-3 kStVollzG); der Justizminister kann einen Teil des Baus und der Organisation der Strafvollzugsanstalt juristischen Personen oder Privatpersonen überlassen (§ 4-2 kStVollzG); das unzensierte Petitionsrecht an den Minister wurde ergänzt (§ 6 kStVollzG); die Anwendung

[1270] Die Verwaltung der Gefängnisse war damals im Preußen zwischen dem Ministerium des Inneren und dem Justizministerium aufgeteilt. Daraus erklärt es sich, dass neben der "Dienstordnung" gleichzeitig die vom Inhalt her sehr ähnliche "Gefängnisordnung für die Justizverwaltung in Preußen" von 1889 in Kraft war.

[1271] Hierzu zusammenfassend Y.-K. Shin, Korean Journal of Criminology 12 (2000), 80 ff.

der unmittelbaren Zwangsmittel wurde eingeschränkt (§ 14 kStVollzG)[1272]; Bedienstete der Strafvollzugsanstalten dürfen Zwang nur anwenden, wenn z. B. der Gefangene versucht, sich selbst oder Andere zu schädigen, die Anwendung des Zwangs muss dabei jedoch so minimal wie notwendig sein (§ 14-2 kStVollzG); der Anstaltsleiter kann dem Gefangenen unter bestimmten Bedingungen gestatten, Ferngespräche zu führen (§ 18-3 kStVollzG); dem Gefangenen kann gestattet werden, außerhalb der Anstalt für eine Ausbildung oder eine weitere Bildung eine Schule oder eine Firma zu besuchen (§ 32 Abs. 3 kStVollzG); der Anstaltsleiter kann nach der Verordnung dem Gefangenen eine Teilnahme am Hörfunkprogramm der Anstalt sowie am Fernsehempfang gestatten (§ 33-2 kStVollzG); der Gefangene kann mit der Erlaubnis des Anstaltsleiters Bücher schreiben (§ 33-3 kStVollzG); allgemeine Ausgangs- und Urlaubsvoraussetzungen wurden gelockert (§ 44 Abs. 3, Abs. 4 kStVollzG); die Voraussetzungen für die Disziplinarmaßnahmen wurden konkretisiert (§ 46 kStVollzG). Alle diese Regelungen klingen selbstverständlich, das alte koreanische StVollzG garantierte sie jedoch nicht.

Ein erheblicher Mangel des geltenden koreanischen StVollzG ist z. B. eine ausdrückliche Normierung des Verhältnismäßigkeitsprinzips für die Anwendung der unmittelbaren Zwangsmittel, die zu einem schwerwiegenden Eingriff in die persönlichen Rechte des Gefangenen führen können. Das kStVollzG umfasst den Vollzug der Untersuchungshaft und gilt auch für den Jugendstrafvollzug, soweit das Jugendgesetz keine Sonderregelungen trifft. Eine weitere Reformarbeit für das Strafvollzugsgesetz ist in Korea gegenwärtig voll im Gang und man kann nur hoffen, dass zusätzliche gesetzliche Grundlagen dafür

---

[1272] Gegen flucht-, gewalt-, oder selbstmordverdächtige Gefangene können Mittel des unmittelbaren Zwangs angewendet werden. Gebrauch von Mitteln des unmittelbaren Zwangs gegen Gefangene gilt auch für die Sicherung der Anstalt und die Erhaltung der Gesellschaft. Die zulässigen Mittel für die Anwendung des unmittelbaren Zwangs sind Zwangsjacke, Handschellen, und Knebel, sie dürfen jedoch nicht zum Mittel der Disziplinarmaßnahmen benutzt werden (§ 14 kStVollzG).

geschaffen werden, dass die Menschenrechte des Gefangenen rechtsstaatlich besser geschützt werden können.

2. Ziel des koreanischen Strafvollzugsgesetzes

Das Vollzugsziel ist ein wichtiger Orientierungspunkt eines jeden Strafvollzugssystems, da die konkrete Entscheidung für den Strafvollzug in der Realität von dem Vollzugsziel abhängig ist. Die Zielsetzung des Strafvollzugs ist nicht nur ein Anhaltspunkt für die Rechtsstellung des Gefangenen, sondern ist für alle Bereiche des Strafvollzugs entscheidend. Das Strafvollzugsziel ist nach § 1 kStVollzG die Resozialisierung des Gefangenen, d. h. der Gefangene soll im Vollzug der Freiheitsstrafe befähigt werden, künftig mit einer gesunden Lebens- und Arbeitseinstellung in die Gesellschaft zurückzukehren[1273]. Die Formulierung der gesunden Lebens- und Arbeitseinstellung klingt nach umfassender Erziehung und Veränderung der Persönlichkeit; es besteht jedoch in der Lehre Einigkeit, dass mit § 1 kStVollzG die Resozialisierung des Gefangenen als Vollzugsziel gemeint ist.

Ob das Strafvollzugsziel der Vollzugsrealität tatsächlich entspricht, ist eine andere Frage. Die Resozialisierung als Strafvollzugsziel in § 1 kStVollzG ist jedoch die erste gesetzliche Voraussetzung für die weitere Reform und Entwicklung des Strafvollzugs. Die ausdrückliche Normierung der Resozialisierung als Vollzugsziel hat nicht nur eine theoretische deklarierende Bedeutung, sondern zeigt eine Richtung der gesamten Vollzugsorganisation und des Vollzugsinhalts[1274]. Der Strafvollzug darf nicht als ein Mittel der Verbrechenskontrolle verstanden werden. Die gesamten Regelungen des kStVollzG sollten sich an der Resozialisierung als Strafvollzugsziel orientieren. Die Sicherung und Ordnung der Anstalt und der Gesellschaft sind eine

[1273] Die Bestimmung des § 1 kStVollzG von 1950 ist bis heute wörtlich unverändert geblieben.

sekundäre Nebenaufgabe des Strafvollzugs. Der Entzug der Freiheit des Gefangenen soll daher im Strafvollzug nur im notwendigen Fall eingeschränkt angewendet werden. Weiterhin kann das Institut der frühzeitig bedingten Entlassung aktiv angewendet werden.

3. Gegenwärtige Situation des Strafvollzugs in Korea

Die Überfüllung der Strafvollzugsanstalten ist in Korea ein ernsthaftes reales Problem[1275] und beeinträchtigt die Wahrnehmung der Aufgaben des Strafvollzugs. In diesem Zusammenhang wird seit 1995 nach dem Vorbild der USA in Korea über den privaten Strafvollzug diskutiert. Die rechtliche Grundlage wurde bereits im Jahre 1999 durch die Änderung des 7. kStVollzG geschaffen. Danach kann der Justizminister einen Teil des Baus und der Organisation der Strafvollzugsanstalten juristischen Personen oder Privatpersonen überlassen (§ 4-2 kStVollzG). Die Gründe für die Privatisierung des Strafvollzugs sind, die extreme Überfüllung des Strafvollzugs zu lösen und den Resozialisierungseffekt zu erhöhen. Die Einführung des privaten Strafvollzugs bedeutet eine grundlegende Änderung des bisherigen Strafvollzugs und eine Umwandlung der gesamten Strafjustiz. Der Strafvollzug ist ein Kernbereich staatlicher Aufgabenwahrnehmung. Im Hinblick auf die gesamten Aufgaben des Strafvollzugs ist eine Privatisierung des Strafvollzugs als Ganzes sehr bedenklich[1276].

Die Realisierung und die Erfüllung der Strafvollzugsaufgaben hängen nicht nur von finanziellen Mitteln ab, sondern auch von der Einstellung der Bürger, dass

---

[1274] Vgl. Y.-S. Han, The Justice Bd. 32 (1999), 130.

[1275] Im Jahre 2003 gibt es in Korea 45 Justizvollzugsanstalten (inklusive Polizeihaftanstalt und Maßregelvollzug), über die Hälfte davon sind extrem überfüllt. Durchschnittlich gibt es etwa pro Anstalt 1500 bis 2000 Strafgefangene. 5 Justizvollzugsanstalten sind Megavollzugsanstalten, in denen sich über 3000 Strafgefangene befinden; vgl. dazu auch D.-K. Son, in: 50 Jahre Koreanische Rechtswissenschaft, S. 807 ff.; Y.-S. Han, Korean Journal of Criminology 12 (2000), 185 ff. jeweils m. w. N.

die Strafgefangenen auch ihre Würde und Rechte haben, dass sie nicht bloß Sicherungsgegenstand sind und dass sie im Strafvollzug nicht eliminierend behandelt werden dürfen. Die Menschenrechte und Menschenwürde des Gefangenen werden im koreanischen Strafvollzug nicht genügend berücksichtigt[1277]. Die Bewusstseinsänderung der Allgemeinheit über die Straftäter und den Strafvollzug ist eine notwendige Voraussetzung für den humanen Strafvollzug. Die Freiheit des Gefangenen darf im Strafvollzug nur für die Resozialisierung und die Sicherheit in notwendigem Maß eingeschränkt werden.

IV. Zusammenfassung

Die Freiheitsstrafe ist nach der Todesstrafe die zweitschwerste Strafe im geltenden koreanischen Recht. Das kStGB kennt drei Arten von Freiheitsstrafen: Zuchthaus, Einschließung und Strafhaft. Diese Dreiteilung der Freiheitsstrafe ist eine Folge der Geburtszeit des kStGB von 1953, das nicht unbedingt als ein Muster des liberalen freiheitlichen Strafgesetzbuchs bezeichnet werden kann. Die Vereinheitlichung der Freiheitsstrafen ist nicht nur aus theoretischer Überzeugung, sondern auch aus dem praktischen Gebot für die sachgerechte Anwendung der strafrechtlichen Sanktionen notwendig.

Die Struktur der Freiheitsstrafe Koreas und ihre Vollzugspraxis haben sich im Gegensatz zu den gewaltigen äußeren Änderungen der Lebensqualität der Koreaner in den letzten 50 Jahren kaum gewandelt. Die Freiheitsstrafe als Entzug der äußeren persönlichen Freiheit sollte nur für schwerwiegenden

---

[1276] Vgl. auch S.-H. Lee, Korean Criminological Review 38 (1999), 129 ff. m. w. N.

Straftaten im kStGB angedroht werden. Die Straftatbestände im kStGB, in denen die Freiheitsstrafe als Rechtsfolge vorgesehen werden, sind im Hinblick auf die Milderung und die Liberalisierung der strafrechtlichen Sanktionen und des Strafrechts entkriminalisierungs- und milderungsbedürftig. Die Strafandrohung könnte auch auf die Geldstrafe herabgesetzt werden oder sollte neben der Freiheitsstrafe alternativ die Geldstrafe androhen.

Der Freiheitsstrafenvollzug unterliegt dem Prinzip der auf Restitution des Rechtsverhältnisses in Freiheit gerichteten Strafmaßgerechtigkeit. Er ist nicht Mittel für die Verbrechenskontrolle. Der Rechtsstatus des Täters während des Strafvollzugs geht insgesamt nicht verloren, sondern er bleibt immer weiter eine Rechtsperson, wenn auch mit einem durch die Strafe geminderten Rechtsstatus. Freiheitsstrafe und ihr Vollzug stehen in einem unmittelbaren Zusammenhang, die Reform des Strafvollzugs setzt daher eine Auseinandersetzung mit der Freiheitsstrafe voraus. Nicht nur die Gefängnisstruktur, sondern vielmehr die Bewusstseinsänderung der Allgemeinheit ist eine notwendige Voraussetzung für eine vernünftige Ausgestaltung des Strafvollzugs. Die extreme Überfüllung der Strafvollzugsanstalten zeigt, dass das Vollzugsziel und die Vollzugsaufgaben in einer solchen Situation schwer erfüllbar sind. Sie ist nicht nur ein Problem des Strafvollzugs, sondern auch ein Problem der gesamten Strafjustiz. Sie bedeutet nicht nur eine Krise des Strafvollzugs, sondern sie ist auch das Produkt der reformbedürftigen Strafjustiz. Das Problem liegt nicht nur allein in dem Freiheitsstrafensystem, sondern auch in der Anwendung des gesamten strafrechtlichen Sanktionensystems.

[1277] Man kann in diesem Zusammenhang die deutsche Justizvollzugsanstalt mit der koreanischen Vollzugsanstalt nicht parallel vergleichen. Man bezeichnet den koreanischen Strafvollzug als einen Strafvollzug des 19. Jahrhunderts in einem Korea des 21. Jahrhunderts. Nicht nur äußerliche Ausgestaltung der Strafvollzugsanstalt, sondern die gesamte Situation des koreanischen Strafvollzugs ist viel schlimmer als man denkt, die einzelne Darstellung ist jedoch hier nicht unbedingt notwendig; vgl. aber zur allgemeinen Vollzugsgestaltung in Japan Bindzus/Ishii, Strafvollzug in Japan, S. 50 ff.

Dritter Teil: Abschließende zusammenfassende Betrachtung des deutschen und koreanischen Strafensystems

Das geltende koreanische Strafrecht steht infolge der Rezeption des deutschen Rechts von der Entstehung des koreanischen StGB bis heute im Wesentlichen stark unter deutschem Einfluss[1278]. Die Strafrechtsdogmatik, wie man sie in koreanischen Büchern und Aufsätzen lesen kann, ist ganz und gar "made in Germany". Das deutsche Strafrecht und seine Grundlage haben - wie ein Wegweiser - eine vorbildliche Funktion für das koreanische Strafrecht. Das bedeutet aber nicht, dass das koreanische Recht den heutigen Entwicklungsstand des deutschen Rechts (schon) erreicht hat.

Die Hauptgründe für die Rezeption und die Ermöglichung der danach folgenden weiteren Entwicklung des koreanischen Strafrechts sind die universale Überzeugungskraft und die fundamentale Idee des Rechts, die nicht nur eine in einem bestimmten Land gefundene national beschränkt geltende wissenschaftliche Erkenntnis ist, sondern darüber hinaus vielmehr eine Wahrheit, die von der menschlichen Vernunft begründet ist und ohne räumliche Einschränkung jeden überzeugen kann. Wenn die Technik die Idee der Globalisierung räumlich ermöglicht, gibt die von der Vernunft begründete grundlegende rechtswissenschaftlich gesicherte Erkenntnis und die Überzeugungskraft des fundamentalen Gedankenguts die Möglichkeit der Globalisierung des geistigen Lebens des Menschen. Darin liegt auch die Wissenschaftlichkeit des Rechts.

1278 Abgesehen davon, dass die internationale politische und wirtschaftliche Lage Amerikas auch immer mehr auf den strafrechtlichen Bereich, insbesondere Kriminologie, Strafprozessrecht und Strafvollzug, Einfluss nimmt.

Besonders die Strafe, die positiv geltende strafrechtliche Sanktion braucht ein fundamentales Nachdenken, also die Philosophie[1279], um sie immer wieder hinterfragen und kontrollieren zu können. Die strafrechtliche Sanktion ohne Philosophie ist nur eine hässliche Macht[1280]. Eine notwendige Voraussetzung für die strafrechtliche Sanktion ist deswegen zuerst die genaue Begründung der Strafe und des Rechts. Recht setzt die Würde des Einzelnen und seine Freiheit voraus. Die Basis des Rechts beruht auf einer positiven Konzeption des Menschen. Das zentrale Rechtsgebot lautet in der Formulierung Hegels: "Sei eine Person und respektiere die Anderen als Personen"[1281]. In diesen gedanklichen Bestimmungen ist jeder Einzelne in einer ursprünglichen positiven Bedeutsamkeit aufgefasst und etwas Positives allein schon durch sein Dasein, durch seine Existenz. Jeder Einzelne ist ein jeweils neuer Lichtpunkt der Vernunft. Keiner ist ein "Untermensch", niemand ein geborener Verbrecher.

Das Recht basiert auf dem gegenseitigen Anerkennungsverhältnis zwischen den einzelnen Personen. Das vernünftige Dasein des Einen steht in einer Beziehung zum vernünftigen Dasein des Anderen, da der Eine wie der Andere dasselbe Begründende repräsentiert. Alle Rechtlichkeit setzt die natürliche Existenz jedes einzelnen Menschen voraus. So wie das Recht interpersonal, intersubjektiv angelegt ist, so muss es auch die Strafe sein. Die vernünftige Fortexistenz des Anderen ist der Grund und das Ziel der Strafe. Die Todesstrafe kann daher in einem Rechtsstaat nicht gerechtfertigt werden, weil sie das Dasein eines Anderen und die fundamentale Grundlage des Rechts völlig vernichtet. Die Todesstrafe ist keine Rechtsstrafe und es darf sie in einem Rechtsstaat nicht geben. Eine der dringenden notwendigsten Aufgaben des koreanischen Strafensystems ist es daher, die Todesstrafe abzuschaffen.

1279 In diesem Zusammenhang vgl. Naucke, Rechtsphilosophie, S. 38 m. w. N.; vgl. auch ferner Zaczyk, JuS 2004, 96 ff.; ders., in: FS Wolff, S. 512 ff.
1280 Das haben die Menschen durch die Geschichte unmittelbar erlebt.
1281 Hegel, Grundlinien, § 36.

Strafe ist Rechtszwang aufgrund einer begangenen Straftat und freiheitsgesetzlich vermittelte Aufhebung des Verbrechens. Sie folgt aus dem Unrecht und folgt auf Unrecht. Die Strafe ist deswegen nicht primär ein Übel, sondern vielmehr eine Rechtsfolge ganz anderer und eigener Art. Sie ist Minderung des einer Person an sich zukommenden Rechtsstatus. Der Grund der Strafe ist daher allein die begangene Tat, die damit auch die rechtliche Reaktion begrenzt. Die überbewertete präventive Strafbegründung und die hieran orientierte Strafpraxis machen den Menschen zum Objekt. Die Menschenrechte und die Menschenwürde dürfen prinzipiell im strafrechtlichen Sanktionenrecht nicht verlorengehen. Die Betonung der Rechte und der Würde der einzelnen Person kann nicht oft genug geschehen. Die neuen Reformvorschläge der strafrechtlichen Sanktionen zeigen auch, dass die einzelne Person nicht immer im Mittelpunkt steht, sondern - wie die gegenwärtige Kriminalpolitik zeigt, sowohl in Deutschland wie auch in Korea - die so genannte Kriminalitätsbekämpfung für die Allgemeinheit im Vordergrund steht[1282]. Die Strafe und das strafrechtliche Sanktionensystem müssen daher in einem prinziporientierten Begründungszusammenhang entwickelt werden. Das gesamte strafrechtliche Sanktionensystem muss darauf fundiert werden, dass die Strafe durch das Prinzip der strafrechtlichen Schuld gerechtfertigt wird und dabei die einzelne Person stets als Rechtsperson anerkannt bleibt. Das geltende strafrechtliche Rechtsfolgensystem kann nicht immer gerechtfertigt werden. Darin liegt auch die Forderung nach der vorpositiv kritischen Begründungsnotwendigkeit der Strafe und ihre danach folgende Umsetzung in der Tat.

Anders als in der Dogmatik der Verbrechenslehre ist das System der geltenden koreanischen Rechtsfolgen dem Entwicklungsprozess des deutschen Strafrechts gesetzgeberisch nicht gefolgt. Die geltende Struktur des Straftatfolgensystems

[1282] Siehe dazu auch Hettinger, Entwicklungen, S. 2 ff.

im kStGB ist etwa mit dem deutschen RStGB von 1871 vergleichbar. Die Beibehaltung der Todesstrafe, die Dreiteilung der Freiheitsstrafen und das Gesamtsummesystem der Geldstrafe im geltenden koreanischen Strafrecht, die bereits in der deutschen Rechtsordnung als fehlgeschlagen und vom Grundsatz her als ungerecht gesehen und deswegen abgeschafft bzw. geändert wurden, sind für die deutsche strafrechtliche Sanktion nichts Fremdes, da selbst das deutsche RStGB von 1871 vergleichbare ähnliche Regelungen wie im gegenwärtigen kStGB kannte. Es ist hierbei nicht nötig, die einzelnen strafrechtlichen Rechtsfolgen im koreanischen StGB und Jugendstrafrecht, die im Vergleich zum deutschen StGB und JGG im Großen und Ganzen unvernünftig hart und nicht zeitgemäß sind, nochmals bloß schematisch zusammenzufassen.

Die Reformgeschichte des Strafrechts und des Straftatfolgensystems zeigen, dass es kein vollkommenes System gibt und dass Reformbemühungen ein notwendiger Prozess sind, um eigene Fehler zu korrigieren und die auf dem Freiheitsprinzip basierende schuldangemessene gerechte Strafe zu realisieren. Das koreanische Recht, insbesondere das strafrechtliche Rechtsfolgensystem, das seit der Entstehung des kStGB von 1953 trotz der großen Reformbemühungen bis heute keine entscheidenden Änderungen erlebt hat, kann die vorliegende Arbeit zum Anlass nehmen, noch einmal die klare Tatsache wahrzunehmen, dass es sich bei der strafrechtlichen Sanktion stets unmittelbar um die Freiheit des einzelnen Bürgers handelt und die Strafe als letztes Mittel angewendet werden soll. Das koreanische Straftatfolgensystem ist im kStGB nicht einheitlich geregelt, sondern in verschiedenen strafrechtlichen Sondergesetzen. Eine dringende Reformarbeit ist deswegen, die hauptsächlich im koreanischen Sonderstrafrecht geregelten Maßregeln in das koreanische StGB einzuordnen. Eine weitere allgemeine Reformarbeit für ein vernünftiges strafrechtliches Rechtsfolgensystem ist, die zum Teil zu harten Strafrahmen gesetzlich herabzusetzen und die unnötige Teilung der Freiheits- und der Geldstrafe zu vereinheitlichen und rational neu zu regeln.

Die strafrechtliche Sanktion muss nicht immer der gesellschaftlichen Entwicklung und dem Rechtsbewusstsein des Bürgers hinterher folgen, sondern hat auch die Aufgabe, durch vernünftige präzise Anschauungen auf einen gerechten Weg zur Tatverarbeitung hinzuweisen. Erkennen und Handeln sollen nicht zweierlei sein. Man soll nun den Mut haben, sich seiner vernünftig begründeten Rechtsidee und des Rechtsprinzips zu bedienen. Darin liegt auch die Notwendigkeit der Reformarbeit.

Literaturverzeichnis

(Die Titel sind im Text meist abgekürzt zitiert.)

Literatur in deutscher Sprache

Achenbach, Hans — Kriminalpolitische Tendenzen in den jüngeren Reformen des Besonderen Strafrechts und Strafprozessrechts, JuS 1980, 81-89.

Albrecht, Hans-Jörg — Die Todesstrafe in China, in: Zur Aktualität der Todesstrafe, C. Boulanger u. a. (Hrsg.), 2. Aufl., Berlin 2002, S. 165-192.

Albrecht, H.-J./ Schädler, Wolfram — Die gemeinnützige Arbeit auf dem Weg zur eigenständigen Sanktion?, Entwicklungen, Stand, Perspektiven, ZRP 1988, 278-283.

Albrecht, H.-J./ Arnold, Harald/ Schädler, W. — Der hessische Modellversuch zur Anwendung "elektronischen Fußfessel", ZRP 2000, 466-469.

Albrecht, Peter-Alexis — Zur sozialen Situation entlassener "Lebenslänglichen", Göttingen 1977.

ders. — Prävention als problematische Zielbestimmung im Kriminaljustizsystem, KritV 1986, 56-82.

ders. — Entkriminalisierung als Gebot des Rechtsstaats, KritV 1996, 330-339.

ders. — Reformüberlegungen und Versäumnisse aktueller Strafrechtspolitik, NJ 2000, 449-453.

ders. — Wider besseres Wissen – Gegenreform im Jugendstrafrecht, in: FS für Klaus Lüderssen, C. Prittwitz u. a. (Hrsg.), Baden-Baden 2002, S. 153-164.

Ambos, Kai/ Steiner, Christian — Vom Sinn des Strafens auf innerstaatlicher und supranationaler Ebene, JuS 2001, 9-13.

Amelung, Knut Rechtsgüterschutz und Schutz der Gesellschaft, Frankfurt a. M. 1972.

ders. Die Einwilligung des Unfreien, ZStW 95 (1983), 1-31.

ders. Rechtsgutsverletzung und Sozialschädlichkeit, in: Recht und Moral: Beiträge zu einer Standortbestimmung, H. Jung (Hrsg.), Baden-Baden 1991, S. 269-279.

Androulakis, Nikolaos K. Über den Primat der Strafe, ZStW 108 (1996), 300-332.

Appel, Ivo Verfassung und Strafe, Berlin 1998.

Appelius-Elberfeld Die Behandlung der verwahrlosten und verbrecherischen Jugend, ZStW 13 (1893), 752-757.

Arloth, Frank Über die Zukunft des Strafvollzugs, GA 2001, 307-324.

ders. Grundfragen und aktuelle Probleme des Strafvollzugs, JuS 2003, 1041-1048.

Arzt, Gunther Die Delikte gegen das Leben, ZStW 83 (1971), 1-38.

ders. Zu den Auswirkung der tatbestandlichen Ausgestaltung des § 211 StGB, in: Ist die lebenslange Freiheitsstrafe verfassungswidrig ?, H.-H. Jescheck/O. Triffterer (Hrsg.), Baden-Baden 1978, S. 141-155.

ders. Aktuelles Problematik der Tatbestandsmerkmale des Mordes nach deutschen Recht, in: Tötungsdelikte, H. Göppinger/P. H. Bresser (Hrsg.), Stuttgart 1980, S. 49-65.

ders. Geldwäscherei – Eine neue Masche zwischen Hehlerei, Strafvereitelung und Begünstigung, NStZ 1990, 1-6.

Backes, Otto Kriminalpolitik ohne Legitimität, KritV 1986, 315-342.

Bader, Karl S. Das Ermessen des Strafrichters, JZ 1955, 525-526.

Badura, Peter Generalprävention und Würde des Menschen, JZ 1964, 337-344.

Bae, Jong-Dae Der Grundsatz der Verhältnismäßigkeit im Maßregelrecht des StGB, Frankfurt a. M. usw. 1985.

Bagge, Karen K. Die Anwendung der Todesstrafe in den USA, in: Zur Aktualität der Todesstrafe, C. Boulanger u. a. (Hrsg.), 2. Aufl., Berlin 2002, S. 65-88.

Bahr, Roland R. Die Grenzen westlicher Rationalität und Wissenschaft bei der Beurteilung der Modernisierungsprozesse in Asien, in: FS für Zentaro Kitagawa, H. G. Leser (Hrsg.), Berlin 1992, S. 3-29.

Baier, Helmut Die Auslieferung von Bürgern der Europäischen Union an Staaten innerhalb und außerhalb der EU, GA 2001, 427-446.

Baltzer, Ulrich Zur Problematik der lebenslangen Freiheitsstrafe, StV 1989, 42-44.

Ballhausen, Christina Todesstrafe durch Alliierte – ein Verstoß gegen das Grundgesetz?, NJW 1988, 2656-2659.

Bartsch, Hans-Jürgen Die Entwicklung des internationalen Menschenrechtsschutzes im Jahre 1985, NJW 1986, 1379-1388.

ders. Die Entwicklung des internationalen Menschenrechtsschutzes 1986-1989, NJW 1989, 3061-3069.

Baumann, Jürgen Zur Diskussion um die Todesstrafe, ARSP 46 (1960), 73-87.

ders. Von den Möglichkeiten einer Laufzeitgeldstrafe, JZ 1963, 733-739.

ders. Die Dienst- und Vollzugsordnung vom 1. 12. 61, MschrKrim 47 (1964), 57-80.

ders. Schuld und Sühne als Grundproblem heutiger Strafrechtspflege?, in: Misslingt die Strafrechtsreform, J. Baumann (Hrsg.), Neuwied usw. 1969, S. 8-30.

ders. Grundbegriff und System des Strafrechts, 5. Aufl., Stuttgart usw. 1972.

ders. Strafrecht im Umbruch, Neuwied usw. 1977.

ders. Über die Denaturierung eines Rechtsinstituts (§ 59 StGB), JZ 1980, 464-469.

ders. Strafe als soziale Aufgabe, in: GS für Peter Noll, R. Hauser (Hrsg.), Zürich 1984, S. 27-36.

ders. Die große Reform im Strafrecht, in: 40 Jahre Bundesrepublik Deutschland 40 Jahre Rechtsentwicklung, K. W. Nörr (Hrsg.), Tübingen 1990, S. 293-324.

Baumann, J./Weber, Ulrich/Mitsch, Wolfgang Strafrecht. Allgemeiner Teil, 11. Aufl., Bielefeld 2003.

Baurmann, Michael Vorüberlegungen zu einer empirischen Theorie der positiven Generalprävention, GA 1994, 368-384.

Beaucamp, Guy Verfassungsrecht: Die Strafgefangenen-Entscheidung, JA 2003, 937-940.

Beccaria, Cesare Über Verbrechen und Strafen, Nach der Ausgabe von 1766 übersetzt und herausgegeben von Wilhelm Alff, Frankfurt a. M. usw. 1998.

Beckmann, Heinrich Ist die lebenslange Freiheitsstrafe noch ein verfassungsrechtliches Problem?, GA 1979, 439-459.

ders. Zur Neuregelung der vorsätzlichen Tötungsdelikte, GA 1981, 337-361.

ders. Die Aussetzung des Strafrestes bei lebenslanger Freiheitsstrafe, NJW 1983, 537-543.

Bemmann, Günter Für und Wider die Vereinheitlichung der Freiheitsstrafe, GA 1967, 129-144.

ders. Über das Strafvollzugsziel, in: FS für Paul Bockelmann, Arthur Kaufmann (Hrsg.), München 1979, S. 891-899.

ders. "Im Vollzug der Freiheitsstrafe soll der Gefangene fähig werden, künftig in sozialer Verantwortung ein Leben ohne Straftaten zu führen", StV 1988, 549-552.

ders. Täter-Opfer-Ausgleich im Strafrecht, JR 2003, 226-231.

Benda, Ernst Resozialisierung als Verfassungsauftrag, in: FS für Hans Joachim Faller, W. Ziedler (Hrsg.), München 1984, S. 307-324.

Beristain, Antonio Katholizismus und Todesstrafe, ZStW 89 (1977), 215-238.

Best, Dominik Das Rückwirkungsverbot nach Art. 103 Abs. 2 GG und die Maßregeln der Besserung und Sicherung (§ 2 Abs. 6 StGB), ZStW 114 (2002), 88-129.

Beulke, Werner Brauchen wir eine Wende im Jugendstrafrecht?, in: GS für Karlheinz Meyer, K. Geppert (Hrsg.), Berlin usw. 1990, S. 677-697.

Bielefeldt, Heiner Strafrechtliche Gerechtigkeit als Anspruch an den endlichen Menschen – Zu Kants kritischer Begründung des Strafrechts, GA 1990, 108-120.

ders. Die Menschenrechte als "das Erbe der gesamten Menschheit", in: FS für Johannes Schwartländer, H. Bielefeldt (Hrsg.), Würzburg 1992, S. 143-160.

Bietz, Hermann Empfiehlt sich eine erweiterte Strafaussetzung zur Bewährung?, ZRP 1977, 62-67.

Binding, Karl Handbuch des Strafrechts, Bd. I, Aalen 1991, Neudr. Der Ausg. Leipzig 1885.

ders. — Lehrbuch des Gemeinen Deutschen Strafrechts, Besonderer Teil, 1. Band, Goldbach 1997, Nachdruck der 2. Aufl., Leipzig 1902.

Bindzus, Dieter/ Ishii, Akira — Strafvollzug in Japan, Köln usw. 1977.

Birnbaum, J. M. F. — Über das Erfordernis einer Rechtsverletzung zum Begriffe des Verbrechens, mit besonderer Rücksicht auf den Begriff der Ehrenkränkung, Neues Archiv des Kriminalrechts 15 (1834), 149-194.

Blei, Hermann — Strafrecht I. Allgemeiner Teil, 18. Aufl., München 1983.

Blau, Günter — Einige Bemerkungen zur Betreuungsweisung im deutschen und koreanischen Jugendstrafrecht, in: GS für Zong Uk Tjong, H.-H. Jescheck (Hrsg.), Tokio 1985, S. 17-24.

Bock, Michael — Kriminologie und Spezialprävention. Ein skeptischer Lagebericht, ZStW 102 (1990), 504-533.

ders. — Ideen und Schimären im Strafrecht, ZStW 103 (1991), 636-656.

ders. — Prävention und Empirie – Über das Verständnis von Strafzwecken und Erfahrungswissen, JuS 1994, 89-99.

Bockelmann, Paul/ Volk, Klaus — Strafrecht. Allgemeiner Teil, 4. Aufl., München 1987.

Bode, Bernd-Dieter — Die bedingte Aussetzung der lebenslangen Freiheitsstrafe, in: FS für Hans Joachim Faller, W. Zeidler u. a. (Hrsg.), München 1984, S. 325-344.

Bonk, Joachim — Rechtliche Rahmenbedingungen einer Privatisierung im Strafvollzug, JZ 2000, 435-442.

Bosch, Nikolaus/ Reichert, Christopf — Konkurrenz der Strafvollzugsmodelle in den USA, ZStW 113 (2001), 207-251.

Bottke, Wilfried — Assoziationsprävention, Berlin 1995.

Böhm, Alexander Zur Änderung des Jugendgerichtsgesetzes, NJW 1991, 534-538.

ders. Gemeinnützige Arbeit als Strafe, ZRP 1998, 360-365.

Böhm, A./ Erhard, Christopher Die Praxis der bedingten Strafrestaussetzung, MschrKrim 67 (1984), 365-378.

Böttcher, Reinhard/ Weber, Klaus Erstes Gesetz zur Änderung des Jugendgerichtsgesetzes, NStZ 1991, 7-11.

Braum, Stefan Grundgesetzinterpretation und Strafrecht, KritV 1995, 371-398.

Brenner, Michael Grundgesetz und automobile Freiheit, DAR 2001, 559-564.

Bresser, Paul H. Die Begutachtung zur Sozialprognose "Lebenslänglicher" und Sicherungsverwahrter, JR 1974, 265-270.

ders. Haftschäden durch den Vollzug der lebenslangen Freiheitsstrafe, in: Ist die lebenslange Freiheitsstrafe verfassungswidrig?, H.-H. Jescheck/O. Triffterer (Hrsg.), Baden-Baden 1978, S. 15-24.

Bringewat, Peter Die Bildung der Gesamtvermögensstrafe – ein kriminalpolitisches Kuckucksei, NStZ 1993, 316-319.

Britz, Guido Strafe und Schmerz – eine Annäherung, in: FS für Heinz Müller-Dietz, G. Britz u. a. (Hrsg.), München 2001, S. 73-98.

Brugger, Winfried Grundlinien der Kantischen Rechtsphilosophie, JZ 1991, 893-900.

ders. Das Menschenbild der Menschenrechte, Jahrbuch für Recht und Ethik Bd. 3 (1995), 121-134.

Bruns, Hans-Jürgen Die Strafaussetzung zur Bewährung, GA 1956, 193-240.

ders. "Stellenwerttheore" oder "Doppelspurige Strafhöhenbemessung"?, in: FS für Eduard Dreher, H.-H. Jescheck (Hrsg.), Berlin usw. 1977, S. 251-264.

ders. Der "Bestimmtheitsgrad" der Punktstrafe im StrZ-Rechts, NJW 1979, 289-292.

ders. Leitfaden des Strafzumessungsrechts, Köln 1980.

ders. Das Recht der Strafzumessung, 2. Aufl., Köln usw. 1985.

von Bubnoff, Eckhart Zur Problematik des Mehrfachtäters im Rahmen des § 57 a StGB, JR 1982, 441-446.

Bull, Hans Peter Die Staatsaufgaben nach dem Grundgesetzen, 2. Aufl., Kronberg 1977.

Calliess, Rolf-Peter Theorie der Strafe im demokratischen und sozialen Rechtsstaat, Frankfurt a. M. 1974.

ders. Die Todesstrafe in der Bundesrepublik Deutschland, NJW 1988, 849-857.

ders. Die Abschaffung der Todesstrafe – Zusatzprotokoll Nr. 6 zur Europäischen Menschenrechtskonvention, NJW 1989, 1019-1021.

ders. Strafzwecke und Strafrecht, NJW 1989, 1338-1343.

ders. Die Strafzwecke und ihre Funktion: Straftheorie oder dialogische Strafrechtstheorie als Bezugsrahmen, in: FS für Heinz Müller-Dietz, G. Britz u. a. (Hrsg.), München 2001, S. 99-118.

Calliess, R.-P./ Müller-Dietz, Heinz Strafvollzugsgesetz, 9. Aufl., München 2002.

Canaris, Claus-Wilhelm Theorienrezeption und Theorienstruktur, in: FS für Zentaro Kitagawa, H. G. Leser (Hrsg.), Berlin 1992, S. 59-94.

Cattaneo, Mario A. Menschenwürde und Strafrechtsphilosophie der Aufklärung, in: Rechtsphilosophie der Aufklärung, R. Brandt (Hrsg.), Berlin usw. 1982, S. 321-334.

Chang, Gyu-Won Rückfall und Strafzumessung. Rechtsvergleichende Untersuchung zur Behandlung des Rückfalls im deutschen und koreanischen Strafrecht und kritische Studie zur Strafschärfung wegen Rückfalls, Pfaffenweiler 1993.

Choi, Chong-Ko Über die Rezeption westlichen Rechts in Korea, in: Zur Rezeption des deutschen Rechts in Korea, M. Rehbinder/J.-C. Sonn (Hrsg.), Baden-Baden 1990, S. 29-58.

Choi, Ou-Chan Reform- und Emanzipationsbestrebungen im koreanischen Strafrecht, in: FS für Haruno Nishihara, A. Eser (Hrsg.), Baden-Baden 1998, S. 364-388.

Coing, Helmut Aufgaben der Rechtsvergleichung in unserer Zeit, NJW 1981, 2601-2604.

Constantinesco, Leontin Jeon Rechtsvergleichung Bd. II, Köln 1972.

Cornel, Heinz Gemeinnützige Arbeit zur Abwendung der Vollstreckung von Ersatzfreiheitsstrafen und als selbständige Sanktion, in: FS für Klaus Lüderssen, C. Prittwitz u. a (Hrsg.), Baden-Baden 2002, S. 821-834.

Cramer, Peter Kurze Beiträge. Die Austauschbarkeit der Entziehung der Fahrerlaubnis gegen ein Fahrverbot, NJW 1968, 1764-1766.

ders. Das Strafensystem des StGB nach dem 1. April 1970. Ein Beitrag zur Rechtsentwicklung durch das 1. StRG, Jura 1970, 183-217.

Cremer, Peter-Josef Erlebt die Verwarnung mit Strafvorbehalt - §§ 59 ff. StGB - eine (Re-) Naissance?, NStZ 1982, 449-453.

Crummenerl, Jürgen Sicherheitsstaat und Strafverteidigung, StV 1989, 131-133.

Curti, Henning Strafe und Generalprävention, ZRP 1999, 234-236.

Dahs, Hans Im Banne der elektronischen Fußfessel, NJW 1999, 3469-3471.

Dando, Shigemitsu Die Strafrechts- und Strafprozessrechtswissenschaft in Japan, GA 1959, 357-367.

ders. Das Legalitätsprinzip und die Rolle der Rechtsprechung und der Theorien, in: FS für Ernst Heinitz, H. Lüttger (Hrsg.), Berlin 1972, S. 37-46.

Däubler-Gmelin, Herta Schwerpunkte der Rechtspolitik in der neuen Legislaturperiode, ZRP 1999, 81-85.

Deckers, Rüdiger Zur Frage der Aussetzung des Strafrestes zur Bewährung bei lebenslanger Haft, in: K. H. Bönner/W. de Boor (Hrsg.), Antrieb und Hemmung bei Tötungsdelikten, Basel usw. 1982, S. 102-111.

Dencker, Friedrich Ein Plädoyer für § 59 StGB, StV 1986, 399-405.

Di Fabio, Udo Privatisierung und Staatsvorbehalt, JZ 1999, 585-592.

Dolde, Gabriele/ Rössner, Dieter Auf dem Wege zu einer neue Sanktion: Vollzug der Freiheitsstrafe als Freizeitstrafe, ZStW 99 (1987), 424-451.

Dombois, Hans Menschen und Strafe, Witten-Ruhr 1957.

Dölling, Dieter Dreiundzwanzigste Strafrechtsänderungsgesetz – Strafaussetzung zur Bewährung, NStZ 1987, 1041-1049.

ders. Generalprävention durch Strafrecht: Realität oder Illusion?, ZStW 102 (1990), 1-20.

ders. Der Täter-Opfer-Ausgleich, JZ 1992, 493-499.

ders. Die Weiterentwicklung der Sanktionen ohne Freiheitsentzug im deutschen Strafrecht, ZStW 104 (1992), 259-289.

ders. Über die Höhenbemessung bei der Freiheits- und der Jugendstrafe, in: FS für Hans-Ludwig Schreiber, K. Amelung u. a. (Hrsg.), Heidelberg 2003, S. 55-62.

Dreher, Eduard Die Vereinheitlichung von Strafen und sichernden Maßregeln, ZStW 65 (1953), 481-495.

ders. Die Verwarnung mit Strafvorbehalt, in: FS für Reinhart Maurach, F.-C. Schröder (Hrsg.), Karlsruhe 1972, S. 275-294.

ders. Richterliche Aussetzung des Strafrestes auch bei lebenslanger Freiheitsstrafe?, in: FS für Richard Lange, G. Warda (Hrsg.), Berlin usw. 1976, S. 323-345.

ders. Über Strafrahmen, in: FS für Hans-Jürgen Bruns, W. Frisch/W. Schmid (Hrsg.), Köln usw. 1978, S. 141-164.

Dünkel, Frieder Rechtliche, rechtsvergleichende und kriminologische Probleme der Strafaussetzung zur Bewährung, ZStW 95 (1983), 1039-1075.

ders. Freiheitsentzug für junge Rechtsbrecher, Bonn 1990.

Ebbinghaus, Julius Die Strafen für Tötung eines Menschen nach Prinzipien einer Rechtsphilosophie der Freiheit, Bonn 1968, (Kantstudien-Ergänzungshefte Bd. 94), S. 33-35.

Ebel, Friedrich/ Kunig, Philip Die Abschaffung der Todesstrafe – Historie und Gegenwart, Jura 1998, 617-622.

Eberle, Hans-Jürgen Kants Straftheorie in ihrer Bedeutung für die Entwicklung einer Theorie der Straffälligenpädagogik, Kant-Studien 76 (1985), 90-106.

Ebert, Udo Talion und Spiegelung im Strafrecht, in: FS für Karl Lackner, W. Küper (Hrsg.), Berlin 1987, S. 399-422.

ders. Talion und Vergeltung im Strafrecht – ethische, psychologische und historische Aspekte, in: Recht und Moral: Beiträge zu einer Standortbestimmung, H. Jung (Hrsg.), Baden-Baden 1991, S. 249-267.

Ebert, Kurt Hanns Rechtsvergleichung. Einführung in die Grundlagen, Bern 1978.

Eckardt, Andre Korea. Geschichte und Kultur, Baden-Baden 1960.

Eisel, Lutz Grundsätze der Halbstrafenaussetzung nach § 57 Abs. 2 StGB, StV 1986, 312-314.

Einsele, Helga Haftschäden durch den Vollzug der lebenslangen Freiheitsstrafe, in: Ist die lebenslange Freiheitsstrafe verfassungswidrig?, H.-H. Jescheck/O. Triffterer (Hrsg.), Baden-Baden 1978, S. 43-59.

Eisenberg, Ulrich Kriminologie, 4. Aufl., Köln usw. 1995.

ders. Der praktische Fall – Kriminologie: "Rechtsfolgensystem im Wandel?", JuS 2000, 368-372.

ders. Jugendgerichtsgesetz, 10. Aufl., München 2004.

Ellscheid, Günter/ Hassemer, Winfried Strafe ohne Schuld, Civitas Jahrbuch für Sozialwissenschaften 1970, 27-49.

Engisch, Karl Bietet die Entwicklung der dogmatischen Strafrechtswissenschaft seit 1930 Veranlassung, in der Reform des Allgemeinen Teils des Strafrechts neue Wege zu gehen?, ZStW 66 (1954), 339-389.

Erichsen, Hans-Uwe Zur Verfassungswidrigkeit der lebenslangen Freiheitsstrafe, NJW 1976, 1721-1726.

Eser, Albin Absehen von Strafe – Schuldspruch unter Strafverzicht, in: FS für Reinhart Maurach, F.-C. Schröder (Hrsg.), Karlsruhe 1972, S. 257-294.

ders. Resozialisierung in der Krise? Gedanken zum Sozialisationsziel des Strafvollzuges, in: FS Karl Peters, J. Baumann (Hrsg.), Tübingen 1974, S. 505-518.

ders. Empfehlt es sich, die Straftatbestände des Mordes, des Totschlags und der Kindestötung (§§ 211 bis 213, 217 StGB) neu abzugrenzen? Gutachten zum 53. DJT, München 1980.

ders. Hundert Jahre deutscher Strafgesetzgebung, in: FS für Werner Maihofer, Arthur Kaufmann u. a. (Hrsg.), Frankfurt a. M. 1988, S. 109-134.

ders. Neue Wege der Gewinnabschöpfung im Kampf gegen die organisierte Kriminalität? in: FS für Walter Stree/Johannes Wessels, W. Küper (Hrsg.), Heidelberg 1993, S. 833-853.

ders. Rechtsgut und Opfer: Zur Überhöhung des Einen auf Kosten des Anderen, in: FS für Ernst-Joachim Mestmäcker, U. Immenga (Hrsg.), Baden-Baden 1996, S. 1005-1024.

ders. Funktionen, Methoden und Grenzen der Strafrechtsvergleichung, in: FS für Günther Kaiser, H.-J. Albrecht u. a. (Hrsg.), Berlin 1998, S. 1499-1529.

ders. Zur Entwicklung von Maßregeln der Besserung und Sicherung als zweite Spur im Strafrecht, in: FS für Heinz Müller-Dietz, G. Britz u. a. (Hrsg.), München 2001, S. 213-236.

Fehl, Elske Fahrverbot als alternative Hauptstrafe?, DAR 1998, 379-384.

von Feuerbach, Paul Johann Anselm Lehrbuch des gemeinen in Deutschland gültigen peinlichen Rechts, 12 Aufl., Gießen 1836.

ders. Revision und Grundsätze des positiven peinlichen Rechts, Teil I, Neudr. Aalen 1966.

Feuerhelm, Wolfgang Stellung und Ausgestaltung der gemeinnützigen Arbeit im Strafrecht, Wiesbaden 1997.

Fichte, Johann Gottlieb Grundlage des Naturrechts nach Prinzipien der Wissenschaftslehre, I. H. Fichte (Hrsg.), Nachdruck der Ausgabe, Berlin 1971.

Folkers, Horst Einheit in geschichtlichen Rechtsbegriffen? Zum Begriff des Rechts bei Kant, Hegel und Benjamin, ARSP Beiheft Nr. 18 (1983), 45-52.

Foth, Eberhard Die "besondere Schwere der Schuld" i. S. von § 57a StGB, NStZ 1993, 368-369.

Franke, Ulrich Das Fahrverbot als Hauptstrafe bei allgemeiner Kriminalität?, ZRP 2002, 20-23.

Frankenberg, Günter Ausweisung und Abschiebung trotz drohender Todesstrafe?, JZ 1986, 414-421.

Frankowski, Stanislaw Die Todesstrafe in den USA, ZStW 100 (1988), 951-973.

Frehsee, Detlev Wiedergutmachung statt Strafe, KrimJ 1982, 126-136.

ders. Schadenswiedergutmachung als Instrument strafrechtlicher Sozialkontrolle. Ein kriminalpolitischer Beitrag zur Suche nach alternativen Sanktionsformen., Berlin 1987.

Freund, Georg Der Zweckgedanke im Strafrecht?, GA 1995, 4-23.

Friedeberg, E. Dritte Landesversammlung der internationalen kriminalistischen Vereinigung, ZStW 13 (1893), 741-836.

Frisch, Wolfgang Das Marburgerprogramm und die Maßregeln der Besserung und Sicherung, ZStW 94 (1982), 565-598.

ders. Vorsatz und Risiko, Köln usw. 1983.

ders. Prognoseentscheidungen im Strafrecht. Zur normativen Relevanz empirischen Wissens und zur Entscheidung bei Nichtwissen, Heidelberg usw. 1983.

ders. Die Maßregeln der Besserung und Sicherung im strafrechtlichen Rechtsfolgensystem, ZStW 102 (1990), 343-393.

ders. Sicherheit durch Strafrecht?, in: GS für Ellen Schlüchter, G. Duttge u. a. (Hrsg.), Köln 2002, S. 669-689.

Frommel, Monika Die Bedeutung der Tätertypenlehre bei der Entstehung des § 211 StGB im Jahre 1941, JZ 1980, 559-564.

dies. Die Rechtsfolgenlösung des BGH bei Mord, StV 1982, 533-539.

dies. Von der Strafrechtsreform zur "Rechtserneuerung", ARSP Beiheft Nr. 18 (1983), 45-52.

dies. Fahrverbot – eine fein abstufbare Alternative zur Freiheitsstrafe, NJ 1999, 5.

Frühauf, Ludwig Wiedergutmachung zwischen Täter und Opfer, Gelsenkirchen 1988.

Fukuda, Taira Die Beziehungen zwischen der deutschen und der japanischen Strafrechtswissenschaft, in: GS für Armin Kaufmann, G. Doruseifer u. a. (Hrsg.), Köln usw. 1989, S. 71-77.

Funke, Andreas Überlegungen zu Gustav Radbruchs "Verleugnungsformel", ARSP 89 (2003), 1-16.

Fünfsinn, Helmut Die Rechtsfolgenlösung zur Umgehung der lebenslangen Freiheitsstrafe bei Mord. Stand der Diskussion in Rechtsprechung und Lehre nach BGHSt 30, 105, Jura 1986, 136-143.

ders. Die Rückwirkung des § 57 a StGB auf die Bestrafung wegen Mordes, GA 1988, 164-182.

Gallas, Wilhelm Tatstrafe und Täterstrafe, insbesondere im Kriegsstrafrecht, ZStW 60 (1940), 374-417.

ders. Gründen und Grenzen der Strafbarkeit, in: Beiträge zur Verbrechenslehre, Berlin 1968, S. 1-18.

ders. Der dogmatische Teil des Alternativ-Entwurfs, ZStW 80 (1968), 1-33.

Geck, Wilhem Karl Art. 102 GG und der Rechtshilfeverkehr zwischen der Bundesrepublik und Ländern mit der Todesstrafe – BVerfGE 18, 112, JuS 1965, 221-232.

Geden, Gerd Zur Entwicklung und Reform der Tötungsdelikte, JR 1980, 309-316.

Geiger, Theodor Vorstudien zu einer Soziologie des Rechts, 4. Aufl., Berlin 1987.

Geilen, Gerd Zur Entwicklung und Reform der Tötungsdelikte, JR 1980, 309-316.

Geis, Max-Emanuel Die pragmatische Sanktion der "verfassungskonformen Analogie": Kritische Anmerkung zur neuesten "Lebenslänglich-Entscheidung" des BVerfG, NJW 1992, 2938-2940.

Geisler, Claudius Reformbedarf im Jugendstrafrecht, NStZ 2002, 449-504.

Gerken, Ulrich Die gemeinnützige Arbeit auf dem Weg zur eigenständigen Sanktion?, ZRP 1989, 72.

Gerken, U./ Henningsen, Jörg Arbeit als strafrechtliche Sanktion? Rechtliche und tatsächliche Aspekte gemeinnütziger Arbeit als strafrechtliche Sanktion, MschrKrim 72 (1989), 222-305.

Giegerich, Thomas Richtermacht und Todesstrafe in den USA, EuGRZ 1995, 1-16.

Giehring, Heinz Universitäre Ausbildung im Recht der Straftatfolgen: Ziele, Möglichkeiten, Grenzen, in: FS für Lieselotte Pongratz, H. Ostendorf (Hrsg.), München 1986, S. 186-216.

Gleß, Sabine GrayGraham – Ein Todes-Fall in den Vereinigten Staaten von Amerika, MschrKrim 77 (1994), 69-81.

Goeman, Mechthild Das Schicksal der Lebenslänglichen, Berlin usw. 1977.

Goerdeler, Jochen/ Sonnen, Bernd-Rüdeger Das jugendstrafrechtliche Rechtsfolgensystem in der Reform, ZRP 2002, 347-351.

Gontard, Alexander Die Reform der Entziehung der Fahrerlaubnis – Argumente für eine Mindestlösung – in: FS für Kurt Rebmann, H. Eyrich (Hrsg.), München 1989, S. 211-231.

Göppinger, Hans Kriminologie, 4. Aufl., München 1980.

Gössel, Karl Heinz Wesen und Begründung der strafrechtlichen Sanktionen, in: FS für Gerd Pfeiffer, O.-F. Gamm (Hrsg.), Köln 1988, S. 3-25.

Götze, Bernd Probleme der Polizeihaftanstalten (daiyo kangoku) in Japan, ZStW 102 (1990), 952-974.

Graef, Ralph Oliver ‚Caning' – die Prügelstrafe in Singapur, JZ 1996, 1171-1172.

Grasnick, Walter Über Schuld, Strafe und Sprache, Tübingen 1987.

Grebing, Gerhardt Die Geldstrafe im deutschen Recht nach Einführung des Tagessatzsystems, in: Die Geldstrafe im deutschen und ausländischen Recht, H.-H. Jescheck/G. Grebing (Hrsg.), Baden-Baden 1978, S. 13-164.

Greger, Reinhard Das 23. Strafrechtsänderungsgesetz, JR 1986, 353-358.

Gross, Karl-Heinz — Aussetzung der lebenslangen Freiheitsstrafe, ZRP 1979, 133-137.

ders. — Zum Entwurf eines Strafrechtsänderungsgesetzes, StV 1985, 81-85.

ders. — Die Einwilligung des Verurteilten zu Weisungen und zur Reststrafaussetzung, in: FS für Peter Riess, E.-W. Hanack (Hrsg.), Berlin usw. 2002, S. 691-708.

Große, Christina — "Lebenslänglich" – und kein Ende, NStZ 1996, 220-222.

Grünewald, Anette — Zivilrechtlich begründete Garantenpflichten im Strafrecht?, Berlin 2001.

Grünhut, Max — Bedingte Verurteilung, ZStW 64 (1952), 127-155.

Grünwald, Gerald — Das Rechtsfolgensystem des Alternativ – Entwurfs, ZStW 80 (1968), 89-118.

Grüntzner, Heinrich — Aktuelle Probleme der Auslieferung, ZStW 81 (1969), 119-141.

Grüntzner, H/ Pötz, Paul-Günter — Internationaler Rechtshilfeverkehr in Strafsachen, 2. Aufl., Heidelberg, Stand September 2003.

Gusy, Christoph — Auslieferung bei drohender Todesstrafe?, GA 1983, 73-83.

ders. — Arbeitszwang – Zwangsarbeit – Strafvollzug – BVerfGE 74, 102, JuS 1989, 710-716.

Gusy, C./ Lührmann, Olivia — Rechtliche Grenzen de Einsatzes privater Sicherheitsdienste im Strafvollzug, StV 2001, 46-54.

Günther, Hans-Ludwig — Die Genese eines Straftatbestandes. Eine Einführung in Frage der Strafgesetzgebungslehre, JuS 1978, 8-14.

ders. — Systematische Grundlagen der Strafzumessung, JZ 1989, 1025-1030.

Günther, Klaus Die Konstitutionalisierung des Strafvollzuges durch das Bundesverfassungsgericht – Ein Beispiel für die Fragilität der Verfassungsdynamik (BVerfGE 33, 1 ff.), KritV 2000, 298-312.

Haffke, Bernhard Gibt es ein verfassungsrechtliches Besserungsverbot?, MschrKrim 58 (1975), 246-261.

ders. Tiefenpsychologie und Generalprävention. Eine strafrechtstheoretische Untersuchung. Frankfurt a. M. 1976.

ders. "Besondere Schwere der Schuld" und "Verteidigung der Rechtsordnung" in den Gesetzentwürfen zur Aussetzung des Strafrestes bei lebenslanger Freiheitsstrafe, in: K. H. Bönner/ W. de Boor (Hrsg.), Antrieb und Hemmung bei Tötungsdelikten, Basel usw. 1982, S. 19-88.

Haft, Fritjof Strafrecht. Allgemeiner Teil, 8. Aufl., München 1998.

Hall, Karl Alfred Sicherungsverwahrung und Sicherungsstrafe, ZStW 70 (1958), 41-63.

Hamm, Richter Eigentum im Wandel der Zeit, KritV 1993, 213-226.

ders. Leitlinien für "Bagatellstrafsachen", KritV 1996, 325-329.

Han, Young-Soo Die Bedeutung und Einschätzung der kurzen Freiheitsstrafe in Deutschland und Südkorea, Frankfurt a. M. 1997.

Hanssen, Christian/ Otto, Martin Das Freiheitsprinzip als Grenze inflationärer Strafrechtsnormschaffung, ZRP 2002, 318-320.

Harbordt, Steffen Die Subkultur des Gefängnisses, 2. Aufl., Stuttgart 1972.

Hart, H. L. A. Prolegomena zu einer Theorie der Strafe, in: Recht und Moral 1971, S. 58-86.

Hartig, Hanno — Die Todesstrafe in den Mitgliedstaaten des Europarats, EuGRZ 1980, 340-344.

ders. — Abschaffung der Todesstrafe in Europa. Das 6. Zusatzprotokoll zur EMRK, EuGRZ 1983, 270-272.

Harzer, Regina — Der Naturzustand als Denkfigur moderner praktischer Vernunft, Frankfurt a. M. 1994.

ders. — Verbrecherfahndung durch "künstliches Status" – Strafrechtliche und strafrechtsphilosophische Kommentare zu einer modernen polizeilichen Maßnahme, in: FS Ernst Amadeus Wolff, R. Zaczyk u. a. (Hrsg.), Berlin usw. 1998, S. 85-99.

Hartung, Fritz — Das zweite Gesetz zur Sicherung des Straßenverkehrs, NJW 1965, 86-91.

Hassemer, Winfried — Theorie und Soziologie des Verbrechens. Ansätze zu einer praxisorientierten Rechtsgutslehre, Frankfurt a. M. 1973.

ders. — Strafrechtsdogmatik und Kriminalpolitik, Reinbek 1974.

ders. — Die Formalisierung der Strafzumessungsentscheidung, ZStW 90 (1978), 64-99.

ders. — Das Absehen von Strafen als kriminalpolitisches Instrument, in: FS für Werner Sarstedt, R. Hamm (Hrsg.), Berlin – New York 1981, S. 65-79.

ders. — Resozialisierung und Rechtsstaat, KrimJ 1982, 161-166.

ders. — Strafziele im sozialwissenschaftlich orientierten Strafrechts, in: Fortschritt im Strafrecht durch die Sozialwissenschaft?, W. Hassemer u. a. (Hrsg.), Heidelberg 1983, S. 39-66.

ders. — Prävention im Strafrecht, JuS 1987, 257-266.

ders. — Symbolisches Strafrecht und Rechtsgüterschutz, NStZ 1989, 553-559.

ders. Einführung in die Grundlagen des Strafrechts, 2. Aufl., München 1990.

ders. Kennzeichen und Krisen des modernen Strafrechts, ZRP 1992, 378-383.

ders. Strafrechtswissenschaft in der Bundesrepublik Deutschland, in: Rechtswissenschaft in der Bonner Republik, D. Siemon (Hrsg.), Frankfurt a. M. 1994, S. 259-310

ders. Aufgaben des Strafrechts in privater Hand?, in: Privatisierung staatlicher Kontrolle, F. Sack (Hrsg.), Baden-Baden 1995, S. 206-218.

ders. Interkulturelles Strafrecht, in: FS für Ernst Amadeus Wolff, R. Zaczyk u. a. (Hrsg.), Berlin usw. 1998, S. 101-123.

ders. Darf der strafende Staat Verurteilte besseren wollen? – Resozialisierung im Rahmen positiver Generalprävention, in: FS für Klaus Lüderssen, C. Prittwitz u. a. (Hrsg.), Baden-Baden 2002, S. 221-240.

Häberle, Peter Arbeit als Verfassungsproblem, JZ 1984, 345-355.

Hegel, Georg Friedrich Wilhelm Grundlinien der Philosophie des Rechts, B. Lakebrink (Hrsg.), Reclam Stuttgart 1995.

Heghmanns, Michael Abweichungen vom Nettoeinkommensprinzip bei der Bemessung von Geldstrafe, NStZ 1994, 519-523.

ders. Fahrverbot, Arbeitsstrafe und Hausarrest als taugliche Instrumente zur Vermeidung von unnötigen Strafvollzug?, ZRP 1999, 297-302.

Heine, Günter Mord und Mordstrafe: Grundmängel der deutschen Konzeption und rechtsvergleichende Reformüberlegung, GA 2000, 305-319.

Heinitz, Ernst Der Ausbau des Strafensystems, ZStW 65 (1953), 26-52.

Heinz, Wolfgang Strafrechtsreform und Sanktionsentwicklung, ZStW 94 (1982), 632-668.

ders. Diversion im Jugendstrafverfahren, ZRP 1990, 7-11.

ders. Sanktionierungspraxis in der BRD im Spiegel der Rechtspflegestatistiken, ZStW 111 (1999), 461-503.

Heinz, W./ Spieß, Gerhard Alternativen zu formellen Reaktionen im deutschen Jugendstrafrecht, in: Deutsche Forschungen zur Kriminalitätsentstehung und Kriminalitätskontrolle, H.-J. Kerner u. a. (Hrsg.), Köln 1983, S. 896-938.

Helgerth, Roland/ Krauß, Friedrich Der Gesetzentwurf zur Reform des Sanktionenrechts, ZRP 2001, 281-283.

Henkel, Heinrich Die richtige Strafe. Gedanken zur richterlichen Strafzumessung, in: Staat und Recht, Tübingen 1969.

von Hentig, Hans Die Strafe II. Die modernen Erscheinungsformen, Berlin usw. 1955.

Herzog, Felix Prävention des Unrechts oder Manifestation des Rechts, Frankfurt a. M. usw. 1987.

ders. Gewinnabschöpfung und Vermögenssanktionen: Verbrechensbekämpfung durch Kostenmaximierung des Normbruchs, in: FS für Klaus Lüderssen, C. Prittwitz u. a. (Hrsg.), Baden-Baden 2002, S. 241-251.

Hettinger, Michael Entwicklungen im Strafrecht und Strafverfahrensrecht der Gegenwart, Heidelberg 1997.

Heuser, Robert Zur Einführung: Recht und Rechtstheorie in der Volksrepublik China, JuS 1973, 537-542.

Hinz, Werner Erziehung, Generalprävention und Opferschutz, JR 2001, 50-58.

von Hippel, Reinhard Deutsches Strafrecht, Bd. I, Berlin 1925.

Hirsch, Ernst E. Das Recht im sozialen Ordnungsgefüge, Berlin 1966.

ders. Rezeption als sozialer Prozess, Berlin 1981.

Hirsch, Hans Joachim Bilanz der Strafrechtsreform, in: GS für Hilde Kaufmann, H. J. Hirsch (Hrsg.), Berlin usw. 1986, S. 133-165.

ders. 25 Jahre Entwicklung des Strafrechts, in: 25 Jahre Rechtsentwicklung in Deutschland – 25 Jahre Juristische Fakultät der Universität Regensburg, München 1993, S. 35-56.

ders. Das Schuldprinzip und seine Funktion im Strafrecht, ZStW 106 (1994), 746-765.

Hobbes, Thomas Leviathan, oder Stoff, Form und Gewalt eines kirchlichen und bürgerlichen Staates, Frankfurt a. M. 1986.

Hoerster, Norbert Zur Generalprävention als dem Zweck staatlichen Strafens, GA 1970, 272-281.

Hoffmann, Josef Ernst Tugendhats Theorie der Gerechtigkeit und die Begründung eines Rechts auf ein Existenzminimum, ARSP 88 (2002), 495-518.

Hoffmeister, Frank Die europäische Menschenrechtskonvention als Grundrechtsverfassung und ihre Bedeutung in Deutschland, Der Staat 40 (2001), 349-381.

Hofmann, Hasso Zur Herkunft der Menschenrechtserklärungen, JuS 1988, 841-848.

ders. Einführung in die Rechts- und Staatsphilosophie, Darmstadt 2000.

Hohler, Richard Die Strafrechtsreform – Beginn und Erneuerung, NJW 1969, 1225-1228.

Hohmann, Olaf Die Geschichte der Todesstrafe in Deutschland, in: Zur Aktualität der Todesstrafe, C. Boulanger u. a (Hrsg.), 2. Aufl., Berlin 2002, S. 247-268.

ders. Darf ein Staat töten?, Jura 2000, 285-292.

Horn, Eckhard Die Strafrechtlichen Sanktionen, München 1975.

ders. Neuerungen der Kriminalpolitik im deutschen Strafgesetzbuch 1975, ZStW 89 (1977), 547-569.

ders. Ist die Verwarnung mit Strafvorbehalt noch zu retten, NJW 1980, 106-107.

ders. Bewährungsstrafe: Bewährung sonst Strafe, ZRP 1990, 81-82.

Horstkotte, Hartmuth Die Vorschriften des Ersten Gesetzes zur Reform des Strafrechts über die Strafbemessung (§§ 13-16, 60 StGB), JZ 1970, 122-128.

Höffe, Otfried Kants Begründung des Rechtszwangs und der Kriminalstrafe, in: Rechtsphilosophie der Aufklärung, R. Brandt (Hrsg.), Berlin usw. 1982, S. 335-375.

ders. Gibt es ein interkulturelles Strafrecht? Ein philosophischer Versuch, Frankfurt a. M. 1999.

Hörnle, Tatjana Die Vermögensstrafe, ZStW 108 (1996), 333-353.

Hruschka, Joachim Strafe und Strafrecht bei Achenwall – Zu einer Wurzel von Feuerbachs psychologischer Zwangstheorie, JZ 1987, 161-169.

ders. Vorpositives Recht als Gegenstand und Aufgabe der Rechtswissenschaft, JZ 1992, 429-438.

ders. Die Würde des Menschen bei Kant, ARSP 88 (2002), 463-480.

Huber, Barbara Community Service Order als Alternative zur Freiheitsstrafe, JZ 1980, 638-643.

Huh, Young Begegnung europäischer und ostasiatischer Rechtskultur, Verfassung und Recht im Übersee 1977, 117-121.

Hyun, Sung-Jong Das traditionelle koreanische und das moderne westliche Recht, in: Zur Rezeption des deutschen Rechts in Korea, M. Rehbinder/J.-C. Sonn (Hrsg.), Baden-Baden 1990, S. 17-28.

Ida, Makoto Die heutige japanische Diskussion über das Straftatsystem. Eine kritische Untersuchung unter besonderer Berücksichtigung der Entwicklung des deutschen Strafrechtswissenschaft, Berlin 1991.

Jagusch, Heinrich Über die Strafaussetzung zur Bewährung (§§ 23-25 StGB), JZ 1953, 688-690.

Jakobs, Günther Schuld und Prävention, Tübingen 1976.

ders. Kriminalisierung im Vorfeld einer Rechtsgutsverletzung, ZStW 97 (1985), 756-785.

ders. Das Strafrecht zwischen Funktionalismus und "alteuropäischen" Prinzipiendenken, ZStW 107 (1995), 843-876.

ders. Der Kern der Gesellschaft ist betroffen, KritV 1996, 320-324.

ders. Norm, Person, Gesellschaft, Berlin 1997.

ders. Strafrecht. Allgemeiner Teil, 2. Aufl., Berlin - New York 1991.

Janke, Wolfgang Anerkennung Fichtes Grundlegungen des Rechtsgrundes, Kant-Studien 82 (1991), 197-218.

Jarass, Hans D./ Pieroth, Bodo Grundgesetz für die Bundesrepublik Deutschland, 6. Aufl., München 2002.

Jayme, Erik Die kulturelle Dimension des Rechts – ihre Bedeutung für das Internationale Privatrecht und die Rechtsvergleichung, RabelsZ 67 (2003), 211-230.

Jäger, Christian Jugend zwischen Schuld und Verantwortung. Was kann eine strafzweckorientierte Schuld- und Verantwortungslehre zum Verhältnis des Jugendstrafrechts beitragen?, GA 2003, 469-481.

Jähnke, Burkhard — Über die gerechte Ahndung vorsätzlicher Tötung und das Mordmerkmal der Überlegung, MDR 1980, 705-709.

Jescheck, Hans-Heinrich — Entwicklung, Aufgaben und Methoden der Strafrechtsvergleichung, in: Recht und Staat, Tübingen 1955.

ders. — Strafrechtsreform in Deutschland Allgemeiner Teil, SchwZStr 91 (1975), 1-44.

ders. — Zu den Auswirkungen der tatbestandlichen Ausgestaltung des § 211 StGB, in: Ist die lebenslange Freiheitsstrafe verfassungswidrig?, H.-H. Jescheck/O. Triffterer (Hrsg.), Baden-Baden 1978, S. 127-140.

ders. — Die Bedeutung der Rechtsvergleichung für die Strafrechtsreform, in: FS für Paul Bockelmann, Arthur Kaufmann u. a. (Hrsg.), München 1979, S. 133-154.

ders. — Strafrechtsreform in Deutschland, SchwZStr 100 (1983), 1-28.

ders. — Die Freiheitsstrafe und ihre Surrogate in rechtsvergleichender Darstellung, in: Die Freiheitsstrafe und ihre Surrogate im deutschen und ausländischen Recht, H.-H. Jescheck (Hrsg.), Baden-Baden 1984, S. 1940-2172.

ders. — Das Menschenbild unserer Zeit und die Strafrechtsreform, Tübingen 1957.

ders. — Grundzüge der Kriminalpolitik in rechtsvergleichender Sicht, in: FS für Kochi Miyazawa, H.-H. Kühne (Hrsg.), Baden-Baden 1995, S. 363-382.

Jescheck, H.-H./ Weigend, Thomas — Lehrbuch des Strafrechts. Allgemeiner Teil, 5. Aufl., Berlin 1996.

Jolin, Annette/ Rogers, Robert — Elektronisch überwachter Hausarrest: Darstellung einer Strafvollzugsalternative in den Vereinigten Staaten, MschrKrim 73 (1990), 201-208.

Julius, Karl-Peter Tagungsbericht, ZStW 111 (1999), 889-915.

Jung, Heike Einführung in das neue Strafrecht, 2. Aufl., München 1975.

ders. Reform der lebenslangen Freiheitsstrafe, JuS 1982, 222-224.

ders. Rückwirkungsverbot und Maßregel, in: FS für Rudolf Wassermann, C. Broda (Hrsg.), Neuwied usw. 1985, S. 875-889.

ders. Fortentwicklung des strafrechtlichen Sanktionensystems, JuS 1986, 741-745.

ders. Compensation order – Ein Modell der Schadenswiedergutmachung?, ZStW 99 (1987), 497-535.

ders. Sanktionensysteme und Menschenrechte, Bern usw. 1992.

ders. Prüfsteine für das strafrechtliche Sanktionensystem, GA 1993, 535-546.

ders. Zum Wandel von Sanktionensystemen, in: Langer Freiheitsentzug – wie lange noch?, H. Jung/H. Müller-Dietz (Hrsg.), Bonn 1994, S. 23-29.

ders. Anmerkungen zum Verhältnis von Strafe und Staat, GA 1996, 507-517.

ders. Grundfragen der Strafrechtsvergleichung, JuS 1998, 1-7.

ders. Zur Renaissance des Opfers – ein Lehrstück kriminalpolitischer Zeitgeschichte, ZRP 2000, 159-163.

Kahlo, Michael Das Problem des Pflichtwidrigkeitszusammenhangs bei den unechten Unterlassungsdelikten, Berlin 1990.

ders. Der Begriff der Prozesssubjektivität und seine Bedeutung im reformierten Strafverfahren, besonders für die Rechtsstellung des Beschuldigten, KritV 1997, 183-210.

Kaiser, Günther Die Fortentwicklung der Methoden und Mittel des Strafrechts, ZStW 86 (1974), 349-375.

ders. Menschenrechte im Straf- und Maßregelvollzug, in: FS für Rudolf Schmitt, K. Geppert (Hrsg.), Tübingen 1992, S. 359-386.

ders. Kriminologie, 10. Aufl., Heidelberg 1997.

ders. Strafvollzug und totalitärer Herrschaft, in: FS für Heinz Müller-Dietz, G. Britz u. a. (Hrsg.), München 2001, S. 327-347.

Kaiser, G./Dünkel, Frieder/Ortmann, Rüdiger Die sozialtherapeutische Anstalt – das Ende einer Reform?, ZRP 1982, 198-206.

Kaiser, G./ Schöch, Heinz Strafvollzug, 5. Aufl., Heidelberg 2002.

Kant, Immanuel Grundlegung zur Metaphysik der Sitten, H. Ebeling (Hrsg.), Reclam Stuttgart 1991.

ders. Idee zu einer allgemeinen Geschichte in weltbürgerlicher Absicht, in: Immanuel Kant, Werkausgabe Bd. 9, W. Weischedel (Hrsg.), Frankfurt a. M. 1996, S. 33-50.

ders. Die Metaphysik der Sitten, H. Ebeling (Hrsg.), Reclam Stuttgart 2001.

Kargl, Walter Rechtsgüterschutz durch Rechtsschutz, Über den begrenzenden Zusammenhang von Rechtsgütern, Schaden und Strafe, in: Vom unmöglichen Zustand des Strafrechts, Institut für Kriminalwissenschaften Frankfurt a. M. (Hrsg.), 1995, S. 53-64.

ders. Friede durch Vergeltung. Über den Zusammenhang von Sache und Zweck im Strafbegriff, GA 1998, 53-77.

Kau, Marcel Verfassungsrechtliche Grenzen der Strafandrohung, in: FS für Martin Kriele, B. Ziemske u. a. (Hrsg.), München 1997, S. 761-775.

Kaufmann, Armin Die Strafaussetzung zur Bewährung und das Verbot der reformatio in peius, JZ 1958, 297-301.

ders. Strafrechtsdogmatik zwischen Sein und Wert. Gesammelte Aufsätze und Vorträge, Köln usw. 1982.

Kaufmann, Arthur Dogmatische und kriminalpolitische Aspekte des Schuldgedankens im Strafrecht, JZ 1967, 553-560.

ders. Das Schuldprinzip, 2. Aufl., Heidelberg 1976.

ders. Schuld und Prävention, in: FS für Rudolf Wassermann, C. Broda (Hrsg.), Neuwied usw. 1985, S. 889-897.

ders. Unzeitgemäße Betrachtungen zum Schuldgrundsatz im Strafrecht, Jura 1986, 225-233.

ders. Rechtsphilosophie, 2. Aufl., München 1997.

Kaufmann, Arthur/ Hassemer, W. Grundprobleme der zeitgenössischen Rechtsphilosophie und Rechtstheorie, Frankfurt a. M. 1971.

Kaulbach, Friedrich Moral und Recht in der Philosophie Kants, in: Recht und Ethik, J. Blühdorn u. a. (Hrsg.), Frankfurt a. M. 1970, S. 43-58.

Keller, Rainer Verhältnis von staatlicher und privater Sozialkontrolle aus staatstheoretischer und öffentlich – rechtlicher Sicht, in: Privatisierung staatlicher Kontrolle, F. Sack (Hrsg.), Baden-Baden 1995, S. 88-103.

Keller, Dieter Die Todesstrafe in kritischer Sicht, Berlin 1968.

Kelsen, Hans Reine Rechtslehre, 2. Aufl., Wien 1992.

Kerner, Hans-Jürgen Tötungsdelikte und lebenslange Freiheitsstrafe, ZStW 98 (1986), 874-918.

ders. Jugendkriminalität als "Vorreiter" der Strafrechtsreform? – Überlegungen zu 40 Jahren Rechtsentwicklung in Rechtsprechung, Lehre und Kriminalpolitik, in: 40 Jahre Bundesrepublik Deutschland, 40 Jahre Rechtsentwicklung, K. W. Nörr (Hrsg.), Tübingen 1989, S. 347-379.

ders. Kriminologische Kriterien für eine individualpräventive Sanktionsentscheidung, in: Individualprävention und Strafzumessung, J.-M. Jehle (Hrsg.), Wiesbaden 1992, S. 209-239.

Kigawa, Toichoro Probleme der Juristenausbildung in Japan, JuS 1988, 579-580.

Kim, Hyo-Jeon Hundert Jahre Verfassungsrecht in Korea und Deutschland, Jahrbuch des öffentlichen Rechts der Gegenwart Bd. 35 (1986), 575-604.

Kim, Il-Su Die Strafrechtsreform in Korea, ZStW 106 (1994), 405-423.

Kim, Young-Hwan Zur Rezeption des deutschen Strafrechts in Korea, in: FS für Arthur Kaufmann, F. Haft u. a. (Hrsg.), Heidelberg 1993, S. 695-707.

Kindhäuser, Urs Personalität, Schuld und Vergeltung. Zur rechtsethischen Legitimation und Begrenzung der Kriminalstrafe, GA 1989, 493-507.

ders. Rechtstreue als Schuldkategorie, ZStW 107 (1995), 701-733.

Kinzig, Jörg Neues von der Sicherungsverwahrung, StV 2002, 500-504.

Kleinheyer, Gerd Vom Wesen der Strafgesetze in der neueren Rechtsentwicklung, in: Recht und Staat, Tübingen 1968.

Klesczewski, Diethelm Die Rolle der Strafe in Hegels Theorie der bürgerlichen Gesellschaft, Berlin 1991.

ders. Kants Ausdifferenzierung des Gerechtigkeitsbegriffs als Leitfaden der Unterscheidung von Unrechtsreformen, ARSP-Beiheft Nr. 66 (1997), 77-103.

ders. Auswirkungen von Umbruch und Krise einer Bürger-Gesellschaft auf das Strafrecht, ARSP-Beiheft Nr. 71 (1997), 140-152.

Klose, Peter "Ins puniendi" und Grundgesetz, ZStW 86 (1974), 33-67.

Klug, Ulrich Das Verhältnis zwischen der Europäischen Menschenrechts-Konvention und dem Grundgesetz, in: GS für Hans Peters, H. Conrad (Hrsg.), Berlin 1967, S. 434-444.

ders. Abschied von Kant und Hegel, in: Programm für ein neues Gesetz, J. Baumann (Hrsg.), Frankfurt a. M. 1968, S. 36-41.

Kobayashi, Naoki Rechtsbewusstsein und soziale Struktur in Japan, ARSP-Beiheft Nr. 30 (1987), 14-21.

Koch, Arnd Die Todesstrafe in der DDR, ZStW 110 (1998), 89-113.

Kohlmann, Günther Vollstreckung kurzfristiger Freiheitsstrafen – wirksames Mittel zur Bekämpfung von Kriminalität?, in: FS für Otto Triffterer, K. Schmoller (Hrsg.), Wien usw. 1996, S. 603-616.

Koller, Peter Probleme der utilitarischen Strafrechtsfertigung, ZStW 91 (1978), 45-95.

Koriath, Heinz Über Vereinigungstheorien als Rechtfertigung staatlicher Strafe, Jura 1995, 625-635.

Koschaker, Paul Europa und das römische Recht, 4. Aufl., München-Berlin 1966.

Köhler, Michael Zur Abgrenzung des Mordes Erörtert am Mordmerkmal >>Verdeckungsabsicht<<, GA 1980, 121-142.

ders. Vorsatzbegriff und Bewusstseinsform des Vorsatzes, GA 1981, 285-300.

ders. Die bewusste Fahrlässigkeit, Heidelberg 1982.

ders. Über den Zusammenhang von Strafrechts-begründung und Strafzumessung, Heidelberg 1983.

ders. Zur Strafbarkeit des Mordes bei "außergewöhnlichen Umständen" – BGHSt 30, 105, JuS 1984, 762-770.

ders. Zur Frage der Strafbarkeit des Leugnens von Völkermordtaten, NJW 1985, 2389-2391.

ders. Der Begriff der Strafe, Heidelberg 1986.

ders. Zur Kritik an der Zwangsarbeitsstrafe, GA 1987, 145-161.

ders. Strafbegründung im konkreten Rechtsverhältnis, in: FS für Karl Lackner, W. Küper (Hrsg.), Berlin 1987, S. 11-37.

ders. Zwangsarbeitsverbot und Jugendstrafrecht, JZ 1988, 749-755.

ders. Anmerkung zu dem § 47 StGB, JZ 1989, 697-699.

ders. Strafgesetz, Gnade und Politik nach Rechtsbegriffen, in: Rechtsdogmatik und Rechtspolitik, K. Schmidt (Hrsg.), Berlin 1990, S. 57-74.

ders. Gerechte Geldstrafe statt konfiskatorischer Vermögenssanktionen, JZ 1991, 797-804.

ders. Iustitia distributiva. Zum Begriff und zu den Formen der Gerechtigkeit, ARSP 79 (1993), 457-482.

ders.	Unbegrenzte Ermittlung und justizfreie Bundesgeheimpolizei: Der neue Strafprozess?, StV 1994, 386-389.
ders.	Das angeborene Recht ist nur ein einziges ..., in: Vielfalt des Rechts – Einheit der Rechtsordnung?, K. Schmidt (Hrsg.), Berlin 1994, S. 61-84.
ders.	Prozessrechtsverhältnis und Ermittlungseingriffe, ZStW 107 (1995), 10-47.
ders.	Begriff der freiheitlichen Rechtsverfassung, Rechtstheorie 27 (1995), 387-399.
ders.	Allgemeine Dienstpflicht für junge Erwachsene?, ZRP 1995, 140-144.
ders.	Gesellschaft und Staat nach freiheitlichem Rechtsprinzip im Übergang zu einer internationalen Gerechtigkeitsverfassung, in: FS für Ernst-Joachim Mestmäcker, U. Immenga (Hrsg.), Baden-Baden 1996, S. 211-225.
ders.	Form und Inhalt europäischer Strafrechtsangleichung. Beitrag zum Frankfurter Forum zur Wahrung rechtsstaatlicher Grundlagen europäischen Strafrechts, KritV 2001, 305-311.
Köhler, M./ Beck, Wolfgang	Gerechte Geldstrafe statt konfiskatorischer Vermögenssanktionen, JZ 1991, 797-804.
Köhne, Michael	Verfassungsmäßigkeit der lebenslangen Freiheitsstrafe, 25 Jahre nach BVerfGE 45, 187 ff., JR 2003, 5-9.
Kölbel, Ralf	Über die Wirkung außerstrafrechtlicher Norm auf die Strafrechtsauslegung, GA 2002, 403-423.
König, Peter	Fahrverbot bei allgemeiner Kriminalität, NZV 2001, 6-11.
König, P./Seitz, Helmut	Die straf- und strafverfahrensrechtliche Regelungen des Verbrechensbekämpfungsgesetzes, NStZ 1995, 1-6.

König, Siegfried Zur Begründung der Menschenrechte, Freiburg usw. 1994.

Kötz, Hein Rechtsvergleichung und Rechtsdogmatik, in: Rechtsdogmatik und Rechtspolitik, K. Schmidt (Hrsg.), Berlin 1990, S. 75-123.

ders. Alte und neue Aufgaben der Rechtsvergleichung, JZ 2002, 257-264.

Krahl, Matthias Der elektronisch überwachte Hausarrest, NStZ 1997, 457-461.

Krebs, Walter Zur verfassungsrechtlichen Verortung und Anwendung des Übermaßverbots, Jura 2001, 228-234.

Kreuzer, Arthur Kriminologische Aspekte zur Debatte um die lebenslange Freiheitsstrafe, ZRP 1977, 49-53.

ders. Gefängnisüberfüllung – eine kriminalpolitische Herausforderung, in: FS für Günter Blau, H.-D. Schwind (Hrsg.), Berlin 1985, S. 459-486.

Krey, Volker Studien zum Gesetzesvorbehalt im Strafrecht, Berlin 1977.

ders. Zur Einschränkung des Notwehrrechts bei der Verteidigung von Sachgütern, JZ 1979, 702-715.

ders. Keine Strafe ohne Gesetz, Berlin - New York 1983.

ders. Parallelitäten und Divergenzen zwischen strafrechtlichem und öffentlichrechtlichem Gesetzesvorbehalt, in: FS für Günter Blau, H.-D. Schwind (Hrsg.), Berlin 1985, S. 123-150.

ders. Strafverfahrensrecht, Bd. 1, Stuttgart usw. 1988.

ders. Gesetzestreue und Strafrecht, ZStW 101 (1989), 838-873.

ders. Deutsches Strafrecht. Allgemeiner Teil Bd. 1, 2001, Bd. 2, 2002, Stuttgart.

ders. Kriminalitätsbekämpfung um jeden Preis?, Rechtspolitisches Form 9 (2003), B. von Hoffmann/G. Robbers (Hrsg.), Trier 2003.

Krey, V./ Dierlamm, Alfred Gewinnabschöpfung und Geldwäsche, JR 1992, 353-360.

Kriele, Martin Kriterien der Gerechtigkeit, Berlin 1963.

ders. Zur Universalität der Menschenrechte, ARSP-Beiheft Nr. 51 (1993), 47-61.

Kropp, Christian Das jugendrechtliche Sanktionensystem, JA 2001, 429-434.

Krökel, Michael Die vorzeitige Entlassung Lebenslanger, in: Antrieb und Hemmung bei Tötungsdelikten, K. H. Bönner/W. de Boor (Hrsg.), Basel usw. 1982, S. 89-101.

Kruis, Konrad Haftvollzug als Staatsaufgabe, ZRP 2000, 1-5.

Kubink, Michael Strafen und ihre Alternativen im zeitlichen Wandel, Berlin 2002.

Kudlich, Hans Grundrechtsorientierte Auslegung im Strafrecht, JZ 2003, 127-133.

ders. Der Strafvollzug im Spannungsverhältnis zwischen Vollzugsziel und Sicherheit, JA 2003, 704-712.

Kuhlen, Lothar Diversion im Jugendstrafverfahren, Heidelberg 1988.

Kunert, Franz Der zweite Abschnitt der Strafrechtsreform, NJW 1970, 537-545.

Kunert, Karl-Heinz Gerichtliche Aussetzung des Restes der lebenslangen Freiheitsstrafe kraft Gesetzes, NStZ 1982, 89-96.

Kunz, Karl-Ludwig Prävention und gerechte Zurechnung, ZStW 98 (1986), 823-838.

ders. Die kurzfristige Freiheitsstrafe und die Möglichkeit ihres Ersatzes, SchwZStr 103 (1986), 182-214.

Kusano, H Die Vorschläge der Kommission "Rinji-Hosel-Shingikwai" zur Reform des japanischen Strafgesetzbuchs, ZStW 48 (1928), 70-91.

Kühl, Kristian Wertordnung oder Freiheitsordnung?, GA 1977, 353-365.

ders. Der Einfluss der europäischen Menschenrechtskonvention auf das Strafrecht und Strafverfahrensrecht der Bundesrepublik Deutschland (Teil I), ZStW 100 (1988), 406-443.

ders. Rehabilitierung und Aktualisierung des kantischen Vernunftrechts, ARSP-Beiheft Nr. 44 (1991), 212-221.

ders. Die Bedeutung der Rechtsphilosophie für das Strafrecht, H. Dreier/D. Willoweit (Hrsg.), 1. Aufl., Baden-Baden 2001.

Kühn, Hermann Christoph Schutz vor Todesstrafe im Ausland, ZRP 2001, 542-547.

Kühne, Hans-Heiner Opportunität und quasi-richtliche Tätigkeit des japanischen Staatsanwalts, ZStW 85 (1973), 1079-1101.

ders. Vom Strafrecht, von der Kriminologie und vom Mythos der Rationalität, GA 1994, 503-513.

ders. Grenzen staatlicher Eingriffsbefugnisse in Individualrechte bei der Kriminalitätsbekämpfung, in: Neue Strafrechtsentwicklungen im deutsch – japanischen Vergleich, H.-H. Kühne/K. Miyazawa (Hrsg.), Köln usw. 1995, S. 153-169.

ders. Gegenstand und Reichweite von Präventionskonzepten, in: FS für Klaus Rolinski, H.-H. Kühne u. a. (Hrsg.), Baden-Baden 2002, S. 1-18.

ders. Strafprozessrecht. Ein Lehrbuch zum deutschen und europäischen Strafverfahrensrecht, 6. Aufl., Heidelberg 2003.

Kühne, H.-H./ Miyazawa, Koichi Kriminalität und Kriminalitätsbekämpfung in Japan, Sonderband der BKA-Forschungsreihe, 2. Aufl., Wiesbaden 1991, S. 51-338.

dies. Die Kriminalitätsentwicklung in Japan und Süd-Korea, MschrKrim 71 (1988), 266-274.

Küpper, Georg Die Probleme des Mordtatbestandes als Folge der absoluten Strafdrohung, in: FS für Martin Kriele, B. Ziemske u. a. (Hrsg.), München 1997, S. 778-794.

Kürzinger, Josef Die Freiheitsstrafe und ihre Surrogate in der Bundesrepublik Deutschland, in: Die Freiheitsstrafe und ihre Surrogate im deutschen und ausländischen Recht, H.-H. Jescheck/G. Grebing (Hrsg.), Baden-Baden 1983, S. 1737-1938.

Lackner, Karl Das zweite Gesetz zur Sicherung des Straßenverkehrs, JZ 1966, 120-125.

ders. Zur rechtlichen Behandlung der Mehrfachtäter bei Aussetzung des Restes einer lebenslangen Freiheitsstrafe, in: FS für Heinz Leferenz, H. J. Kerner u. a. (Hrsg.), Heidelberg 1983, S. 609-646.

Lackner, K./Kühl, K. Strafgesetzbuch mit Erläuterung, 24. Aufl., München 2001.

Lagodny, Otto Strafrecht vor den Schranken der Grundrechte, Tübingen 1996.

ders. Grundrechte als Auslieferungs–Gegenrechte, NJW 1988, 2146-2150.

Lampe, Ernst-Joachim Unrecht und Schuld, Sühne und Reue, in: FS für Jürgen Baumann, G. Arzt (Hrsg.), Bielefeld 1992, S. 21-32.

ders. Wiedergutmachung als "dritte Spur" des Strafrechts?, GA 1993, 485-494.

ders. Strafphilosophie, Köln usw. 1999.

Landau, Herbert/ Fünfsinn, Helmut Polizeiliches Strafgeld als Reaktion auf den Ladendiebstahl, ZRP 2000, 5-7.

Lange, Richard Täterschuld und Todesstrafe, ZStW 62 (1942), 175-232.

ders. Eberhard Schmidt – Seine Stellung im Wandel des strafrechtlichen Denkens, JZ 1978, 541-544.

Laubenthal, Klaus § 57 a StGB – Aussetzung des Strafrestes der lebenslangen Freiheitsstrafe, JA 1984, 471-475.

ders. Lebenslange Freiheitsstrafe, Vollzug und Aussetzung des Strafrestes zur Bewährung, Lübeck 1987.

ders. Strafvollzug, 2. Aufl., Berlin 1998.

ders. Ist das deutsche Jugendstrafrecht noch zeitgemäß?, JZ 2002, 807-818.

Laue, Christian Symbolische Wiedergutmachung, Berlin 1997.

Lauer, Robert Japanisches Recht und Juristenausbildung in Japan, JuS 1996, 181-182.

Laufs, Adolfs Wahlfachgruppe: Rechtsgeschichte, JuS 1976, 63-66.

Lee, Hyung-Kook Über den Einfluss der deutschen Strafrechtslehre auf das koreanische Strafrecht nach dem Zweiten Weltkrieg, in: FS für Hubert Niederländer, E. Jayme (Hrsg.), Heidelberg 1991, S. 321-328.

Leipziger Kommentar Strafgesetzbuch, 11. Aufl., Berlin - New York 1992.

Lenckner, Theodor Strafe, Schuld und Schuldunfähigkeit, in: Handbuch der forensischen Psychiatrie I, H. Göppinger (Hrsg.), Berlin 1972, S. 3-281.

Lenzen, Karl Die besondere Schwere der Schuld i. S. d. § 57 a StGB in der Bewertung durch die Oberlandesgerichte, NStZ 1983, 543-546.

Lesch, Heiko Hartmut Der Verbrechensbegriff, Köln usw. 1999.

ders. Zur Einführung in das Strafrecht: Über den Sinn und Zweck staatlichen Strafens (1. 2. Teil), JA 1994, 509-519, 590-599.

Li, Mirok Der Yalu fliesst. Eine Jugend in Korea, München 1946.

Linke, Robert Grundriss des Auslieferungsrechts, Wien 1983.

Liepmann, Moritz Todesstrafe, Gutachten zum 31. DJT, Wien 1912.

von Liszt, Franz Der Zweckgedanke im Strafrecht, ZStW 3 (1883), 1-47.

ders. Gutachten über die Frage: Nach welchen Grundsätzen ist die Revision des Strafgesetzbuchs in Aussicht zu nehmen?, in: Verhandlungen des 26. DJT, Berlin 1902, S. 259-392.

ders. Strafrechtliche Vorträge und Aufsätze, Bd. 1, 2, Berlin 1905.

ders. Lehrbuch des deutschen Strafrechts, 26. Aufl., bearbeitet von Eberhard Schmidt, Berlin-Leipzig 1927.

Llompart, Jose Japanisches und europäisches Rechtsdenken, Rechtstheorie 16 (1985), 131-149.

Locke, John Zwei Abhandlungen über die Regierung, W. Euchner (Hrsg.), 1. Aufl., Frankfurt a. M. 1977.

Lohmann, Georg Überlegungen zur Todesstrafe aus philosophischer Sicht, in: Zur Aktualität der Todesstrafe, C. Boulanger u. a. (Hrsg.), 2. Aufl., Berlin 2002, S. 25-44.

Loos, Fritz Zur Kritik des "Alternativentwurfs Wiedergutmachung", ZRP 1993, 51-56.

Luzon, Diego-Manuel Generalprävention, Gesellschaft und Psychoanalyse, GA 1984, 393-407.

Lüderssen, Klaus Die generalpräventive Funktion des Deliktsystems, in: Hauptprobleme der Generalprävention, W. Hassemer u. a. (Hrsg.), Frankfurt a. M. 1979, S. 54-80.

ders. Bürgerfreiheit und Vernunft im strafenden Staat, JuS 1983, 910-913.

ders. Krise des Resozialisierungsgedankens im Strafrecht?, JA 1991, 222-228.

ders. Alternativen zum Strafen, in: FS für Arthur Kaufmann, F. Haft u. a. (Hrsg.), Heidelberg 1993, S. 487-499.

ders. Abschaffen des Strafrechts, Frankfurt a. M. 1995.

ders. Freiheitsstrafe ohne Funktion, in: FS für Günter Bemmann, J. Schulz (Hrsg.), Baden-Baden 1997, S. 47-62.

Lynch, Mona Die Todesstrafe in den USA als aktuelles Phänomen – Unterstützung der Todesstrafe im Internet, in: Zur Aktualität der Todesstrafe, C. Boulanger u. a. (Hrsg.), 2. Aufl., Berlin 2002, S. 131-150.

Maiwald, Manfred Das Absehen von Strafe nach § 16 StGB, ZStW 83 (1971), 663-696.

ders. Die Verteidigung der Rechtsordnung – Analyse eines Begriffs, GA 1983, 49-72.

Mangldt, Hermann/ Klein, Friedrich/ Starck, Christian (Hrsg.), Bonner Grundgesetz Kommentar, Bd. 2, 4. Aufl., München 1999.

Martis, Roderich Die Funktion der Todesstrafe, Tübingen 1991.

Marx, Michael/ Miyazawa, K. Bedingte Entlassung >>Lebenslänglicher<< in Japan, MschrKrim 59 (1976), 181-190.

Maultzsch, Felix Hegels Rechtsphilosophie als Grundlage systemtheoretischer Strafbegründung, Jura 2001, 85-92.

Maunz, Theodor/ Dürig, Günter Grundgesetz, Stand Februar 2003, München.

Maurach, Reinhart/ Zipf, Heinz Strafrecht. Allgemeiner Teil, Teilband 1, 8. Aufl., 1992.

Maurach, R./ Gössel, Karl-Heinz/ Zipf, H. Strafrecht. Allgemeiner Teil, Teilband 2, 7. Aufl., Heidelberg, 1989.

Mayer, Hellmuth Strafrecht. Allgemeiner Teil, Stuttgart 1967.

ders. Kant, Hegel und das Strafrecht, in: FS für Karl Engisch, P. Bockelmann (Hrsg.), Frankfurt a. M. 1969, S. 54-79.

Meier, Bernd-Dieter Konstruktive Tatverarbeitung im Strafrecht - Bestandsaufnahme und Reformperspektiven -, GA 1999, 1-20.

ders. Strafrechtliche Sanktionen, Berlin, Heidelberg 2001.

Meier-Beck, Peter Schuld und Generalprävention im Vollzug der Freiheitsstrafe, MDR 1984, 447-451.

Meinken, Lutz Staatslegitimation durch Autorisierung, ARSP 86 (2000), 455-483.

Mitsch, Wolfgang Die Freiheitsstrafe, JA 1993, 225-229.

ders. Die Geldstrafe, JA 1993, 304-310.

ders. Die Vermögensstrafe, JA 1994, 425-433.

ders. Der Weg des Straftäters in den Strafvollzug, Jura 1994, 449-455.

Miyazawa, Koichi Über einige Vorschriften allgemeinen Charakters des "Kai-Yüan-lü" (chinesisches Tang-Strafgesetzbuch des Jahres 737 n. Chr.), ZStW 77 (1965), 119-138.

ders. Traditionelles und Modernes im japanischen Strafrecht, ZStW 88 (1976), 813-843.

ders. Der japanische Jurist – Ausbildung und soziale Stellung, JuS 1982, 392-394.

ders. Informelle Sozialkontrolle in Japan, in: FS für Hans-Heinrich Jescheck, T. Vogler (Hrsg.), Berlin 1985, S. 1159-1174.

ders. Die Todesstrafe in Japan, in: FS für Arthur Kaufmann, F. Haft u. a. (Hrsg.), Heidelberg 1993, S. 729-741.

ders. Deutsche Einflüsse auf die japanische Kriminalpolitik in ihren Anfängen, in: Neue Strafrechtsentwicklungen im deutsch-japanischen Vergleich, H.-H. Kühne/K. Miyazawa (Hrsg.), Köln usw. 1995, S. 1-7.

Mohn, Caree Die Funktionalisierung der Todesstrafe in den USA – Eine Frage der Politik, in: Zur Aktualität der Todesstrafe, C. Boulanger u. a. (Hrsg.), 2. Aufl., Berlin 2002, S. 89-130.

Moos, Reinhard Positive Generalprävention und Vergeltung, in: FS für Franz Pallin, W. Melnizky (Hrsg.), Wien 1989, S. 283-318.

Mrozynski, Peter Aussetzung des Strafrestes und Resozialisierung, JR 1983, 133-140.

Möhrenschlager, Manfred Ausländische und internationale Bestrebungen gegen die Todesstrafe, in: FS für Hanns Dünnebier, E.-W. Hanack (Hrsg.), Berlin usw. 1982, S. 611-632.

ders. Völkerrechtliche Abschaffung der Todesstrafe – Geschichtliche Entwicklung und gegenwärtiger Stand, in: FS für Jürgen Baumann, G. Arzt (Hrsg.), Bielefeld 1992, S. 297-316.

Müller, Frank Streitfall Todesstrafe, Düsseldorf 1998.

Müller, Karl F. Wilhelm Jugendstrafrecht und Jugendgerichtsbarkeit, 3. Aufl., Regensburg 1975

Müller-Christmann, Bernd Die Maßregeln der Besserung und Sicherung, JuS 1990, 801-805.

Müller-Dietz, Heinz Strafzwecke und Vollzugsziel. Ein Beitrag zum Verhältnis von Strafrecht und Strafvollzugsrecht, in: Recht und Staat, Tübingen 1973.

ders. Absehen von Strafe (§ 60 StGB n. F.), dogmatische und kriminalpolitische Probleme einer neuen Rechtsfigur?, in: FS für Richard Lange, W. Günter u. a. (Hrsg.), Berlin – New York 1976, S. 303-322.

ders. Was ist beim Mord die präventive Wirkung der lebenslangen Freiheitsstrafe einzuschätzen, in: Ist die lebenslange Freiheitsstrafe verfassungswidrig?, H.-H. Jescheck/O. Triffterer (Hrsg.), Baden-Baden 1978, S. 91-113.

ders. Grundfragen des strafrechtlichen Sanktionensystems, Heidelberg - Hamburg 1979.

ders. Vom intellektuellen Verbrechensschaden, GA 1983, 481-494.

ders. Der Versagungsgrund der Schuldschwere nach § 57 a Abs. 1 Nr. 2 StGB, StV 1983, 162-166.

ders. Mord, lebenslange Freiheitsstrafe und bedingte Entlassung, Jura 1983, 628-635.

ders. Schuldschwere und Urlaub aus der Haft, JR 1984, 353-361.

ders. Integrationsprävention und Strafrecht, in: FS für Hans-Heinrich Jescheck, T. Vogler (Hrsg.), Berlin 1985, S. 813-827.

ders. Strafvollzug, Tatopfer und Strafzwecke, GA 1985, 147-175.

ders. Die geistige Situation der deutschen Strafrechtswissenschaft nach 1945, GA 1992, 99-133.

Müller-Emmert, Adolf Die Chancen für ein zukunftweisendes fortschrittliches Strafrecht, NJW 1966, 711-715.

Müller-Metz, Reinhard Die Sicherungsverwahrung, StV 2003, 42-51.

von Münch, Ingo/ Kunig, Philip (Hrsg.), Grundgesetz Kommentar, 4., 5. Aufl., München 2003.

Mysegades, Hinnerk Zur Problematik der Strafrestaussetzung bei lebenslanger Freiheitsstrafe, Frankfurt a. M. usw. 1988.

Naucke, Wolfgang Über den Einfluss Kants auf Theorie und Praxis des Strafrechts im 19. Jahrhundert, in: Philosophie und Rechtswissenschaft, J. Blühdorn/J. Ritter (Hrsg.), Frankfurt a. M. 1969, S. 27-48.

ders. Tendenzen in der Strafrechtsentwicklung, Karlsruhe 1975.

ders. Die Dogmatisierung von Rechtsproblemen bei Kant, ZNR 1979, 3-20.

ders. Generalprävention und Grundrechte der Person, in: Hauptprobleme der Generalprävention, W. Hassemer u. a. (Hrsg.), Frankfurt a. M. 1979, S. 9-28.

ders. Die Kriminalpolitik des Marburger Programms 1882, ZStW 94 (1982), 525-564.

ders. Die Wechselwirkung zwischen Strafziel und Verbrechensbegriff, Stuttgart 1985.

ders. Gesetzlichkeit und Kriminalpolitik, JuS 1989, 862-867.

ders. Kants Kritik der empirischen Rechtslehre, Stuttgart 1996.

ders. Die strafjuristische Privilegierung staatsverstärkter Kriminalität, Frankfurt a. M. 1996.

ders. Humanismus als Kritik zweckmäßigen Rechts, in: Recht und Humanismus, R. Gröschner/M. Morlok (Hrsg.), Baden-Baden 1997, S. 67-74.

ders. Konturen eines nach-präventiven Strafrecht, KritV 1999, 336-354.

ders. Rechtsphilosophie. Grundbegriffe, 4. Aufl., Neuwied usw. 2000.

ders. Strafrecht. Eine Einführung, 10. Aufl., Frankfurt a. M. 2002.

ders. Über die Zerbrechlichkeit des rechtsstaatlichen Strafrechts, Baden-Baden 2000.

ders. J. P. A. Feuerbachs Begriff der Strafrechtskritik, in: FS für Klaus Lüderssen, C. Prittwitz u. a. (Hrsg.), Baden-Baden 2002, S. 297-304.

Nägeli, Eduard Das Böse und das Strafrecht, München o. J.

Nelles, Ursula Statusfolgen als "Nebenfolgen" einer Straftat (§ 45 StGB), JZ 1991, 17-24.

Neumann, Ulfrid Zur Bedeutung von Modellen in der Dogmatik des Strafzumessungsrechts ("Punktstrafe", "Spielraumtheorie", "Normalfall"), in: FS für Günter Spendel, M. Seebode (Hrsg.), Berlin – New York 1992, S. 435-449.

ders. Zum Entwurf eines Verbrechensbekämpfungsgesetzes, StV 1994, 273-276.

Neumann, U./ Schroth, Ulrich Neuere Theorien von Kriminalität und Strafe, Darmstadt 1980.

Nibbeling, Joachim Vermögensstrafe – eine neue Sanktion auch des Jugendstrafrechts?, NStZ 1997, 63-66.

Nishihara, Haruo Die Geldstrafe im japanischen Strafrecht, in: Die Geldstrafe im deutschen und ausländischen Recht, H. H. Jescheck/G. Grebing (Hrsg.), Baden-Baden 1978, S. 517-561.

Nishikawa, Yoichi Feudalismus und Staat – Zur Entstehung der Systematik der japanischen Rechtsgeschichte, ZNR 25 (2003), Nr. 1/2, 19-38.

Noll, Peter Die ethische Begründung der Strafe, in: Recht und Strafe 1962, S. 3-30.

ders. Strafe ohne Metaphysik, in: Misslingt die Strafrechtsreform?, J. Baumann (Hrsg.), Neuwied usw. 1969, S. 48-64.

ders. Gesetzgebungslehre, Reinbeck 1973.

Nomos-Kommentar zum Strafgesetzbuch, U. Neumann u. a. (Hrsg.), Baden-Baden, Stand 30. 11. 2003.

Nüse, Karl-Heinz Zu den neuen Vorschriften zur Sicherung des Straßenverkehrs, JR 1965, 41-45.

Oberer, Hariolf Über einige Begründungsaspekte der Kantischen Strafrechtslehre, in: Rechtsphilosophie der Aufklärung, R. Brandt (Hrsg.), Berlin - New York 1982, S. 399-423.

Oehler, Dietrich Internationales Strafrecht, 2. Aufl., 1983.

Onagi, Akihiro Juristenausbildung in Japan, JuS 2002, 721-723.

Ono, Seiitiro Japan 1937-1939, ZStW 60 (1940), 255-259.

Ostendorf, Heribert Auf Generalprävention kann noch nicht verzichtet werden, ZRP 1976, 281-285.

ders. Die "elektronische Fessel" – Wunderwaffe im "Kampf" gegen die Kriminalität?, ZRP 1997, 473-476.

Otto, Harro Personales Unrecht, Schuld und Strafe, ZStW 95 (1975), 539-597.

ders. Über den Zusammenhang von Schuld und menschlicher Würde, GA 1981, 481-497.

ders. Grundkurs Strafrecht. Allgemeine Strafrechtslehre, 6. Aufl., Berlin 2000.

Panou, Stavros Strafe. Über die Überlegungen über die "Gerechtigkeit" des Rechts, ARSP-Beiheft Nr. 40 (1991), 128-131.

Park, Chul Un Reformtendenzen im koreanischen Strafrecht, ZStW 97 (1985), 454-464.

Park, Tido Vermögensstrafe und "modernes" Strafrecht, Berlin 1997.

ders. Die Vermögensstrafe – ein Nachruf, StV 2002, 395-396.

Peglau, Jens "Nachträgliche Sicherungsverwahrung" – eine mögliche (strafrechtliche) Sanktion in Deutschland?, ZRP 2000, 147-151.

Perron, Walter Vermögensstrafe und Erweiterter Fall, JZ 1993, 918-925.

Peters, Karl Beschränkung der Tatbestände im Besonderen Teil, ZStW 77 (1965), 470-505.

ders. Der Antrag des Gesetzgebers an die Strafvollstreckungskammer, GA 1977, 97-110.

Petersen, Volkert Gnadenakt und Rechtsweggarantie – HessStaatsGH, NJW 1974, 791, JuS 1974, 502-507.

Pfeiffer, Christian Täter-Opfer-Ausgleich – das Trojanische Pferd im Strafrecht?, ZRP 1992, 338-345.

Pfohl, Michael Gemeinnützige Arbeit als strafrechtliche Sanktion, Berlin 1983.

Plack, Arno Plädoyer für die Abschaffung des Strafrecht, München 1974.

Platon Sämtliche Dialoge, O. Apelt (Hrsg.), Bd. I, Nachdruck, Hamburg 1988.

Popitz, Heinrich Begriff der sozialen Rolle als Element des soziologischen Theorie, 4. Aufl., Tübingen 1975.

Prittwitz, Cornelius Das deutsche Strafrecht: Fragmentarisch? Subsidiär? Ultima ratio?, in: Vom unmöglichen Zustand des Strafrechts, Institut für Kriminalwissenschaften Frankfurt a. M. (Hrsg.), Frankfurt a. M. 1995, S. 387-405.

Rabel, Ernst Aufgabe und Notwendigkeit der Rechtsvergleichung, in: Gesammelte Aufsätze Bd. III, H. G. Leser (Hrsg.), Tübingen 1967, S. 1-21.

Radbruch, Gustav Über die Methode der Rechtsvergleichung, MschrKrim 2 (1905/06), 422-425.

ders. Paul Johann Anselm von Feuerbach. Ein Juristenleben, 2. Aufl., E. Wolf (Hrsg.), Göttingen 1957.

ders. Vorschule der Rechtsphilosophie, 2. Aufl., Göttingen 1959.

ders. Der Mensch im Recht, 3. Aufl., Göttingen 1969.

ders. Rechtsphilosophie, E. Wolf/H.-P. Schneider (Hrsg.), 8. Aufl., Stuttgart 1973.

ders. Strafrechtsreform, Arthur Kaufmann (Hrsg.), Heidelberg 1992.

Rauch, Herbert Die klassische Strafrechtslehre in ihrer politischen Bedeutung, Leipzig 1936.

Rautenburg, Erardo Cristaoforo Die Reform des strafrechtlichen Sanktionensystems, NJ 1999, 449-454.

Rethmann, Albert-Peter Der umstrittene Nutzen der Strafe, Rechtstheorie 31 (2000), 114-136.

Revel. Ute Anwendungsprobleme der Schuldschwereklausel des § 57 a StGB, Köln usw. 1989.

Rheinstein, Max	Zur Einführung: Rechtsvergleichung, JuS 1972, 65-69.
ders.	Einführung in die Rechtsvergleichung, 2. Aufl., München 1987.
Rieß, Peter	Zur Abgrenzung von Mord und Totschlag, NJW 1968, 628-631.
ders.	Bemerkungen zur Bedeutung des Preußischen Allgemeinen Landrechts von 1794 für die heutige Strafrechtsreform, GA 1978, 138-142.
ders.	Die Zukunft des Legalitätsprinzips, NStZ 1981, 2-10.
Rinio, Carsten	Die Auslieferung eigener Staatsangehöriger, ZStW 108 (1996), 354-393.
Ritter, Joachim	Zum Primat des Rechts bei Kant und Hegel, in: Recht und Ethik 1970, S. 77-82.
Rogall, Klaus	Stillstand oder Fortschritt in der Strafrechtsreform, Möglichkeiten und Grenzen ihrer Erneuerung, ZRP 1982, 124-131.
Roxin, Claus	Sinn und Grenzen staatlicher Strafe, JuS 1966, 377-387.
ders.	Kriminalpolitische Überlegungen zum Schuldprinzip, MschrKrim 56 (1973), 316-325.
ders.	Strafzumessung im Lichte der Strafzwecke, in: Festgabe für Hans Schultz, H. Walder/S. Trechsel (Hrsg.), Bern 1977, S. 463-482.
ders.	Wandlungen der Strafrechtswissenschaft, JA 1980, 221-227.
ders.	Zur Entwicklung der Kriminalpolitik seit den Alternativ – Entwürfen, JA 1980, 545-552.
ders.	Zur Problematik des Strafrechts, ZStW 96 (1984), 641-660.

ders. Die Wiedergutmachung im System der Strafzwecke, in: Wiedergutmachung und Strafrecht, H. Schöch (Hrsg.), München 1987, S. 37-55.

ders. Zur neueren Entwicklung der Kriminalpolitik, in: Die Bedeutung der Wörter, M. Stolleis (Hrsg.), München 1991, S. 341-356.

ders. Zur Wiedergutmachung als einer "dritten Spur" im Sanktionensystem, in: FS für Jürgen Baumann, G. Arzt (Hrsg.), Bielefeld 1992, S. 243-254.

ders. Strafrecht. Allgemeiner Teil I, 3. Aufl., München 1997.

ders. Hat das Strafrecht eine Zukunft?, in: GS für Heinz Zipf, K. H. Gössel (Hrsg.), Heidelberg 1999, S. 135-151.

ders. Wandlungen der Strafzwecklehre, in: FS für Heinz Müller-Dietz, G. Britz u. a. (Hrsg.), München 2001, S. 701-716.

Röhl, Klaus Friedrich Über die lebenslange Freiheitsstrafe, Berlin 1969.

Röhl, Wilhelm Rechtsgeschichte, in: Das japanische Rechtssystem, P. Eubel (Hrsg.), Frankfurt a. M. 1979.

Rösler, Hannes Rechtsvergleichung als Erkenntnisinstrument in Wissenschaft, Praxis und Ausbildung, JuS 1999, 1084-1089.

Rössner, Dieter Autonomie und Zwang im System der Strafrechtsfolgen, in: FS für Jürgen Baumann, G. Arzt (Hrsg.), Bielefeld 1992, S. 269-279.

ders. Strafrechtsfolgen ohne Übelszufügung, NStZ 1992, 409-415.

ders. Die besonderen Aufgaben des Strafrechts im System rechtsstaatlicher Verhaltenskontrolle, in: FS für Claus Roxin, B. Schünemann u. a (Hrsg.), Berlin - New York 2001, S. 977-987.

Rüping, Hinrich Zur Problematik des Mordtatbestandes, JZ 1979, 617-621.

ders. Strafjustiz im Führerstaat, GA 1984, 297-307.

ders. Grundriss der Strafrechtsgeschichte, 4. Aufl., München 2002.

Ryffel, Hans Rechtssoziologie, Neuwied usw. 1974.

Ryu, Paul K Das koreanische Strafgesetzbuch, Berlin 1968.

Sachs, Michael Das Grundgesetz im vereinten Deutschland – endgültige Verfassung oder Dauerprovisorium?, JuS 1991, 985-991.

Saito, Kinsaku Das japanische Strafrecht, in: Das ausländische Strafrecht der Gegenwart, H.-H. Jescheck u. a. (Hrsg.), Berlin 1955, S. 209-368.

Sander, Günther M./ Hohmann, Olaf Sechstes Gesetz zur Reform des Strafrechts (6. StrRG): Harmonisiertes Strafrecht?, NStZ 1998, 273-279.

Sarstedt, Werner Die Todesstrafe – ihre Rechtfertigung und ihre politische Funktion, in: Rechtsstaat als Aufgabe. Ausgewählte Schriften und Vorträge 1952 bis 1985, G. Sarstedt u. a. (Hrsg.), Berlin usw. 1987, S. 81-90.

Sauer, Wilhelm Über die Rechtsvergleichung bei der Strafrechtsreform, ZStW 67 (1955), 350-362.

von Savigny, Carl Friedrich Juristische Methodenlehre, nach der Ausarbeitung des Jacob Grimm, G. Wesenberg (Hrsg.), Stuttgart 1951.

Schaefer, Hans Christoph Sanktionsbefugnisse für die Polizei, NJW 1999, 543-544.

Schaeferdiek, Sascha Kurze Freiheitsstrafe im schwedischen und deutschen Strafrecht, Berlin 1996.

Schaffmeister, Dieter Durch Modifikation zu einer neuen Strafe, in: FS für Hans-Heinrich Jescheck, T. Vogler (Hrsg.), Berlin 1985, S. 991-1014.

Schaffstein Friedrich Nationalsozialistisches Strafrecht, ZStW 53 (1933), 603-628.

Schaffstein, F./ Beulke, W. Jugendstrafrecht, 14. Aufl., Stuttgart usw. 2002.

Schall, Hero Die Sanktionsalternative der gemeinnützigen Arbeit als Surrogat der Geldstrafe, NStZ 1985, 104-111.

Schatz, Holger Strafrestaussetzung zur Bewährung: Auch bei Ersatzfreiheitsstrafe, ZRP 2002, 438-442.

Schädler, Wolfram Der "Weiße Fleck" im Sanktionensystem, ZRP 1985, 186-192.

Scheffler, Uwe Von zeitiger lebenslanger und lebenslanger zeitiger Freiheitsstrafe, JR 1996, 487-491.

Schild, Wolfgang Ende und Zukunft des Strafrechts, ARSP 70 (1984), 71-112.

ders. Täter-Opfer-Ausgleich als Strafe, in: FS für Friedrich Geerds, E. Schlüchter (Hrsg.), Lübeck 1995, S. 157-174.

ders. Strafbegriff und Grundgesetz, in: FS für Thoedor Lenckner, A. Eser (Hrsg.), München 1998, S. 287-311.

ders. Die Staatliche Strafmaßnahme als Symbol der Strafwürdigkeit, in: FS für Ernst Amadeus Wolff, R. Zaczyk u. a. (Hrsg.), Berlin usw. 1998, S. 429-441.

Schildt, Bernd Die Rezeption des römischen Rechts, Jura 2003, 450-455.

Schily, Otto ZRP – Gespräch. Der Ruf nach härten Strafen als Ablenkung und Alibi, ZRP 1998, 235-237.

Schlüchter, Ellen Die nihilo nihil – oder: Der Erziehungsgedanke im Jugendstrafrecht, GA 1988, 106-128.

dies. Plädoyer für den Erziehungsgedanken, Berlin usw. 1994.

Schmidhäuser, Eberhard Gesinnungsmerkmale im Strafrecht, Tübingen 1958.

ders. Vom Sinn der Strafe, 2. Aufl., Göttingen 1971.

ders. Bedeutung und Praktikabilität des Gesinnungsbegriffs bei den Tötungsdelikten, in: Tötungsdelikte, H. Göppinger/P. H. Bresser (Hrsg.), Stuttgart 1980, S. 103-118.

ders. Strafrecht. Allgemeiner Teil, 2. Aufl., Tübingen 1984.

ders. Einführung in das Strafrecht, 2. Aufl., Opladen 1984.

Schmidt, Eberhard Zur Theorie des unbestimmten Strafurteils, SchwZStr 45 (1931), 200-236.

ders. Strafrechtspflege und Rezeption, ZStW 62 (1942), 232-265.

ders. Goethe und Problem der Todesstrafe, SchwZStr 63 (1948), 444-465.

ders. Vergeltung, Sühne und Spezialprävention, ZStW 67 (1955), 177-195.

ders. Kriminalpolitische und strafrechtsdogmatische Probleme in der deutschen Strafrechtsreform, ZStW 69 (1957), 359-396.

ders. Einführung in die Geschichte der deutschen Strafrechtspflege, 3. Aufl., Göttingen 1965.

ders. Freiheitsstrafe, Ersatzfreiheitsstrafe und Strafzumessung im Alternativ – Entwurf eines Strafgesetzbuchs, NJW 1967, 1929-1940.

Schneider, Hans Joachim Kriminalpolitik an der Schwelle zum 21. Jahrhundert, Berlin 1998.

Schneider, Ursula Gemeinnützige Arbeit als Zwischensanktion, MschrKrim 84 (2001), 273-285.

Schomburg, Wolfgang/ Lagodny, Otto — Internationale Rechtshilfe in Strafsachen, 3. Aufl., München 1998.

Schott, Tilmann — Abkehr von der 1:1 – Umrechnung von Geld- und Freiheitsstrafe?, JR 2003, 315-320.

Schöch, Heinz — Wie erfolgreich ist das Strafrecht?, in: Individualprävention und Strafzumessung, J.-M. Jehle (Hrsg.), Wiesbaden 1992, S. 243-282.

ders. — Verwarnung statt Strafe, in: FS für Jürgen Baumann, G. Arzt (Hrsg.), Bielefeld 1992, S. 255-268.

ders. — Empfehlen sich Änderungen und Ergänzungen bei den strafrechtlichen Sanktionen ohne Freiheitsentzug?, Gutachten zum 59. DJT, München 1992.

Schönke, Adolf/ Schröder, Horst — Strafgesetzbuch. Kommentar, 26. Aufl., München 2001.

Schroeder, Friedrich-Christian — Die neuere Entwicklung der Strafgesetzgebung in Deutschland, JZ 1970, 393-396.

ders. — Die Peinliche Gerichtsordnung Kaiser Karls V. (Carolina), Reclam Stuttgart 2000.

Schreiber, Hans-Ludwig — Widersprüche und Brüche in heutigen Strafkonzeption, ZStW 94 (1982), 279-298.

Schröder, Rainer — Die Strafgesetzgebung in Deutschland in der ersten Hälfte des 19. Jahrhunderts, in: Die Bedeutung der Wörter, M. Stolleis (Hrsg.), München 1991, S. 404-420.

Schubert, Werner — Die Quellen zum Strafgesetzbuch von 1870/1871, GA 1982, 191-218.

Schultz, Hans — Kriminalpolitische Bemerkungen zum Entwurf eines Strafgesetzbuchs, E 1962, JZ 1966, 113-123.

ders. Aktuelle Probleme der Auslieferung. Vorläufiger Generalbericht zum vorbereitenden Kolloquium, ZStW 81 (1969), 198-242.

Schulz, Hansjürgen Alternativen zum Schuldstrafrecht, JA 1982, 532-537.

Schulz, Holger Die Höchststrafe im Jugendstrafrecht (10 Jahre) – eine Urteilsanalyse, MschrKrim 84 (2001), 310-325.

Schumann, Karl F. Positive Generalprävention, Heidelberg 1989.

Schüler-Springorum, Horst Strafvollzug im Übergang, Göttingen 1969.

ders. Prügel und Pranger, in: FS für Heinrich Henkel, C. Roxin (Hrsg.), Berlin 1974, S. 141-150.

ders. Strafvollzug und Strafvollzugsgesetz, in: FS für Paul Bockelmann, Arthur Kaufmann (Hrsg.), München 1979, S. 869-889.

ders. Kriminalpolitik für Menschen, Frankfurt a. M. 1991.

ders. Hundert Jahre Jugendgerichtsbarkeit, in: FS für Heinz Müller-Dietz, G. Britz u. a. (Hrsg.), München 2001, S. 821-840.

Schünemann, Bernd Die Funktion des Schuldprinzips im Präventionsstrafrecht, in: Grundfragen des modernen Strafrechtssystems, B. Schünemann (Hrsg.), Berlin usw. 1984, S. 153-195.

Schünemann, Hans-Wilhelm Wahlfachgruppe. Rechtsgeschichte, JuS 1976, 63-68.

Schütz, Johann Die Rechtsfolgen der Straftat - Eine Einführung in das Sanktionensystem des Strafgesetzbuchs, Jura 1995, 399-410, 460-468.

Schwalm, Georg Der Stand der Strafrechtsreform, MDR 1959, 797-801.

Schwind, Hans-Dieter Einführung in das Tagungsthema, in: 10 Jahre Strafvollzugsgesetz, H.-D. Schwind (Hrsg.), Heidelberg 1988, S. 17-27.

ders. Zur Zukunft der Sozialtherapeutischen Anstalt, NStZ 1981, 121-125.

ders. Kriminologie. Eine praxisorientierte Einführung mit Beispielen, 12. Aufl., Heidelberg 2002.

Seebode, Manfred Zweispurige Freiheitsstrafe, in: FS für Walter Stree und Johannes Wessels, W. Küper (Hrsg.), Heidelberg 1993, S. 405-428.

ders. Problematische Ersatzfreiheitsstrafe, in: FS für Alexander Böhm, W. Feuerhelm (Hrsg.), Berlin 1999, S. 519-552.

Seelmann, Kurt Hegels Straftheorie in seinen "Grundlinien der Philosophie des Rechts", JuS 1979, 687-691.

ders. Wechselseitige Anerkennung und Unrecht, ARSP (1993), 228-236.

ders. Hegel und die Zurechnung von Verantwortung, in: FS für Heinz Müller-Dietz, G. Britz u. a. (Hrsg.), München 2001, S. 857-874.

von Selle, Dirk Die Reform des Sanktionenrechts, JR 2002, 227-232.

Sessar, Klaus Die Umgehung der lebenslangen Freiheitsstrafe, MschrKrim 63 (1980), 193-206.

Shin, Dong-Woon Anklagepflicht und Opportunitätsprinzip im deutschen und koreanischen Recht, Pfaffenweiler 1984.

Simson, Gerhard Behandlung statt Strafe, ZRP 1972, 262-267.

Sonnen, Bernd-Rüdeger Kriminalität und Strafgewalt, Stuttgart 1978.

ders. Schwere der Schuld und Aussetzung des Strafrestes zur Bewährung, in: FS für Lieselotte Pongratz, H. Ostendorf (Hrsg.), München 1986, S. 289-305.

Sprenger, Gerhard Recht als Kulturerscheinung, ARSP-Beiheft Nr. 43 (1991), 134-153.

Stark, Ernst Die lebenslange Freiheitsstrafe nach der Entscheidung des BVerfG vom 3. Juni 1992, JZ 1994, 189-191.

Stephan, Egon Die Einstellung zur Todesstrafe, ZStW 89 (1977), 1046-1067.

Stratenwerth, Günter Was leistet die Lehre von den Strafzwecken?, Berlin usw. 1995.

ders. Zum Begriff des "Rechtsguts", in: FS für Theodor Lenckner, A. Eser (Hrsg.), München 1998, S. 377-391.

ders. Strafrecht. Allgemeiner Teil I, 4. Aufl., Köln usw. 2000.

Stree, Walter Deliktsfolgen und Grundgesetz, Tübingen 1960.

ders. Das Merkmal der besonders schweren Schuld im Rahmen des § 57 a StGB, NStZ 1983, 289-293.

ders. Neue Probleme der Aussetzung einer lebenslangen Freiheitsstrafe, NStZ 1992, 464-468.

Streng, Franz Schuld, Vergeltung, Generalprävention, ZStW 92 (1980), 637-681.

ders. Strafzumessung und relative Gerechtigkeit, Heidelberg 1984.

ders. Die Jugendstrafe wegen >>schädlicher Neigungen<< (§ 17 II 1. Alt. JGG), GA 1984, 149-166.

ders. Tiefenpsychologie und Generalprävention, KrimJ 1987, 48-54.

ders. "Besonders schwer" in Relation wozu? - § 57 I, S. 1 Nr. 2 StGB, JZ 1995, 556-562.

ders. Modernes Sanktionenrecht?, ZStW 111 (1999), 827-862.

ders. Strafrechtliche Sanktion, 2. Aufl., Stuttgart 2002.

Sturm, Richard Grundlinien der neueren Strafrechtsreform, in: FS für Eduard Dreher, H.-H. Jescheck (Hrsg.), Berlin usw. 1977, S. 513-531.

Su, Jyun-Hsyong Das chinesische Rechtsdenken im Licht der Naturrechtslehre, Freiburg 1966.

ders. Zum gegenwärtigen Stand des Strafrechts im kommunistischen China, ZStW 80 (1968), 510-528.

Suh, Bo Hack Der Rechtsfolgenteil des neuen koreanischen StGB von 1995 im Vergleich zu den Regelungen im deutschen StGB – unter besonderer Berücksichtigung der Regelungen des Entwurfes von 1992 in Korea -, Frankfurt a. M. 1996.

Systematischer Kommentar Zum Strafgesetzbuch, Bd. I, Allgemeiner Teil, H.-J. Rudolphi u. a. (Hrsg.), Frankfurt a. M.

Tams, Christian J. Das LaGrand – Urteil – IGH, EuGRZ 2001, 287, JuS 2002, 324-328.

Terdenge, Franz Rechtsfolgen im Jugendgerichtsgesetz, JA 1978, 95-101.

ders. Strafsanktionen in Gesetzgebung und Gerichtspraxis, Göttingen 1981.

Tettinger, Peter Aufhebung des Art. 102 GG?, JZ 1978, 128-132.

Thomas, Sven Die Geschichte des Mordparagrafen – eine normgenetische Untersuchung bis in die Gegenwart, Bochum 1983.

Tiedemann, Klaus Die Rechtsstellung des Strafgefangenen nach französischem und deutschem Verfassungsrecht, Bonn 1963.

ders. Die Fortentwicklung der Methoden und Mittel des Strafrechts unter besonderer Berücksichtigung der Entwicklung der Strafgesetzgebung, ZStW 86 (1974), 303-348.

Tjong, Zong Uk Zur Geschichte der Kodifikation des Strafrechts in Ostasien, ZStW 84 (1972), 1088-1119.

ders. Beziehungen zwischen dem deutschen und koreanischen Strafrecht, in: FS für Hans Welzel, G. Stratenwerth (Hrsg.), Berlin 1974, S. 277-288.

ders. Traditionelles und modernes Strafrecht in Korea, ZStW 88 (1976), 785-812.

ders. Die Freiheitsstrafe und ihre Surrogate in Japan, in: Die Freiheitsstrafe und ihre Surrogate im deutschen und ausländischen Recht, H.-H. Jescheck (Hrsg.), Baden-Baden 1983, S. 1394-1472.

Tjong, Z. U./Eubel, Paul Strafrecht, in: Das japanische Rechtssystem, P. Eubel (Hrsg.), Frankfurt a. M. 1979, S. 205-254.

Trechsel, Stefan Grundrechtsschutz bei der internationalen Zusammenarbeit in Strafsachen, EuGRZ 1987, 69-78.

Treptow, Walter Zur Tätigkeit der Strafvollstreckungskammer in Vollzugssachen, NJW 1977, 1037-1940.

Triffterer, Otto Zur Behandlung Lebenslänglicher in der Bundesrepublik, ZRP 1970, 13-17.

ders. Die lebenslange Freiheitsstrafe – ein Fall für das BVerfG, ZRP 1976, 91-92.

Triffterer, O./ Bietz, Hermann Strafaussetzung für "Lebenslängliche"?, ZRP 1974, 141-148.

von Trotha, Trutz	Was ist Recht? Von der gewalttätigen Selbsthilfe zur staatlichen Rechtsordnung, Zeitschrift für Rechtssoziologie 21 (2000), 327-354.
Tröndle, Herbert	Geldstrafe und Tagessatzsystem, ÖJZ 1975, 589-599.
Tröndle, H./ Fischer, Thomas	Strafgesetzbuch und Nebengesetze, 51. Aufl., München 2003.
Uhle, Arnd	Auslieferung und Grundgesetz, NJW 2001, 1889-1968.
Villmow, Bernhard	Kurze Freiheitsstrafe, Ersatzfreiheitsstrafe und gemeinnützige Arbeit, in: FS für Günther Kaiser, H.-J. Albrecht u. a. (Hrsg.), Berlin 1998, S. 1291-1324.
Villmow, B./ Sessar, Klaus/ Vonhoff, Bernd	Kurzstrafenvollzug. Einige Daten und Überlegungen strafrechtlicher Sanktionen, KrimJ 1993, 205-224.
Vilsmeier, Markus	Empirische Untersuchung der Abschreckungswirkung strafrechtlicher Sanktionen, MschrKrim 73 (1990), 273-285.
Vogel, Joachim	Einflüsse des Nationalsozialismus auf das Strafrecht, ZStW 115 (2003), 638-670.
Vogler, Theo	Das neue Gesetz über die internationale Rechtshilfe in Strafsachen, NJW 1983, 2114-2124.
ders.	Auslieferung bei drohender Todesstrafe und Europäische Menschenrechtskonvention, in: GS für Karlheinz Meyer, K. Geppert (Hrsg.), Berlin 1990, S. 477-491.
ders.	Die Reichweite von "Härteklauseln" im vertraglichen Auslieferungsverkehr, in: FS für Rudolf Schmitt, K. Geppert (Hrsg.), Tübingen 1992, 387-400.
ders.	Auslieferung bei drohender Todesstrafe – ein Dauerthema, NJW 1994, 1433-1436.

Volk, Klaus — Der Begriff der Strafe in der Rechtsprechung des Bundesverfassungsgerichts, ZStW 83 (1971), 405-434.

Voß, Michael — Jugend ohne Rechte. Die Entwicklung des Jugendstrafrechts, Frankfurt a. M. 1986.

Wagner, Christian — Das "Einheitliche Strafvollzugskonzept" in Hessen, ZRP 2002, 34-37.

Wagner, Heinz — Die selbständige Bedeutung des Schuldspruchs im Strafrecht, insbesondere beim Absehen von Strafe gemäß § 16 StGB, GA 1972, 33-53.

Walter, Michael — Strafvollzug, 2. Aufl., Stuttgart usw. 1999.

ders. — Das Jugendkriminalität in der öffentlichen Diskussion: Fortentwicklung oder Kursänderung zum Erwachsenenstrafrecht?, GA 2002, 431-454.

Walther, Susanne — Vom Rechtsbruch zum Realkonflikt: Wiedergutmachung als Grundauftrag des Kriminalrechts, Berlin 2000.

dies. — Was soll "Strafe"?, Grundzüge eines zeitgemäßen Sanktionensystem, ZStW 111 (1999), 123-143.

Warda, Günter — Das Fahrverbot gemäß § 37 StGB, GA 1965, 65-92.

von Weber, Helmuth — Das Absehen von Strafe, MDR 1956, 705-707.

Weber, Hartmut-Michael — Die Abschaffung der lebenslangen Freiheitsstrafe über Tatschuld und positive Generalprävention, MschrKrim 73 (1990), 65-81.

ders. — Lebenslange Freiheitsstrafe in der Bundesrepublik – Abschaffungsperspektiven gegenüber positiver Reform, in: FS für Thomas Mathiesen, K. Papendorf (Hrsg.), Bielefeld 1993, S. 327-355.

ders. — Die Abschaffung der lebenslangen Freiheitsstrafe, Baden-Baden 1999.

Weber, Max — Gesammelte Aufsätze zur Religionssoziologie, Bd. I, Tübingen 1920.

Weichert, Thilo — Sicherungsverwahrung – verfassungsgemäß?, StV 1989, 265-274.

ders. — Der elektronische Hausarrest aus Sicht des Datenschutzes, StV 2000, 335-339.

Weigend, Thomas — "Neoklassizismus" – ein transatlantisches Missverständnis, ZStW 94 (1982), 801-815.

ders. — Strafzumessung durch den Staatsanwalt Lösbare und unlösbare Probleme bei der Verfahrenseinstellung unter Auflagen (§ 153 a StPO), KrimJ 1984, 8-38.

ders. — Die kurze Freiheitsstrafe – eine Sanktion mit Zukunft?, JZ 1986, 260-269.

ders. — Sanktion ohne Freiheitsentzug, GA 1992, 345-367.

ders. — Der Grundsatz der Verhältnismäßigkeit als Grenze staatlicher Strafgewalt, in: FS für Hans Joachim Hirsch, T. Weigend/G. Küpper (Hrsg.), Berlin – New York 1999, S. 917-938.

ders. — Wiedergutmachung als, neben oder statt Strafe?, in: FS für Heinz Müller-Dietz, G. Britz u. a. (Hrsg.), München 2001, S. 975-994.

ders. — Der Fall LaGrand – Völkerrecht bricht Strafprozessrecht, in: FS für Klaus Lüderssen, C. Prittwitz u. a. (Hrsg.), Baden-Baden 2002, S. 463-479.

Weiß, Norman — Die Todesstrafe aus völkerrechtlicher Sicht, in: Zur Aktualität der Todesstrafe, C. Boulanger u. a. (Hrsg.), 2. Aufl., Berlin 2002, S. 427-446.

Welzel, Hans — Das Deutsche Strafrecht, 11. Aufl., Berlin 1969.

ders. — Das Recht als Gemeinschaftsordnung, in: FS für Heinrich Henkel, C. Roxin (Hrsg.), Berlin 1974, S. 11-18.

Werle, Gerhard — Zur Reform des Strafrechts in der NS-Zeit: Der Entwurf eines Deutschen Strafgesetzbuchs 1936, NJW 1988, 1865-2867.

Westphal, Jan Manfred — Wo liegt der Ausgangspunkt einer modernen Kriminalpolitik?, MschrKrim 53 (1970), 97-110.

Wessels, Johannes/ Beulke, W. — Strafrecht. Allgemeiner Teil, 33. Aufl., München 2003.

Weßlau, Edda — Neue Methoden der Gewinnabschöpfung? – Vermögensstrafe, Beweislastumkehr -, StV 1991, 226-235.

dies. — In welche Richtung geht die Reform des Sanktionensystems?, StV 1999, 278-287.

Wieck, Brunhild — Wider alle Vernunft: die Todesstrafe in den Vereinigten Staaten, MDR 1990, 113-119.

Wohlers, Wolfgang — Rechtsgutstheorie und Deliktsstruktur, GA 2002, 15-20.

Wolf, Gerhard — Befreiung des Strafrechts vom nationalsozialistischen Denken?, JuS 1996, 189-200.

ders. — Mörder oder Totschläger, in: FS für Hans-Ludwig Schreiber, K. Amelung (Hrsg.), Heidelberg 2003, S. 519-532.

Wolff, Ernst Amadeus — Kausalität von Tun und Unterlassen, Heidelberg 1965.

ders. — Die neuere Verständnis von Generalprävention und seine Tauglichkeit für eine Antwort auf Kriminalität, ZStW 97 (1985), 786-830.

ders. — Die Abgrenzung von Kriminalunrecht zu anderen Unrechtsformen, in: Strafrechtspolitik, W. Hassemer u. a. (Hrsg.), Frankfurt a. M. 1987, S. 137-224.

Wolters, Gereon — Der Entwurf eines "Gesetzes zur Reform des Sanktionenrechts", ZStW 114 (2002), 63-87.

Yamauchi, K. Ausländisches Recht und Rechtsvergleichung in der japanischen Juristenausbildung, Jura 1989, 459-465.

Yun, Kun-Shik Die Verfassungsentwicklung der Republik Korea seit 1948, JöR 12 (1963), 461-491.

Zaczyk, Rainer Das Strafrecht in der Rechtslehre J. G. Fichtes, Berlin 1981.

ders. Das Unrecht der versuchten Tat, Berlin 1989.

ders. Strafrechtliches Unrecht und die Selbstverantwortung des Verletzten, Heidelberg 1993.

ders. "Prozesssubjekte oder Störer?", Die Strafprozessordnung nach dem OrgKG – dargestellt an der Regelung des verdeckten Ermittlers, StV 1993, 451-509.

ders. Gerechtigkeit als Begriff einer kritischen Philosophie im Ausgang von Kant, ARSP-Beiheft Nr. 56 (1994), 105-122.

ders. Untersuchungen zum rechtlichen Postulat der praktischen Vernunft in der Metaphysik der Sitten Kants, in: Das Recht der Vernunft, C. Fricke u. a. (Hrsg.), Stuttgart – Bad Cannstatt 1995, S. 311-331.

ders. Strafrecht als Wissenschaft an der Universität, in: Die Aufgabe der Juristenfakultäten, herausgegeben von der Juristischen Fakultät der Universität Trier, Berlin 1996, S. 35-48.

ders. Begründung im Recht, in: FS für Ernst Amadeus Wolff, R. Zaczyk u. a. (Hrsg.), Berlin 1998, S. 509-524.

ders. Staat und Strafe – Bemerkungen zum sog. ‚Inselbeispiel' in Kants Metaphysik der Sitten", in: Freiheit, Gleichheit, Selbständigkeit, G. Landwehr (Hrsg.), Hamburg 1999, S. 73-87.

ders. Mainzer Runde `98 "Zum Strafrecht", in: Broschüre des Ministeriums der Justiz, Mainz 1999, S. 3-18.

ders. Schuld als Rechtsbegriff, ARSP-Beiheft Nr. 74 (2000), S. 103-115.

ders. Die Freiheit der Person als Zentrum der Rechtsbegründung und Sieben Thesen zur Begründung von Strafe, in: Rechtsphilosophische Kontroversen der Gegenwart, Baden-Baden 2000, S. 51-54, 139-140.

ders. Freiheit und Recht – Immanuel Kant zum 200. Todestag, JuS 2004, 96-100.

Zimmermann, Andreas Die Auslieferung Deutscher an Staaten der Europäischen Union und internationale Strafgerichtshöfe, JZ 2001, 233-238.

Zipf, Heinz Die Rechtsfolgen der Tat im neuen Strafgesetzbuch, JuS 1974, 137-147.

ders. Probleme der Neuregelung der Geldstrafe in Deutschland, ZStW 86 (1974), 513-544.

ders. Einführung in das neue Strafrecht, 2. Aufl., München 1975.

ders. Die Strafzumessung, Heidelberg - Karlsruhe 1977.

ders. Kriminalpolitik. Ein Lehrbuch, Heidelberg – Karlsruhe, 2. Aufl., 1980.

Zweigert, Konrad Rechtvergleichung, System und Dogmatik, in: FS für Eduard Bötticher, K. A. Bettermann/A. Zeuner (Hrsg.), Berlin 1969, S. 443-449.

Literatur in koreanischer Sprache

Bae, Jong-Dae — Probleme des geltenden koreanischen Maßregelrechts, Korean Journal of Criminlogy 3 (1988), 115-122.

ders. — Kritische Untersuchung des Gesetzes zur sozialen Sicherheit und des Gesetzes zur Sicherheitsführung, Recht und Gesellschaft 1989, 43-52.

ders. — Neue Orientierung der koreanischen Rechtswissenschaft, Recht und Gesellschaft 1989, 220-250.

ders. — Zur Problematik des Nationalen Sicherheitsgesetzes, Recht und Gesellschaft 1991, 134-155.

ders. — Kriminologie, Seoul 1999.

ders. — Strafrecht. Allgemeiner Teil, Seoul 1995.

Bae, J.-D./ Jung, Sung Hwan — Strafvollzugsrecht, Seoul 2002.

Bae, J.-D./ Yi, Sang-Don — Strafprozessrecht, 3. Aufl., Seoul 1999.

Byun, Tae-Soup — Die koreanische Geschichte, Seoul 1991.

Cha, Yong-Seuk — Strafrechtliche Gesetzgebung und die restliche Spur Japans, in: Problem der restlichen Spuren Japans, S.-B. Han (Hrsg.), Seoul 1996, S. 42-59.

Chang, Gyu-Won — Wiedergutmachung im deutschen Recht, Korean Journal of Victimology 1 (1992), 107-118.

Chang, Seok-Kwon — Strukturelle Charakteristika der konfuzianischen Idee und der Rechtsnorm, in: FS für Byong-Ho Park, Seoul 1991, S. 97-112.

Chang, Young-Min — Praxis der bedingten Entlassung und deren aktiven Anwendung, Korean Criminological Review 9 (1992), 43-92.

Choi, Chong-Ko Geschichte der Rezeption des westlichen Rechts in Korea, Seoul 1982.

ders. Geschichte der koreanischen Rechtswissenschaft, Seoul 1990.

ders. Modernisierung des koreanischen Rechts und die Rezeption des westlichen Rechts, in: 50 Jahre Koreanische Rechtswissenschaft – Vergangenheit, Gegenwart, Zukunft, Seoul 1998, S. 525-538.

Choi, Dae-Kwon Westliches Recht in der traditionellen koreanischen Gesellschaft, Korean Journal of Comparative Law 8 (1980), 177-190.

Choi, In-Sup/ Jin, Su-Myung Die Führungsaufsicht, Korean Journal of Criminology 9 (1997), 5-42.

Ha, Tae-Young Kriminalphilosophie und Kriminalpolitik von Yak-Yong Jung - Koreanische positive Generalprävention -, Dong-A Law Review 21 (1996), S. 177-213.

Han, In-Sup Zur Abschaffung des Nationalen Sicherheitsgesetzes, Human Rights and Justice 280 (1999), 59-73.

Han, Sang-Bum Zur Problematik der restlichen Spur Japans in der koreanischen Rechtswissenschaft und Gesetzgebung, in: Problem der restlichen Spuren Japans, S.-B. Han (Hrsg.), Seoul 1996, S. 27-40.

ders. Rechtsstaat und Rechtswissenschaft Koreas, in: 50 Jahre Koreanische Rechtswissenschaft – Vergangenheit, Gegenwart, Zukunft, Seoul 1998, S. 13-46.

Han, Young-Soo Ersatzfreiheitsstrafe, Korean Criminological Review 40 (1999), 231-258.

ders. Die Wiederkehr des Straftäters in die Gesellschaft als Strafvollzugsziel, The Justice 32 (1999), 116-130.

ders. Alternativen zur Überfüllung der Strafvollzugsanstalt, Korean Journal of Criminology 12 (2000), 185-203.

Hoh, Il-Tae Die Todesstrafe in Korea, The Justice Bd. 31 (1998), 7-24.

ders. Probleme und Reform der Freiheitsstrafe, Korean Journal of Criminology 5 (1990), 51-75.

ders. Lebenslange Freiheitsstrafe als Ersatz der Todesstrafe, Korean Journal of Criminology 12 (2000), 223-236.

Jang, Sok-Kwon Charakteristik der konfuzianischen Idee und der Rechtsnorm, in: FS Byong-Ho Park, Seoul 1991, S. 97-262.

Jo, Gab-Je Zur Verhängung der Todesstrafe und ein Testament: "Ich bin unschuldig", Korean Journal of Crimonology 1 (1986), S. 335-375.

Jo, Gyu-Chang Historische Bedeutung der Juristenausbildung bei der Rezeption westlichen Rechts, in: Rezeption der modernen westlichen Wissenschaft und Bosung Hochschule, Korea Universität (Hrsg.), Seoul 1986, S. 111-156.

ders. Rezeption des deutschen Rechts in Korea, Seoul 1990.

Jo, Jun-Hyun Gemeinnützige Arbeit für die Erwachsenen, Korean Criminological Review 27 (1996), 5-36.

Jung, Young-Il Zur kriminalpolitischen Bedeutung der Todesstrafe, Korean Journal of Criminology 1 (1986), S. 309-333.

Jung, Young-Seok/ Shin, Yang-Kyun Kriminologie, Seoul 1998.

Kim, Byung-Kyu Struktur der östlichen Moral, Dong-A Law Review 1 (1985), S. 251-258.

Kim, Jong-Won 40 Jahre Koreanische Strafrechtswissenschaft, in: Die 40 Jahre Entwicklung der koreanischen Rechtswissenschaft, Chunbuk Universität (Hrsg.), Choungju 1989, S. 67-81.

Kim, Il-Su Strafrecht. Allgemeiner Teil, Seoul 1992.

Kim, Jun-Ho/ Lee, Dong-Won Realität und Reformvorschlag der Führungsaufsicht, Korean Criminological Review 24 (1995), 53-75.

Kim, Sang-Ho Freiheitsstrafe und Reform des Sanktionensystems, Dong-A Law Review 18 (1995), S. 1-22.

Kim, Seung-Don Reform der Freiheitsstrafe, Seoul 1995.

ders. Die Wiedergutmachung als strafrechtliche Sanktion und die Aufgabe des Strafrechts, Korean Journal of Victimology 5 (1997), 121-154.

Kim, Young-Ok Zur Rechtsprechungsanalyse der Todesstrafe, Korean Journal of Criminal Law 8 (1995), 63-82.

Lee, Bo-Ryung Die Vorbereitung für die frühzeitig bedingte Entlassung des Straftäters und die Anwendung der bedingten Entlassung, Korean Journal of Criminology 10 (1998), 163-188.

Lee, Hyung-Guk Entwicklung des modernen koreanischen Strafrechts, in: FS für Byung-Ho Park, Seoul 1991, S. 549-564.

Lee, Jae-Sang Wiedergutmachung, Korean Criminological Review 8 (1991), 37-53.

Lee, Sung-Ho Geschichtliche Entwicklung des koreanischen Maßregelrechts, Korean Journal of Criminology 7 (1995), 65-104.

ders. Wiedergutmachung als strafrechtliche Sanktion, Korean Journal of Victimology 7 (1999), 181-218.

ders. Probleme für die Privatisierung des Strafvollzugs, Korean Criminological Review 38 (1999), 129-156.

Lee, Young-Ran Die gemeinnützige Arbeit, Korean Journal of Criminology 9 (1997), 45-72.

Oh, Young-Gun Problematik der gemeinnützigen Arbeit, Korean Criminological Review 7 (1991), 255-283.

ders. Zu 10 Jahren Führungsaufsicht, Korean Criminological Review 10 (1999), 5-9.

Oh, Y.-G./ Choi, Jong-Shik Der japanische Strafgesetzentwurf von 1940, Korean Criminological Review 37 (1999), 107-131.

Park, Sang-Ki Strafrecht. Allgemeiner Teil, Seoul 1994.

ders. Inhalte und Probleme des neuen koreanischen StGB von 1995, Korean Criminological Review 25 (1996), 143-170.

Shin, Dong-Woon Strafverfahrensrecht, Seoul 1994.

Shin, Jin-Kyu Kriminologie, Seoul 1987.

Shin, Kyung-Jae Problematik und Reformvorschlag für die Geldstrafe, Korean Criminological Review 27 (1996), 101-130.

Shin, Yang-Kyun Die Reform des Strafvollzugsgesetzes und die Garantie der Menschenrechte des Gefangenen, Korean Journal of Criminology 12 (2000), 79-105.

Son, Dong-Kwon Vergangenheit und Gegenwart der Strafvollzugsverwaltung, in: 50 Jahre Koreanische Rechtswissenschaft, Vergangenheit, Gegenwart, Zukunft, Seoul 1998, S. 794-820.

Son, Hae-Mok Strafrecht. Allgemeiner Teil, Seoul 1996.

Suh, Bo-Hak Fahrverbot und Entziehung der Fahrerlaubnis, Korean Criminological Review 30 (1997), 207-242.

ders. ‚Teil'strafaussetzung zur Bewährung und "short sharp shock", Korean Journal of Criminology 9 (1997), 251-274.

ders. Die Geldstrafe, Korean Journal of Criminology 10 (1998), 73-100.

ders. Soll die Ehrenstrafe beibehalten werden?, Korean Journal of Criminal Law 10 (1998), 247-268.

Yang, Sung-Du Untersuchung über das Rechtsbewusstsein der Koreaner, in FS für Byong-Ho Park, Seoul 1991, S. 613-627.

ders. Geschichtliche Unterbrechung und Rechtskultur Koreas, in: Studie der Rechtswissenschaft Bd. 9, 10 (2000), Institut der Rechtswissenschaft der Yunsei Universität (Hrsg.), Seoul, S. 13-25.